黄际遇 著
黄小安 何荫坤 编注

黄际遇日记类编

国立山东大学时期

中山大学出版社
·广州·

版权所有　翻印必究

图书在版编目（CIP）数据

黄际遇日记类编. 国立山东大学时期/黄际遇著；黄小安，何荫坤编注. —广州：中山大学出版社，2020.11
ISBN 978-7-306-06615-2

Ⅰ. ①黄…　Ⅱ. ①黄…②黄…③何…　Ⅲ. ①黄际遇（1885—1945）—日记　Ⅳ. ①K826.11

中国版本图书馆 CIP 数据核字（2019）第 078953 号

Huangjiyu Riji Leibian · Guoli Shandong Daxue Shiqi

出 版 人：	王天琪
策划编辑：	嵇春霞
责任编辑：	孔颖琪
封面设计：	林绵华　何　欣
封面绘图：	周　桦
责任校对：	叶　枫
责任技编：	何雅涛
出版发行：	中山大学出版社
电　　话：	编辑部 020-84113349，84111996，84111997，84110771
	发行部 020-84111998，84111981，84111160
地　　址：	广州市新港西路 135 号
邮　　编：	510275　　　　　传　真：020-84036565
网　　址：	http://www.zsup.com.cn　　E-mail：zdcbs@mail.sysu.edu.cn
印 刷 者：	佛山家联印刷有限公司
规　　格：	787mm×1092mm　1/16　27.875 印张　486 千字
版次印次：	2020 年 11 月第 1 版　2020 年 11 月第 1 次印刷
定　　价：	94.00 元

如发现本书因印装质量影响阅读，请与出版社发行部联系调换

黄际遇在青岛时的留影(原载《黄任初先生文钞》)

《黄际遇先生文集》序[1]

◎ 黄海章[2]

际遇先生字任初，早岁沉酣经史，学养精深。值晚清政治腐烂，内忧外患，相迫而来，思有以拯溺救焚，乃东渡日本，穷探数天之学，以期施诸实际，旋赴美国，益事深研。学成归国，曾任武昌高等师范学校、河南大学、山东大学、中山大学数天（数学、天文学）系教授，作育英才，声誉卓著。暇则穷探中国古籍，以存国学之精微。在武汉时，与黄侃先生为深交。商榷古今，所治日进。黄侃先生殁，曾为文致悼，情词深挚，动人心腑。先生平昔长于骈文，仰容甫、北江之遗风，摒弃齐梁之浮丽，吐词典雅，气象雍容，当日号为作手。除在中大数天系任教外，兼任中文系教授。讲授"骈文研究""《说文》研究"。沟通文理之邮，除先生外，校中无第二人。平昔治学甚勤，为《因树山馆日记》数十册。其中除讨论学术、文章外，象棋技艺亦在所不遗。先生棋艺甚精，与南粤诸高手角，亦互有胜负。而书法雄劲，光采照人，固不独以数天专家名焉。

一九三八年十月，日寇侵犯广州，形势危急，中大乃迁至云南澄江，后又迁回粤北坪石。而寇氛日炽，先生随理学院转移连县。抗日战争胜利后，由北江南下，不幸失足堕水，拯救无效。得年六十一岁。群情嗟悼，以为文理两院，竟丧斯人，实学术界之不幸云。

先生遗文颇多，因卷帙浩繁，势难全印，乃择其中一部分，公诸社会，存其梗概，庶几不堕斯文。

余于先生为后进，初在中大任教时，屡相过从，请益无倦。先生亦不余弃，奖掖有加。在坪石时，文理两院曾隔江相望，亦屡有晤面。先生意气豪放，谈笑风生，闻者为之倾倒。至今数十年，风采如在目前。哲嗣家教，治语言之学，于方言调查，尤所究心。在中大中文系任教三十余年，克尽厥职，门墙桃李，欣欣向荣。先生后继有人，可以无憾。

"文革"前有刊先生文集之议，余曾为作序。十年动乱，触目惊心。据家教

---

[1] 原载《中山大学学报》1990年第1期，第99页。

[2] 黄海章（1897—1989年），字挽波，号黄叶，广东省梅州市梅县区人。国立中山大学教授。中国古典文学著名学者，尤精于《文心雕龙》研究，有《中国文学批评论文集》《中国文学批评简史》《明末广东抗清诗人评传》《黄叶楼诗》等著作。

学兄云，该序已经散失。此次重编先生遗文，复请余序其端，余追惟先生之学问文章，言论风采，不辞鄙陋，复缀小言。数十年如石火电光，倏然消逝，余亦白发盈颠，皱面观河，迥殊往昔。所幸神州旭日，照耀人寰，先生有灵，亦当含笑于地下。

1982 年 12 月

《黄任初先生文集》序

黄海章撰　黄家教书

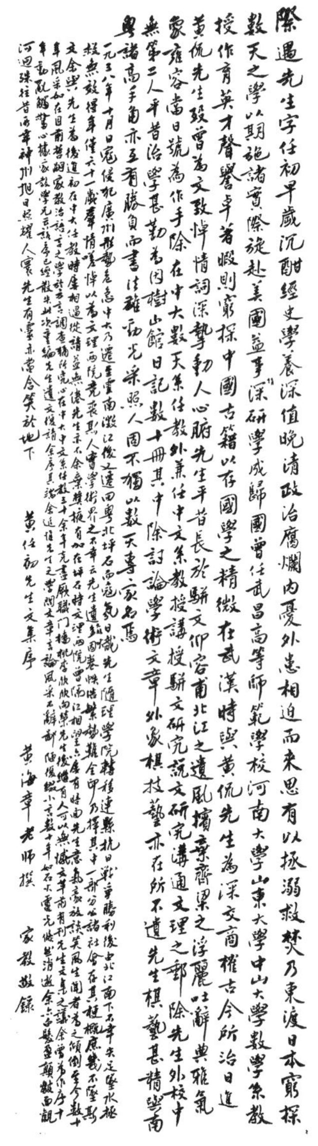

際遇先生字任初早歲沉酣經史學養深值晚清政治腐爛內憂外患相迫而來思有以拯溺救焚乃東渡日本窮探數天之學以期施諸實際旋赴美國益事深研學成歸國曾任武昌高等師範學校河南大學山東大學中山大學數學系教授作育英才聲譽卓著暇則窮探中國古籍以存國學之精微在武漢時與黄侃先生為深交商榷古今所治日進黄侃先生殁曾為文致悼情詞深摯動人心腑先生平昔長於駢文仰容甫北江之遺風擯棄齊梁之浮麗吐辭典雅氣象雍容當日號為作手除在中大數天系任教外兼任中文系教授講授駢文研究說文研究溝通文理之郵除先生外校中無第二人平昔治學甚勤為因樹山館日記數十冊其中除討論學術文章外象棋技藝亦在所不遺先生棋藝甚精與南粤諸高手角亦互有勝負而書法雄勁光彩照人固不獨以數天專家名焉

黄任初先生文集序

黄海章老师撰

家教敬録

（注：黄家教是黄际遇的三儿子，本书编注者黄小安的父亲。序的手稿与原文略有不同。）

《黄际遇日记类编》序

◎黄天骥

　　近日，黄小安女士把即将出版的《黄际遇日记类编》（简称《类编》）交给我看，并嘱我作序。我始而惶恐，因为我早就听说，小安的祖父黄际遇教授，是近代学坛文理兼长的旷世奇才，像我这样水平浅薄的后辈，实在不敢置喙。但一想，通过阅读黄际遇教授的日记，学习前辈大学者的学术思想，了解从晚清到抗日战争时期社会的状况，体察在这一历史阶段知识分子的生活方式和心态，对提高自己对我国近现代学术思想、教育理念发展的认识，实在也是难得的机会。因此，便接过小安送来的校样，欣然从命。

　　我在1952年考进中山大学中文系，后来留校任教，也从詹安泰、黄海章等老师口中，约略知道中大曾经出现过无与伦比的黄际遇教授。黄老教授的哲嗣黄家教先生，师从王力教授，从中央民族学院进修回来后，在中大中文系任语言学科讲师，是我的老师辈。他和他的夫人龙婉芸先生与我过从很多，但也只从他俩的只语片言中知道黄际遇教授酷爱研究象棋，写过许多棋谱而已。总之，我知道黄际遇教授是学术界的名家，是传奇式的大学者，至于有关他的具体情况，却知之不多。这次小安把《类编》的校样和有关资料交给我看，浏览一遍，真让我眼界大开，五体投地。

　　黄际遇是广东省澄海县人，出身望族，诗礼传家，14岁即参加科举考试，成为同试中最年少的秀才。当时，风气渐开，清政府也开始派遣一些青年才俊到海外学习科学知识。黄际遇在18岁的时候，被广东官派到日本留学，专攻数学，成为日本著名数学家林鹤一博士的高足。可以说，他是我国早期专攻西方数学的留学生之一。回国后，他立刻从事数学、物理学科的教学科研和组织工作。1920年，他受当时教育部委派，到美国考察和进修。两年后，又获得芝加哥大学科学硕士学位。

　　黄际遇教授的一生，主要从事理科特别是数学、天文学科的教学科研，以及从事在全国范围内组织推动科学发展的工作。他担任过多所著名高校的理学院院长、数学系主任，出版过高质量的数学教材和译著、论著，被公认为卓越的数学家和开创我国现代高等数学教育事业的元老。最让人惊奇的是，他在国立山东大学担任理学院院长时，闻一多先生辞去文学院院长一职，他竟能双肩挑，兼任文学院院长。更令人意外的是，他在国立中山大学任教时，除了在理学院、工学院讲授主要课程以外，还常到中文系开设"骈文研究""《说文》研究"等艰深的课程，并且受到广大学生的赞誉。今天，我看到他留下的日记手稿，全是以文言文写成，文章有时简约畅练，有时骈散兼备，有时更是全篇流丽典雅的骈文。看得出六朝辞赋、西汉文章，他均烂熟于胸，可以信手拈来，随心驱使。他还擅长书法艺术，行草篆隶俱精；对象棋艺术，也深有研究，能与当时广东棋坛的"四大天王"对弈，互有胜负，曾写就多达50册的棋谱《畴盫坐隐》。像他那样思路开阔、能够贯通文理的大师，在我国的学术史上实为罕见。

黄际遇教授有每天都写日记的习惯。在《类编》丛书中，收录有他在国立山东大学和国立中山大学工作时期的日记。此外，还有"读书札记""读闻杂记"等多种笔记。在日记里，黄际遇教授或记事，或抒情，虽以文言写成，言简意赅，或以典故隐寓，曲笔寄怀，但都能让我们觉察到他曲折的心路历程。在早年，他参加过孙中山的同盟会，以科学救国为己任。在抗日战争时期，他看到山河破碎，悲愤不已，那一段时期的日记，贯穿着浓重的家国情怀。在日记里，他记录了许多珍贵的史料，也让我们看到民国初年和抗日战争时期学坛中许多知识分子的思想状态和生活方式。换言之，黄际遇教授的日记，虽然是文绉绉的，却又是活生生的。这是一部如诗如史的典籍，它对研究近现代历史，包括学术史、思想史、社会史的学者来说，都有很珍贵的参考价值。

研读黄际遇教授的日记，也引发我对一些问题的思考。

在许多人看来，数学与文学，是完全不同的学术领域，前者重逻辑思维，后者重形象思维，二者似乎毫不相干。其实，在人的大脑中，这两种思维能力同时存在，甚至本来就互相依存。问题在于，人们有没有把二者融会贯通的禀赋。

我在中大，曾多次听到数学教授们对某些数学论文的评价，说它们"很美"！我愕然，不知道那枯燥的数字和公式，和"美"有什么关系？后来向数学系的老师请教，才知道如果在数学论证的过程中，能发人之所未发，或鞭辟入里、一剑封喉，或奇思妙想、曲径通幽，这就是"美"。而要达到美的境界，科学家需要有丰富的想象力。如果说，推理能力与逻辑思维有关，那么，想象能力便涉及形象思维的范畴。因此，数学家之所谓"美"，和文学家之所谓"美"，实质上是相互联系的。显然，研究理工的学者，如果没有形象思维能力，缺乏人文情怀，他的成就也只能是有限的。同样，从事文学工作的人，如果只有想象力却缺乏逻辑思维能力，那么，尽管他浮想联翩，说得天花乱坠，终嫌浅薄，乃至于被人讥之为"心灵鸡汤"。

当然，要求学者们把逻辑思维能力和形象思维能力二者贯通，能够像黄际遇教授那样文理兼精、中西并具，能够任教不同的学科，能让两种思维能力水乳交融，在学术上达到发展创新的水平，谈何容易！何况，黄际遇教授曾任多所名校的校长、学院院长，说明他具有出色的行政能力；他又精于棋艺，能以"盲棋"

的方式战胜对手,说明他具有惊人的记忆力;他又是书法名家,能融合各体书艺,自成一格,更说明他具有非凡的审美能力。这一切,在他的身上,包容整合,融会贯通,成就为黄际遇"这一个"的独特风格,这绝非一般人之所能为。但是,高山仰止,景行行止,虽不能至,而心向往之,尽管黄际遇教授的学术造诣,我辈无法企及,但他治学的思想和道路给我们指出了如何有效提升学习水平的方向。

我们从有关资料上得悉,在少年时期,黄际遇教授即饱读诗书,过目不忘,特别精研《后汉书》,在中国古代文学、哲学、史学方面打下了扎实和广博的基础。在留日期间,他和章太炎、陈师曾、黄侃等学者订交,受他们的影响,对音韵学、训诂学、文字学都有深入的研究。固本培元,六艺俱精。而在清末民初,许多青年才俊已经认识到科学救国的重要性,在现代学科越分越细的情况下知道在学习上更需注重专业性。这一来,社会的学习风气,从科举时代提倡培养全才、要求"君子不器"转向"学有专攻"的方向发展。黄际遇教授多次赴日赴美留学考察,均瞄准现代数学,正是当时知识分子学习转型的表现。然而,由于中国的传统文化早就深入地渗透了他的每一个脑细胞,这就使他在现代数学、天文学方面取得辉煌业绩的同时,又在古代文学和语言学方面取得非凡的成就。在学术上,数学的美和文学的美,他各有体悟,又相互促进、相得益彰。可惜,他意外遇溺,逝世过早,他所开创的治学方向,人们还来不及研究和继承。在今天,在需要更进一步研究教育问题的时候,对黄际遇教授治学中西兼备、文理沟通的成功经验,我们应该从中得到启迪、充分发扬,为创造性地增强文化的自信力而奋进。

感谢小安让我读到《黄际遇日记类编》的初校稿。在 20 世纪 50 年代中,我初任中大助教时,常和小安、小龙、小芸、小苹四兄妹,在西大球场玩耍,他们竟把我这男青年戏称为"大家姐"。当时,小安还只有一两岁,往往要靠我抱起来,攀扯到单杠的横杠上。转眼间,60 多年过去,小安已成为很优秀的摄影家,而且还有了自己的小孙女。使我感佩的是,她和何荫坤先生在退休后决心对祖父遗下的日记进行编勘注释,以便让更多的人知道黄际遇教授在学术上的卓越贡献,让更多的学者能利用这一份具有文献价值的文化遗产进行各方面的研究和探索。由于小安夫妇并非从事文史专业的工作,因此,检索史料、实地查询、注释章典,需要耗费大量的劳动。据我所知,他俩锲而不舍,辛勤地花费了长达整整 10 年的时间,最终才完成了这项十分繁难的工作,了却其父黄家教先生未了的心愿。现在,这部篇幅宏大的日记能获出版,我想,黄际遇教授在天之灵,定会对后人纪念之诚感到宽慰;广大的读者和学者,也将万分珍视这两位编注者为学坛做出的成果。

2019 年 2 月 23 日于中山大学中文堂

祖父黄际遇事略

◎黄小安

在编注祖父黄际遇日记的过程中，不少前辈均建议应有篇"事略"或"简历"，先让读者有个大概的了解。我们以日记为主，整理的事略大体如下：

祖父黄际遇，字任初。后自号畴盦。

1885年五月十三日（农历）出生于广东省澄海县。父黄韫石（1842—1925年），字梦谿，清贡生，以廉干参与县政者数十年，董澄海县节孝祠事。兄黄际昌（1868—1900年），字荪五，廪膳生（1882年，受知广东学政、侍讲学士叶大焯）。祖父少时依兄受文章。

1898年，应童子试，受知师张百熙（1847—1907年）先生。入秀才，补增生。"先生以戊戌按试粤东。"

1901年，修学于汕头同文学堂，师承温仲和、丘逢甲、姚梓芳等。姚梓芳（1871—1951年），号秋园。两人自始为忘年交。

1902年，考入厦门东亚同文书院，补习日文，为东游计。

1903年，继续负笈厦门东亚同文书院。7月16日，与7位厦门东亚同文书院的潮州籍同学，联袂由汕头乘船赴日本留学。8月，抵达日本，入宏文学校普通科学习。其间，认识陈师曾、经亨颐等，共同赁屋而居并成为至交。

1905年，加入孙中山领导的中国革命同盟会。

1906年，曾习经以度支部右丞奉清廷之命往日本考币制，祖父以乡后进礼接待先生旅次，自始两人结识，并为忘年交。4月，自宏文学校毕业，入东京高等师范学校（今东京大学）数理科，从日本数学家林鹤一博士习数理。学校假期，与陈师曾联袂回乡探亲，并到南京中正街师曾宅进见师曾尊人陈三立，并与师曾六弟陈寅恪订交，"临行，老六以《张濂亭集》为赠，并署曰：'他年相见之券'"。

1908年10月19日，日本政府借《民报》激扬暗杀为理由，下令禁止《民报》发行，并对《民报》编辑人兼发行人章太炎进行审讯、判决和拘留。"先生于是无所得食矣，穷蹙日京曰大冢村者，聚亡命之徒十数人，授以《毛诗》及段注《说文》，月各奉四金为先生膏火，际遇之及先生门自此始也。"其间，与黄侃、汪东、朱希祖等认识。

1910年5月，获东京高等师范学校颁发毕业证书，同时获理学士学位。自日本学成归国。初，受聘于天津高等工业学堂任教。下半年，清政府按照惯例对归国留学生按科举方式进行考试。进京殿试，中格致科举人。

1911年，在京与曾习经、罗瘿公交往。每由津入京，均住在陈师曾处。

1915年，到华中区的国立武昌高等师范学校（今武汉大学）任教授，兼数理部主任，期间一度出任教务长。学生有曾昭安、张云、辛树帜等。寓居武昌期间，与吴我尊、欧阳予倩交往密切。

1919年，黄侃由北京大学转教国立武昌高等师范学校。祖父与黄侃持论不同，却是终身挚友。

1920年，游学美国芝加哥大学，师事 E. H. Moore 大师。

1922年，获芝加哥大学科学硕士学位。学成回国，途经日本，在东北帝国大学见到陈建功，约请陈毕业后到国立武昌高等师范学校任教。从美国回来后，曾一度在国立广东高等师范学校（中山大学前身）任教。

1923年，国立武昌高等师范学校改为国立武昌师范大学，任新成立的数学系系主任。

1924年，陈建功如约到校（当时称国立武昌大学），学生有曾炯之、王福春等。祖父向校方推荐陈建功再次出国深造，并提及黄侃事，"与校长意见相左"，后应河南开封的中州大学（今河南大学）校长张鸿烈之邀，到该校主持数理系兼校务主任。

1926年，奉系军阀盘踞开封，中州大学处于停顿状态。祖父应聘任广州国立中山大学教授。

1928年，经黄敦兹介绍，河南省主席冯玉祥敦请祖父至河南省立中山大学（也称国立第五中山大学，今河南大学）任教。祖父向广州国立中山大学请假，再度北上，任该校数学教授兼校务主任。

1929年，河南省立中山大学校长致函广州国立中山大学，请慨允黄际遇先生留河南中山大学任教。5月，祖父任该校校长，兼河南省教育厅厅长。

1930年3月，中原大战爆发。5月，"罢官河洛"。9月20日，祖父参加国立青岛大学正式成立会议，任该校数学教授兼数学系系主任、理学院院长。在国立青岛大学时，与杨振声、赵畸、闻一多、梁实秋、陈命凡、刘本钊、方令孺并称为"酒中八仙"。

1932年，国立青岛大学改名为国立山东大学，祖父任数学教授兼数学系系主任、文理学院院长。与文学院张怡荪、姜忠奎、游国恩、闻宥、丁山、舒舍予、萧涤非、彭啸咸、赵少侯、洪深、李茂祥、王国华、罗玉君等，理学院王恒守、任之恭、李珩、王淦昌、蒋丙然、王普、郭贻诚、汤腾汉、傅鹰、陈之霖、胡金钢、王文中、曾省、刘咸、林绍文、秦素美、沙凤护、李达、宋智斋、李先正、杨善基等，以及杜光埙、皮松云、邓初先、郝更生、高梓、宋君复等来往较频繁。其间，与罗常培互订音韵学研究。

1936年1月，山东省政府借故将其每月给国立山东大学的3万元协款压缩为1.5万元，给学校带来很大的经济困难，祖父极感失望。在张云、何衍璿、邹鲁的协助下，祖父于2月13日自青岛启程南归；2月27日回到广州；3月，到国立中山大学（石牌），在理学院、工学院授"微分几何学""连续群论"二课，在中文系授"骈文研究""《说文》研究"二课。在中大期间，校内与黄巽、古直、龙榆生、李沧萍、黄敬思、曾运乾、李雁晴、王越、黄海章、萧锡三、胡体乾、林本侨、刘俊贤、张作人、孔一尘、邹曼支、戴淮清等，校外与陈达夫、林砺儒、杨铁夫、张荃等来往甚密。另外，经何衍璿介绍，结识了"粤东三凤"黄松轩、曾展鸿、钟珍，以及卢辉、冯敬如等当时国内象棋专业高手。

1937年，卢沟桥事变后，日军军机肆意轰炸广州。国立中山大学各学院分散上课，除工学院依旧在五山外，文学院回旧校址（文明路），法学院就附属中学，理学院就小学。祖父因为要为理、工、文三学院授课，故在空袭警报声中于市区、郊区之间往返。

1938年9月，国立中山大学西迁至云南澄江。祖父避难香港。

1940年9月，国立中山大学由云南澄江迁往粤北坪石，祖父重回中大，任数学天文学系系主任，兼授中文系骈文课，又兼任校长张云秘书。

1941年，介绍黄海章重回国立中山大学中文系任教。

1944年4月，以老教授代表衔与代理校长金曾澄、教务长邓植仪欢迎盛成教授到中山大学任教。端午前夕，盛成教授赋诗贺黄际遇六十华寿。

甲申端午前夕贺黄际遇教授六十大寿
潮流往后不堪闻，声入心通请寿君。
艾壮韩汀惊岭客，蒲安坪石外溪云。
思家怕过他乡节，饮酒有孚靖塞氛。
醉后自寻仙境路，六经数理妙斯文。

是年夏，日军逼近坪石，理学院组织疏散，第一批教职员家属溯武水至湖南临武县牛头汾圩，临武人士闻知，邀祖父黄际遇到力行学校讲学，主要讲《说文》和古文。秋，李约瑟拜访盛成，盛成约黄际遇等教授一齐欢迎李约瑟。

1945年1月，坪石沦陷，祖父避居临武五帝坪。5月，他重返力行学校。8月，日军投降，抗日战争胜利。10月17日，国立中山大学连县分教处师生自连县起锚返广州。10月21日，舟次清远白庙。凌晨，更衣失足落水，遂罹难。11月，教育部特派员张云、新任校长王星拱、代理校长金曾澄、教务长邓植仪、总务长何春帆联合发起组织治丧委员会。12月16日，国立中山大学在广州市区文明路附属小学礼堂为祖父黄际遇举行追悼会。同时，治丧委员会决定出版黄际遇著作并筹集专项奖学基金。12月23日，国立中山大学潮籍员生联合广州城各机关潮州同乡，再假广州市区文明路附属小学礼堂，为祖父黄际遇等该校潮州籍死难员生举行追悼会。广东省政府委员詹朝阳代表省政府主席罗卓英主祭。

1947年，中山大学呈请教育部褒扬已故教授黄际遇，经教育部呈行政院转呈国民政府。国民政府特于2月8日颁布褒扬令。褒扬令全文如下："国立中山大学教授黄际遇，志行高洁，学术渊深。生平从事教育，垂四十年，启迪有方，士林共仰。国难期间，随校播迁，辛苦备尝，讲诵不辍。胜利后，归舟返粤，不幸没水横震。良深轸惜，应予明令褒扬，以彰耆宿。此令。"

1949年，由詹安泰教授、张作人教授等编辑的《黄任初先生文钞》出版，中有张云校长、詹安泰教授序文各一，列为中山大学丛书之一。

目　　录

引　言 …………………………………………………………… 001

《万年山中日记》第一册（1932年6月10日—7月12日）…………… 005
《万年山中日记》第二册（1932年7月13日—9月5日）…………… 021
《万年山中日记》第三册（1932年9月6—25日）………………… 042
《万年山中日记》第四册（1932年9月26日—10月17日）………… 050
《万年山中日记》第五册（1932年10月18日—11月3日）………… 062
《万年山中日记》第六册（1932年11月4—18日）………………… 070
《万年山中日记》第七册（1932年11月19日—12月8日）………… 078
《万年山中日记》第八册（1932年12月9—25日）………………… 086
《万年山中日记》第九册（1933年2月19日—5月2日）…………… 96
《万年山中日记》第十册（1933年5月3—31日）………………… 115
《万年山中日记》第十一册（1933年6月1日—7月31日）………… 130
《万年山中日记》第十二册（1933年9月20日—11月3日）………… 157
《万年山中日记》第十三册（1933年11月4—27日）……………… 172
《万年山中日记》第十四册（1933年11月28日—12月21日）……… 181
《万年山中日记》第十五册（已佚，只余序）……………………… 190
《万年山中日记》第十六册（已佚，只余序）……………………… 191
《万年山中日记》第十七册（已佚，只余序）……………………… 192
《万年山中日记》第十八册（1934年4月27日—5月14日）………… 193
《万年山中日记》第十九册（1934年5月15日—6月29日）………… 208
《万年山中日记》第二十册（1934年7月1日—8月26日）………… 227
《万年山中日记》第二十一册（1934年8月27日—9月27日）……… 260
《万年山中日记》第二十二册（1934年9月28日—11月4日）……… 273
《万年山中日记》第二十三册（1934年11月5—16日）…………… 289

《万年山中日记》第二十四册（1934年11月17日—1935年1月7日） … 294
《万年山中日记》第二十五册（1935年1月8日—3月27日） …… 311
《万年山中日记》第二十六册（1935年3月28日—5月15日） …… 320
《万年山中日记》第二十七册（1935年5月16日—7月9日） …… 336
《不其山馆日记》第一册（已佚，只余序） …………………… 358
《不其山馆日记》第二册（1935年10月10日—11月18日） …… 359
《不其山馆日记》第三册（1935年11月19日—12月31日） …… 375
《不其山馆日记》第四册（1936年1月1日—2月12日） ……… 393

附录一　记黄际遇先生 ………………………… 梁实秋　410
附录二　酒中八仙
　　　　——忆青岛旧游 …………………… 梁实秋　413
附录三　酒筹雅令 ……………………………… 黄际遇　418
附录四　爷爷曾居住了六年的小楼 …………… 黄小安　422
附录五 …………………………………………………　425

后　记 …………………………………………… 黄小安　427

引 言

20世纪30年代初，国立青岛大学（以下简称"青大"）在青岛成立，促成了青岛现当代文化史上的第一次文化发展高潮，此事不仅对山东青岛，而且对整个中国现代文化发展都有着不容忽视的重要意义。

1928年，南京国民政府发动第二次北伐战争，国民革命军进入山东。同年8月，南京教育部根据山东教育厅的报告，决定在已停办的省立山东大学的基础上筹建国立山东大学，并设筹备委员会，聘何思源、赵畸、杨振声、杜光埙、傅斯年等11人组成国立山东大学筹备委员会。因时局原因，筹备工作未能进一步展开。1929年，南京教育部同意蔡元培的提议，将校址迁往青岛，并改国立山东大学筹备委员会为国立青岛大学筹备委员会，除接收旧省立山东大学外，同时将私立青岛大学校产收用，筹建国立青岛大学，另行函聘何思源、赵畸、杜光埙、傅斯年、杨振声等9人为国立青岛大学筹备委员会委员。几经努力，国立青岛大学终于在1930年9月20日挂牌宣告成立，于21日举行开学典礼。

国立青岛大学刚成立时，校长是杨振声，第一任教务长是张道藩（张道藩是著名的文艺理论家，他协助杨振声校长走过了学校正式成立前后的一段日子，按说以其才气、能力，多少都会有所表现，然人们对其眷恋宦场及桃色八卦的话题更感兴趣，对他在这段时间的作为记录很少。1930年12月，张道藩离任，教务长由赵畸接任），文学院院长兼中文系主任是闻一多教授，外文系主任兼图书馆馆长是梁实秋教授，化学系主任为汤腾汉教授，黄际遇任教授兼数学系主任、理学院院长。

学校从一开始就定位于较高的层次，亦做出了较好的成绩。后人对这时期的评价是："教学独具特色，科研稳步提高。"校长杨振声在建校之初的《校长报告》中说："文理两院必求能有所树立于学术界，而后其本身始具有独立之价值，始足以自圆其生存。所谓树立之道安在？国内各大学，其文理科卓着成绩者多，青大欲后来居上，势有难能。不能在国内大学中，仅能增加其数量，不能增加其分量，亦何贵乎多此一举？"1931年6月，黄际遇在《院长报告》中亦说："第一，要巩固各个专业的基础知识；第二，要考虑当时的时代环境，最低限度能保持与其他姊妹大学并驾齐驱；第三，在教学、科研两个方面，都有充分发展的可能性。"这显示了校院两级领导和教授们要求力办一流大学的愿望。

　　国立青岛大学从成立到易名共两年时间（1930年9月20日—1932年7月3日），发生了3次全校性的罢课行动。第一次罢课是在第一学期开始之初，学校发现有120名学生使用假中学文凭考入大学，占全校录取数较大的比例。学校决定对这部分学生作褫夺学籍处理，然而这些学生不服，认为只要考试过关就应给予入学，他们联合起来罢课，得到青岛地下党组织的支持，并组织了"纠察队"。学校当局则组织赞成学校决议的学生成立"护校团"。某日，为上课事"护校团"与罢课"纠察队"在教学楼下发生争执，教务长张道藩打电话调来警察保安队包围学校。在这期间，闻一多对持假文凭的学生既非一概而论，且对学生罢课极为反感，后又有学生传言说是闻一多打电话叫来警察，从而使闻一多与学生的关系留下阴影，埋下"驱闻"伏笔。事后，学校当局认为是"共产党煽动学生暴动"，开除了30名学生，罢课宣告失败。或许力办一流大学的急迫情绪，令教务会议在处理事件时多少表现出一种整体性的焦虑，稍欠从长计议，且有用力过猛之嫌，令校方与学生陷入信任危机。此次事件为国立青大第一次全校性罢课行动。

　　1931年"九一八"事变发生后，全国各界掀起了轰轰烈烈的反日运动。上海、南京两地学生前往国民政府外交部请愿，抗议不抵抗政策。在沪、宁等地学生爱国热情的激励下，俞启威、杨翼心、王弢等学生发起的国立青大反日救国会于同年10月1日成立，通电全国号召停止内战，对日宣战。11月，日寇继续向黑龙江进犯，国民政府依然不予抵抗，于是各地学生和民众掀起了第二次赴南京请愿的高潮。国立青大的学生们虽然也清楚请愿不会改变国民政府的现行政策，但还是觉得南下请愿至少可以起到宣传抗日的作用，于是组织了179人的南下请愿团，于12月2日乘火车去南京请愿。在制止学生南下请愿行为没有成功后，学校只好把学生擅自离校赴南京请愿的消息电告南京政府。对于学生的行动，杨振声校长内心十分复杂，他在理解学生们的爱国热忱的同时又担心学生们惹出祸端，便向南京教育部提交辞呈，然而教育部当时并没有批准这封辞职报告。闻一多对学生们的擅自离校也认为"期期以为不可"。当校方在校务会议上决定开除为首的学生时，闻一多又在会上慷慨陈词，认为这是"挥泪斩马稷，不得不尔"。虽然这个决议最终没有执行，但闻一多与学生之间的对立则更进一层。此次事件为国立青大第二次全校性罢课行动。

　　1932年4月21日，杨振声校长赴南京请中央拨发拖欠的学校经费没有成功。他心灰意冷地"认为中央经费不解决，将来一切计划，无从实现"，再次致电教育部请求辞职，同时将校务全部托给教务长赵畸后便离开青岛去了北平。赵畸不久去了上海（另有一说是赵畸以失踪闻），又电请理学院院长黄际遇暂代校务。学年将终之际，由于多方敦请，加之校务亟待解决，杨振声校长于6月回到青岛大学。

杨振声回青大后，根据教育部的指示，对《国立青岛大学学则》（以下简称《学则》）做了一些修改，其中第四十三条规定：学生全年学程有三种不及格或必修学程两种不及格者令其退学。《学则》的改变，有用繁重的学业来约束学生的意思，因此招致了学生们的强烈不满。

1932年6月中旬，在一些进步学生的组织下，各系选出代表成立了国立青岛大学非常学生自治会。16日，自治会根据学生们的意见，向校方提出多项要求，包括取消《学则》中的学分淘汰制，恢复以前的规定；取消学生的住宿费；图书馆学术公开；等等。

22日，全校学生一致通过了集体罢课的决议，发表宣言，表示不达目的，绝不复课。此事件为国立青大第三次全校性罢课行动。

在学生们的坚决抵制下，23日的期终考试无法进行，无奈之下学校只好宣布提前放暑假，秋季开学后再进行补考，同时决定开除9名非常学生自治会常委。

开除9名学生的决定并未平息事件，罢课学生表示不达目的就全体请求休学一年。学生代表要求杨振声出面会见，遭到拒绝，学生请秘书长转告校长，限次日午前正式答复。学校亦采取强硬措施，于次日中午贴出布告，批准201名学生休学一年。

6月28日，非常学生自治会发表了《国立青大全体学生否认杨振声校长并驱逐赵畸梁实秋宣言》，否定学校对学生的一切处置，否定杨振声为校长，驱逐教务长赵畸、图书馆馆长梁实秋，指出"原事变之起，学生向学校建议数项，要求经费为学校生机所系，祈向中央力争，《学则》第四十三条之规定，妨害学生前途，恳于修改，不良教师危害学生学业，乞为取缔"，"乃杨振声不顾数百同学之苦衷，唯信闻一多、梁实秋、赵畸等之潜计，压抑公意，听用奸言，厉行专制，不予容纳，我同学等，忍无可忍，乃一致议决罢课，以促学校之觉悟，而待公理之伸张"。"我青大同学一致决议，除电教部声明经过，并请另派贤能，接替校长外，誓不承认为青大校长，所有在校一切非法处置学生行动，概不承认。"《宣言》也为梁实秋、赵畸罗列多项"罪状"，要求"一并驱逐"。

国立青大第一次全校性罢课时，闻一多与学生的关系已留下阴影，从而埋下"驱闻"伏笔。在第二次全校性罢课行动时，闻一多对学生们的擅自离校也"期期以为不可"。当校方在校务会议上决定开除为首的学生时，闻一多又在会上慷慨陈词，认为这是"挥泪斩马谡，不得不尔"。虽然这个决议最终没有执行，但闻一多与学生之间的对立则又更进一层。

在这次学校对《学则》的修改之事上，闻一多依旧支持校方的决定。由此，学生们便将矛头首先指向了闻一多。6月25日，非常学生自治会发表了《驱闻宣言》，声称他是"准法西斯主义者""不学无术的学痞"等。青年诗人陈梦家参加上海的"一·二八"抗日战争后，来到青岛，经闻一多的推荐，给他做助教，因此也成了学生们攻击闻的把柄，说他任用私人，培植党派力量。要求"为了学校前途打算，为整个的教育打算"，必须将闻一多驱逐出学校。闻一多见此情形，即向校方提出辞职。

7月，国民政府教育部下令，解散国立青岛大学，成立整理委员会，在校学生待甄别后再入校。将国立青岛大学改名为国立山东大学，对现有院系重新做出调整，停办教育学院，成立工学院和农学院。农学院设在济南，工学院下设土木工程学系及机械工程学系，将文、理两学院合并为文理学院。①

1932年7月国立山东大学成立时，赵畸任校长，杜光埙任教务长，黄际遇任文理学院院长。1936年，赵畸、杜光埙、黄际遇三人先后辞职。本篇是记录黄际遇在国立山东大学这段时间的往事。

黄际遇在青岛近6年（1930年9月20日前—1936年2月12日），所作日记原名为《万年山中日记》，取在万年山中工作之意，后慊"万年"二字来历不正，改为《不其山馆日记》。《万年山中日记》共27册（失第15、16、17册），记录时间是1932年6月10日至1935年7月14日。《不其山馆日记》共4册（失第1册），记录时间是1935年7月15日至1936年2月12日。这部日记其实是一部读书札记，原意只是为个人治学之助，涉及社会人事惜墨如金。我们把这部分内容整理出来，若能对研究、整理国立山东大学（国立青岛大学）这段历史的人士在资料收集上能有一定的补充，目的便已达到。

---

① 参见刘增人、王焕良《青岛高等教育史（现代卷）》，人民出版社2008年版。

《万年山中日记》第一册

（1932 年 6 月 10 日—7 月 12 日）

《万年山中日记》第一册·序

中华民国二十一年六月初十日①（芒种后第三日，夏历端午后二日也）。霁，晴。俟晵②。

平生作日记，不下五六次，作辍无恒，良用愧恧③。所见有《曾文正公日记》《翁文恭公日记》，皆手笔影印本，欲深爱之，而卷帙繁重，值复不赀，非寒家所能购有，随阅大凡，聊为过屠门之嚼④而已。比日又得图书馆所庋《越缦堂日记》五十一册，亦原迹影印，纵读酣浸，神情飞越。乃故执笔札记，写其心影。非但无问世之心，并且乏备忘之意。兀坐斗室，用以自娱云尔。

前年移馆青岛大学⑤，同人中兴雅量，高者不乏其人⑥，因刺取《西厢》句制成酒令百余则（别录）。端午之夕，杨金甫方自北者回青，同饮于校舍中。闻一多⑦制得一筹面为"世间草木是无情"，只为姓氏从艹、从木者各一杯。一多指梁实秋⑧、杨金甫、蒋迦安⑨三君践令。而坐中多指黄仲诚⑩与余亦应分一杯。一多力持不然，以"黄"字实不从艹也。虽小道亦有可观者焉。

昨晚脯，今晨兴。皆诣闻一多、游泽丞⑪宅，助多君伉俪灌园之兴。青市以跳舞海浴等事为当当之色，不事此者，殆不齿于人类。不佞落落无依，犹教芳邻黉舍有此雅士也。

上月因杨金甫（振声）忽辞校长职，为代理校务竟月，大类冯妇下车⑫，再为士笑。今得息肩，竟于所学专壹与否，责无旁委矣。

晚饮于铁路局委员崔邦杰（景三）家，颇尽宾主之欢，戌刻驶车归。

【注释】

①中华民国二十一年六月初十日：实际是指 1932 年 6 月 10 日。

②晵：日无光。

③恧：自愧，惭愧。

④过屠门之嚼：屠门，肉店。比喻心想而得不到，只好用不切实际的办

法来安慰自己。

⑤移馆青岛大学：黄际遇原在河南省国立第五中山大学（现河南大学）任校长，1930年5月"罢官河洛"，后加盟国立青岛大学。

⑥同人中兴雅量，高者不乏其人：见本书附录二，梁实秋先生的《酒中八仙——忆青岛旧游》。然而，黄际遇为"酒中八仙"之一，实属偶然，他在"八仙"中是唯一学理科的，而且在未到国立青岛大学之前，与学校同人并无交集，基本是不认识的。他与闻一多、梁实秋等初次见面是在"国立青岛大学正式成立，行开学礼的那一天"。见本书附录一，梁实秋的《记黄际遇先生》。

⑦闻一多：时任国立青岛大学教授兼中文系系主任、文学院院长。

⑧梁实秋：时任国立青岛大学教授兼外文系系主任、图书馆馆长。

⑨蒋迦安：蒋德寿，时任国立青岛大学教授兼物理系系主任。

⑩黄仲诚：黄思敬，时任国立青岛大学教授兼教育行政系系主任、教育学院院长。

⑪游泽丞：游国恩，时任国立青岛大学中文系讲师。

⑫冯妇下车：比喻重操旧业。

1932年6月11日

晨辨色兴，霓雾，午仍阴暗，旋雨，入晡渐密。

信步校园，群英缤纷，实移我情，然异葩奇卉致自殊方暖室，花间一任他人鼾睡矣。花匠为言代葡苹果梅梨枝若干株，寻便人带至南方。陈姬去夏客此时曾欲致之云：当托归舟便带也。

比日蛰居，读书较多，美景名山，殊惭辜负，亦以出无佳侣，遂尔兴尽。浮生多感，良用慨然。

晚校务会议同人醵资为金甫洗尘。金甫于五月初八日辞职，教务长赵太侔①（畸）掌代拆代行之务，五月初七日复，忽于初八日以失踪闻。余乃不得不主席校务会议以维持校务，五月十一日金甫亦以此报部会。

校友演剧邀余致词，词中有论近日好戏迭出，压轴子（都人谓末出戏为大轴，末第二出为压轴）是《三娘教子》。大娘二娘都跑丢了，丢下了三娘，管这一班小东人委实不易。大轴子是二三本《虹霓关》。杨金甫声言为校请款，有传其欲就北大文学院长之职。即是辛文礼夫人替夫报仇，在阵中与王伯党吊了膀下，丫鬟为打"替夫报仇"旗帜，见夫人如此，茶也不端，戏亦不唱，把旗甩在地上。余说至此，傅晓虹②曰："然则你是那个去③老军的了。"谯人者人亦谯之。复记此以志口过。

晚阴雨如梗，被酒归寓，仲诚来谈，夜分始散。

【注释】

①赵太侔：原名赵海秋，曾用名赵畸，时任国立青岛大学教务长。

②傅晓虹：傅鹰，时任国立青岛大学化学系教授。

③去：犹言"起"。指扮演戏剧中的人物。

1932年6月12日

晨雾雨霏霏，午晴。

是日星期①，例作家书示儿侄并寄内子。又致黄峻六、黄云溪、黄舜琴（威海街刘公岛海军学校长）、平姑娘信数通，所需已二小时矣。

夜独往观山东大戏院《落霞秋鹜》一剧，胡蝶所主演者，茧缠爱海，卒能牺牲，以写爱之伟大，尚见匠心。归来已亥初矣，冷月浸波，怒涛拍枕，挑灯记此，以抒我思。

【注释】

①星期：即星期日。

1932年6月13日

晴，午摄表二十四度，华表七十五度，衣夹衣。

晨授课二小时，并拟定六月二十八日下午七时至九时讲题，题曰《治科学者之科学方法及休暇间之修养方法》，将集理学院生训勉之。

校读 Dickson 师 *Constructions with Ruler and Compasses* 一文，决剔误处数则，示门人任国栋、刘纪瑞①。邢子才云："日思误书，更是一适也。"

晚金甫招饮顺兴楼，复书决然诺之。

【注释】

①任国栋、刘纪瑞：时为国立青岛大学数学系学生。

1932年6月14日

寅初昧爽①兴，清，午阴雾晚不散，七十度。

往公园散步吸纳，六时归寓读书。

《朱家骅外传》：

有浙东某人者，年四十不足。多须髯，而爬剃甚勤。喜香沐，识与不识，十步之外，不掩鼻者，皆知其为朱家骅也。家骅，今之教育部长，前之广州中山大学副校长。余馆粤学时，忝同酒宴，理科主任某陈言有将辞职者，则卒然应曰："告他递辞职书来！马上批准，我到北京可捎一大队来。"余睹其訑訑之状，屏息不敢声。客有叩余曰："朱家骅是何出身？"余曰："自唐以来，出于科举，自五四以来，出于天安门石狮子上。虽不尽然，取其多者论之。何必问出身哉。"作《朱家骅外传》。

因为儿曹语曰："父辛苦一生，终年拮据，余兄弟以银钱清楚为作人第一条件，余两掌河南、青岛大学教育事，未敢浮支公家分文，此大儿侍侧所习见者，汝曹各志之。"

晡诣一多寓谈，因赵少侯②来，归寓。复张生（国维）江宁书，得张绍忠③（荩谋）杭州书介物理学人才数人。

北平师大无长校者，学生决议大举下江南坐索校长，市当局出警士包围厂甸，以自来水管喷射，相持竟日，截至前晚阵容未变，亦治国闻掌故者所不可少之材料也。原因起于北平大学工学院，附沈尹默等辞职呈为另纸。

得杭州李雁晴④（笠）所为《由字形考察未有语言文字以前人类表情之姿势》一文，阅评后当作书复之。

【注释】

①昧爽：拂晓，黎明。

②赵少侯：时任国立青岛大学外国文学系讲师，国立山东大学时迁教授。

③张绍忠：先后任厦门大学教授，南开大学和浙江大学教授、系主任。

④李雁晴：历任多所大学中文系教授，并曾兼任中州大学、厦门大学、中山大学中文系系主任。

1932年6月15日

晴，温润，华表七十二度。

夜与游泽丞谈四声。武帝曰："何为四声?"周舍曰："'天子圣哲'是也。"此外四字成语不能举出如此之巧合者。器儿云："'青岛大学'如何?"又"王道正直"亦合，为之囅然①。归翻顾氏②《音论》，其中有"按反切之语，自汉已上即已有之"（卷下页六），"汉时人未有反切"（卷下页十一），二语前后互见，则亦执柯伐柯之类也。录柬泽丞。

金甫来馈杭绸二端，却之不能，受之有愧，取与之际正未易言也。（坤平书来即复，复张荩谋信。）

【注释】
①囅然：高兴地笑。
②顾氏：顾炎武。

1932年6月16日

晴朗，华表七十二度，下午雰曀。

今日为予四十八初度①之日，晨粥素食，敬念劬劳之恩，益深鲜民②之痛。作寄内子书，馆舍家庭恬安无事，但通契阔而已。

晚诣金甫处小谈，金甫饭后课诸儿女诵诗，谓与余相同。其实余惟家居时课此以消永日，在外设馆不暇及此矣。

旅驱车访王子愚③秘书新民饭店不晤，投刺而归。阅《越缦堂日记》三册，子初辍读。

【注释】
①初度：生日之时。
②鲜民：无父母穷独之民。
③王子愚：王近信，时任山东省教育厅秘书。与黄际遇同时留学美国芝加哥大学。

1932年6月17日

晴，摄氏表二十三度，华氏表七十三雾。

晚阅书过度，不得酣睡。晨授代数二课，应付尚圆满。下课后杂事纷至，敷应一时许，使人昏昏。接陈作钧自汴①来书。

学生会提出条件五则：（一）免宿费；（二）取消二门不及格退学之学则；（三）改良图书馆；（四）反对不良教员（由各院系自动提出），容纳学生之同意；（五）制定校徽。移校长杨，三日内答复，同时公布议决案。细思此事与六月二十三日举行学年试验极有关系。晨致函金甫盼其善与折旋。

晨语学生研究之法有云：科学无空间性，然地球若搬家至他行星，则引力气体大变，则物理、化学两科，各有许多发明可作论文报告，若数学，则虽搬家仍是一样。以见发见创作之难也。

今日《大青岛报》报庐山会议，有肃清阎、冯②及请韩复榘表明态度二则。履霜坚冰③，此其渐也。大学膏火，挹注山东，月落乌啼，终非爽邱之乐耳。

晚赴王、沙两助教之宴，委托人事而已。

赵太侔自申④回，归途视之。夜竟日记二函。

【注释】

①汴：开封。

②阎、冯：阎锡山、冯玉祥。

③履霜坚冰：踩着霜时就考虑到结冰的日子快要到来。比喻事态逐渐发展，将有严重后果。

④申：上海。

1932年6月18日

雾。

多言多忿二事，自卸去校务之后，颇欲痛下工夫，自知工夫甚浅，不易铲除，乃用闭门之法，少见客少对人，或不至无过可思，无非可知。然究不能离群终日，追忆昨日对客之言，仍是口尖心急。（客有云："粤语'九'读如'狗'乎？"予即答曰："'狗'读如'九'矣。"客作色）悠悠黄河，吾其济乎？

晚应杜毅伯①、闻一多之招，饮于顺兴楼，同席陈季超②、梁实秋、杨金甫、赵太侔、黄仲诚、吴子春③、谭葆慎④、刘康甫⑤。七时许入坐，觥筹交错，庄谐横生，邻有俏歌飞笺应召，虽不藏钩赌饮，而一曲泠然，烦襟顿洗，信友朋之欢娱，尤旅羁之熨帖⑥也。同游者皆曰："久无此乐矣。"洗盏更酌已交子刻，归思浩然，急召车返，被酒甚，不能阅书矣。

晚致书姚君愨揭阳，约聘其少君万年弟来任化学教授事，书别存录。

【注释】

①杜毅伯：杜光埙，时任国立青岛大学中文系教授。1932年9月赵太侔

升为国立山东大学校长时他接任教务长职。

②陈季超：陈命凡，时任国立青岛大学秘书长。

③吴子春：又称吴之椿，1932年8月，国立青岛大学改名国立山东大学，陈命凡离校，秘书长由吴之椿先生担任。

④谭葆慎：时任国立青岛大学外文系教授。

⑤刘康甫：刘本钊，时任国立青岛大学总务长兼会计课主任。

⑥耤：古通"藉"，慰藉。

1932年6月19日

雾，午后暖鞯，华氏表七十度，闻津、济①各处已过九十余度矣。

早粥后访曾省之②，旋偕马师儒③（雅堂）、宋鸿哲④（智斋）入万年山。绕径漫行，曲折纡回，绿阴繁缛，历十余里，觅不见人，倾心纵谈，信友生之乐事。出山越登州路归舍，品书瀹茗，傍午始散，山中清境犹存胸中。

【注释】

①津、济：天津、济南。

②曾省之：曾省，时任国立青岛大学生物学系系主任。

③马师儒：时任国立青岛大学教育学院教授。

④宋鸿哲：时任国立青岛大学数学系讲师。

1932年6月20日

晴，午霁，华表七十三度。

张生云①复电及信，以父年老不能远就讲席为辞。坤平信来。

比日因年考在即，学生自治会赶紧成立，自治未遑，首务治校。向校长杨提出条件者五，限三日答复。限期过矣，乃组织大会欲以罢考相要挟。短兵行相接矣，杏坛之间，戈矛伏焉。友生之谊，敌寇视之。宇宙虽宽，侧身何所哉。

晚送金甫济南回，即得何仙槎②济南来电，属明晨到车站招待程天固君，予并未识程君也。阅《越缦堂日记》竟数册方就寝。

昨日《大公报》载中央委员陈果夫所提改革教育方案，全文如下③。按文法两科空疏麋蠹④，固为世所诟病，然国人尤喜为因噎废食之谈、食今不化之论。陈果夫所为云云，亦见其不学之甚而已，斯人柄国，国事尚可问哉？

【注释】

①张生云：张云，字子春。时任中山大学教授。张云1915年就读于国立武昌高等师范学校（现武汉大学），黄际遇是其老师，由此结下深厚的师生情谊。

②何仙槎：何思源，时任山东省教育厅厅长。

③全文如下：此处原贴有剪报。

④蠹：损害。

1932年6月21日

晴，华表七十七度。

晨驱车车站，招待程天放君，同来者程君之二少君，及李晓生君，皆粤同乡，前尝在五羊中山大学共事者。车驶海滨一带，群山环翠，折入公园，万木向荣，习习凉风，依依槐影，久居此地，犹为神移。矧①在初履斯境，来自嚣市者。程君午又来谈，托觅数间宅，为小住之计矣。

董大西②工程师复函云"科开堂面积有五分之一光线不成问题，大讲堂系半圆形，最易发生回声，惟后部提高，且有多数窗洞，墙面平坦面积极少，不致发生回声"云云。此答余科学馆事也。

晚学生大会竟以罢考通过矣。谁实为之，谓之何哉！

【注释】

①矧：另外，况且，何况。

②董大西：时为上海市政府首席建筑师，由学校特约其来青岛设计科学馆。1932年3月，国立青岛大学科学馆奠基兴建。

1932年6月22日

霁，华表七十七度半。

午为罢课罢考事赴校友会议，七时始毕会，归来已倦甚矣。休息至八时方能御饭少许，呼剃头者来，而危坐终日，体实不支。九时许走诣金甫一谈，校事不可为至此，二年心力，付之乌有，相对慨然。十时半微雨归舍，浴罢即就寝。

1932 年 6 月 23 日

阴润午霭，华表七十六度。

今晨校壁满贴标语，相率罢考。学校无法，只可宣布放假。辛苦教书，睹此结果，群谓教育失败。然或者有人谓为教育成功，伤哉。驰书报张幼山①，属自召其姑娘②归家。

下午杨金甫、梁实秋来谈。

晚酌微醺，门前小坐，槐阴暮霭，亦自悠然。黄淬伯③、王贯三④、郭贻诚⑤、费鉴照⑥诸同舍人，促膝弈棋，风生谈笑，羁愁顿洗，野景可亲。客有建言，整比筇屦，重入劳山⑦者，顾少伴耳。今人偕游，非异姓不欢，然则非少伴而少姝耳。予曰："姝，《说文》：'妇人污也。'《汉律》：'姝变不得侍祠。'段注：'谓月事及免身及伤孕，皆是也。'又有月事者以丹注面，则是姝已有独用之义，未便借用。"

【注释】

①张幼山：张鸿烈，时任山东省政府委员兼建设厅厅长。

②姑娘：张鸿烈女儿张正坤，时为国立青岛大学学生。时张鸿烈把其女儿的教育委托于黄际遇。

③黄淬伯：时任国立青岛大学中文系讲师。

④王贯三：时任国立青岛大学物理系讲师。

⑤郭贻诚：时任国立青岛大学物理系讲师。

⑥费鉴照：时任国立青岛大学外文系讲师。

⑦劳山：今称崂山。

1932 年 6 月 24 日

晴。

自昨晨昧爽未兴，已觉背脊腔奇痛，辗转维艰，今晨尤剧，至于非人不能跃坐，细模之其痛在尻，微有隆起之象。方知系前夕剃头之时，引颈仰面以就剃匠，全身不觉下垂，尻骨适为椅沿所支，遂罹此痛，斯亦石灰骨质随年滋长之候也。

今晨不须到校，反键寓室，丹铅授读，意殊欣然。日未中，校役急以群众环逼校长之讯来报，至是知不可久居矣。匆匆披衣，徒步出门，携《北江文集》自随，间道而行，抵热河路乃得车，驱往里人宏成发①处。甫进食举箸，实秋、太侔相继而至，共食之后，二君者复先抵诣金甫于黄县路重围中。余偃卧沙发，断校局不可为，不欲知校事矣。旋实秋又来，勫②赴不可为训之校务会议。未刻集会，亥终不决，实秋首退席，余忿而副其议，遂不足法定人数，沮丧散归。腐儒不足以共天下事也如此。浴罢而积块不消，已交子中，嗒然就寝。张幼山、朱造五等书来。

【注释】
①宏成发：广东潮汕商人蔡纫秋在青岛设的经营山东土产运销的店铺号。
②勫：纠缠。

1932年6月25日

晴。

昧爽即召车，并挈家器避潮宏成发。属门者勿通客。见披发于伊川，能不痛心于齐鲁之邦哉。

阅《北江文集》。得曹理卿①济南书，杨守愚天津书。

下午金甫、实秋来宏成发闲叙，同到四方公园，凭眺逾晷。复回店中同饮，宋树三来陪，亥初始散。并代采石坚约杨、梁两君明晚之饮。

对客之外，以北江为伴，录可爱者存之。

【注释】
①曹理卿：曹明銮，时任山东省建设厅秘书，是黄际遇在中州大学时的同事。

1932年6月26日

晴。星期。

晨接淅①驱车宏成发，手录北江数文。金甫来晤。李廉方开封书来。复杨守愚、张幼山书。采石送潮产鱼翅一副，命陈厨烹饪携至宏成发，招周尧廷、宋树三同饮。予以连日兀坐店中，往来皆以车，今日又抄书作字稍多，精神萎瘘。饭后携器儿、陈厨步行，偕树三诣源记少坐即归。卧阅《北江诗集》，未几抛书，颓然酣睡矣。闻张正坤、曹逸峰姑娘②来，不值。

【注释】
①接淅：带着淘过的米就走了，比喻行色匆忙。

②曹逸峰姑娘：曹理卿女儿，时为国立青岛大学教育学院学生。时曹理卿也把其女儿的教育委托于黄际遇。

1932年6月27日

晴，华表七十八度。付赏小十元，又加赏九元，又赏陈厨六元，又赏卢伻①二十四元，付家器②回家八十元，又买物十元，又家人年用八十元。

晨刘康甫、宋智斋来。张、曹二姑娘来。黄金鳌来（北平前新公园七号杨宅转）。

校中宣言有所谓非常学生会者，五天之前，逆料其行有隳突③之举矣。驰书幼山、理卿，属自召其二女归济，殊电报虽发而被扣，派车来接而不见。闻又以快信来召，张、曹二姑娘方克得讯，向该会乞假而不得批准，局促不敢行。虽不至曰人尽父也，然学生会一而已。逆父之命，所谓不孝，抗学生会，将不可以为人。然而猥使谁纠于千载之前，独被祭仲④之诛。斯事之不平者耳。

家器以明日偕陈厨坐"四川号"归家，与之讲示治家处事之法竟日。又为写行书数帧，将借以贻其友好也，但予不以巧书与世人龃齿相见者一稔矣。终日扃户少运动，迨晚甚倦，十时即睡。陈文松假归，郑锡福代。

【注释】
①伻：仆人。
②家器：黄际遇长子黄家器，时为国立青岛大学数学系学生。
③隳突：骚扰。
④祭仲：祭足，字仲，春秋时期政治家、谋略家。

1932年6月28日

晴，华表七十七度半。

晨家器偕陈厨回家，拟由太古"四川"船南行，余挈之至莱芜路而归，路晤刘康甫，知大局益纠纷，闭户不见一人，闻有十数人款①门两次矣。宋智斋归汴。

幽居无以自遣，以草书写《两都赋》，续昔年未竟之作也，腕力锐退，寸心自知。坤平书来。晚阅《北江文集》，冣②录二首。

【注释】
①款：叩，敲打。
②冣：聚集，积累。

1932年6月30日

在济南。
余既来，只得平心与何、张、赵①三君商量收拾之策，约翌晨往省府面各当道。午幼山招饮东鲁饭庄。余先赴建设厅访张筱台、曹理卿。饭后幼山、仙槎陪至胶济铁路饭店细谈校局，稍稍有办法。三时许至教育厅为王子愚、何仙槎、蔡子韶书屏对数事。晚理卿招饮东鲁饭庄。归途车中与幼山约明早同赴省府朝会。同至幼山寓视其夫人。

【注释】
①何、张、赵：指何思源、张鸿烈、赵太侔。1932年6月29日黄际遇应济南何思源、张鸿烈、赵太侔之约，赴济南商量校事。

1932年7月1日

在济南。晴，华表八十四度。
因故早起，不得不早睡，客馆多感，睡卧不安，至二时即假寐沙发，不复成寝。四时许幼山以车来，天方曙也。同至省政府见韩向方主席。又与张秘书长子仁、李民政厅长荫轩、王财政厅长筱帆、王实业厅长芳亭等商谈维持青大之事（未便记入）。并晤张工务局长子彬，旧时同僚半在此。

1932年7月4日

晚饭后仍往一多处茗谈，泽丞在坐，实秋后至。一多志笃学高，去世绝远，蒙兹奇诟，势不得不他就矣①。《石遗诗话》一部，一多检以还予者，即以为证重逢之券。坐中庄谐并出。予举厕屋联如"入来双脚重；出去一身轻"，工于写实。"沟隘尿流急；坑深屎落迟"，工于学唐。泽丞曰："此晚唐之作也。"又举"大风吹屁股；冷气入膀胱"一联，亦复骀宕。

一多新得《青草堂集》，云为燕人赵国华作，黎选《续古文辞类纂》，直隶只此一人，顾名不显于世。一多泰山之行，晤其孙曰显之者，以一多能举其所作言之历历，赵显之狂喜，遂以此集为赠。又闻称述其先祖有曰："先生眇一目，应童子试，与某生文并佳，有司莫能轩轾。遂召二童子前属对，谓先生曰：'一眼茫茫竟在诸君以上。'应曰：'众星朗朗难当明月之光。'遂擢先生第一。"一多又谓："先生为文，奇恣闳丽，定盦而后一人而已。"然集中曾无只语及定盦，殆不可解。假归读之，一多之言盖信，为札记数则而归之。

予近以研究一文，绞脑汁者月余。曾为及门语云："读书如长旅，研究如作战。"不意菁衫已先我得之。（以上初五清晨补记）

【注释】

①势不得不他就矣：闻一多向校方提出辞职。

1932年7月5日

微雨，午晴，华表七十五度。

晨起专伻一多处假《青草堂全集》读之。

午写《汪氏丛书》书跗一部。陈季超来。晚费鉴照来谈。夜阅《越缦堂文集》。

1932年7月6日

阴蒸，华表七十九度。

晨诣毅伯处，遇诸途。骈足栉肩周不住之山（土人名曰"信号山"）而谈，睥睨低昂，不知其不可也。归写书跗三十余册，不有博弈者乎，亦所谓玩物丧志而已。书寄内子并作示器儿。

下午季超来示金甫鱼电，属办结束备交代矣①，偕往毅伯处坐谈。实秋（北平东城大取灯胡同一号）闻讯，不愿久留，决以明晨北返。晚往中华书局，买《印谱》一部（二元六角），贺宋还吾新婚，便诣宏成发。归途往别实秋，骊驹载道，曷胜黯然。

【注释】

①属办结束备交代矣：教育部接受山东省政府建议，下令解散国立青岛大学，成立整理委员会，对现有院系重新做出调整，在校学生待甄别后再入校。

1932年7月7日

晴，华表八十零五度。清算赴济南公费六十九元一角三分。

季超来商校事，即拟电二通，分致济南赵太侔、何仙槎。傅肖鸿来话别（北平地安门内北月牙胡同十一号，其尊人号肄三）。

闻一多、游泽丞来谈，为述清代骈文家堪与容甫、稚存、莼客①伯仲者，有孔广森、杨芳灿、吴锡骐、陈维崧、曾燠（《赏雨茅屋》）、乐钧（《青芝山馆文钞》）、刘锡绾、张惠言（《茗柯文编》）、胡天游（《石笥山房》）、彭兆荪、王芑孙、毛奇龄、李兆洛、孙渊如、包世臣等，《四部丛刊》多存其集，尚有《骈文类苑》可考云。谈论兴发，因检前作《爰旌目诔》及《祭雷化云》视之。余久不以此示人矣。

为李君书《全唐诗文作家引得合编》书籤。

晚赴里人袁伦铨之招，饮于公记楼，李家驹②前辈适自旧都来，亦加入同席。余因受热，饮冰过度，回寓又纳凉竟暑，夜感咛痛，不能安寝。

【注释】
① 容甫、稚存、莼客：汪中、洪亮吉、李慈铭。
② 李家驹：清末官员，入民国后隐居青岛。

1932年7月8日

未曙雨声倾盆，晨晴。

晨感困顿，专伻购藿香正气丸于市，以生姜泡服一丸。早粥后能抄书。季超来。

卧阅《石笥山房文集》聊以永日。午与鉴照为接龙（粤曰"顶牛"）之戏，后得酣寝。毅伯来叩门，约以车游，则亦寄情校事，忐忑不安也。乃腹忽奇痛，不愿同往。邀邓仲纯①视疾，非用泻剂而已，竟日粥食，以半饿方疗之，亦颇奏效。里人陈朋初柬饮粤馆英记楼，以疾辞。

康甫来示金甫电，约留校相待。晚一多来谈，夜分始散。饮药散少许睡。

【注释】
① 邓仲纯：时任国立青岛大学校医兼任国文系讲师。

1932 年 7 月 9 日

　　阴雾，华表七十八度，晚疾风。

　　疾少间，季超、康甫来作长谈。仙槎书来云"校局几于不可为，主张停办。经政务会议维持改云国立山东大学，青、济两处分办文、理、农、工"云云。太侔来书，并云文理并为一院之说。余早已知之。

　　仲儿家锐①头痛，延仲纯诊。

【注释】

①仲儿家锐：黄际遇次子，其时刚到青岛，准备入读中学。

1932 年 7 月 10 日

　　阴晴，华表七十九度。

　　所下仍带红色，乃急服比麻油以泻之。朱造五信、坤平信、姚秋园（君懋）信、家信来。例作家书二通，甚感疲惫，不再作他书，然未裁复函件积二三十通矣。

　　午饭后无聊实甚，从赵少侯处假得留声机片，嘈切杂奏。旋傅肖鸿、蒋茄安来久谈。

1932 年 7 月 11 日

　　晴，华表七十九度。

　　晨疾动，仍服下剂以避痢也。季超来。仙槎书来。仲纯来诊仲儿。

　　阅沈从文①集，峻峭可爱，究仍太多自己扛轿之作。

　　竟日薄粥一瓯，晚尽《老残游记》，竟至丑初。书为刘鹗所著，鹗字铁云，清季丹徒人，约生于道光三十年（公元一八五〇年），戍死新疆于宣统二年。自语体文②兴，《老残游记》岸然走运江汉，炳灵之集不是过也。其写叙济南明湖居白妞大鼓书一传，妙在以不懂大鼓之人，描述所见所闻，状态恰到好处，的是写实妙手。至玙姑黄龙子琴瑟箜篌二段，乡壁虚造，行笔亦复空妙。

　　青岛大学济南工学院即前之金泉书院，《老残游记》第三回《金线东来寻黑虎》中有：

　　……寻着了金泉书院。进了二门，便是投辖井，相传是陈遵留客之处。再望西去，过一重门，即是一所蝴蝶厅，厅前厅后，均是湖水围绕。厅后许多芭蕉，虽有几片残叶，尚是一碧无际。西北角里，芭蕉丛中，有个方池，大约二丈见方，就是金线湖了……"你看那水面上一条线，仿佛游丝一样，发出似赤金的光亮，在水面飘动……"

　　"眼前路都是从过去的路生出来的，你走两步，回头看看，一定不会错了。"安贫子指点老残之语，老残能自道之。韩非知说之难，而卒客死于秦。老残亦成死西凉。不能自砭，悲夫。

【注释】

①沈从文：时任国立青岛大学中文系助教。

②语体文：白话文又称语体文、俗语，指的是以现代汉语口语为基础，经过加工的书面语。

1932年7月12日

　　晴，初闻蝉声，华表八十一度。

　　仙槎书来，报行政院主办校务整理委员会事。（家器初五早到汕禀来，广州电来，即复）实秋函来。一多、泽丞来。

　　病后间比次《汪氏丛书》。扬州蒋迦安在坐，云其里中尚传述容甫之妻通文事，因争论校勘事，容甫盛气之下以砚中之，致死非命。

《万年山中日记》第二册
(1932年7月13日—9月5日)

《万年山中日记》第二册·序

日记之为体,原无一定程式,自惟怠荒抱愧,蓬转为生,既深及身无能为役之忧,复怀儿辈豚犬[①]已耳之感,乃于执鞭之余,札记存之,并其篇目,以资取订。今世读书之事,乃至不易言矣。后生小子有不克相从向学,或株乡不获明师者,以予斯记,助其爬梳,敢云空谷之足音[②],聊比老马之辙迹。

【注释】

①豚犬:见"景升豚犬"。景升,东汉末年荆州牧刘表字。刘表与其子刘琦、刘琮皆碌碌无为,故世人用"景升豚犬"谦称自己的子女。

②空谷之足音:在寂静的山谷里听到脚步声。比喻极难得的音信、言论或事物。

1932年7月13日

华表八十二度半,夜雨作,旋止。

疾愈,不粒食者五日矣,举足出户,求抱曦光,脚腰无力,几绊于阈[①],甚苦吾衰也。

复仙槎电。致金甫南京电(昨晚发)。案上积函件二三十封。先寄家书,补昨日日记。考订容甫前妻孙氏死事,其谚所谓替古人担扰者矣。致陈硕友、黄云溪、蔡镜潭广州书。晚阅《艺舟双楫》[②]论文诸什,评语入昨日日记。

【注释】

①阈:门槛。

②《艺舟双楫》:书法理论著作,清代学者包世臣著。

1932年7月14日

辰刻华表已达八十一度,逾午八十四度,夜风。

早四时起床,为汪、包文评一则,七时出野外操步,归寓食牛肉丝粥,间以豆芽,五日不知肉味,格外感其甘美,而汗下涔涔矣,他处之热尚可言哉。

复张子春广州,李保衡武昌,蔡章儒苏州,赵新吾济南,马师儒、郭贻诚北平,宋智斋开封各处公事信十一通。室无记书,索书求托者纷至,斯亦稽古者之分劳也。

同舍人费鉴照治英文学,晚来告归乞言,为以"作任何事,必具趣味;立定一意,则须力行"二义报之。卧阅《畏庐论文》,十二时熄灯。

1932年7月15日

是日山谷先生①生日。华表八十四度,报载昨日宁沪室内达九十八度八,夜雨淅沥有雷。

四时不寐,兴,点乙《畏庐论文》,二日以来阅书作字较多,微有失眠之象,冉冉无成,滋可惧耳。剃头。

晚危坐案前听雨,朗读《太史公自序第七十》一遍,声未嘶而气已喑,口诵之功歇响者三十余年矣。自来文家皆不废诵读,刘海峰老亦不废,唯姬传②以老颓故尚日以柔气缓声出之,涤生③《训子书》以高声朗诵、潜吟密咏得文章之气若味,皆后生所宜取法也。

【注释】

①山谷先生:北宋诗人黄庭坚。
②姬传:姚鼐。
③涤生:曾国藩。

1932年7月16日

晨八十二度半,未刻八十五度,晡暴雨雷电交作,电线震断。

三时许梦中闻声嘈杂,甚恐小窃窥我也,谛审之,则鼠入室不得出,啮门棱有声,因此不克再寐矣。五时起,披衣出门,健步海滨公园。六时归寓已感闷热，惜夜雨之未沁也，憩槐树之下，阅近世数理论一小时。

写书跗二时许，琳琅满架，大半唾手可检矣。方拥周家禄彦昇《寿恺堂集》假寐，金甫键扉而入，别来二旬矣，为言昨日在济会议，究竟今年仅招理工一年级生等等。即书示家器、文女。

下午入市购草笠（青市制，二元二角）。往宏成发小坐即归，答金甫之拜。季超来，羊①电来。校事诸待整理，自来周起，有事公务矣，虽欲常伴残书，其可得乎。

前月侍章太炎先生来国学说经。闻一多竟比太炎于扬雄，可谓言人所不敢言者。

【注释】

①羊：指广州。

1932年7月17日

星期，晴，华表八十四度半，未刻八十五度。

五时兴，往视科学馆工程①，此金马石渠之署也，润色鸿业，非异人任矣。倚树诵北江文移晷，早粥俱忘，雨过天青，山色自可餐也。以篆书写书跗如干种。

午浴罢，韩生宝珍来，托挈仲读。②睡不得熟者数日矣，适极酣，梦见慈颜③坐南北厅廉前，然神至倦。呜乎可慕也已。

夜微雨中访一多大学路，泽丞与焉。泽丞为谈其乡人某喜为灯谜，就所记者录之……

访金甫、太侔。九时返舍。

阅李调元《赞庵赋话》（乾隆四十三年李自序。光绪七年沧雅斋刊本），百衲成衣，并无穿插。即付还一多。读纯客、容甫文。夜雨。

【注释】

①科学馆工程：科学馆是国立青岛大学时动工兴建的，1933年竣工。

②韩生宝珍来，托挈仲读：韩宝珍，国立山东大学数学系学生，黄际遇托韩关照其次子在青岛读中学事。

③慈颜：母亲的容颜。

1932 年 7 月 18 日

晨阴,午八十二度。

入山听泉,潺湲可诵,蛙鸣聒耳,反移我情。函孟礼先购《北江集》。答黄金鳌电函。

二十日来,未尝到办公室,晨往巡察一周（生物系谢冶英在）。入图书馆浏览一小时,见有孙梅《四六丛话》、蒋士铨《评选四六法海》（原选王志坚万历庚戌进士）、《纪文达公遗书》《桐城吴先生日记》《孙渊如集》《洪北江全集》《清容居士集》《顨轩孔氏所著书》,皆所愿见者也。拟分别借读。

协同校长杨、教务长赵处料校务。日中退食。

下午开招生委员会（出席者赵畸、潘垂统及予三人）,拟定八月十日招考,七月二十五日交题。往晤汤腾汉,未面。

晚泽丞、毅伯来谈。读任昉文,浴寝。

1932 年 7 月 19 日

晴,八十二度。

晨出吸纳,便视曾省省之,约试题事。早粥后往研究室办公,午商校务,归寓已一时矣。午睡后,觉心中尚有许多未办之事,看书无从看起,仕与学不可得兼也。

下午调查风潮始末及参加工作者。"先民有言,询于刍荛。"（原诗意不如此）故所谘访之范围极广,至夜十二时方息,头已微眩矣。

1932 年 7 月 20 日

晴,八十四度,夜雨。

晨五时三刻兴。竟日理董①甄别事,夜倦之极,每餐皆以啤酒助馒头,计不饮酒者十二日于兹矣。金甫以团扇见贻,盖得之历下②书摊者,人弃我取,是之谓欤。

读《后汉书·儒林外传》,集句为联:

遁逃林薮,怀挟图书,采求阙文,补缀漏逸;修起太学,稽式古典,网罗遗逸，博存众家。

居今行古任定祖（任安）；说经嗜酒杨子行（杨政）。

【注释】

①理董：整理。

②历下：指济南。

1932年7月21日

晨暖曦，晴，八十三度。

走送傅肖鸿之燕①，已启节②矣。晚所集《儒林传》二联，可赠杨金甫祭酒也，即柬报之。家书来，张幼山书来，张绍涵书来。函黄金鳌、李保衡、宋智斋。语云："知人论世，夫颂其诗，读其书，不知其人，可乎？"抽沈约《宋书》节录。

晚访一多，已兑清华之约矣。聚首经年，分襟有日，况在同心之友，怆怅奚如。

觅车往送张采石归汕③，便诣源记、宏成发一坐，偕纫秋④来谈至夜分。斜月在檐，读沈约《宋书·自叙》。

【注释】

①燕：指北京。

②启节：古代使臣出行，执节以示信。后因谓侍从引驾或高级官吏起程为启节。

③汕：指汕头。

④纫秋：蔡纫秋，潮汕商人，宏成发店铺的东家。

1932年7月22日

阴，暧曦，八十三度，夜雨。

上午构思理工院生入学试题，午脱稿，须考后方可登记。发张幼山、刘恺兼、章辑五信。

点《后书①·光武帝纪》。晚读萧选②第九卷，颇致契合。楼居不窥园者一日勉矣。黄生几与古会之。

【注释】

①《后书》：黄际遇习惯将《后汉书》省称为《后书》。全书同，不再

出注。

②萧选：《文选》，又称《昭明文选》。

1932 年 7 月 23 日

晴，八十三度。

晨起检还图书馆各书，再揭借《纪文达公遗书》《洪北江全集》《清容居士集》。实秋来。上午整理《科学丛刊》稿件，付上海科学公司代印，兹事颇费料检之劳。录书汪、包文复一通并订正数事。

下午稍息后，赴第二次甄别委员会，被甄别者六十七人。至晚八时方闭会，全神所注不觉疲倦。金甫待饭顺兴楼，散局后偕季超、迦安品茶宏成发。归寓夜分矣。甫睡即寤，达旦不克安眠，脑筋皮肤有麻痹之象，始知用神过度也。

1932 年 7 月 24 日

星期，晴，八十二度半。是日六一先生①生日。

清晨信步一周，已觉蒸闷，青岛如此，各地更不可堪矣。愈不能看书，看《北江文集》等过焉遂忘。写家书（十七日家信来）。

午往宏成发小饮，未正归卧山中。晚金甫招往福山路校舍，招待蒋梦麟夫妇、何仙槎夫妇。座上有吴之椿、太侔、实秋、迦安，饮少而屋敞，尽欢而归。

【注释】

①六一先生：北宋政治家、文学家欧阳修。

1932 年 7 月 25 日

晴，八十三度。万年电来辞教席。

晨携《文学史》往宏成发，为同乡诸少年讲古文辞一小时，午留饭。下午接船归寓，坤平到。

1932 年 7 月 26 日

晴，午八十二度。汤腾汉来，商定化学教授并以箑①索书。

晨办公，决定聘约各事，电约李先正保衡（武昌宫门口二十八号）八月十日来青担任数学。②

约何仙槎伉俪晚来校舍便餐，托金甫代约蒋梦麟夫妇。午回舍。

晚吴之椿、赵太侔、杨金甫、何仙槎夫妇来饮于此，粤厨乡味，颇恃时晷，鲁酒渗水，心脾羽化。饭后同至蒋梦麟祭酒处。蒋君谓余所在公园晤一卖瓜老者自云识余，言之历历。因忆及大学道旁蹒跚一老，予亦息肩绿荫，与话桑麻，虽曾班荆③，却未投刺，而彼已心识矣。酒逢名士饮，礼爱野人真。今夕何夕，见此良人。

雷局长法章④约明午饮（汇泉四号开林德）。鸿烈⑤约明晚饮。

【注释】

①箑：扇子。

②决定聘约各事，电约李先正保衡（武昌宫门口二十八号）八月十日来青担任数学：国立青岛大学数学系1930年建系，当时系里唯一的数学教师是黄际遇，他包揽了数学系的全部课程，即微积分、代数解析、立体解析几何、数学演习4门课程。第二年度引进的讲师是宋智斋（字鸿哲）；李先正（字保衡）是第三年度引进的讲师。

③班荆：谓朋友相遇，共坐谈心。

④法章：时任青岛市教育局局长。

⑤鸿烈：沈鸿烈，时任青岛市市长。

1932年7月27日

晴，午八十三度。

午饮于海边，归得一睡。杨筠如来久淡。发各处应复电信后，赴迎宾馆之宴，俗所谓提督楼也，可设备华丽之观，极骄蹇之能矣。

1932年7月28日

阴，八十二度。太侔来谈聘约事。为魏资重函崔景山荐教席。

比来暑假寡人事，颇以诵读自振，常阅《越缦堂日记》及《北江全集》者。考核一人所著之书，可以得其进德修业之法。不然，直不知古人之成学，从何致力也。尤喜阅读书杂记等书，不然，直不知读书怎样读法也。

毅伯来，约明晚陪蒋祭酒饮粤菜馆，并代定菜单。

1932 年 7 月 29 日

晴，八十三度。

为儿辈讲《后书·范式（巨卿）传》一通。晚赴公记楼杜毅伯之招，乡厨甚美，同坐蒋梦麟夫妇等。

下午校印试题，并约行校事数起。校长属后日赴北平办考①。适传肖鸿自旧都来，云每日总在九十四度以上。暑威隆隆，毛发为悚，非不夙夜，畏行多暑耳。

【注释】

①赴北平办考：国立山东大学的学生大多来自北平、济南、青岛、山西以及四川等地。此为校长赵太侔亲赴北平招生，亦或约聘教员。

1932 年 7 月 30 日

晴，八十三度。毅伯来，金甫来。金生秉时电来。

早起往送蒋君北行，已命驾矣。早行山中，已被汗不胜。早粥后诣一多，求为先慈作像赞①，闻君谦让再三，乃拟转商陈寅恪君代其尊人伯严先生②题耑，当写事略付之。

九时往研究室制定：（甲）各系课程表；（乙）课程分类表；（丙）课程分配表。投送杨、赵二君，并缮函校长辞文理院院长事③，函不存稿。

晚为儿辈讲《蔡琰传》。晡后住杜毅伯处谈一时而归，阅渊如④集。

【注释】

①像赞：为人物画像或人的相貌所作的赞辞。

②伯严先生：陈三立。

③并缮函校长辞文理院院长事：国立青岛大学整理委员会 7 月 15 日在济南举行会议，决定将文、理两学院合并为文理学院。学校聘黄际遇为文理学院院长。

④渊如：孙星衍，清代经史学家、考据学家、金石学家。

1932 年 7 月 31 日

星期，晴，雾曀，午八十三度半。智斋电来："李君可就①。"

晨为毅伯及其尊人履平先生写便面②二事。

晚陈季超来，多皴忧之语，极慰之。奉职如陈季超，委实错也。

【注释】

①李君可就：宋智斋赞同聘任李保衡。

②便面：扇子的一种，亦泛指扇面。

1932 年 8 月 1 日

晴，八十三度，蒸热。

早睡未酣，一蝉独鸣，音高以亢。我非蝉，亦有知其凌风高视，骄骄独鸣时得意之概也。

张盖谋、孟礼先、金秉时（上海愚园路云寿坊十七号）、魏元光院长（天津工业学院）、中国数理学会（北平，日期八月二十二至二十四日）函来①。王恒守君（浙江海宁斜桥镇），张召忠（浙江嘉兴马库渭镇）。

今日温度不加高而潮热实甚，挥汗如雨。午赴校办公，挈仲往青岛医院并趋慰季超，归来为之废读。检出庚午年所为《家慈登寿八十有六征言略》一文，督平儿缮写一通，托一多带诣燕城，请师曾②六弟寅恪为遗像赞，署伯严先生款。

晚赵少侯祖一多之道，实秋、太侔、泽丞及予作陪，金甫同赴席。即归，订完聘李宏斋、王恒守③事，归校舍十时矣，热尚未解。

儿辈欲往观水族馆，乃共驱海滨公园，有亭翼然，画栋朱栏，逼真大内。晦日亥正，潮方怒长，断岩悬石，搏击有声。遵海滨而行，下上低徊，俯焉拾级，仰焉攀岩，新馆在望，星电争辉，而馆门将闭矣。以刺诣之，优待有加，蛇行曲巷之中，蠖屈长衢之径，游鱼可数，伏甲不飞，容舆漾漪，别有天地，斯时游者依稀，龙潜蠕动，致抱珊瑚而长终矣。甫出洞门，凉风习习，披襟挡之，真不知人间天上，今夕何年。

【注释】

①函来：中国数理学会邀请黄际遇出席中国数理学会年会；张盖谋、孟礼先、金秉时、魏元光院长分别相约参加中国数理学会年会。

②师曾：陈师曾。陈三立长子，陈寅恪之兄。留学日本时与黄际遇为同

舍密友。

③王恒守：当时刚聘为国立山东大学物理系教授。

1932年8月2日

晴，八十三度半，食瓜。

晨卯初兴，往送杨金甫往北平办考，临岐怅惘，不胜我情。

晚游四方公园，甫出市外，万家已灯，乱山如画。列樯蔽空，烟突立也，众鸟归巢，织女散也。伐木丁丁，木屐骄也，鸟鸣嘤嘤，白鸽飞也。辘辘远听，晚车到也，皇皇出疆，载贽来也。四方市区，隶治青市，工厂栉比，自总站西车，此为第三站。四方机器厂某君，颇具匠心，于路轨之旁，辟为公园，地虽无多，而穿插有方，钩斗成趣，同游斯园者，亦有山阴道上奔赴不尽之感，清风满袖，披星而归。

1932年8月3日

晴，八十五度半，西风，今日温度最高。水荒。

晨六时往送傅肖鸿往北平。归舍补作游记。早点后赴校办公，新易院长室在第二校舍东，尚隅轩爽可爱。吴之椿就秘书长职。复金秉时、靳宗岳信。往青岛医院为儿辈问疾。

今日觉热甚，席地箕踞。未刻胡家凤来。晚毅伯、季超来，见客亦殊苦。浮李沉瓜，终日废读，今夏尚以今日为始也。

1932年8月4日

晴，八十六度半。

晨诣之椿、太侔，商答复聘约事。

1932年8月5日

未午八十六度，未刻八十八度，破去年以来纪录。

晨诣市政府路报胡家凤之访。办公二小时，午归校舍，剖卤瓜论文，余甘在脾。竟日因暑废读。

晚同往观电影，一群水兵互斗而已。鲁人猎较①，孔子亦猎较，为之失笑。

【注释】

①猎较：争夺猎物。

1932年8月6日

晨八十四度，八十六度半。是日郑司农①生日。

毅伯早行，卯刻过校舍立谈片刻，为言文学院教员星散事。为之杞虑。

八时到校，闻王子愚夜车已到，即往新民饭店一面，同来者有孔静庵、李瑞轩夫妇，即迎至校舍小住。归校舍整理杂务，太侔来坐谈。

十里香荷初雨后；一枝红杏报春来。

应平儿索句书楹联付之。

【注释】

①郑司农：郑众，字仲师，经学家称先郑，以别于后汉郑玄。

1932年8月7日

八十六度。

晨往宏成发一谈。归约太侔邀请济南诸友（何夫人、孙静庵、王子愚、李瑞轩夫妇）晚酌公记楼。并约实秋、毅伯、少侯、之椿陪，酒肆热甚，谈锋为之不锐。

1932年8月8日

立秋，七夕，晨八十三度，八十六度。

辰正方起，急往办公室照料各事，笔虽在手，而汗喷满身，十时急归，食卤瓜而甘。

1932 年 8 月 9 日

八十六度。

晨往宏成发，归发北平各信，为中国数理学会报告事。晚率儿辈看《生死夫妻》电影并《五十年后世界》预片。

1932 年 8 月 10 日

八十六度。发李宏斋、王咏声信。

试题如下①：

國立青島大學二十一年度入學試驗英文試題

I. Name all the English books you have read.

II. Explain the following idioms and phrases:
1. to put up with
2. to come to points
3. a Jack of all trades
4. to beat about the bush
5. to show off
6. to take in
7. in fine feather
8. to take the chair
9. to turn over a new leaf
10. on all fours

III. Supply a proper preposition in each of the following:
1. influence———a person.
2. influence———a man's action.
3. quarrel———two persons.
4. busy———work.
5. displeased———a person.
6. displeased———his conduct.
7. proud———his position.
8. preferable———something else.
9. examine———something.
10. frighten———submission.
11. furnish a person———a thing.
12. furnish a thing———a person.
13. glance———an object.
14. glance———a letter.
15. mourn———the death of a person.

IV. Write 300 words on the following topic:
"The Meaning of College Education"

【注释】

①试题如下：这份试题名为"国立青岛大学二十一年度入学试验英文试题"，实应为"国立山东大学二十一年度入学试验英文试题"，或"国立山东大学首届学生入学试验英文试题"。

1932 年 8 月 11 日

八十三度。晚看人道片。

國立青島大學二十一年度入學試驗代數幾何平面三角試題

1. a. x^2-3x+2 之因數爲何？
   b. 命 $y=x^2-3x+2$，則在 $x=1$, $x=1.1$, $x=1.09$ 時 y 之值各幾何？
   c. 求 $y=x^2-3x+2$ 之曲線略圖。
   d. $0.9x^2-3x+2=0$ 之二根爲何？
   e. 欲令 $x^2-(3+a)x+(2+a)=0$ 之二根相等，a 應爲何數？
   f. 欲令上方程式之根爲實根，a 應在何界限？

2. 有三角形，其三邊之長 x,y,z 滿足於下之聯立方程式：
$$\left.\begin{array}{r}x^2+y^2+z^2=29\\8xy=3z^2\\x+y=mz\end{array}\right\}$$
   a. 問在 $m=1$ 時，三邊之長各幾何？
   b. 問在 m 爲任何數值時，三邊之長各幾何？
   c. 問在 m 爲何種數值時，方能實有此三角形？
   d. 以 x,y,z 爲三邊之三角形之作圖法如何？

3. a. 以 a,b,c 爲三邊之三角形，其面積之公式爲何？
   b. 此三角形之內切圓之畫法如何？外接圓之畫法如何？
   c. 此內切圓之面積若干？外接圓之面積若干？
   d. 內切圓與外接圓之面積之差若干？

4. 解下之三角方程式：
$$\cos\theta-\sin\theta=1.$$

命此试题费时达六时，间用思甚苦，盖不愿出书本之题，使考者徒碰运气。必须能真察其程度之题，非构想细敲不可也。任初自记。

1932 年 8 月 12 日

八十二度半。

國立青島大學二十一年度入學試驗

(下列四種試題，任選二門。但數理學系，土木工程系，及機械工程系，必考代數及解析幾何，或物理學，化學系必考化學，生物學系必考生物學；餘一門任選。)

物理學試題

1. 磁針何以能指南北？所指者果爲地球之眞南北否？試詳述其理。
2. 何間速度？何間加速度？速度之單位爲何？加速度之單位爲何？有足球員以每秒480m(公尺)之速度向北前進奪球，其每秒之速度幾何？忽急轉其方向，以原速度向南突進，測得所需之時間爲2秒鐘，問此間速度最小之時在何處？加速度最大之時在何處？其間平均加速度幾何？是正是負？
3. 試述Ohms' law；今有導線之抵抗200欧(Ohm)，其兩端之電勢差100弗(volt)，問通過之電流若干？
4. 說明溫度計之製法；設攝氏表十度時，華氏表及列氏表各爲幾度？

生物學試題

(答案務求簡單，每題勿過三分鐘)

1. 何爲世代交替(Alternation of generations)？
2. 何爲雙名法(Binomial nomenclature)？
3. 何間寄生(Parasitism)，何間共生(Symbiosis)？
4. 孟德爾(Mendel)對於生物學上有何貢獻？
5. 受精卵爲幾細胞所合成？
6. 瘧疾係何生物所致，且由何傳染？
7. 何間代謝作用(Metabolism)？
8. 植物在夜間有無光合作用(Photosynthesis)？
9. 植物呼吸作用如何？
10. 香蕈蘑菇屬於何類植物？
11. 略述花之各部。
12. 維管束對於植物本身有何功用？
13. 植物之根毛有何機能？
14. 麥爲雙子葉抑爲單子葉植物？
15. 海參，鮑魚，對蝦，海蜇，各屬何門動物？
16. 蚯蚓有無雌雄之分？
17. 略述蠶態的程序。
18. 昆蟲與蜘蛛有何分別？
19. 昆蟲與魚各用何種器官呼吸？
20. 水螅生殖方法有幾種？
21. 鼈卵能否變魚？魚卵能否變蛤虫？
22. 章魚與鯨魚各屬於何門動物？
23. 草履虫，珊瑚，變形虫，海綿孰爲單細胞動物？
24. 交感神經支配身體上何種器官？
25. 略述血液的成分。
26. 何間動脈？何間靜脈？
27. 人的心臟有幾心耳心室？
28. 胃液酵精，唾液能消化何物？
29. 人的脈搏每分鐘有若干？人的温度普通爲若干度？
30. 腎臟(Kidney)有何機能？

代數及解析幾何試題

1. 求 $\left(\frac{4x}{5} - \frac{5}{2x}\right)^9$ 之展開式之前五項。
2. 求函數 $x^3 - 3x^2$ 之極大極小，且畫圖表示之，因以討論方程式 $x^3 - 3x^2 = a$ 之實根之個數，但 a 爲實數。
3. 表示直線之方程式有幾種？
   若取 $ax+by+c=0$
   $a'x+b'y+c'=0$
   以表直角坐標之二直線，則其相交之條件爲何？
4. 在橢圓 $\frac{x^2}{a^2}+\frac{y^2}{b^2}=1$ 上一點 (x_1, y_1) 之切線之方程式爲何？
   在橢圓 $\frac{x^2}{c^2}+\frac{y^2}{d^2}=1$ 上一點 (x_2, y_2) 之切線之方程式爲何？
   此二橢圓之共通切線之方程式爲何？但 $c<a$，$b<d$.

化學試題

1. 水蒸氣通過燒熱之鐵屑，則生氫氣及四氧化三鐵；氫氣通過四氧化三鐵，則生水蒸氣及鐵，試言其理，並用化學方程式表明之。
2. 寫下列物質反應之化學方程式：
   a. 銅與硫酸，
   b. 氫氧化鋅與氫氧化鈉，
   c. 氫氧化鋁與鹽酸。
3. 一氧化炭與二氧化炭性質之異點安在？設二氧化炭通過石灰水起何變化？試詳言之。
4. a. 玻璃及瓷器之原料各爲何物？
   b. 肥皂是爲何種化合物？
   c. 何間硬水與軟水？
   d. 何間王水？
   e. 所謂十四開之金，含有若干純金？

是日下午，慧空乘新疆輪南下就學，小住爲佳，臨岐依依，亦復可感。晚王貫三招飲順興樓，赴席前在宏成發憩息，臨時小飲而後往。李先正保衡到校授數學，李君武昌師範大學畢業。同學也來此，更張吾軍矣。

王子愚、孔靜庵、李瑞軒諸君來訪，趙少侯來。

邓以从由济带来《北江集》一部，德州卤瓜一只。入夜辗转，鸡鸣方寐，思潮辘轳，不能自解。

1932 年 8 月 13 日

八十二度半。
招保衡早粥后同赴校料检各事。十时赴泽丞处一谈。

1932 年 8 月 14 日

八十一度半。
是日评阅入学试卷，计青岛五十一卷，济南七十五卷，北平五百七十三卷。上午仅能尽济南一部分。午往公记便餐，餐后车游一小时，归已将莫。晚寻泽丞谈①。

【注释】
①晚寻泽丞谈：黄际遇连续与游国恩（泽丞）交谈，较为鲜见。

1932 年 8 月 15 日

八十二度。
是日评阅青岛新生试卷。发慧空信。谭天凯祭酒来信，即复。夜凉月朗。

1932 年 8 月 16 日

中元。
是日评阅试卷①：与李保衡分阅数学；王贯三、郭贻诚分阅物理；汤腾汉阅化学；曾省之、秦素美阅生物学；梁实秋阅英文；李云涛、游国恩阅国文，延沈从文助之；杜毅伯阅中外地理、历史，延郭君助之。傍晚始散，倦甚。

【注释】
①是日评阅试卷：教员星散，人手不足，审阅入学试题也需教务长、学院院长、系主任参加。

1932年8月17日

　　竟日评阅，相约十八日前完工，赶十九日开会，因余二十日将赴北平也。泽丞得一国文卷，定八十分，满座传观，题曰："近代文学多受科学之影响，试加以论谬。"场中作此题者不及十本，此卷文笔清洁，论证亦脚踏实地，可谓了然于文学科学之间者，志愿为数理系。群举以相贺，以余之得佳士也。（三十日自京回，闻此卷为四川籍生作）

1932年8月18日

　　各科卷次第阅完。余抽阅一国文卷，与泽丞各定分数而测较之，余定三十分，泽丞定二十分。从文亦抽出一卷，三人分阅之，余定七十分，泽丞定六十八分，从文定八十分。以见优劣之评大致不差也。

　　注册课算定分数，子声丁丁喧于市贾矣。晚随同人痛饮公记楼，蔡子韶来同席。

1932年8月19日

　　是日开成绩批评会，吴之椿、赵太侔、梁实秋、汤腾汉、曾省之、杜毅伯并余为委员。假定平均三十五分以上者为及格。

土木工程系	投考人数	151	及格	50
机械工程系	投考人数		及格	14
数理系	投考人数	89	及格	18
化学系	投考人数		及格	22
生物学系	投考人数	202	及格	17

　　各生智能平均以土木系为最高，数理次之，机械化学又次之，生物最低。初议定土木系录四十分以上者二十五人，机械二十人，数理二十五人，化学生物各如其志愿之数，明日尚须复议，大体已定，余不克出席矣。

1932年8月20日

早六时即往车站,候七时西行快车。因郭彬龢①挈眷移馆清华,需余头等车票过磅(来往票七五折,六十五元五角),减其溢额之负担也。王贯三、李保衡、仲儿同车送至车站。下午五时半到济南,即改坐津浦快车加快,车价二元四角,卧车四元五角。

【注释】

①郭彬龢:原为国立青岛大学文学院教授,转到清华大学任教。

1932年8月21日

午十一时五分抵正阳门,一别二年有奇矣,铜驼别来无恙否。登车不数百武,傅孟真远来相迓①,盖几相左矣。乃同至东兴楼午餐,方知傅宅已移(后门外前铁匠营二号),远在北阙西北,而开轩爽朗,林木荫翳,门少俗客,室富藏书,诚佳宅也。

余沐浴更衣,即往邓叔存②宅寻邓仲纯,云四川药物及医方已寄去,慧空所托也。询杨金甫所在,则秘而不宣,但云今晚到哈尔飞戏园看小翠花戏应可见面,不得要领,怏怏别去。诣王献刍处(西城石板房二十二号),王君夫妇相待甚殷,欲余移住其宅,然已住傅宅,心领厚意而已。晚王君招饮春华楼,柯君、张少涵、杨立奎同席,方少峰有客,黄象文不晤,不克来。

晚饭后往戏园寻金甫,并无其事。余不愿观花衫戏,又以傅宅太远,入夜不便,时已亥初,驱车而返。谁知此后更不复见金甫也。

【注释】

①傅孟真远来相迓:傅孟真即傅斯年。此次新的国立山东大学教学方向急转弯,要在9月15日正常开学,邀聘师资人才加盟成燃眉之急,黄际遇利用参加中国数理学会年会机会,居住于傅宅,以自己及傅在平津的人脉关系,聘得高水平的师资,傅亦倾尽所能,不负所望,协助学校渡过最困难时期。迓:迎接,迎迓。

②邓叔存:邓以蛰。美学家、美术史家和艺术理论家。是清代大书法家和篆刻家邓石如的五世孙,邓仲纯之弟,邓稼先的父亲。

1932 年 8 月 22 日

　　早访吴柳隅（地安门外织染局五号）。
　　午赴中央公园水榭数理学会年会，交会费十元。到会者四十人，经年良友一旦聚首，其乐可知。冯汉叔①、顾澄②皆二十余年数学宿将，亦以斯会识面，互道倾慕之忱。席间余致词，以贤妻良母为同人勖，极蒙激赏。孙国封（北平大学工学院院长）起言称余为老师，群相惊讶，盖国封为民元二年天津高工本科生，今已成名也。③午餐后举行年会。吴正之④招同车往清华，晚宿其家。

【注释】
①冯汉叔：冯祖荀。创立北京大学数学系，是中国现代数学教育的先驱。
②顾澄：民国时期政治家、数学家。
③孙国封（北平大学工学院院长）起言称余为老师，群相惊讶，盖国封为民元二年天津高工本科生，今已成名也：黄际遇1910年毕业于日本东京高等师范学校，同年回国，任教天津直隶高等工业学堂，孙国封1912年就读该校。
④吴正之：时任清华大学教授。

1932 年 8 月 23 日

　　晨访冯芝生、孔云卿于清华住宅，皆十年老友也。芝生为觅车访陈寅恪于西山卧佛寺龙王堂，车行三十里。西山为九城名胜，余从青岛来，饱餐青山滋味，故不觉其可喜也。抵寺前下车，车夫告余曰："此君为清华教员，汝询何人，问之可也。"余曰："访陈先生。"一客曰："我即陈先生。"面貌依稀似尝相识，嘻，此二十六年前江宁①中正街余在师曾宅所认识之陈老六也，时年十六，相与甚欢，临行老六以《张濂亭集》为赠，并署曰："他年相见之券。"今各年过四十矣，执手茫然，如梦如醉，古松之下，纵谈移时。其夫人烹饭酌酒，午后同游西山而归。抵吴宅已薄暮矣。梅校长②招往清华园便饭。
　　与胡沇东③诸君弈棋，所向披靡。

【注释】
①江宁：指南京。
②梅校长：梅贻琦。

③胡沇东：时任清华大学教授。

1932年8月24日

早，正之邀往拜清华数学教授孙鎕光远、郑之蕃桐荪、熊庆来迪之君。九时宣读论文，会务各节，略见《大公报》。午饮清华，拍照后返北平傅宅。

晚赴席，作东者冯汉叔、张贻惠、顾澄、赵进义希三、孙国封、程春台（师大）。夜与孟真听雪艳琴戏。

1932年8月25日

晚聚餐撷英馆。午柯君招饮。

1932年8月26日

午陈可忠、钰哲约饮中央公园来今雨轩。晚刘楚青、江泽函约饮撷英馆。方少峰、陈仲骧招饮方宅。下午在东安市场听清唱。

1932年8月27日

晨十时在师大讲演，讲题为："怎样研究数学？"假期之中听讲者达百人，北京信为学府之区。余亦为之感发，议论风生，十一时半始下讲。艾一情约饮艾宅，有文元模、白鹏飞、王献刍、方少峰同坐。又午赴徐侍峰庆林春之饮，查勉仲①、薛培元、余兰园、汪敬熙、赵希三、马雅堂诸同人，皆先后河南大学同事者。不觉纵饮而醉，归傅宅小睡。晚又赴夏元熛之招饮于新丰楼。夜听梅畹华②《秋胡戏妻》，极响堂。

【注释】

①查勉仲：查良钊。曾任河南中山大学校长。

②梅畹华：梅兰芳。

1932年8月28日

　　料检各事，午赴柳隅之招，同坐皆外交界人物。饭后回傅宅，与孟真语别。即往献訇宅少坐，为书一联曰："来与江山添掌故；自应宾主尽心知。"订期而别。至车站，王献訇、傅孟真、马雅堂、徐侍峰远来送别。刘康甫同车，卒不见金甫。

1932年8月29日

　　王硕甫来。晚蔡纫秋来。
　　晨九时抵济南，须候车至午刻，乃往购书，计平、济①两处买得书十余部，分别签记。又槲木如意一架，曲阜孔庙名产也，索直八金，即予之。
　　晚十一时抵寓，慧空已来信四通，备极伤感。仲儿已隽入高中一年。
　　【注释】
　　①平、济：北平、济南。

1932年8月30日

　　是日王深宁（名应麟，号厚斋，宋人）生日。
　　晨写信十余通，晚往宏成发弈棋。

1932年8月31日

　　晨往校料检公事，午归卧，小倦。晚休息弈棋，与王咏声对弈胜。

1932年9月1日

　　晨补写日记，清理书札。午酌而酣，检签平、济所购书籍。

1932 年 9 月 2 日

　　晨整比书籍，写京、济带来各书书跗。慧空书来，颇多伤感。下午实秋来代约讲演事，订期九月十一日星期日讲演。蔡子韶、游泽丞来谈。晚与王咏声弈棋六局，借以消闷。

1932 年 9 月 3 日

　　晨偕保衡往市购得沙发椅一只，直十六金，亦以解嘲而已。
　　下午访游泽丞新寓，访杜毅伯，不晤。偕贯三、贻诚、咏声同车往湛山太平角，席沙而坐者久之。已感新秋，下海者不多，士女三五，落落跣足拥抱，点缀风景而已。

1932 年 9 月 4 日

　　星期，晴。
　　晨为保衡及曹敏溪书屏对数事。贻诚以其尊人郭家声刊石先白《忍冬书屋诗集》一册见贻。夜发慧空书，下午发家书，晚阅各家骈文。

1932 年 9 月 5 日

　　晴。
　　晨偕腾汉往寻毅伯，商量化学教员事，方知往济未回。往图书馆阅书，青年会举行象棋会而棋风大扇。清华入学考试，国文题有对对子一事，陈寅恪主考。昨晚贯三忽以"月旦"命对，今晨始得"花朝"以应之，贻诚称善。（又可对"花晨"，语出褒书，不可为训矣。）
　　下午吴之椿招往议定校务日程：
　　九月十五日开学；十六日起注册选课；十八日国难记念；二十日开校纪念日；二十一日新生上课；二十一日至二十四日旧生补考，不及格者照章办理另行选课；二十六日旧生一律上课；十月一日分数缴齐。

《万年山中日记》第三册

（1932年9月6—25日）

《万年山中日记》第三册·序

　　顾氏《日知录》，亦日记之类也，郑重瞻顾，审之又审，可称百世不磨之书。刘梦莹日记，则言情之作也，言动心影，纤毫毕书，（年来杭州三角恋爱案哄动一时，今尚在上诉中）亦备法官完谳之具。就日记而言，未可有轩轾于其间也。予治学之朴，既惭昆山，写实之文，又愧屋漏，望古遥集，学步未能，俯仰之间，弥觉进退失据，致可伤已。

1932年9月6日

　　晨阴，小雨滴沥。

　　发北平薛君电，请即到校助教物理。入馆检《说文解字诂林》，丁福保编集，六十六册，原预约六十元，今百元，大悔在汴时不尝预购。

　　赵太侔继金甫长校①。今日自济回青，下午来久谈，共商教员名录：

　　国文：游国恩、张煦、丁山、闻在宥、赵邦彦、沈从文；

　　外文：梁实秋、杨宗瀚、郑成坤、袁振英、赵少侯、谭纫就；

　　工院：赵涤之；

　　数理：宋智斋、李先正、黄任初、王贯三、郭贻诚、王恒守、薛兆旺、陈光清；

　　化：汤腾汉、傅鹰、李；

　　生：曾省之、秦素美、沙凤护、刘；

　　郝更生及夫人②。

【注释】

①赵太侔继金甫长校：1932年9月国立山东大学开学时，校长是赵太侔，教务长是杜光埙（毅伯）教授，文理学院院长是黄际遇教授。

②郝更生及夫人：郝更生是中国体育界前辈、学者。1936年第十一届奥运会在德国举办，中国派出了以郝更生为团长的体育考察团。其夫人高梓亦是当年中国体坛的风云人物。

1932年9月7日

晴。

往校室检查师大附中算学丛刻社二次曲面模型（直六十七金），讫入图书馆浏览书库藏书，与丁伯弢小谈，托为定购《说文解字诂林》，并借得王先谦《骈文类纂》一部五函。

泽丞下午来久坐，留饭。晚咏声来。善哉，昭明太子①之言曰："与饱食以终日，宁游思于文林。"悲哉，子桓文帝②不云乎："日月逝于上，体貌衰于下。"吾乃以就衰之年，徇③此群居之习乎。贯三示以梁遇春译《荡妇自传》（英狄福原作，叶公超序），客散之后，尽前百页，至丑初方肯释手，原欲借以消遣，翻觉忐忑不安。

【注释】

①昭明太子：萧统，南朝梁代文学家。

②子桓文帝：曹丕。

③徇：顺从，曲从。

1932年9月8日

白露。晨急雨，阴，午晴朗。

夜贪恋小说，晨八时三十分兴。戊辰馆汴以后，亲督朝会，习以为常，未尝如此晏起也。丁生振成来传其尊人丁康保（惠民，宜兴）科长厚意。

"书启者，通上下之情也。皇储贵胄，降礼达诚。体性明睿，文词雅润。飞翰染楮，咸可览诵。"（王先谦《书启类》序语）有如梁简文帝《与萧临川书》：

"零雨送秋，轻寒迎节，江枫晓落，林叶初黄，登舟已积，殊足劳止，解维金阙，定在何日？八区内侍，厌直御史之庐，九棘外府，且息官曹之务。应分竹南川，剖符千里。但黑水初旋，未申十千之饮，桂宫既启，复乖双阙之宴。文雅纵横，即事分阻，清夜西园，眇然未克。想征舻而结叹，望挂席而沾衿。若使弘农书疏，脱还邺下，河南口占，倪归乡里，必迟青泥之封，且觌朱明之诗。白云在天，苍波无极，瞻之歧路，眷慨良深，爱护波潮，敬勖光彩。"

写竟有感，因作《致陈秘书季超书》：

凉风送暑，新月迎秋，仆仆征尘，萧萧落叶，每念左右，辄为低徊。比者还自旧都，依然渡户，败书一架，独酒一尊，疗其素贫，寄其幽想而已。足下以长袖之才，扶摇碣石，亦尝于弹冠之暇，眷恋嵩云否。善护景光，敬勖勋彩。

晚访赵太侔、赵少侯。访实秋不晤，踏月而归，阅《骈文类纂·书启类》二卷。后阅《荡妇自传》，子三刻就寝。

1932年9月9日

晴，华表六十八度。慧空书来即复。

晨开校务会议谈话会，拟定校务进行各事。十一时访蔡子韶（观象二路十六号）、王硕甫（观象台），将延其来校设席也。归饮啤酒而甘。

今日见《大公报》社评《日本备战，美俄震惊》一文，亦非庸手。

1932年9月10日

晴。

上午因匠人量移电灯，未往校，宾客沓至，皆为校务也。蔡子韶来，杜毅伯来，梁实秋来，郭君来。子韶约晚饮公记楼。

写折扇一把，小楷七百字，此调不谈久矣，秋京研润宿诺①未可忘也。下午挈仲儿往铁路局第一分段寻王君诊脉，诣毅伯处。晚往公记楼小饮，旋往宏成发，而归与肖鸿弈二局。客散，选《清朝骈体正宗》②文二十篇，备指示儿辈诵读。器儿来电："因疾耽阁，十一日方动身。"

【注释】

①宿诺：未及时兑现的诺言。

②《清朝骈体正宗》：原名《国朝骈体正宗》。编辑者曾燠。

1932年9月11日

星期，晴。

晨发汕家器电。二十一补考："社会怎样能够安定？"演题亘时七十分钟。

袁道冲（荣叟）论从前"富贵贫贱"四字独立分读，今日"富贵""贫贱"粘合两名词分读之义，综论人心世变，而归于安分乐业，为社会安定之基础云。

晚陈季超、游泽丞、傅肖鸿、王咏声来谈。

北江《戒子书》有云："穷则任昉之裔，衣葛而莫恤。"晚阅蒋瑞藻《小说考证续编》，据《花朝生笔记》乃知《葛衣记传奇》即演此事。《南史·任昉传》及刘孝标《广绝交论》可复按也（《文选》卷十一）。

1932年9月12日

晴。

竟日料理校务，排比课程，新教员赵涤之、薛兆旺、郝更生夫妇到校。

1932年9月13日

晴。

晨往车站逆①宋智斋。午诣梁实秋接洽外国文学系课程。

【注释】

①逆：迎接。

1932年9月14日

晨九点开校务会议，厘定课程。今得幼山、理卿信，约十六日接二女公子下车。

晚实秋、少侯携沙盘乩笔来八校舍扶乩，太侔亦至，骚动移晷，无所表现。座中七八人，可分三派，有尽信者，有绝不信者，有信其事而不持有鬼论者，庞杂至是，宜乎鬼魅亦为之却步也。

1932年9月15日

中秋节，无例假。

《谢张幼山赍酒启》：

踯躅青齐，当炉谁侣，徘徊廛井，买醉乏资。佳节每逢，抚杯棬而贾涕，良辰如此，抱明月以长终。忽荷隆施，沾及口腹，行此直道，沁我心脾。仰子倾囊之高，免其罄瓶之耻，方将沉浸浓馥，熏沐芬芳。既乘兴以屐游，复泳归而墨舞。栖迟之下，不负名山，酩酊之中，犹知铭刻。

晚醺后往寻纫秋作乡谈，共载海滨，挹兹明月，途中车坏，踏月归舍。咏声来谈，云："美俄有恢复邦交之趋势，此东亚与世界大局一关键也。"

1932 年 9 月 16 日

露。

十六日起注册选课。晨六时兴，早餐后步往车站，需时三十五分钟，御者以车踵至，接正坤、逸峰到校。

1932 年 9 月 17 日

竟日指导选课。实秋赉笔二支。

1932 年 9 月 18 日

星期。

去年今日，日本袭攻沈阳，东北司令张学良主张不抵抗，沈阳陷。

晨不寐，遥听有炮声隆隆五六响。昨晚客望潍县弄兵，已各成盘马弯弓之势。贯三阅报，则已于十六日接触矣。

李保衡亲戚黄云生（山东副邮务长）来，晚约陪饮。杜毅伯来。周松年率其弟来。阅书不竟，阁笔备车。兵事据云分平度、高密、胶州，接触应在平度。

乐语："良辰美景赏心乐事四者难并；崇山峻岭茂林修竹群贤毕至。"

1932 年 9 月 19 日

晨露。

是日举行开学式，讲训四十分钟，分学术、思想二层，以求学与作人结论。

郝更生到校，述北平盛言予棋事之高。赵涤之闻讯，即下战书。晚对一局，始极得势，然卒成和局。客散柬慧，烛炧①不寐，好胜于不相干之事，用心于无何有之乡，可不惧哉。

【注释】

①炧：灯烛熄灭。

1932 年 9 月 20 日

阴，晚微雨。

晨起已巳初，精神惫甚，驱宏成发接家器登岸，过午未到，偕周尧廷往源记少坐即归。午梦尚酣，醒后仍觉券①顿。五时半家器到舍，一切安吉，心中解慰。

晚饭应大学之招，闻赵涤之述二联，以重字取巧：

"回回回回拜回回，回回拜回回，回回未回，回回回，回回回，回回回拜回回；老老老老看老老，老老看老老，老老老老，老老老，老老老，老老老看老老。"

下联系豆芽铺所用，专以一字重叠而成者：

"长长长长长长长，平仄平仄平平仄；长长长长长长长，仄平仄平仄仄平。"

调顾不高，总算创格②。

晚餐少食，饮酒姆战，七时半即归。器儿辈初来，谈谈家乡近况甚详，老少怡然，田庐无恙，无事即是福，自全不为易也。

【注释】

①券：古同"倦"。

②创格：新的风格或法式。

1932 年 9 月 21 日

小雨，晨华表六十五度。

晨辨色兴，料签南寄杂物一时许，家事系怀，儿曹挂念，归舟待发，秋意萧然。校人告余以开学，秋期任群底下之微分方程式、近世代数、高等微积分、论文选课四课。将有事舌耕①,拜送归人,重理旧业。

阅杜集录句:"乾坤万里眼,时序百年心。"

晚微雨潇潇,少侯来谈,观涤之、咏声弈棋四局,已子初矣,即息灯入梦。

【注释】

①舌耕:旧时称以授徒讲学谋生。

1932年9月22日

晴。王硕甫来任天文学,借去《射影几何》(小仓译)、《初等几何》各一册。

朝旭在山,晨曦入牖,检衣感旧,抚剑怀人,客子秋风,不胜料峭。

上午督考,游泽丞主考楚辞学。题纸照录:

《楚辞学试题》(时间:九月二十二日十时至十一时五十分)

(一)解释下列各句:

(1)"恒秉季德,焉得夫朴牛。"

(2)"穆王巧梅,夫何为周流。"

(3)"稷维元子,帝何竺之。"

——以上《天问》。

(4)"背膺牉以交痛。"

——《惜诵》。

(5)"上洞庭而下江。"

——《哀郢》。

(二)《天问》云:"覆舟斟寻,何道取之。"王逸注谓:"少康灭斟寻,奄若覆舟,独以何道取之。"试言其误。

(三)《哀郢》《涉江》二篇记屈子再放时地甚详,试绘图以说明之。

青市海浴成风,夷歌达旦,大学之道,世少同情,先生之风,时遭吠日①。又复高谈声律,抗志形群(大学二、三年级设近世代数学,讲各代数式之形及群论),斯所谓"陈钟鼓于海滨,炫苇冕于倮国"(李莼客《与张孝达书》语)者矣。

泽丞五时来,留饭,咏声来谈联话。

【注释】

①吠日:喻少见多怪。

1932年9月23日

晴。

晡访文科教授张煦怡荪于福山路校舍。归阅《来歙传》竟，读弈谱。

1932年9月24日

晴。

竟日监场，身教不行，绳之以法，十年不亲政矣，无谓之极。晚应王咏声诞酌，十一时襬①。

入夜积食未消，独阅谢侠逊②象谱，改正二三局。

【注释】

①襬：襬散，解散。

②谢侠逊：著名中国象棋大师。

1932年9月25日

晴。

三月以来，一室反键，青灯有味，游屐无心，蠖屈不伸，龙潜勿用，业不加进，力不综摄。虽未减东阳之带围（《南史·沈约传》：约字休文，隆昌元年，出为东阳太守，尝以书陈情于徐勉，言已老病，百日数旬，革带常应移孔，以手握臂，率计月小半分），而已元（即玄字）潘岳之病发。晨粥甫毕，偕李保衡率器儿健步一时许，道访游泽丞、宋智斋、杜毅伯，剧谈而归，（潘岳《秋兴赋》："余春秋三十有二，始见二毛。"）形神一振。

大学图书馆员李斯德，以半年之力为《全唐诗文引得》一书，属余为端，昨承赠存一册。

泽丞同舍郭君新夫妇，皆闽人，余信口撰一联，彼未敢用也，联云：

佶骨聱牙，筚路蓝缕；轱辘格磔，夜话晨妆。

今日学作小序一首，顺笔而下，平而不实，结篇二排，稍宿句法以杀其势。嗟嗟，卅年成世，余又过半，长揖昔贤，何嗟及矣。晚读《八家四六文抄》诸序，慨然有怀，不知漏之已尽也。

《万年山中日记》第四册
(1932年9月26日—10月17日)

《万年山中日记》第四册·自序

山中无消夏之方，日长如岁。乱后读《小园》一赋，心枯于僧。间亦效冯妇之下车，逼迫上道，幸不为冯骥之弹铗①，归来有家。勒马不待临崖，入山何须被发。盗窃文史之末，因循书数之间（六艺：礼、乐、射、御、书、数）。箕坐岩颠，侧身蟫（《尔雅》："蟫，白鱼。"）蠹，斯亦由之。不知其道而为之，犹贤乎已者矣。方今中秋风飞，中原云涌。先生以困人天气，中酒②心期，客去必手一编，兴来辄书数纸，未可贻之好事，或以寄彼知音。蒹葭可怀，蟋蟀入户，时闻虫声之唧唧，助予獭祭③之翛翛④。结念芳华，游心道艺，但求克己，何用不臧，若以方人⑤，则吾岂敢。任初自序。

【注释】
①冯骥之弹铗：指怀才不遇或有才华的人希望得到恩遇。
②中酒：饮酒半酣时。
③獭祭：獭常捕鱼陈列水边，如同陈列供品祭祀。比喻罗列故实，堆砌成文。
④翛翛：形容羽毛残破。
⑤方人：讥评别人。

1932年9月26日

晴，午骤雨即晴。家书来，慧（九月十五、十七）二书来。

明日至圣先师诞辰①，少时必于今夕衣冠叩庙，习俎豆笙磬之仪，鼎革后犹存告朔，今亡矣夫。

今日各班一律上课，授高等微积分一时，群底下之微分方程式一时。李保衡从受第二课，十年旧雨，好学如此。

微分方程式研究之途径有三：

Ⅰ．侧重解析方面者要读：

（a）Forsyth：*Theory of Differential Equations.*（1890 and later years，Cambridge Uni. Press）

（b）Schlesinger：*Handbuch der Theorie der Linearen Differentialgleichungen.*（1895—8，3 vols，Teubner）

Ⅱ．侧重于解析而兼及几何方面者要读：

（a）Page：*Ordinary Differential Equations from the Stand Point of Lies Transformation Groups.*（1897，Macmillan）

（b）Cohen：*Lie Theory of One-parameter Group.*

Ⅲ．侧重于理物方面者要读：

（a）Riemann-Weber：*A Revised Edition of（a），with Extensive Additions.*（1900—01，Vieweg）

（b）Riemann：*Partielle Differentialgleichungen and Deren Anwendung Auf Physikalische Fragen.*（1869，Vieweg）

（c）Bateman：*Differential Equations.*（1918，Longmans）

群与微分方程式发生关系，首由德人 Sophus Lie（1842—　）以几何图形移动之研究本解析的方法，应用于微分方程式者也。后奈端②之生二百年诞生此材，开此崭新科学。余授此为第三遍矣。

《科学丛刊》③初印稿来。料处校务二小时，归饭。沈市长晚招饮迎宾馆，陪张伯苓。

泽丞见本记小序，谓有肖西溪渔隐④及《有正味斋》处。予惭未下功夫也，然受规处亦极多。

晚赴迎宾馆宴会，大醉而归，尚陪太侔至宏成发还借项一百二十元。茶弈片时，座中多系寻常酬酢之语及时局各事，无可记者。

【注释】

①至圣先师诞辰：孔子诞辰日。

②奈端：牛顿译名。

③《科学丛刊》：国立山东大学曾创办学术刊物《文史丛刊》和《科学丛刊》。《文史丛刊》只出版了一期。《科学丛刊》只出版了两期，是理科类的学术性期刊。

④西溪渔隐：曾燠。清代骈文八大家之一。

1932 年 9 月 27 日

晴。付郭宣霖婚礼二金。

晨起宿酒未醒,直走登州路信步者久之。八时授近世代数一课,尚有精采处。理校务至十一时,归答拜姜叔明①,不晤。返校舍为器儿讲骈文体例,被酒甚不克致思。今晚尚须应铁路委员之招,在顺兴楼陪张伯苓伉俪。

晚宴力持少饮,体力稍复。稍后葛委员长谐谈一则,崔委员景山约本星期五到其家弈饭。

【注释】

①姜叔明:姜忠奎。语言文字学家。

1932 年 9 月 28 日

晴。

晨钟甫动,早寐不成,披衣携杖,道京山路万国公墓,折入第一公园。缛叶渐丹,残荷半绿,道无积水,草荫斜堤。植杖高歌,瞻惊满园之秋色,据坡远睇,宛在水之中央。气候冒殊,何止胜过驹之感,历时三刻,归饮早餐。

授课二时,喉音失润,而神完意闲,油然自得。十时,张校长伯苓来校讲演达一时半,亲陪参观书库、课堂,复驱厚德福之宴,未及二时,余先引归。客至三席,唯有"唯之与阿"①而已。

晚赴青岛市商会之招,饮于亚东,沈君②命"主人开当铺"为藏钩之法(法令主人自饮若干杯为充本之资,客以拇战互进至尽其资本而止),促余参战,非尽所负不休,沈君分饮数杯,幸不弃甲,而因此不克归读矣。

【注释】

①唯之与阿:唯,恭敬地答应的声音,是晚辈对长辈的回应;阿,怠慢地答应的声音,是长辈对晚辈的回应。

②沈君:沈鸿烈。

1932 年 9 月 29 日

晴。

卯正往送张伯苓伉俪乃如车站，归授一课，以联立方程式解法引入行列式 Matrix，Group，Transformations，Forms，既令听者易悟而已，亦有会心之处。阅试卷，午归。

夜诵无所收获，独读棋谱十余局乃有会心"狠、准、稳、忍"四字诀。（忍得烫来舍得丢，你们说话咱点头。炉冶之工，成此四字。）能以施之对弈，并世皆周余之民矣。

1932年9月30日

晴。

朝课急足三十分钟，授连续函数诸定理一小时，指导学生无轻易改系，舌敝唇焦，旋整校《科学周刊》。正午归餐，饮啤酒剥尖脐①，卧读报章，叠得慧翰，遂入午梦。

晚约王咏声、王贯三同至平原路崔委员景三私寓，饱饫牛肉，酒馔均美。咏声对于吴围棋，余对崔君象棋，交子始归。阅棋局数谱方睡。

【注释】

①尖脐：指雄蟹。

1932年10月1日

晴。

晨无课，入图书馆见早报时事二则：北京大学以缓缴学费事围迫蒋校长，闭校门，蒋电辞职；童李事①以五千元签字了结，渡日养疴。

王硕甫过谈，偶谓说文之道本非甚难，吾国士人好炫高夸异作成那样子耳。闻之破笑，旧日算家尤深中此病。

晚偕泽丞、太侔、之椿赴亚东郭雨霖夫妇同居喜宴，藏钩飞酌，颇尽欢惊。复偕毅伯往宏成发茶话，纫秋属写匾额并通信省港多处招徕生意事。九时归寓，涤之、咏声方对弈，旁观二局，就寝。

【注释】

①童李事：指童蕴珍与李石岑情变涉讼事件。

1932年10月2日

晴。星期。

六时半起床剃须,独步公园,为星期日早课。世方溃溃,我独凉凉,阳光最好是朝曦,秋草独寻人睡时。睥睨沧茫,一笻相依,无罪当贵,舍车而徒,于此中得少佳趣。辰三刻啖白粥,振笔书"宏成发"横署,字径二尺。蔡子韶来谈,客去,读明日课业。傍午为儿辈讲北江《出关与毕侍郎笺》一文,取其最易入手者。旋张、曹二姑娘来述其选习目录学、先秦文、文学史等课,为之讲道入门之法。

晚因同舍人宴福山路校舍,同人伴食助欢,废书而嬉。客散,读谱自遣永夜。

1932年10月3日

晴。

叠夕睡至中夜辄醒,昨夕尤醒而不寐。名心未尽,得失自知,何以消忧,剔灯对局。

入秋文学院有目录学一科。治此者当以班固《汉书·艺文志》为嚆矢①。(例如入图书馆而欲寻关于《艺文志》后人如何考订,则查第三类卡片,此亦一目录之学也。)

此身难问百年事,残日唯消一局棋。晚课苟完,仍作壁上②。

【注释】

①嚆矢:响箭。因发射时声先于箭而到,故常用以比喻事物的开端。

②壁上:观看别人下棋。

1932年10月4日

晴。奋可书来,慧柬来。

晨迈步二千武,至登州路北,并归途需时三十分,八百武为一里,即一小时行十里之速度,若间步而行,每小时之速度应在六里至八里之间。

讲错数一小时(Alternate Numbers, see Scott and Mathew: *Theory of De-*

terminants, pp. 16 - 20)。错者交错也,《易》曰:"参伍以变,错综其数。"俗谓车站交错车辆曰错车,予之译名其义准此错数者言,交错而变符号 AB = -BA 也。前在中州尝草一文,已失之矣,当仍作一篇以为报告。

泽丞来,留晚饭,携示其曾大父游馨藕湖先生《半舫诗》,存赋及骈文,存有黄晦闻《题诗敬沠读骈体文》一卷,多秀丽熨贴之辞。其较奇伟者,如《新修明处士王建侯先生祠堂碑》云:"当昭代龙兴,群豪麇赴,抱环宇沧桑之感,厪故宫禾黍之悲。高卧空山,坚辞贡举。敲残如意,谢皋羽恸哭西台;愁绝莺花,庾子山赋哀南国。"《族从高祖文学水眉公墓表》云:"呜乎,一杯归骨,叹莫起于九原,片石铭心,敬崇封于四尺。略陈梗概,未报涓埃,望松楸兮落日,何处招魂,耸礨员兮空山,应同坠泪。"《邱备三先生七十寿序》云:"先生则柴门两极,蓬室三间,指青山作主人,看流水为过客。绕径无子猷之竹,对窗乏和靖之梅。一瓮黄虀,寒香饱我,盈箱墨帖,古色照人。韦布自尊,屐裙皆雅,鸣驺不到,鸡犬亦仙。练句至此,不愧栗里之芳邻,远绍辋川之逸致矣。"又如《家大人七十生辰征诗文启》云:"而家大人以为偷百年之间,即坠半生之业,惜百年之福,先严一己之奢。可作格言,书绅永佩。"其《与家星裔兄书》一首,全首四言,哀而不伤,曲而能达,直可媲美陈思自试一表矣,因全录而归之。

1932 年 10 月 5 日

晴。

朝旭既殷,睡魔难驻,卯正出走,辰初言归。薄浣我衣,言饱我粥,谁谓读苦,其甘如饴。吹我废竽,下有好者,以此理遣,解我幽情。

晚张怡荪、姜叔明过谈。怡荪云:"佛家文章超逻辑,孔子文章不违逻辑,孟、荀文章则时时反逻辑。"因予举"不为也,非不能也,以是折枝之类也"为喻文章特妙而推论不合范畴之事为言。张君乃有足论。予又历举"其为人也孝弟",下不云"而好犯上者,未之有矣",而曰"而好犯上者,鲜矣";又如不曰"巧言令色,不仁",而曰"巧言令色,鲜矣仁",真无从攻其不合。至如"仁者必有勇,勇者不必有仁",更为吻合,"求也退,故进之;由也兼人,故退之",以及"取瑟而歌"之类,此是"教亦多术矣"之意。惟答宰我三年之丧一章,直以"子生三年,然后免于父母之怀",反诘"予也有三年之爱于其父母乎?"声色俱厉,不暇鸣鼓而攻,是《论语》文字中锋芒最露处。于理虽无必然根据,于情则莫能视为不然。怡荪之言益信也。

1932年10月6日

晴。张伯苓来信谢招待。

晨七时，早餐后绕提督楼斜径趋校课。以错数应用于行列式，问学生应先提出哪一个定理。一生曰："行列交换而行列式之值不变。"并未预备为第一定理。

Scott and Mathew氏《行列式之理论》第19页一题，凡AS之因数最多二个，若三个则为零。

1932年10月7日

晴。停午小睡，雨声泷泷，连夕新月，坐因贪谈，未尝俟面。先兄荪五先生忌辰，兄之没忽忽三十二年矣。

晚睡较晏，朝梦不恬，出吸清光，净洗胸膈。

授Rolle定理、平均值定理、Taylor定理，蝉联而下，以求解析之证明，饶有兴趣。告诸生，如有以为艰涩者，先看Osborne微积分之证明，较易入门。

课后料理《科学丛刊》、科学院杂务竟，入馆索读之。

1932年10月8日

晴。是日重阳。

夜来秋风，萧槭殊甚，夹衣犹薄，出户负暄。一片天心，孤帆橹影，挹兹高爽，涉彼岵冈。"既无倚侣，为谁负米"（越缦句），终鲜兄弟，安插茱萸。远闻野童引吭，听谯楼倒板一关，如闻捣衣声，急返读书处。

沈从文子同事亦快二年了，是一个颓废派小说的作家，是一个文科高级作文的指导教员。我和他见面的时间，倒没有和他的作品见面的时间百分之一，他的作品是无法遮掩他天才的，他的行为却知道不多。因为少见面，或者见面而仍不多说话的缘故，不免由耳食或他的作品所表现上加以种种推测，乃至于幻想。但有一次因为阅国文试卷，人马不够用，请他帮忙，一连三天，同桌吃饭，亦好几次才知道他是不像我心目中所悬拟的那样颓废和畸特。据说他的确是一个小兵出身——他署他作品亦用过小兵字样，但是不许朋友当面说的——所谓"险阻艰难备尝之矣，民之情伪尽知之矣"。年纪不满三十，做出来的文字倒是高下在心，长短皆宜。《阿丽思中国游记》尤为宏丽，不像鲁迅专以尖刻，郁达夫专以颓废为拿手戏的。小小大学奄有此才，可以不必有"不与斯人同时"之恨了。阅沈从文子《不死日记》后记。任初。

好风在柳，秋云卷空，凭坐校楼，正宜披读。剪不断，理还乱，蹙蹙靡骋，顾詹四方，清吟未成，遥爽欲扑。

晚酌微醺，与贻诚、保衡对二局，声明大将移位即为负，尚可支持，复共读谱一局。

今夕又因夜坐孤负新月矣，寒灯宵筝，孤馆凉生，渺渺予怀，娟娟此豸。

1932年10月9日

晴。星期。

夜寝尚安，卯正即寤，例逢休沐，无妨贪婪，辗转反侧，交辰始兴。盥沐毕，招保衡率家器迎曦东行，遥望诸山，早岚如烟，朝翠欲滴。墓门投止，凭吊古人，宿草丰碑，知愚同尽。折西山路，穿径越谷，可五六里，桑油麻秀，鸡犬无闻。市民不习郊行，如此风光，高卧失之。忽偾①肖鸿，招之以手，空山之中，足音跫然②，喜可知也。于是军气大振，谈风益厉，山阿寂寥，间闻反响。乃以宿粮未聚，鸣驺出谷，转登州路，过旧药库，弹冠入户，沧茗叙心。

午为正坤、逸峰及儿辈讲国学概略。文周孔孟，班马左庄，葛陆范马，周程朱张，韩柳欧苏，李杜苏黄，郿③郑杜马，顾秦姚王，三十二言④，为立言程序。其部类为经史子集。其分科为政事、德行、诗文、掌故、考据。其朝代为周汉唐宋清。汉唐之间为六朝，词章特盛，而不关典章文物之大要；唐宋之间为后五代，年代既促（共五十三年）；元无闻于坛坫⑤雅颂之林（孙梅《四六丛话》论列作家五卷，至元而止，元亦仅录阎复子靖、姚燧端甫、王军仲谋、袁桷伯长、虞集伯生、刘壎数人而已），独异乎宋清之间（一二七七至一六四四年）。改王三朝，载祀四百，而窳敝鄙僿，凡百无称，纵或以元之词曲，明之书画，亦极神州艺术之观，然艺术之于学术，究非五雀六燕之比。君子断代以观世变，又知上下二千年余年间，一部文化史之隆替，与欧西不乏升降相若之处，虽欲不委之为运数而不可得也。（三十二人中以姚之重量为最轻。涤生自言："国藩粗知文章，由姚先生启之也，故以殿焉。"已不啻声明如举子发科⑥请客，例得请塾师坐首席矣。）

竟日无剥啄⑦，傍晚作家书并裁复数函后小酌自娱。初更月上，步赏移时，诣怡荪、叔明处发发怪论。归看课业，卧阅杂书，卷起疏帘，明月来照，空床掩映，胸趣陶然。

【注释】

①儥：见。

②足音跫然：原指长期住在荒凉寂寞的地方，对别人的突然来访感到欣悦。后常比喻难得的来客。

③鄦：古同"许"。这里指的是《说文解字》作者许慎。

④三十二言：指曾国藩开列出来的三十二位先贤。

⑤坛坫：引申指文坛。

⑥发科：指科举考试应试得中。

⑦剥啄：敲门或下棋声。

1932 年 10 月 10 日

晴。开国纪念，因国难不停公。

赴校前绕行体育场外一周，上课二小时，办理校务一小时，归舍。

夜月特佳，独立空庭，俯卬①廫②霩③，清不胜寒，子正休沐，拥书入梦。

【注释】

①卬：古同"仰"，向上。

②廫：古同"寥"，空虚、寂静。

③霩：古同"廓"，空阔、开朗。

1932 年 10 月 11 日

晴朗。晨华表六十五度。

袄凉酒薄，初难成醉，朋来兴发，辄至废书。听谯楼打罢了二更更鼓，然后剔灯伏案，非夜分不释手。皓月当空，野旷人寂，村犬不吠，鸦雀无声。正是先生上下千古之时。逮乎早课惊心，横陈一榻，犹必以书为侣，拥简长眠。夜如何其，天方辨色，动复仓兄（或作怆恍①，亦作惝恍。潘安仁《寡妇赋》："怛惊悟兮无闻，超惝恍兮恸怀。"汪中《吊黄祖文》："有士失职兮独居怆恍。"），不能成寐。老冉冉其将至，行伥伥其何之。独迹板桥，严霜未解，月明昨夜，我本恨人。睹弥漫之烟波，怅扶苏兮木叶。感时抚事，不禁欷歔（《离骚》："曾歔欷余郁邑兮。"）。

下午泽丞、智斋、毅伯、康甫来谈。晚应曾省之招饮顺兴楼。稽古接物，不宜分为两事。终饭局无解臣谈柄，杯箸酒烟而已，九时抵寓。不安于室，仍鼓踏月之兴，往叩怡荪、叔明，清谈移晷，心竟豁然。韵书上去二声多与现代语相反，如"吕、蟹、贿、俭"等字皆上声而多读为去，"震"（章刃切）、"刃"（而振切）、"忿"、"翰"（侯旰切）、"祸"、"阚"（苦滥切，应为去声，潮读误）等字皆去声而多读为上声，蓄此疑者久矣。怡荪仍持方言之说。平声自不易混为仄声，何以入声全韵潮人蒙诵无一字误者，经年症结未能自解，默思自来经生专攻音均②者，莫不以分部为纲，以同声分纬，同一声也而平上去入以音之高低判焉。南北东西本各不同，况古今异时哉，诸家似均未论及此，近人刘复半农有此研究，而能祛予之惑与否，当再取证之。

【注释】
①怆恍：失意貌。
②均：通"韵"。

1932年10月12日

晴。羊函甚多孤愤，晚作长笺广之，然荆棘满途，弥深怅触。

曙梦不熟，上去二声问题横亘胸际，忽然悟阳上（如"吕"字）与两种去声之分，平素误以阳上为去，是自己之谬处。上课二小时，归假《东塾丛书》覆阅之，果然。

1932年10月13日

"晴"，汉以后作"暒"，六朝始有"晴"字，古以"清"字作晴雨之"晴"。

连夕或因游宴寡俦，看书稍密，胸膈频频作痛。早五时水泻一次，重温朝梦，七时方兴，授课数一小时。见怡荪口述上声浊音之字。俗多误读，系由不明反切，不知切语上字为清浊之分，以致阳上多误读阴上，只要读错切母（二十二字），由是滋生何止数百。怡荪极以为然。

下午出席校务会议，退直约傅肖鸿同来便饭。晡相将步月，空明一色，遥想琼楼玉宇，高处不胜寒。九时初鸣入此室处，翻阅《汉儒通义》久矣。夫与身心性命之说不相捂注，良以比来厌闻人世间事，逼而出于以书数饾饤小道，用役其志而劳其形。憧憧无聊之时，白话文也，象棋谱也，亦引为空山同志，解其幽忧，此岂得志行道之君子所屑为者哉。不知我者，又屡以事相瞡，闭门不得，吁，谁令先生比于匏瓜系而不食①哉。横舍索居，最难堪者，看不进书之时。今夕体力倦甚，卧阅《越缦堂日记》半册。继以象谱，尤于"割须弃袍"一局，更谛审视，饶有妙语。夜睡特佳，雷电殷隆，骤雨淅沥，又趁雨声入梦。

【注释】

①匏瓜系而不食：比喻怀才而莫展，一如匏瓜中看而不可吃用。

1932年10月14日

晴。过午密云殷雷，急雨有雹。旋止，馆中炳烛如夜，雨过天青，夜月尤净。

破晓穿革履健步公园，秋益深矣，彳亍①蹊径，徙倚栏干，旧时相约灞陵桥，今日独寻南埔路。坠欢难拾，艳迹空留，返拥百城，觅兹佳侣。

晚浴罢，斜倚重衾雠弈谱，一翻新局一陶然。

【注释】

①彳亍：慢步行走。

1932年10月15日

晴。李廉方书来。晚太侔宴市员镶边大臣①，又须持节束带矣。

晚赴顺兴楼，嘉宾莅止，肴馔亦精，大学同人素负豪酒之名，今则东邑几空，雅会不常，非复旧时丝竹矣。诸客犹举籍籍之名来相从臾，只可鼓其余勇，以与周旋，终席酣藏，迭为射覆，笑谑间作，酩酊尽欢。偕太侔、毅伯诣宋树三处品茗，迨以车来，先生已颓然横卧，不能夜坐矣。

【注释】

①镶边大臣：指政府官员。

1932年10月16日

晴。星期。闻在宥①来访未晤。

早茶助以鲜酪，润入心脾。招肖鸿、贻诚，挈儿辈驾车德平路访菊，含苞待放，异种称王。回念曩年，金甫、一多，共载交筹，兴豪而雅。今虽未开之菊，来日方长，而已别之朋，前尘难割。生即多感，时不再来。乃复纵车，攀登绝顶，荡胸天际，挹爽高秋。去国五千，去天三尺，白云在袖，丹迹斑然。呜呼，此湛山炮台也，登高以望山跗之，御者历指交锋之所。人之创痕，即我之隐痛，苍凉凭眺，踯躅归来。余兴未阑，穿林绕壑，夹道枫树，倒景相迎。入山不深，汇泉在望，秋风未紧，野游已稀。抚山河以哀咍，复腐心于陈迹，登高无赋，以笔代图。

逸峰、正坤姑娘来，为讲《说文》入门、检字诸法，午饭后各录日记数则方归。

发家书。晚往谢王咏声馈新茶、腊肉、菜莼（前人有句："兹乡莼菜好敲月，访参寥可为诵之。"）。晚访闻在宥。夜作日记序，推敲子夜，惝恍失眠，手展弈经，卧听晓漏。

【注释】

①闻在宥：闻宥。时受聘任国立山东大学中文系教授。

1932年10月17日

晴。午后风甚厉，晡后月出山峡，分外清寒。

写诗词不宜用《说文》字体，散文亦须择而用之，骈文则无害。鄙见竟与莼客同之。复阅《越缦堂日记》十二册毕。同舍邀咏声来共晚饭，两班合演，肴核顿丰。对弈二局，复共步月片时，归寓卧阅杂书。

《万年山中日记》第五册

（1932年10月18日—11月3日）

《万年山中日记》第五册·自序

先生就馆于海之濒。稗贩绝学，肩负传薪。其道大觳（《庄子·天下篇》："其道大觳。使人悲，使人忧。"大觳，无润也。），其生不辰。奄有讲席，徒数十人。加减乘除，言之谆谆。言稽筹策，如数家珍。退食自公①，与古为邻。古今枘凿，艺器杂陈。日记盈寸，大疵小醇。多歧（俗作"歧"）亡羊，其徒断断（《史记》："洙泗之间断断如也。"）。枵然自得，走俗抗尘。徒曰：异哉，先生之学。伊古经生，学称曰朴。一经可遗，比玉之璞。不则哗世，睽睽所目。策名清时，蜚声流俗。安能泯泯，藏诸韫椟。吾侪从游，信道颇笃。窃所未喻，敢请发覆。徒言未竟，仆诮于旁：闻诸人言，衣锦还乡。宗族之荣，闾里之光。仇雠膝行，亲厚扶浆。我来田间，引领相望。共指达人，以爷呼黄。胡云是欤，苟无相忘。曾是北来，终日皇皇。炳烛咿唔，闻鸡彷徨。无显者来，曰善刀藏。先生之风，山高水长。子云解嘲，孟坚宾戏。宋玉东方，厥创文例。平子应问，亭伯达旨。进学送穷，亦师此意。望古遥集，学尤未至。锄经致知，胠箧②典记。幼学壮行，百无一遂。违古悖今，婢欢奴咥③。人之多言，云亦可畏。吾以钩稽，安其寝馈。岂敢盘桓，有所希冀。民食刍豢，流分泾渭。尔无我嬲，先生已睡。壬申二十有一年十月任初自序。

【注释】

①退食自公：减膳以示节俭。指操守廉洁。
②胠箧：基本释义为撬开箱箧，后亦用为盗窃的代称。
③咥：笑的样子。

1932年10月18日

晴，晨课后甚有凉意，夹衣瑟缩，不堪兀坐。晨华表四十九度。

家书来，峻六书来。王硕甫来谈，并录示诗联各一首。亦吾党之好文艺者。

1932 年 10 月 19 日

清晨，华表五十度。

今日讲函数受移动之影响甚明晰。下午指导读书。

晚赵少侯招实秋与予二人小饮可可斋。六时先至太侔处，陈复闻在宥因病觅代课，事毕赴约。邀侣三五，买醉小楼，是寒素寻欢较善方法，京中士夫尤喜此习。往往有破旧门面，似可罗雀，而门外时有长者车辙，来迟者骈足鹄立，自以为别有风味。予来青岛，几未尝舍车而徒，亦以素交不易得也。兹以乘兴而往，甫排闼入，几为晕倒，室如闭瓮，雾不见人，急倚窗前，以挹清气移时，饮馔尚觉美廉。散局后步诣宏成发新居，门额三字已焕然高列，工架殊稳。主人亨①茶醉歌且弈，蹒跚出户，购温壶鲜梨而归。日课四小时，倦不胜磬坐矣，浴罢即睡。

【注释】

①亨：古同"烹"。

1932 年 10 月 20 日

晴，晨华表五十五度。

授线形移动一课，后批阅新生笔记二十余本，多忽略未谙吾道门径，批较发还，属令再缴。庭中遇泽丞，立谈移晷。

1932 年 10 月 21 日

晴朗，晨华表五十二度。晨风飕飕，夜月在山，射窗尚净。

夜阅陈氏三种，此系书贾集刊者，无足深论。临睡雠谱数局，所见较进，以麻醉为消磨，未始非萧斋冷舍伴侣相从之道。鱼书①未剖，雁阵高翔，脉脉远怀，如相告语，不堪听梓②，陡试下山，手卷抛书，怡然自得。

晚赵少侯来，留饭。晚咏声来弈。纫秋携申电来，索为柳某题赴，闻问津及世外之人，然难却之。

【注释】
①鱼书：古时对书信的称谓。
②梓：指故里。

1932年10月22日

晴。

晨新见《青岛正报》载本市人口四一六三六四人①。记去夏前报告为三十九万余。

下午剃头兼阅张氏双声采音之说，诸多未敢尽信。题柳某像成联一则："万石君家闻郡国；五湖老后听子孙。"用《史记·万石君传》及《货殖传》句应之。

泽丞来，与商先慈像赞及奉宝②归虞③仪式各事，留饭聚谈。王咏声偕生物学系教授刘咸④至，同舍诸君酬诒达戌尽方散。篝灯兀坐，收拾放心，年事相催，料检归计。

【注释】
①四一六三六四人：即416 364人。
②宝：古代宗庙藏神主的石函。
③虞：古代一种祭祀名。既葬而祭叫虞，有安神之意。
④刘咸：生物学家、人类学专家。1932年10月应聘来到国立山东大学生物学系任教授。

1932年10月23日

晴，星期，晨四十八度。

早起诣福山路校舍，待肖鸿同作郊行。偶见《益世报》附张有云："作家如厨役，读者如顾客，但问供馔适顾客之口与否，何须问食性于其他之厨役哉。"语似辩而不窘，自认作家亦为一种买卖手，眈眈然唯利是视。吾党自无闲工夫与此辈争一日之短长也。饮咖啡而甘，出指西山路。红叶共朝霞一色，早潮与远岫齐高。载语载驰，不辨何处，心事尚多，未敢深入，寻声出谷，辰正归寓。为黄迪勋宗祠署"淡轩公祠"横额，以分书纵笔，睇视未工，乃改以中锋成之。

补昨夜卧读各书笔记。曹、张两世妹来就星期常课。同里张采石、宋树三来共午饭,异地乡谈,不乏佳趣。

1932年10月24日

晴,卯正温度四十四度,午仍温和。陈寅恪书来。曾省之偕张玺来。

夜因作字稍多,神经太受刺激,澈①夜入睡不深,五时即醒,假寐不成,剔灯覃定晚所作联数字,弥觉惬意。文字自得之乐,聊偿搜索之勤。出绕莱芜路、齐东路一周。赴讲座二小时。办公一小时。入图书馆阅《旧书·王勃传》。归就午膳。

晚左腕至臂微觉酸痛,令伻以烧酒摩擦之后入浴,令血液复其循环,此亦就衰之候也。实秋贻《新月》(四卷三号)一册。卧阅沈从文《若墨医生》一首,饶富构想之力。

【注释】
①澈:同"彻"。

1932年10月25日

晴,早七时四十八度。致峻六、云溪、叔慎、廉方、镜潭各友函。郝更生来,发曹理卿快信。

上午阅近世代数一段。

1932年10月26日

晴霭。

夜饮茶过浓,又枕边阅象棋谱三集,弈集二三局,尤于罗天坞、周德裕对垒二局间有是正,遂致失眠,闻钟报一时,至为怔忡,吾衰可叹。甫入睡,又为夜游归舍者所扰,憧憧移晷。

今晨授课,极自淬激,尚觉裕如。午后主席数理学会,例应致词,遂无精采可露,全体师生皆到,盛极一时。会务毕,继以王咏声讲演近世物理,三段提纲挈领,是脑力正强之表现,殊为本院得人之庆。然时间太久,支持为艰,左臂作痛。会未散,赴教育院生送别留影。

晚应秦素美①女士之招,饮宴于福山校舍,九时缓步而归。入浴后卧阅爱伯^②日记，十时即翻然就睡，早七时兴，半年以来未有入睡如是之早者。

【注释】

①秦素美：时任国立山东大学生物学系讲师。

②爱伯：李慈铭。

1932 年 10 月 27 日

晴，五十二度。

晨逸峰来商转学中央大学事①。授矩阵性质一课后驱往中华书局购乒乓球网一套（一金七角），助冬令室内之游艺，略资活动。又购得《庾开府全集》《初唐四杰文集》《弘明集》《历代纪元编》，皆《四部备要》零本，外《三余札记》一部，共直五金二角。顺途访纫秋，托寻参茸之属。乞灵药石，甚矣吾衰。

傍晚曳杖观数理系、中国文学系对抗篮球，以三十三对十七，理科大胜。而两军各有精彩传递、射击，跳跃驰骋均有可观者，不觉为之助兴。终场入户为黄生树栋书联一副。

【注释】

①商转学中央大学事：国立青岛大学整理委员会于 1932 年 7 月 15 日在济南举行会议，决定停办教育学院，学院的学生大部分转入国立中央大学教育学院，少部分转到本校中文系。

1932 年 10 月 28 日

晴，晨七时五十一度。王献刍书来。曹理卿书来。逸峰小姐晚来话别，为书致季刚①托代照料。逸峰远道相从数稔，临歧为道珍重，各自黯然。

集联：

并有著书，咸能自序（庾信《哀江南赋·序》）；性本疏惰，少无宦情（《北史·序传》李延寿曾祖李仲举语）。

即以写报杭州李雁晴。

晚答访郝更生，未归，与郝高夫人坐谈。招宋君复②对局，三易壁垒，时有新悟。爱伯尝言（《越缦堂日记》十七册二页）："舍书无可消遣，因遣人买棋子棋局采选图等物，然又无人可共。"予自审客馆，尚较家居处有佳书，出有良友也。

【注释】

①季刚：黄侃。辛亥革命先驱、著名语言文字学家。黄际遇与黄侃认识于留学日本时期。

②宋君复：时为国立山东大学体育教师。

1932 年 10 月 29 日

晴，晨七时五十一度。

读 Cohen 连续群论，得说明之法极简。

下午观化学、生物两系篮球之战。游泽丞招醉公记楼，实秋、怡荪、叔明同坐。余音雅谑，善移我情，至谓"娘子织布脚踏无声之钵，先生磨墨身隐不响之铃"，虽非唐音，不愧宋人之作，殊足解颐。赵涤之来，不晤。

晚微被酒，不堪久坐，卧阅《越缦堂日记》十七册毕。

1932 年 10 月 30 日

星期，晴，晨六时五十度。

音书不至，秋信益深，落叶断鸿，增人俯仰，斯亦羁士之艰难，隐怀之侘傺①也。披襟独危坐，时还读我书。初服参，此事隔绝几三十年矣，上念深恩，昊天罔极②。

呼车将往四方公园看菊，肖鸿、保衡在坐。投笔慷慨，顾詹四方，车坏误卯③，乃偕肖鸿迈步前往德平路花园。半月不来，姹紫嫣红，琳琅满眸。今日访花，几为车误，纵赏移时，各购一盆陈供书室，聊偿仆仆之劳。红者曰"丁字"，青者曰"青菜"。调花匠言，青岛仅此一盆，有恋恋不舍之状。虽奇葩之可爱，信异种之称王矣。归途过平原路，入崔景三宅小偈④，约本星期六日下午三时半往四方铁路中学讲演，已面允之。十时许抵寓，毅伯、咏声来。

入夜校读梁刻爱伯《三山世隐图记》误字。今日慧书来，并云寄馈象牙烟管数事。

【注释】

①侘傺：失意。

②昊天罔极：原指天空广大无边，后比喻父母的恩德极大。

③误卯：我国古代军队在卯时点名，未到的叫误卯，借指做事晚到。

④偈：通"憩"，休息。

1932年10月31日

晴，辰正六时五十二度。一多介绍北平宏远堂书贾刘姓者来。告怡荪专搜集清代文集。

今日托园匠买到曹州牡丹六株，每株一元有奇，将寄南中。

晚复阅《越缦堂日记》十八册竟，卧阅十九册竟。爱伯中年以后益肆力史学及舆地，释经之记述尤多自伤谫陋，寡所获益矣。

1932年11月1日

晴，晨五十一度。

早往中国文学系研室阅平贾送来各书样本。下午方读代数证明。毅伯来托兼代教务事，允之。

连日服参汤三次，由唇发痛，补剂尚不易受，矧乃药石之言。晚少饮，饭后偕贻诚、保衡观《梅花谱》①全局，聊资消遣。

【注释】

①《梅花谱》：中国象棋古谱，象棋史上影响最大的两大全局名谱之一，与《橘中秘》并列称为"橘梅"。

1932年11月2日

晴，卯正三刻五十五度，晨有条风（八风之一，东北曰"条风"）。

授均一收敛①及连续群改变函数二课。铁路中学教务主任刘芸朴来订初五日下午三时三十分前往该校讲演，即以"怎样学数学？怎样用数学？"讲题应之。

端坐办公室阅卷十九《评文》、卷二十《杂识》两卷竟，退食。

下午为大学师生对抗足球任裁判，东驰西聘。

今日又授课四堂，入晚难于久坐，入浴更衣，卧阅杂书，运动之后，夜寝熨贴之极。

【注释】

①收敛：经济学、数学名词。意思是会聚于一点，向某一值靠近。

1932 年 11 月 3 日

晴。

授 Characteristic Equation Rank of Matrix 一课，处理校务。

《万年山中日记》第六册

(1932年11月4—18日)

《万年山中日记》第六册·自序

　　自左氏、屈原，始以文章自为一家，而稍与经分（《困学纪闻》卷十七引汪彦章语）。曾涤生亦谓，左氏传经，多述二周典礼，而文辞烂然，浮于质矣。其序《湖南文征》，又谓《离骚》诸篇，为后世言情韵者之祖。夫言之无文，则其行也不远，然言之无物，则载道亦托空言。故扬雄曰："今之学者，非独为之华藻，又从而绣其鞶帨①。"君子于此，以觇学术之隆替也。马、班②《史》《书》，列传儒林。蔚宗③《后书》，乃析儒林、文苑为二，遂致代有间言，斯亦礼乐分崩，典文残落之余，所未如之何者。蔚宗不云乎："自是游学增盛，至三百余生，然章句渐疏，而多以浮华相尚，儒者之风益衰矣。"士生千载之后，抗志文治之隆，虽欲痛自濯磨，丰其毛羽，而利歆于朝，学嚣于市，一齐也而众楚④，辙北焉而辕南。姑未论通经至不易言，通经亦复何用。文章可以建国，文章亦等刍狗⑤。而所谓经者何经，通之之道安在。所谓文者何物，文之何以成章。此中人语云："不足为外人道也。"按刘熙《释名》："经，径也。如径路无所不通，可常用也。"是即放诸百世俟⑥诸圣人而不惑无疑者。《尔雅》岂为字书，久侪经传之列。《周髀》首言积矩，尤为算经之冠（近儒亦以《几何原本》及《圆锥曲线论》比于《圣经》为三杰作）。原夫上古结绳而治，将始也极人事之至简，洎乎巧穷符号之学，将数也尽宇宙之奇观。吾侪终以为论道经邦，燮理阴阳者，不区区囿于饮食男女之间。于是焉，崇六书九数，以补羲皇三坟五典之遗，推汪、洪、李、孙，以为湘乡⑦三十二子之殿。后之论者，庶莫之能易也。又按《说文》："文，错画也，象交文。""章，乐竟为一章，从音十。十，数之终也。"余杭章师⑧曰："文学者，以有文字著于竹帛，故谓之文。"是知不特传之管弦，播之诗歌者，方为文章。诗词既称有声之画，表式亦为无韵之文，披图可读，原属无音，按谱而稽，具有定则。凡夫八风从律，百度得数，皆为之章。周旋中规，折旋中矩，皆谓之文。文章之道，通乎神明，通一经者，皆与其选。吾儒挟其学问思辨，委它乎迹象毫厘之末，游弋乎埃壒⑨沆寥⑩之表。其所耳闻而目见者，远出乎四体五官之感触。其所心会而神怡者，极之于调和彣彰⑪之美妙。私以不龟之手⑫，弹此无弦之琴。笙镛以间，鸟兽跄跄，闻此中人私相告语曰："天下之文章，在乎是矣。"予衰将艾⑬，惧失攀援，窃以余勇，赓此绝业。吾庐无恙，何事弓旌，名山可藏，不糈声气。"朴学者，毕生之返功；文章者，不朽之盛事。"为斯言者（方彦闻序董方立稿语），可与共学而已。世无仲尼，当不在执鞭之列。江河万古，日月经天，空山无人，权自鞭策，是为信条，即以自序。

【注释】

①鞶帨：腰带和佩巾。

②马、班：司马迁、班固。

③蔚宗：范晔。

④一齐也而众楚：比喻不能有什么成就。

⑤刍狗：古代祭祀时用草扎成的狗，在祭祀之前是很受人们重视的祭品，但用过以后即被丢弃。

⑥侔：等同，相等。

⑦湘乡：曾国藩。

⑧余杭章师：章太炎。

⑨埃壒：犹尘土。

⑩沆寥：清朗空旷貌。

⑪彣彰：指华丽的辞藻。

⑫不龟之手：典故出自《庄子》。比喻本来微贱而终得富贵之人，或指才非所用。

⑬艾：老年。

1932年11月4日

晴，是日温煦，不胜棉裘。

夜又失眠，听漏达丑。晨课非僮叩门，不克自起，频年以来尚未有如此贪衾也。二年级生所书英文不成文法，不觉严责数语。课后书农学院匾额六方，费时不少。

下午作《万年山中日记·序》，未脱稿，寿光刘书琴（桐轩）来访，因张少涵所介绍算学之士，急欸见之。晚咏声、涤之来对弈，余料检日记，未暇观之。

1932年11月5日

　　晴，温煦如春，入夜有风。

　　今晨无课，辰正始兴，得观象台长蒋丙然书，约十一月二十六日下午三时往讲演学术一次。

　　午市政府电通本日下午三时张钫①（伯英）、冯平伯到大学参观，今日本已应铁路中学讲演之约，事适枝梧②。但私交公事两方皆有接待之责，即电刘教务主任，改约来星期六日补行，并先到新民饭店投刺而归。

　　下午伯老偕冯平伯到校，故人相见，备致相思。当年汴梁匆匆分散之后，今始得一面也，攀谈未厌，约明日同游劳山，已诺之矣。随从者孔显达、刘茂森（星阶）皆要留墨，昔时谬博书名之为累耳。

　　晚赵少侯来谈，贻诚为之操弦高歌数阕，横舍之中自有至乐，不作出户之思，约少侯、肖鸿、咏声、贻诚明早为劳山屐游。入夜风号虎虎，不审明朝屐事如何。

【注释】

①张钫：1928年秋被任命为河南省建设厅厅长兼河南省赈务委员会主席。
②枝梧：抗拒，抵触。

1932年11月6日

　　终夜北风震撼，晨降四十一度，竟日怒吼。

　　晨起得新民饭店电语，约八时齐往下清宫。少侯、肖鸿、咏声同往，因风势浩大，易舟而车，只能往柳树台。伯英同车，话叙两载别来情旧，并以其子女教育择偶事郑重相托。

1932年11月8日

　　晴，卯正四十五度。

　　晨功课公务毕，往新民饭店，同往"海圻"军舰参观弹击演习。午饮宴舟中，归来已交未正，偃卧移晷，读代数演记如上稿，景来不胜蕉萃，竟日为之罔然。

1932年11月9日

晴,辰初四十七度。和暖微霁,晚月尚佳。

每星期以水曜日①功课最重,上下午共四课,退公之余甚有倦意。北京宏远堂付来王先谦《骈文类纂》、孙梅《四六丛话》各一部,皆心所爱也,共付直十八金。

比来乡思日浓,怀归孔切,简书在御,砚田难荒,晚贻内子一书,商量岁事。

【注释】

①水曜日:古代中国,一星期以"七曜"来分别命名,星期三叫水曜日。

1932年11月10日

晴,辰初一刻四十八度。和暖如春,夜月阴翳。

致函崔景三重申十二日下午半到四方铁路中学讲演之约。教育局来约十三日下午一时至五时往民众教育馆评判中学演说比赛,当复函谢之。张伯英送其公子广居(十三岁)由汴到青,属以犹子相视,善为照料。

归舍写《骈文类纂》书跗,肖屑细书,先生以此自喜也。晚酌后肖鸿招对二局,几耗二小时,遂感困惫。

1932年11月11日

晴,晨四十七度,有风。

张伯英中子广居今日来附读。夜风裹足不出户,邀贻诚读谱至二更,月明如昼。读新得《四六丛话》,如获百城。晚卧阅《越缦堂日记》二十八册毕。

1932年11月12日

朢,《说文》:"月满也,与日相望,似朝君。从月从臣从壬。壬,朝廷也。"望,《说文》:"出亡在外,望其还也。从亡,朢省声。""望以朢为声,塱以望为义。"段①注。

伯英自汴来电托照料广居。

下午一时往四方铁路中学，一时三十分开讲"怎样学数学？怎样用数学？"讲述几二小时。听讲百余生，以极通习之语推演科学概念，度尚能领悟。

晚赴厚德福应王咏声饭局，肴核丰旨，而同席二十人，无复旧时伴侣，区区一校，二年之间而变化如此。感念浮生逆旅，转瞬便成陈迹，愀然寡欢，终席敛襟节饮。返舍勿荒夜读，却是自娱之道。

月明如水浸楼台，山中此境却复清绝。此间乐，不思蜀也。

卧阅《越缦堂日记》第二十九册竟，贪夜不眠，灯月竞皓。

【注释】

①段：段玉裁，清代文字训诂学家、经学家。

1932年11月13日

星期，晴霭，夜月特佳。

辰正兴，往谢泽丞代题像赞，清谈移晷，见书案罗列《离骚》各种版本至三十余种，比钩办定，程功极勤，并蒙许赠副稿。旋挈家器、广居同登旗鳌山，全岛在望，俯瞰国学，饶有葱郁气象，天之未丧斯文也，后死者不得不与于斯文矣。詹眺片刻，访姜叔明求题墨像赞，不晤。与张怡荪畅谈，读其近作《匹字义由拔得声说》一首，略谓古昔各事皆生于农，"拔"，禾离地之声也，唇音别字亦然，"匹"从八得声，故并因声得义。不愧经生家言。交午返舍，王咏声来，未晤。正坤来。

山上与泽丞立谈，谓："文以词章为最难，词章又以骈文为最难，抽象缀藻，于斯为至。彦和《文心》所以绝古无今也，方①、姚之学诚不足比拟。顾、钱②然朴学家，仅藉方法便可成文。文家则别有义法，正未易互相轩轾也。"持论尚平。

夜偕贻诚步校园，深领山高月小、空明净碧之趣。卧阅《越缦堂日记》第三十册。

【注释】

①方：方苞，清代文学家，是桐城派散文的创始人。
②钱：钱大昕，清代史学家、语言学家。

1932年11月14日

晴，辰初四十六度，晚风。是日陆放翁①生日。

上课二小时，杜毅伯回校，交卸兼代教务长职。

像赞请姜叔明书篆，叔明来谈。今午为王悟千书联，谢为仲儿诊脉，此亦"秀才人情从来是纸半张"也。

晚作 Dickson② 代数 46、47 页 3、4、5 诸题，示器儿转示诸生并读 Hardy 四元论Ⅰ、Ⅱ章。

今年五月三十日为 Galois③ 举行百年纪念祭（高木贞治《近世数学史谈》记其遗言），忝以祭酒报告史略，愧未能继其群学。七月初五为郑司农生日，爰伯光绪四年日记云（三十册三十九页）"郑君生日，欲具酒脯之祭，既无一钱，又无一客可招，念都中亦无人能为郑学"云云。今日举国能为 Galois 之学者，亦未闻其人也，斯真绝业难绍，同志莫期，彼此易观，羹墙如见④而已。卧阅《越缦堂日记》三十一册毕。

【注释】

①陆放翁：陆游。

②Dickson：迪克森（L. E. Dickson），美国数学的先驱者。

③Galois：埃瓦里斯特·伽罗瓦，法国数学家。

④羹墙如见：同"羹墙之思"，比喻对先贤的思慕。

1932年11月15日

夜风达晨不息，辰三刻四十一度，初装炉。楚文、琬、珪禀来。马隽卿函来，其夫人讣词亦古意盎然。

晨天阴，不克自觉，几至失课，课毕入馆检书，凌杂未有所得，归室静坐。

飘风怒吼，竟日不休，裹足阅书，无可告语。幸有先哲，昭然发蒙，随分读书，吾事真了。晚拥衾复阅《越缦堂日记》三十二、三十三册毕。

1932年11月16日

  晨风息，辰初三十六度，晴霭，初冷，曛莫始然木炭取暖。

  初冷，早起登校山，吸纳清气，不惟健足，亦以精神。昨日因风不出户，又乏谈侣，手不释卷以致夜眠不熟，益知放哨朝课不可缺也。赴校早授二课，语法皆清晰。十时往集成纸店购六吉淳化宣纸各一张（八角），备叔明写像赞。

  归校舍，十时三十分发电复张伯英河南开封火神庙后街九号张宅，文云"伯老先生勋鉴：电悉。广居各事俱安，校医断仅胃虫，际遇叩贺荣膺疆寄。"

  下午授数学演习及论文选读二课。汤腾汉来商聘请化学教授事，即电太俅北平。归料检画像赞事，填稿打粉线丝栏。书报内子及慧。晚酌后咏声来对一局。

1932年11月17日

  辰正四十四度，明朗。

  残月未西，已剔灯起读，并续昨日日记。早粥后小登部娄①吐纳，授课毕即归。晚重衾中继续爱伯日记，札录之以助攻治。

  午为毅伯招往公记楼陪饮，甚恣饕腹，酒未及醺而仍不克制多言之病，言多必失。录爱伯家训楹联于此：

  "多积德、多读书、多吃亏、以多为贵；寡意气、寡言语、寡嗜好，欲寡未能。"

  加未归舍，温夜来失眠之梦。醒后茗书自乐，不与客通，夜分始呼奚②煮粥解饥。独步下山，残月在山，优哉游哉。实秋馈《新月》一卷，阅后以寄慧。卧阅《越缦堂日记》至三十六册毕。

【注释】
①部娄：小山丘。
②奚：仆人。

1932年11月18日

  晴。

晨授课首觉稍钝，课毕绕行市府宴宾楼。迎曦吸鲜，润新思力。归舍复蒋台长丙然①书，答二十六日下午讲演，讲题定"微分方程式如何用群之解法"。

晚王咏声、赵少侯及同舍诸君来谈，引吭高歌，六弦并奏，炉边话侣，尤破羁愁。少侯发起明晚消寒第一会，嘱为起草移檄，即书付之："山中无度日之方，夜长多梦，秋后乃消寒之会，心热于僧。袒裼裸裎，既有伤于风化，闱阁佻达，又非属于诸公。愿以玺笔余闲，创为飞觞雅集。藏钩几匝，可以忘年，鲁酒数杯，酬兹莫岁。傥有同志，不吝高踪。"

【注释】

①蒋台长丙然：蒋丙然，时任青岛观象台台长。

《万年山中日记》第七册
（1932年11月19日—12月8日）

《万年山中日记》第七册·自序

　　予之重为日记，五月于兹，尚未间辍，其中得失，可略言焉。循日读书，过境遂忘，矧迫衰年，尤苦罔沕①（《招隐士》："罔兮沕。"王逸曰："精气失也。"）。自为此记，日知所无，羡鱼结网，亡羊补牢，襞积②之劳，亦收寸进，其得一也。学海汪洋，师友暌绝，私门讲学，冣（聚也，与"最"异）书已难。幸近高密，时沐流风，叨接兰台（汉藏秘书之宫观），常供秘笈。摭所闻见，实其简编，孵彼嘉言，攘为己出，虽不敢久假不归，然亦恶知其非有，其得二也。先生述之，门人记之，传习有录，日知成书，登此鳣堂③（见《后书·杨震传》），益惭俭腹，用自札牒，以存爬梳。虽写定之难言，已呴濡之有自（《庄子·天运》："相呴以湿，相濡以沫。"）。留之它日，或以覆瓿④，遗诸子弟，聊愈兼金，鉴覆辙于前车，认识途于老马，其得三也。其他人事变迁，阴晴演化，瓜桃投答，盐米出纳，不免并存。骂座豪门之态，绝索冠缨之辨，时附见焉。此先生之负局，亦入圣之障魔也。为失为得，不自知矣。壬申十一月任初自序。

　　（幸近高密，时沐流风。高密去青岛百三十里，康成故里也。）

【注释】
①罔沕：失意犹疑貌。
②襞积：事物重叠或堆积。
③鳣堂：讲学之所。
④覆瓿：喻著作毫无价值或不被人重视。亦用以表示自谦。

1932年11月19日

　　晴，温和。

加巳方兴，赴校会，归作序一首。

门人张希曾（校长）以其尊人瑞甫先生丧来赴，《哀启》述其善医，晚年失明。书联寄讦：活人未计钱，扶杖不忘鲤庭训；封阡已有表，祭酒共数牛医儿。（用《后书·黄宪传》语。《四六丛话》引笔记云："古人语自有椎拙不可掩者。"沈约云："黄宪牛医之子，叔度名动京师。"）

下午赴青岛俱乐部，应沈成章①之招，聊尽人事耳。晤雷法章，已安顿广居入市立中学。晤蒋丙然，又约讲演事（由科学社接待官场，无谓之极）。

曛后往厚德福消寒会，到者少侯、涤之、咏声、肖鸿、保衡、贻诚、叔明、怡荪并余共九人。酒行数巡，更令为酒筹一，余前年所制者，用《西厢》曲词为面②，依令行酒，极比来未有之欢，坐有醉者，余亦被酒。为涤之邀往看《啼笑因缘》，三更步残月而归。卧阅《越缦日记》至四十一册竟。

【注释】
①沈成章：沈鸿烈。
②用《西厢》曲词为面：见本书附录三《酒筹雅令》。

1932年11月20日

星期，晴。

晨起偕保衡往福山路校舍访肖鸿、省之，不免又露愤懑之词①。归见叔明所书像赞二事，篆书尤佳，"实妫之秀"之"实"字，书作"寔"，具见细心，"寔"与"实"音义俱不同也（详李富孙《说文辩字正俗》卷六，节录日记三册七页）。即复谢之。

下午发家书及申、羊各函，夜阅《越缦堂日记》至四十五册毕。

【注释】
①不免又露愤懑之词：对傅肖鸿没有参加八月中旬评阅入学试卷有微词。

1932年11月21日

晴，卯末四十五度。宏成发付来参四，二十五元。今日又付来七，三十六元七角。

授课后阅演群论别演稿。函致市立中学校长谭天凯，为张广居入学事。

夜入浴后，欹枕复阅莼客日记至四十八册，而莼客垂垂老矣（时年已五十九岁）。夜有风。

1932年11月22日

晴，辰初五十二度。是日张广居入市立中学肄业。

下午泽丞来谈，素心之友，论文之侣，尤难求荒陬孤岛间也。晚饮于顺兴楼，颇尽兴。局终偕涤之、毅伯、肖鸿、咏声、康甫诣宏成发茗话，各携辣椒一坛而归。记此数字不克自持，今日午睡又为一客剥啄所扰，未交子刻隤然睡矣。

1932年11月23日

阴，辰初五十四度。

Riccati's Equation 之研究史料：

Cohen, pp. 52, 201–3. Continuous Group.

林鹤一：《初等微分方程式》, pp. 371–80.

Cohen :– Differential Equations, pp. 173–77.

Goursat-Hedrick :– Differential Equations Mathematical Analysis, pp. 12–14.

Johnson :– Difl Eqns, pp. 224–33.

Bateman :– Difl Eqns. pp. 68–70, 101.

Forsyth :– Treatise of Difl Eqns. pp. 184–90

Wilson :– Advanced Calculus. pp. 250–1.

Piaggeo :– Difl Equations, pp. 119, 201.

……

所谓 Riccati 之方程式是也，此种特殊方程式，必可连用二次积分解之，且其函数及几何性质皆甚富，故列考上书，分令诸生传习之，成聚而成一种研究，以为大学出版之成绩也。下午分授及门以研索史籍并勉以励学之法。

科学馆工程师董大酉来约今晚宴于厚德福。

昨日复阅完《越缦堂日记》五十一册竟，其文篇一一校存之，诗词概从割爱，联话则择优移录。其论小学、经学，不少独到之处，间刺数则，俾资启发，阅书所记，尤具只眼，时并抄录，便资楷模。至于史学掌故，自愧所知太少，无从评骘。爱伯间亦略治象数，自无足论，其忧时感事，虽存爱国，而所见实不高。吾侪以专治数学之人，处身五十年之后，持今衡古，不能谓能得其平。要之爱伯文章，典丽哀艳，稍逊容甫一筹而已，北江、季逑①未知或先也，若论学与识，则仍为一事。吾终以为爱伯若能屏绝功名之念，澹泊妻孥之累，其所造当更有不止于此者，然其所成就者已有如此，举世诵习之徒，乃至不克举其名字，及世之称，若或靳之，斯又事之不平者矣。

晚宴与实秋、涤之、康甫、更生、咏声、王君同席，皆健于饮者。藏钩传令，不觉纵饮。更生同至书室弈二局，余亦因之罢读，漫游醉睡之乡。

【注释】

①季逑：孙星衍。

1932年11月24日

晴，晨阴，辰初四十九度。

授课一时，录爱伯《复云门书》一首，校读《说文》。

下午出席校务会议，晡始散会。赴科学社年会，社友张君讲演血型，分类四种O、A、B、AB，以此判断血统，如A种与A种结婚，则生O种等，为十数年研究甚盛之事。旧日《洗冤录》试血一事，与同姓不婚之宗法，不能谓为无科学之根据也，归舍已亥中矣。下午有称旧属胡培轩自济南来函索书。

1932年11月25日

晴，晨阴，辰初四十七度，西北风彻夜有声。伯英自光州来电。

夜浴后阅《四六丛话》卷一《论选》一卷。读弈谱数局，夜分息睡。

1932年11月26日

风止，晴，辰二刻三十五度，霁不觉寒。

下午往观象台讲演，讲题为"群底下之微积分方程式"。蒋丙然主席，列席者三十余人。晚归小酌，与同舍人纵谈汪、李①文章不同之点。甫散坐，咏声又来久谈。交子始补课，至丑初方睡。

【注释】

①汪、李：汪中、李慈铭。

1932 年 11 月 27 日

星期，晴，过午风寒，夜分未息。

辰中起床，朝阳满几，料检乱案，出挹清光，器儿随行，为示清代学派分类大较①。乱山枯箨，气宇凈深，野鸟绕枝，闻声远遁。伤我孤立，方逃荒阿，遇此无情，距人千里。振衣长啸，归倚南窗，改从北面。

【注释】

①大较：大概，大略。

1932 年 11 月 28 日

晴，辰初三十六度，西北风小杀，旭日。晚尚寒，初试炉。赙①顾澄养吾之母二金。

傍晚召黄生启明来舍传习。理学院讲师诸君联袂而来，为声助出国研究事②，并留饭。

晚读 Riccati Equation 四种书，Cohen 二种，Goursat 一种，林鹤一③师一种。林著重计算及解法可能时各种定数之条件，最易了解；Cohen 之作简而明，关于本方程式之解答特具，非调和比性质亦具备，唯不若 Goursat 之高明且具应用之妙；至 Johnson 则自级数之立场论之，尤不可不读也。

【注释】

①赙：拿钱财帮助别人办理丧事。

②为声助出国研究事：民国初年，最困扰新建高等学校的事是师资、教材（特别是理科）缺乏。黄际遇作为早期出国（1903 年）以数学为主科的留学生，及学成（1910 年）归国的高校数理科建设者，对此感触尤深，因此他经常鼓动青年后学游学欧美深造，以提升自己成为高校师资人才。此时，国立山东大学召开校务会议，明文规定学校教师待遇法，让青年讲师有机会公费出国留学。

③林鹤一：日本著名数学家，是黄际遇留学日本时的导师。

1932 年 11 月 29 日

晴，辰初三十九度。

Riccati's Equation 类列参考书九种，此以横读为研究之法也，本方程式不过一阶一次耳，而凡或因其在历史上富于兴味，或因本方程式若其解答性负之宏富，或因其在数学的物理上应用之广，遂成重要方程式，本例其一也。今晨授课后续读 Johnson、Bateman、Piaggeo、Forsyth 四种（尚有一种 Wilson），综而论之：Forsyth 仅述方程式变形之方法，及解法可能之条件，略及非调和比之性质。林著则根据此方针，详密计算而分类排列之，在初学者最合口胃。Bateman 则取其变形之计算为练习题，而以答题之函数分歧点性特著于 69 页中，又取直交群、圆及群球之应用摘著于 100、101 页。Yoursat 则更广此应用于等角交群，而推其方程式归于 Riccati 之形，直交曲线群其特别耳。Johnson 专从级数方面论解。

同一要点，而横看各书，最足启人神智。"横看成岭侧成峰，远近看山各不同。不知庐山真面目，只缘身在此山中。"所以深读一书，或遍阅群书之后，既须置身其中，使我与真理融合为一，又须超然书外，俯瞰群象有可相关之处，愚公移山，不忘畚畚，商瞿生子，可遗一经，帝力何有于我哉。

1932 年 11 月 30 日

晴，辰初三十八度。

今日上课四小时，每星期以第三日功课最重。下午下课后步往运动场看足球练习，傍晚归舍。少侯来谈，留饭，久谈人事亦颇解惑。晚阅《四六丛话·赋篇》，加子即睡。

1932 年 12 月 2 日

晴，辰初四十五度。

补发家书，续昨日研究至午始毕。晚赴顺兴楼酒局，归与太倅同车，顺道答访。发羊书。

1932年12月3日

阴，辰三刻四十七度。

晚偕泽丞、更生、保衡、少侯赴公记楼消寒会第二次雅集，怡荪、叔明、涤之、贻诚、智斋、咏声俱到，易令数番，酒风殊健。局终往源记乡，谈兴未阑，子亦猎较。

1932年12月4日

星期，晴，卯正四十度。

昨夜被酒，步归即睡，晨辨色兴，续昨日中辍日记。早粥后陟彼高岗，朝阳初上，旋读代数一卷，未萃为记。毅伯、咏声来。正坤来。午后贯三招往助大学球威，鹄立稠伍，少年雄心未尽忘也。循例作家书，并致内子，略道家务要平安二字而已。

入夜忽极无憭，岂不怀归，畏我简书。录《越缦外编》文二首，后阅《儒林外史》独自遣闷。斯人信不可同群，吾非鸟兽之徒。与而谁与失，谁使予之有斯言也。

1932年12月5日

晴，辰初三十八度，夜风。家书来。闻在宥来访。致书张夫人开封。

授课二级，赴纪念周，归阅书。

讲演题"数学世界之断层及其磁力线"，答数理学会之约①，订期第一次十二月九日下午七时至八时半（改十四日下午二时）。下午读连续群论，演稿别存。

夜课毕，抄爱伯《送朱肯夫侍讲视学湖南序》，存《越缦外集》。浴罢阅《说文释例》及杂书。重衾多梦。

【注释】

①答数理学会之约：国立山东大学各种学术团体十分活跃，各系基本都有相应的学术团体。数学系有数理学会、数学讨论会。除了学生之间的学术交流和讨论以外，还经常请教师们演讲。

1932年12月6日

辰初三十八度，阴，微雪。伯英自光州来电。

1932年12月7日

大雪，晴，辰初三十四度，未刻雪花，傍晚风寒。郝更生、宋君复来约评判球赛。张难先亦来约。

日来攻治近世代数，兴味盎然，斯学之在今世，如日方升，国人专此者尚如晨星也。

1932年12月8日

晴，辰初三十八度八，初仌①，微有北风，霭丽。夜月晶莹，天空如洗。下午泽丞来久谈。收到《科学丛刊》一卷一期样本。

【注释】

①仌：古同"冰"。像水凝之形，冻的意思。

《万年山中日记》第八册

(1932 年 12 月 9—25 日)

《万年山中日记》第八册·序

日记者,一个人之流水簿也。子张书诸绅①,志之不敢忘也。颜渊退而省其私,省其所私得也。然则私门著述之最凌乱无章者,莫日记若也。然记述中之最可自信而非有所为而为者,又莫日记若也。日知其所无,月无忘其所能,有得即书,不假排比。此或天下之至愚者方肯为之,顾成名与成学不全相同。学问之事,又非尽出诸天下之至知者。爱迪生之成功也,自云得之灵感者什之一二,得之血汗者什之七八。夫知而不行,与不知等,不实行者,不为真知,行之不倦,时有新知。是故以际遇之顽鲁,望道而未之见,而仍怀此以自壮也。况所治者乃极抽象而论证极严之学,机稍纵而即逝,思稍钝而即塞。驽马十驾,辄昧前程,愚公移山,失之眉睫,个中甘苦,惟于青灯有味时聊自知之,然此境已不过日月至焉而已矣。山居无人事之苦,往往经月不入市廛,而所得者仅止于此,知难而不敢退,又未始非此茕茕相依之日记,有以策予也。是用作序,敢告执羁。壬申大雪任初记。

【注释】

①书诸绅:见"书绅",意为把要牢记的话写在绅带上。

1932 年 12 月 9 日

晴,辰初三十二度,二分明朗可爱,夜月甚佳。王献刍来函,催高等微积分稿。发内子书、慧书。

本年度新得书籍:

Dedekind:*Continuity and Irrational Numbers*.

Julius Petersen:*Methods and Theories for the Solution of Problems of Geometrical Problems*,1879.

Elliott, E. B.：*An Introduction to the Algebra of Quantics*, Oxford, 1913.

著者自序于 1895，再序于 1913，称牛津大学为 Queen's College。Quantics 为斋次式，近著多称为 Forms 形。

Huson, H. P.：*Rulers and Compasses*.

Watson, G. N.：*Complex Integration and Cauchy's Theorem*, 1914.

Weld, L. G.：*Determinants*, 1905.

Larrett, D.：*The Story of Mathematics*.

Neville, E. H.：*The Fourth Dimension*.

Berman & Smith：*Famous Problems of Elementary Geometry*, 1895.

（圆周倍积问题、三等分角问题、立方倍积问题）

Mordell, L. J.：*Three Lectures on Fermat's Last Theorem*.

Smith, C.：*Solid Geometry*（1st, 1844；17th, 1920）。

Ⅰ．坐标。

Ⅱ．平面。

Ⅲ．二次曲面。

Ⅳ．圆锥曲面之关于其轴。

Ⅴ．圆锥曲面之平面切口。

Ⅵ．圆锥曲面之母线。

Ⅶ．圆锥曲面系，切方程式，Reciprocation。

Ⅷ．共焦之圆锥曲线，共圆之圆锥曲线，圆锥曲线之焦点。

Ⅸ．Quadriplanar and Trihedral Co-ordinates.

Ⅹ．一般之曲面。

Ⅺ．曲线。

Ⅻ．曲面之曲率。

Graustein, W. C.：*Introduction to Higher Geometry*, 1930.

Fort, T.：*Infinite Series*.

Lovitt, W. V.：*Linear Integral Equations*, 1924.

Young, W. H.：*The Theory of Sets of Points*, 1906.

Weatherburn, C. E.：*Differential Geometry of Three Dimensions*, 1926.

Levi-Civita：*The Absolute Differential Calculus*（Calculus of Tensors）1923，2nd 1925.

Townsend, E. J.：*Functions of Real Variables*, 1928.

Ⅰ．实数系。

Ⅱ. 点列论。
Ⅲ. 函数之连续与不连续性。
Ⅳ. 微系数及其性质。
Ⅴ. 积分之 Riemann 理论。
Ⅵ. Lebesque 及其他积分。
Ⅶ. 无穷级数。

1932 年 12 月 10 日

阴，辰中四十四度，竟日暧曃，夜月无光。

是日因接收青岛第十周年①，放假。

迟起一小时，方伏案，杜毅伯来谈公事。日加巳中，乃从事整比三线坐标各书，拟别为稿。傍午智斋来，未成午梦。往观球战以补室外吸纳常课。归，未及正襟，有客戾止②。盖晚约游泽丞、张怡荪、姜叔明、闻在宥诸友家在舍下乡厨，杜毅伯、梁实秋继至，酒行数巡，王咏声、傅肖鸿亦来。肴馔虽不丰，诸友甚引为满意，饮多不醉，亦一胜会也。局终茗谈，张、姜二君并为阅评日记序数事，欢娱永夕，夜深犹不忍罢谈，妙语解臣，博闻消渴。

化学教员王君可应聘，即报腾汉。

【注释】

①接收青岛第十周年：1922 年 12 月 10 日正式收回青岛主权。

②戾止：到来。

1932 年 12 月 11 日

晴，辰中四十四度，夜有风，不敢窥月。

巳正大学生与沧队（青岛体育教员组织）比赛足球，往为评判，以二分对一分，大学胜。午后化学教员王竹邨自天津来，姚文林（南枝）、魏元光（明初）附片介绍，为之安顿住居一切，并同往访太俛、腾汉处。参观大学对镇海队篮球，二十一分对十四分，大学胜。乡人袁某亦来看球，并至舍中小坐。晚招王竹邨来便饭，不晤。

晚酌后步月，寻少侯。旋同访实秋，闻所未闻。交亥归，阅课程，风动而息。

1932年12月12日

晴，卯三刻二十五度（摄氏表下四度），竟日风吼，入夜稍息，一轮澈朗，不胜高寒。发内子书，晡后训两儿家务。

辰授课二小时，课毕沈成章到校，陪参观理学院图书馆。

常州周毓莘（伊耕）督学以母丧来赴。伊耕，东京同学，尝招至武昌教席，朴厚可友，为联寄之：

唯太君备险阻艰难，以兴邦之道克其家，教育桑麻，典型宛在；视叔子掌楢轩版册，谓孝亲之大为报国，汝坟华黍，风化油然。

夜解证Hessian式下一定理，颇明晰，此学不易解人，既明师说，云何不喜。

1932年12月13日

晴，辰初三十二度，霭净，夜月特佳。访张、姜二友。

晨以昨晚所释者传授及门，尽一课之力毕之至，中自有至乐也。

"数学世界之断层"讲演要点：

1. 数学之定义……

B. Pierce（1881）：数学者，引出必然结论之科学也。

Brtoand Rvssel（1901）：数学者，使吾人知所闻所言果为真理否之学问也。

Poincabe（1909）：数学者，对于异物锡以同名之技术也。

2. 数学之分科，高级数（代数的复素数）亦如欧几里得几何学与欧几里得几何学因平行线公理之不同而生区别，此因服从交换法则与否而亦生区别，同时不违背吾人之经验。

综合的方法与解析的方法相对。

阅梶岛二郎《数学概论》毕，余亦拟一数学定义曰：数学者，建设若干之符号，于所遵守之法则范围内，推超乎经验之真理也。

1932年12月14日

晴，辰初三十一度。路员某为携兖州烟草十余合来，又可芳馥月余矣。

晨以存在定理及等力线分授二级生徒。甫毕课，邑人高某自大连来会，送客后道福山路返舍，负暄挹气，为今日讲演地也。

下午二时举行数理学会，全体员生列坐四方铁路中学，刘书琴君亦至。只讲数学之定义一节，已历二小时，尤侧重演述予所提出之定义：（一）符号；（二）法则；（三）经验及超越经验以结论。定义之建设其实即一篇数理基础论也，诸生闻此当有通悟之处。四时拍照，归稍憩息，脑力已觉不支。

月上步寻少侯同往海滨听涛，复折回赵寓谈至九时，少侯披衣远陪，明镜高悬，不胜遐想。

阅《鲁岩所学集》，河南鲁山张宗泰鲁岩著，民国二十年其曾侄孙张钫（伯英）重校刊。鲁岩，嘉庆丁卯举人，出宝应朱文定与闽县陈编修寿祺恭甫之门，道光二年选授修武县儒学教谕，嗣迁河南府教授，以博士终其身，与偃师武亿小谷为同年。中州文化乾嘉后朴僿①不振，小谷以经学名家，鲁岩以考校自任，阮芸台②为之序，称其于四部之书目无不览记，自序（时已七十六岁）亦称究心《四库全书提要》，仿其样例，纠正增补，积二十年如一日，全书分十五卷，亦如其所跋。《困学纪闻·集证》（第八卷）谓王氏于学无所不窥，其书暗以四部分门目，较它说部家类例回殊，故国朝人愿倚附其门墙者亦最夥，以今观之，著者亦愿倚附其门墙者也。自卷一至卷三百余条专考史事，始于《资治通鉴》，终于《跋明史纪事本末》。卷四、卷五为读国语、国策、四史、五代中若干条，卷六已后为读各书考订，钩比群籍，栉剔毫厘，信经生之业也。

不服参已及旬，今晚浴后又煎服之。连日苦思数理，夜阅杂书，心神稍畅。

【注释】

①朴僿：朴陋而浅薄。

②阮芸台：阮元。

1932年12月15日

晴，辰初二十八度。竟日霭朗，二更月上，玉宇无尘。

授课一小时，办积公一小时。评定李生金鉴成绩，给予三十六分。阅各种书目，查考本年数学系应购书籍，日中未毕。接家中寄来楹帖一百二十份。晚偕肖鸿步访腾汉。

挂谷氏定数学之义曰："数学者，由所谓不可分之根本概念，即存乎数之关系，以研究一切之概念正确构成之学问也。"（译文甚劣，录其原文……）

又谓数学研究之对象：（1）数；（2）图形；（3）命题；（4）演算；（5）形式。"不可分之原素为数学研究之对象者曰数"，保衡所转述者。

译语数则：Rank 历，Weight 位，Form 形式，Equivalent 对等，Eigenwert、Primitive value 固有值。

阅高木贞治《代数学讲义》（昭和五年共立社发行），虽非近世代数，而极与接近之代数学思潮着着接触。自觉此间用 Halland Knight《高等代数》为一年级教本，不胜落伍之感。本书亦为东京大学之讲义，分为三部：第一部自第一章至第七章专论方程式，前三章为多项式之函数论，尤以复素数为立论基础，后四章为代数的方程式论，可视为群 Group、体 Korher 最初之舞台也。第二部自第八章至第十章行列式与矩阵（东译曰"行列"）及其应用。第三部属于第十一章以下，别为一卷曰《初等整数论讲义》，未见。

《演习高等数学讲座》，全十二卷，已见七卷。分代数、三角几何、微积分、函数论、综合几何、画法几何，尚有力学积分方程式确率论及最小二乘法群论，整数论、集合论及实变数函数论未见。全书为坂井英太郎、国技元治师监修（共立社发行），发端程度甚浅，适合中学教员参考而已，唯竹内端三《函数论》一卷，选材极佳。

Algebra 一语近已用为复数 Algebras，亦如几何有 Euclidean geometry 及 Non-euclidean geometry 然。代数亦可以 Commutative algebra 及 Non-commutative algebra 分也，后者不服从乘法之交换法则 $ab = ba$。

1932 年 12 月 16 日

晴，辰初三十八度。

授课后往商场购杂物，访纫秋订办各事，同往观画。归校查购西书。

下午开校务会议，太侔招往厚德福吃羊锅肉。往源记畅叙，又诣宏成发藏钩四匝，夜半始归，久不涉廛肆矣，夜睡为之不稳。

早偕省之验收科学馆，并择定二楼三号为院长研究室。

1932 年 12 月 17 日

晴。家书来。

辰正方兴，往研究室整理公务。午睡为客所扰，精气不充，往球场观战，五时方归，阅群论。晚赴太伾、子椿家晏①。七时余偕王竹邨赶消寒第三会于公记楼，少侯、咏声、涤之、保衡、实秋、贻诚、康甫在焉，转战大胜，然已不胜酒力矣。同往宏成发棋竹倾谈。子初归，颓然而卧。

是日发采石、树三、尧廷、纫秋宏成发诸帖，余帖拟不发，而泽丞力主之。

【注释】

①晏：同"宴"。

1932年12月18日

星期，辰中四十九度，竟日亢阳，断明日必风。

晨偕保衡健步，便道视泽丞、邓仲纯，未起。归为工学院工场管理处书匾。十时为沧队对礼贤中学足球裁判，四分对一分，沧队胜，后半时间因夜被酒，精神不足，遂觉有漏球之处，游艺虽小道，亦觉修养工夫之未易言也。

午往宏成发饮晏，毕偕诸同乡至宜今兴一坐而返，小憩后观大学对红白队篮球，十二对二十一，大学胜，得市锦标。抄毕爱伯《招隐辞》，还书。晚应邓仲纯之招饮于顺兴楼。九时偕泽丞、怡荪、叔明茗谈宏成发，纫秋出所藏故宫周刊百余册传观。十一时同车归，即就寝。

1932年12月19日

卯中四十二度，竟日阴翳有风。

上课二小时，赴纪念周报告出版委员会事，料理杂务。午归发同人帖八十件，本市友雨十件，济南旧同僚二十件，托张幼山代转。

下午先定年考试题，封存教务处。发家书，复张伯英函。

此次本不拟多发帖，因泽丞言之甚力，谓："虞礼为吉礼，五礼之首，今日尚存此意于东南海陬，可谓'礼失而求诸野'，况事亲百年大事，何可不告。"按五礼者：吉礼，嘉礼，宾礼，军礼，凶礼也。古人以祭祀之事为吉礼。

预拟联语数则：

三虞之祭；五世其昌。

既葬而封，如岗如陵；以虞易奠，来假来飨。

速返而虞,吾从其至者;归复于土,气无不之也。

茹苦训心,折蔓①励志;封阡木表,虞乐安神。

日中而虞,已迟稘②年之后;轮高可隐,长依四尺之封。

口泽犹存焉耳,踯躅当年画荻教;魂气无不之也,彷徨三祭凿楹书。

横额:寝成孔安。

八比③之废三十有一年矣(光绪辛丑二十七年),泽丞未瞿其毒而颇喜诵之,其云:"伯夷叔齐饿死于首阳之下二比云:'甲子以前有天,甲子以后无天。谓天盖高,不敢不跼④。首阳之外无地,首阳之内有地。谓地盖厚,不敢不蹐⑤。'天高地厚逼出无路可走,最后一条路除了饿死于首阳之下无他办法。"审题度势非今之摇笔为文者所能梦见也。

【注释】

①蔓:细树枝。

②稘:古同"期",周年。

③八比:八股文。

④跼:腰背弯曲。

⑤蹐:走小碎步,即后脚尖紧接着前脚跟。

1932年12月20日

辰初二十八度,晴朗。智斋借数学讲义一部。

课后怡荪谈一小时。函留德曾炯①,约聘数学教授。学生来问惑,以院务面商。毅伯、智斋来索孟(竹溪,广德)帖,述其相慕之殷。

午张采石、周兰生、周尧廷、宋树三诸里人来,留饭,陪同参观体育部、图书馆。下午三时主席出版委员会。姜、张、游诸君来舍,索观先姊八十六寿文,将有所赠言也。

李保衡、宋智斋共送幛一幅。

王贯三、王咏声、薛兆旺、郭贻诚、梁实秋、吴之椿、谭纫就、郑成坤、赵少侯、赵涤之、刘康甫共送缎幛一幅,使敬一金。

晚阅微分几何学未有心得,读弈谱就睡。

【注释】

①曾炯:近现代数学家,早年是黄际遇的学生,此时黄争取他学成后尽快到国立山东大学任教。

1932年12月21日

辰初三十六度，阴。

授课二时。诣谢诸友送奠。驱市场购物备馈儿女。过宏成发定归舟"新宁"，二十三日行。

蒋丙然台长送来幛一幅，使敬一金。

宋锡波、吴同伦、王志轩、李韵涛、邵磊盦、姜春年、刘芳椿、张振楷、廖雪琴诸同人送幛一幅，使一金。

袁振英、王寿之、庄仲舒、郭宣霖、吴伯箫、王守珍、邓以从、杜原田、李庆三诸同人送幛一幅，使一金。

黄星辉、陈颂、丁伯弢、曲继皋、罗凤翔、舒纪维诸同人送幛一幅，使一金。宋树三香仪六元，使一金。

泽丞送联：

"仪范炳千秋，穆穆皇皇，允矣精灵如在；烝尝昭百祀，跄跄济济，报之介福无疆。"

汤腾汉、傅鹰、王祖荫、黎书常、曾省、邓初、刘咸、沙凤护、秦素美诸同人送幛一幅，使一金。

杜毅伯、张怡荪、闻在宥、沈从文、姜忠奎（叔明）、游国恩（泽丞）诸同人送缎幛一幅，联一对，联云：

"画荻毓贤才，风雨天涯，时过高斋寻叔度；音徽归肇祀，松楸垄上，愿从澄海拜泷岗。"

郝更生、高梓、宋君复、鲍东生、傅宝瑞诸同人送幛一幅，使一金。赵畸送幛一幅，使一金。

1932年12月22日

是日冬祭，辰初三十八度。

张怡荪、游泽丞、姜叔明、曾省之、刘重熙、沙凤护、汤腾汉、王咏声诸友来送行。是日并为客书屏对诸事，略有得心应手之处。晚赴王咏声酒宴。夜过宏成发，归收检行箧。

晨开出版委员会、暑期学校委员会，议定各事。

1932年12月23日

晴,辰初三十九度。

结束课程,诣各处道谢。晚汤腾汉设席厚德福祖饯①。纫秋报"新宁"明日行。

夜饮及醉不及乱而已。诣宏成发一谈即回,已不能办事,酣卧达旦。

【注释】

①祖饯:送行。

1932年12月24日

阴,辰初三十九度。

叔明以篆书写上联,遒润丰茂,致可宝也。九时行,乘舆已驾矣。

谭玉峰、科治玛、张金梁、孙方锡诸讲师同人送幛一幅,使一金。

蔡子铭送香仪四金。周兰生送香仪四金。陈朋初送礼券十金。宏成发送缎幛一幅,使二金。张采石送礼券十金。潭天凯校长送幛一幅,使一金。

三年级门人谈锡珊、任国栋、曹信忱、王聿相、江焕、韩宝珍、岳长奎馈幛一幅,使一金。

二年级门人馈幛一幅。

晨九时,呼马车运行李,别以汽车先往宏成发。智斋、保衡及儿辈随至。采石来谈,并馈柿饼六十斤。偕器儿往购履物二三事,午回栈饭。纫秋托带三百金回宅。是日因消化不良,竟日不能用心,混混而已。四时登"新宁"船,纫秋及两儿偕张培元、丁振成二生已久候于岸畔矣(并送二年级及门红幛成幅)。晚启行,有风,竟夕震荡。

1932年12月25日

阴,在"新宁"舟中。

风仍不息,终日簸动,阅弈乘数,则兀坐永夕而已,不若以前之能吃能读也。

《万年山中日记》第九册
（1933年2月19日—5月2日）

《万年山中日记》第九册·序

　　壬申之岁，自六月迄于岁莫，积日记成八册，亦越癸酉，忽忽四阅月矣。此四月中，舟车者一月，旅居者半月，园居者一月有半，余则教授为生，盖卒卒无须臾之间焉，而知非之年①，瞬将届矣。此四十九年间，消磨于妻子、仕宦之场者半，消磨于旁搜枝骛者其半之半，消磨于舟车、酒食者又其半之半，然则所专之业能占几许时日，概可知矣。数其齿，则群推祭酒之长；叩其学，则未脱学步之童。以今所记观之，彰彰可证也。自今以往，将复令后之视今，亦犹今之视昔乎？则不如其无记矣。癸酉四月十九日任初补叙。

【注释】
①知非之年：50岁。

1933年2月19日

　　星期，"山东"舟中，华表三十九度。
　　竟日阅纪晓岚《笔记》，遇有可辨证，折角志之而已。

1933年2月20日

　　星期，"山东"舟中，华表三十九度。
　　未辨色，舟已泊小青岛前，俟港医来舟。人曰"看医生"，欧语亦然，而不曰"医生看"，实则医者虽来，亦一望然去之已耳。人皆见医生，医生不见人也。八时抵二号码头，大儿家器、仲儿家锐、陈仆、御者均鹄候久矣。车过宏成发，食油条而甘。

十时返校舍，以南中甘柑分馈毅伯、太俦、之椿、康甫、实秋、怡荪、叔明、泽丞、涤之、成坤夫妇、省之、腾汉、咏声、贯三、贻诚、保衡、素美、智斋、少侯、正坤、沈成章及同舍诸君。杜毅伯来，赵少侯来。王咏声、秦素美、赵涤之来。

作家书并柬峻六、云溪、硕友、献廷、镜潭、梓筹、奋可。访怡荪、叔明。夜答拜少侯。浴罢已十时半，补日记二页，为儿辈谈家务。

1933年2月21日

辰三十五度，阴，午微霰，夜东北风。

晨莅校办公室，授课一时。下午王硕甫来，不晤。梁实秋、游泽丞、汤腾汉来。夜饮同舍人纵谈，略翻课业而已。

夜卧阅杂书以自排遣，朔风怒吼，幸已舍舟。

1933年2月22日

辰初三十四度，晴霭无风，傍晚风降至冰点，夜风寂。

晨信步莱芜二路，新宅栉比，大道平平，胜地重临，复不食人间烟火矣。授课二时。以奋可所馈盆景分赠梁实秋、汤腾汉。课后招姜叔明入公园散步觅句，朝阳可爱，枯木未青，徙倚无端，归温校课。

访泽丞、之椿、太俦、少侯各友久谈。

广东通志馆来聘名誉纂修，此事报上早有所闻。然于史学实疏，乡邦文献又非所习，自阮芸台主修《广东通志》垂百余年，应有继起者，殊愧非其任耳。《书目答问》列善本省志四，曰：《浙江通志》《广东通志》（阮元）、《广西通志》（谢启昆）、《湖北通志》（章学诚原稿）。府志三，曰：《汾州府志》（戴震）、《嘉兴府志》（伊汤安）、《遵义府志》（郑珍、莫友芝）。州县志亦不过十八。信矣，善本之难也。兹志之修，鄙意须断代为之，至末清改玉而止，以避各种制度思想之冲突为是。改日当致书同事论之。夜忽疾动。

1933年2月23日

辰三十八度，阴，夜风。

下午校务会议，被推为科学馆筹备落成典礼主席。晚招太侔、实秋、毅伯、怡荪、少侯、涤之、咏声、腾汉、肖鸿、省之、刘、孙诸同人欢宴粤馆公记楼。酒局殊不弱，费金二十三元，散局后又往宏成发品茶，亥刻归寝，殊有遐思。

1933 年 2 月 24 日

辰二十八度，风仍劲。

晚偕涤之、少侯往宏成发便酌，肴馔极丰，夜叶子戏①片时，返寓途中颇冷。夜炉火特炽，衾不重而梦多。

【注释】

①叶子戏：一种古老的纸牌博戏，被认为是扑克、字牌和麻将的鼻祖。

1933 年 2 月 25 日

辰二十七度，晴。

早授微分几何学。晚偕少侯、肖鸿往莱芜路与叔明、怡荪、泽丞、闻在宥为诗谜之会，肴核满床，饱食而归。冷露寒霜，倍增萧瑟。

1933 年 2 月 26 日

星期，辰三十六度，阴，午晴丽。

晨代钟某写墓碑一通，宋树三所托也。招贻诚散步莱芜路、齐东路一小时。治群论至日中。

新聘英文教授陈逵（弼猷）君来。发家书，柬硕友、云溪、峻六、镜潭、张幼山、邹海滨①（复广东通志馆事）、张子春（聘天文教授事）②、程楚润（法巴）、慧儿。夜约同舍人及宋智斋、王咏声、刘康甫、秦素美小饮。正坤来。

许祥人求书宅门匾额，以"太岳之胤（许国，太岳之胤），汝南世家"八字应之。十时客散卧阅杂书。

【注释】

①邹海滨：邹鲁，时任国立中山大学校长。

②张子春（聘天文教授事）：张云，时任国立中山大学数天系系主任，曾是黄际遇的学生。黄托其介绍天文教授，后张推荐了李珩、罗玉君夫妇。

1933年2月27日

辰三十九度，晴。

《广东通志》共书二十六篇，三百三十四卷，嘉庆二十三年（一八一八）两广总督、广东巡抚李鸿宾奏请纂修，道光二年（一八二二）阮元、广东巡抚嵩孚奏纂修告成。大学藏本系甲子重刊本，有重刊职名，中有陈澧，则亦已是同治三年（一八六四），此后文献无征不信矣，亦粤士大夫之耻也。据阮元叙云，《广西通志》乃嘉庆初谢中丞（启昆）所修，载录详明，体例雅饬。《广东通志》则犹是雍正八年郝中丞（玉麟）所修，书仅六十四卷。《四库书提要》称一年竣事，体例抵牾，九十余年未经续纂。爰奏请开局纂修，以《广西通志》体例为本，有所增损。凡总纂、分纂、采访、校录，莫不富于学而肯勤其力，志三百三十四卷。

夜补里居日记数则，浴后阅书至夜分，因终日工作，颇觉困惫。

1933年2月28日

卯三十八度，晴。

未曙已不寐，昨日用心太过之故，乃被襟健步公园，深林人不知，朝阳来相照。春草渐暖，国事日非。春草年年绿，王孙归不归，又末而无足道也。

授课后清理科学馆事，出版委员会外国通信事，兑金羊市事。十时开科学馆开馆筹备会，余为主席，议决六事。

1933年3月1日

辰二十八度，晴。

晨授课后顿惫，归舍写联数对以自遣，阅近世代数一小时。下午江生焕报告以 Bessel 函数演 Riccati 方程式，甚有会心。发内子书及慧书。张怡荪、叔明来谈。晚观棋一局。奋可、陈作钧书来。

1933年3月3日

卯正三十八度，辰初微雪，阴。

夜睡不熟，辨色兴，诵读太史自序一遍。往授课二时，阅试卷，办公午归。试题如下：

近世代数学　　二十一年六

1. Prove that $(A')^{-1} = (A^{-1})'$ by means of the transpose of $AA^{-1} = I$. What is A? What is "rank of A"? If A is singular, is the last statement true?

2. Are
$$5x + 3y - 6,$$
$$8x + 15z,$$
$$6x + 2y + 5z - 4$$
linearal dependent?

3. Prove that if F is the function obtained from f by applying any linear transformation of determinant Δ, the Hessian of F is equal to the product of the Hessian of f by Δ^2 (Thm.1. $\Delta^2 h = H$) by any method.

高等微积分　　二十一年冬

1. Prove that if $f(x)$ and $\varphi(x)$ are continuous at $x = a$, then $f(x) + \varphi(x)$, $f(x) \cdot \varphi(x)$ are continuous and that $\frac{f(x)}{\varphi(x)}$ is also continuous at $x = a$ unless $\varphi(a) = 0$.

2. $f(x)$ is a continuous function, if $f(x)$ is a polynomial, why?

3. Find the region of the series
$$1 + nx + \frac{n(n-1)}{2!} x^2 + \cdots$$
and define the corresponding function.

4. How do you change the formula of curvature
$$\frac{1}{\rho} = \frac{\frac{d^2y}{dx^2}}{\left(1 + \left(\frac{dy}{dx}\right)^2\right)^{3/2}}$$
to that of polar coordinates.

5. If $f(u,v) = 0$, $u = \frac{y}{x}$, $v = \frac{y^2}{x}$, prove that
$$2x \frac{\partial x}{\partial x} + 2y \frac{\partial x}{\partial y} = x.$$

1933年3月4日

　　三十七度，阴，有风。

　　授课毕，阅卷至午。下午泽丞来谈。晚赴太侔之招饮于赵宅。九时驱宏成发取洋银壹千五百元寄家为购宅之用，旋归寓略阅《史通》，不终一卷。

1933年3月5日

　　星期，三十八度，晴，夜月掩映。

　　晨起往招肖鸿郊行，梅杏未花，林泉犹寂。归为人写联数通，以当休沐。作家书及柬李廉方、陈作钧河南大学。访游泽丞，答拜郝更生。晚闻边警，忐忑不安，抛书自失。

1933年3月7日

　　卯三刻二十二度。

　　上午授课办公。下午初着手论文研究。晚酌后诣泽丞久谈，步月归来，胸襟如洗。

1933年3月8日

　　今晨与太侔校长策科学馆落成及暑期学校各事，余仍主守旧常，不改故步。

　　夜稽核偏微分方程式论。阅《史通》其《自叙》一篇，颇博衍可学。

1933年3月9日

　　辰三十七度，晴和可郊行，夜月暧霴。

　　上午授课后见《大公报》教育部函聘数学物理专家于四月一日至六日举行讨论会事。旋接到三月四日教育部聘函，为讨论天文数理译名，及大学课程标准、中学物理仪器设备最低标准与自制问题，外如大、中学课本参考书编著办法。即复函应聘，并预拟提案。

提案一：由各大学分任编辑高等数学丛书案。

提案二：每年由教育部审核刊行各大学毕业论文案。

柬陈可忠（国立编译馆）、黄季刚、张盖谋、奋可、慧。阅课业。

晚阅微分方程式颇有妙悟，演存习题一则……

1933 年 3 月 13 日

晴。

晨上课二时。幼山、仙槎来校集诸生告语。

1933 年 3 月 14 日

晴。

晚沈成章宴张幼山、何仙槎于俱乐部。因予已有先约，临时偕葛娄（勋）、张光廷同至寓所欢宴，正坤来侍，太伴、少台、毅伯均来。予被酒甚，不知送迎矣。

1933 年 3 月 15 日

微雨午晴。

今日恍惚无聊，除上课四时外极意休息，夜诣泽丞久谈，多抑郁之语。归来知沈成章相邀，不晤。

1933 年 3 月 16 日

晴，辰刻三十二度。

晨趋办公室赶完科学馆概况各稿，午始毕，心绪稍宽。下午纵意读书，穷一日之力，夜分方罢，夜睡为之不安。慧柬报五羊春寒。

1933 年 3 月 17 日

辰刻三十七度。

阅微分几何学。复姚秋园书。

1933 年 3 月 18 日

晴。

太伴来久谈。晚访叔明。夜归读微分几何学。泽丞来为磨勘讲演，录予所训诸生语也。"南山有台"，谓之何哉。

1933 年 3 月 19 日

星期，晴朗如春，初废炉火，自十一月二十八日初试炉，几四阅月矣。

晨贪睡，交巳方兴。招保衡、器儿道西山路健步移时，春树欲花，臣心如水，路遇毅伯，权索解人。午后发陈文彬济南、张苾谋杭州、曾炯各信并家书及慧。

邹海滨寄广东通志馆同人名单及章程等前来。

馆长邹鲁，主任兼委员徐甘棠，委员何衍璿、薛祀光、邓植仪，委员兼纂修朱谦之、朱希祖、石光瑛、徐绍榮、古直、陈述叔、罗獻修、林砺儒、范锜、李沧萍，名誉纂修姚君懿、黄铭初、周若豪、陈梅湖、杨雪立、陈海民、萧汉槎、郑晓屏、吴子筠、王宏愿、黄际遇、杨世泽、林绳武，兼任纂修曾运乾、方御骖、萧鸣籁、谢贞盘、罗香林。

通志总目：

（一）纪：大事纪。

（二）表：沿革表，职官表，选举表，封建表。

（三）略：舆地略（舆图，疆土，地形，壤土，物产，灾变）；建置略（城市，堡寨，衙署，道路）；民族略（族派，姓氏，方言，风俗，谣谚）；经政略（政制，军政，学政，警政，议会，司法，边防）；财计略（税收，币政，度支，实业，交通）；水利略（水患，治河，陂堤，水力）；文物略（学校，书院，书藏，物藏，坛庙，寺观，教堂，古迹，胜地，公园等附）；艺文略；金石略；民事略（人口，民业，民用，村制，团保，仓当，会社，医院，匪患）；侨务略（侨务，侨民，侨政，侨难，保侨）；外务略（通商，战事，租占，外侨，教案，法权）。

（四）传：名宦，谪宦，先达，忠义，孝友，隐逸，列女，学林，艺苑，教门，货殖，流寓，外侨。

所聘纂修难云极一时之选，其总目类依旧《广东通志》损益之：（一）易训典为大事纪；（二）为表四一仍旧贯；（三）合舆地、山川、关隘、海防为舆地略、水利略，增民族略，分经政为经政略、财计略，增文物略（古迹等附之）、民事略、侨务略、外务略；（四）合录列传为传，易宦迹为名宦、释老为教门，去人物、耆寿、方技、宦者、岭蛮，增先达、忠义、孝友、隐逸、学林、艺苑、货殖、外侨。去取之际饶具匠心。

晚访泽丞谈修志事，商榷可分任者为"民族略"中"方言略"之分撰，"艺文略"之分校，"传"中之"孝友""隐逸""学林"之分撰，即此已可竭吾力矣。欲建议者，为厘正字体一事，废除标点一事，风俗改礼俗一事，当别为稿申述之。

1933年3月20日

辰四十五度，温霭。

授课二级后，面当校订聘曾炯数学教授，并力辞校务事。同时逐两兔，必无幸获也。

下午太侔来久谈。三时后赴暑期学校等筹备会。晚归舍小饮辄醉。咏声来。

1933年3月21日

辰四十度，微霾阴，门人曾昭安、张子春书来，慧书来。

向教育部天文数学物理讨论会提案二事：

提案：汇集每年各大学数学毕业论文或报告，由教育部审定刊行案。

办法：请部咨令各大学呈报毕业文卷时须连同各该毕业生毕业论文或报告，由部审定刊行之，为某年度各大学毕业成绩。

理由：因学术为天下公器，数学尤绝无空间性，非公开研究无以收相资为善之效，而各大学研究成绩，非以国家之力助之刊行，是一人之心得还之一人，殊非作育人才、宏奖学术之意，用敢提案如下，是否有当，合请公决。

  提案：编纂高等数学丛书案。

  办法：（一）成立高等数学丛书委员会。（二）委员会拟定丛书门类、丛书格式、丛书程度、标准及各种进行事项。（三）由各大学研究所教员、研究员认定门类，依照格式、标准程度编纂之。（四）各书编纂后送至教育部审定出版。

  案由：高等数学书籍，需要甚急，良以世界学识，浩如渊海，不唯外籍奇贵，非寒士所能负担，即以语言文字不同之故，亦已使穷经者皓首，故非联合群力纂为丛书，不足惠润多士，养使国人习好科学之基，浸成学术独立之效。然以一二人为之，力固有限，商之书局，尤以纯粹科学性质，卖场不旺，不愿合办，所以二三十年以来，此项书籍可供大学生参考者，不满十种。区区日本，一年以来，刊行高等数学讲座至四部之多，其内容达百余种。故非联合群力编纂高等数学丛书，由教育部审定刊行，不足以应此需要。是否有当，合请公决。

  苏步青，浙人，今浙江大学数学教授，得博士于日本东北大学，时年甫二十七，开日本未有之例。

1933 年 3 月 22 日

  辰三十七度，细雨如丝，春意油然，午北风凄厉，入夜稍杀。

  夜攻曲面微分几何学，夜深方罢。

  今日功课最重，四时方毕，力竭声嘶矣。归舍不能伏案，呼车宏成发，招纫秋往剪衣料，直十九金。晚餐尧廷同饮，饶有乡味，饭后与勤善弈于宏成发。

1933 年 3 月 23 日

  夜治微积分，用力颇勤，寤寐以之。

1933 年 3 月 24 日

  晴，辰三十九度。

授面积分亘八刻钟，疲于致思矣。嬲保衡漫步公园一匝，红梅露蕊，羞怯春寒。又得教育部促聘书，将有远行，恐不终见着花之盛也。傍午入图书馆。

晚泽丞招往诗会，怡荪、叔明、肖鸿共席，醴肴俱设，三更始归。卧阅章学诚《校雠通义》。倦极不成条理，入浴更衣，拥衾温梦。

1933 年 3 月 25 日

辰正三十九度。是日发津，克去四十八金。

晨不成寐，披衣急上山头观日出，彩霞鳞次，远波不兴，潮满渡头，春深之思。二三学子，执书林际，讽诵之声，穿径而来，言子之庐，伊人宛在，缅芬挹爽，倍觉悠然。

竟日入馆读《微分方程式曲面论》一篇，顿觉吃力，归国十年，传不习焉，知命读书，吾知免夫。

晚王硕甫及门人智斋、保衡宴予于公记楼，饱餐后步归，旋亦就睡。

1933 年 3 月 26 日

星期，辰初四十度，阴，夜风。珪儿禀来。

夜睡尚佳，昧爽兴，亨茗治几何，不日又须成装矣。早餐后招肖鸿入山，归为客书立轴二方，饶有山林之意。蔡子韶来。

怡荪、叔明来久谈。宗邦不兴，礼教云亡，抚事感时，同深扼腕，匈奴未灭，何以教书，为慨然兴定远之志焉。

夜少侯来谈。晚阅《新月》（四卷六期），觉得崭新旗鼓，有根本摇动之状。

1933 年 3 月 28 日

晴朗。

上课后整装待发。致广东通志馆书，要旨云：所欲陈者二端，一为厘正字体事（排印则严校对，木刻则并严字画），一为不用标点事（续志应系断代而为，故须存先民成规）。所勉任者二事，一为方言略，［不用扬子《方言》、章氏《新方言》《畿辅通志·方言略》例，而以三十六母为经横列（一）古音、（二）今标准音、（三）广州音、（四）梅属、（五）潮属。各以万国音标或注音字母标读之，而后类举诸词，以见凡反切同而读，反切异者各属方言遂有不得不异之故，庶几寻方言之系统焉。广、梅、潮各一人任之，际遇可勉任其一]一为人物传，（如隐逸、学林等传，俟采访有稿，际遇可分任之撰传）云云。

下午开暑期学校委员会，王子愚秘书、雷法章局长以教育厅局代表远来列席，予亦敛襟阿惟而已。散会后陪子愚游公园半匝。"曲终人不见，江上数峰青"，举手示别。

太侔约晚席，不克赴。泽丞、怡荪、叔明相要送行，诣宏成发相会，藏钩、读画，睥睨倾谈，子刻告终，方各归去。是夜宿宏成发。

1933年3月29日

黄花岗纪念日。晴，辰四十五度，竟日清朗。

晨起精神不振，杂阅棋谱。招纫秋往中华书局浏览片刻，路迎智斋来送别，午同饮宏成发。午饭罢，拥衾小憩，舟人鸣钲待发，即驾车赴之。智斋、仲儿同来，以刺辞太侔行。舟名"四川"，房厅尚宽裕，舟客仅余一人，闻尚有九客一行者，行李已来，而舟以下午三时行矣。启锚后熟睡至傍晚，食少许，杂阅弈谱，夜分方就寝，停食稍舒。

1933年3月30日

晴霭，在舟中。

晨起顿觉舒适，就房舱中设小几危坐，补书二日来日记，后演微分几何学。

连夕与怡荪、叔明、泽丞诸友推论学术世变相关之理。予谓凡百学问，清人过于明人，而书事总是清人写不过明人。诸友均曰：气节不及之也。汉学家之治学也诚云得法，其立志也亦甚苦，究竟章句之儒难裨国是。观夫有明之亡，上有殉国之君，野遍死节之民。有清中兴，所倚为砥柱者，率多理学之儒，宇内又安，赖以斡旋者亦数十载。今世则何如哉，抚舷击棹，感不绝于予心，辄忆及之，君子于此以觇世变也。舟人招以弈，上午胜六局负一局，下午再战，首局即负，二、三两局胜，四局和，局势均极紧凑。晚膳颇丰，夜观战而已，为此小道竟感神疲，早寝早醒。舟已泊扬子江口矣。

1933年3月31日

晴朗，在上海宏发①。

晨起料检杂物，阅书自喜，于曲面曲率性质间有所得。午饭后与舟人弈三局，二和一胜。过午后启锭入黄浦口，"百无聊赖过零丁，遥睇中原一发青"，我生航海半天下，气象无如此雄特，诵之以洗积块。呜乎，"忍能对面为盗贼"，"但觉高歌有鬼神"，孤客旅行，时有领略不到之况味，此生役役，不知息肩何处耳。

过午抵宏发，晚餐夜话慰此客愁。夜偕陈友章同乡五人，同车西行，气候已近深春，车中尚用暖气，幽窗锢闭，昏不成寐，展转欹侧，直抵鸡鸣。

【注释】

①宏发：广东潮汕商人在上海设的店铺号，经营全国土产运销。

1933年4月3日

雨，在江宁。

上午八时开分组会议，余主席审定大学数学系必修课程为：初等微积分、微分方程式、解析几何学、初等代数方程式论、高等微积分、无限级数、复变函数、高等代数学、微分几何学、理论力学、射影几何学。并推孙光远五人草拟十一科目内容。

午陈可忠及旧门人国立编译馆馆长辛树帜宴于中央饭店。下午郑桐荪代姜立夫主席，立夫、汉叔均浙人，言语不通于众，以后均予与桐荪分任之，至是审定内容讨论周祥。

晚金陵大学及女子文理学院移尊就教，宴同人于招待所。案凳高低不称余，危坐仅及肩，坐中尚有女客，仅可举案齐眉。吴、陈两校长皆非素识，否则余致答词时必以此语捧腹，仅云站之则得食，不站不得食，则将站之乎。举座哗然，指而目之曰：小数点又在作刻薄语。

夜偕黄、张二君品曲。

1933 年 4 月 4 日

晴，在江宁。

是日通过余所提编纂数学丛书及选刊毕业论文两案。

晨八点，众车蜿蜒出朝阳门谒陵，王气黯然，翁仲虚设，钟山之英，草堂之灵，谁式凭之，于今为梗耳。午素食于寺，归续开讨论会，表决"四位分节，万位以下以十进，万以上以万进"一案。

1933 年 4 月 5 日

晴，在江宁。清明。偕子春、陈妫叔登饮第二泉①。

【注释】

①第二泉：江南第二泉位于南京雨花台东岗，原名雨花泉，又曾称永宁泉。

1933 年 4 月 7 日

晴，在江宁，夜雨声泷泷。

晨起观钓湖边，方思作日记，而中央大学、金陵大学诸生复麇至①邀往讲演，盖已守株五六日矣。难违厚意，往中央大学为讲微分方程式与群论之关系达二小时，以极简易之词出之，已十一时矣，问听者倦否？则佥曰："请益。"复为讲数学杂谈一小时，不出勉励治学如择偶之意，总要始终如一，视为终身伴侣。语长有速记，应见别录。

【注释】

①麇至：纷纷到来。

1933 年 4 月 10 日

夜为书联：

金陵王气在；海国怒潮高。

我欲乘槎归去；臣是天子呼来。

偶然纵迹成蹊径；毕竟诗书有宿缘。
分赠之，并转致何衍璿一帧于羊城。又书联：
文章憎命达；江湖秋水多。（贻奋可）
天地有正气；钟声无是非。（贻其煌）
投笔倦甚，偃几而卧。

1933年4月11日

晚黄绎言、张子春来饮宏发，宾主尽欢，酒不醉而情怡人，将别而神往，以所书联奉赠，并以三十番托子春交慧儿，亦"凭君传语报平安"意也，夜话达子正。

1933年4月12日

阴，午晴霭，辰正五十三度，在宏发。
晨补二日来日记，器儿禀来并转张幼山、李廉方来函，即复幼山。

1933年4月14日

巳正五十六度，在宏发。春雨如丝，终朝如晦。
竟日未出户，亦无所事，傍晚为述旦书箑二面，踵①求者旁午矣。明朝启程，数问舟如何，浩然思归，旅情骀荡，晚酌未乱，几不自胜。"爱花春起早，惜别夜归迟。""鸿雁几时到，江湖水悠悠。"杂坐无俚，裨书扰梦。

【注释】
①踵：古同"踵"，追随，跟着走。

1933年4月16日

阴，在"四川"舟中。
与舟人弈棋数局外，杂阅《秋雨盦随笔》，聊以永日。

1933 年 4 月 17 日

晴丽。

晨未破晓，舟已泊小青岛前，鹿鹿有声。夜因早寝，遂不成寐，披衣而起，天朗气清，尽书数卷。八时泊岸，器儿及伙计车子相候，诣宏成发。即回校舍，琴书依然，薪木无恙，急问花事，则云春寒未放，辜负予速回之志矣。作书致内子、珪儿、慧儿，并报子渊、骊仙、可忠、树帜。

午正坤来，留饭。浴罢小睡，独往公园寻梅，小亭枯坐，以书自随。桃花已落，樱花未开，粉蝶游蜂，敛迹不至。幽香劲骨，难觅知音，徙倚沁芳，入晡而返。夜访泽丞，复同来久谈。补日记。家书来，慧书来。托宏成发汇洋一千。

1933 年 4 月 18 日

辰正五十八度，和霭。

器儿游劳山柳树台、瀑布、苇竹庵。

1933 年 4 月 19 日

晴朗。午太侔来，订聘教授数事。

红日满窗，挟书信步，文王之囿，亦禁刍荛。中有一人，奄据小亭，俯而思焉，仰而望焉。梅葩掩映，助其丽思，草色迷离，哀此惇独。默追曲面之理，远寄春水之情。目之者指为书痴，过之者不知深处，先生不知何许人也。

温微分几何学，未得间入馆图猎。

1933 年 4 月 25 日

辰正五十二度，阴晴。智斋来，留饭。晚访叔明。发张子春广州函。

用脑剧变，夜睡难得熨贴。早起急步山阿，净洗浊气，并定科学馆公开讲演题为"数学与文学"。

夜读任公①《清代学者整理旧学之总成绩·小学及音韵学》一节。殊觉所知之识，被任公整理一过。凡读书真要保持书味存于胸中之趣，否则是自费诵读工夫。

三年级门人李金鉴，今日报告由方程式求所属不变之群之法，尚有心机，未遽断为恰当。

【注释】

①任公：梁启超。

1933年4月26日

辰正五十二度，和明。

夜阅二次形式论至亥尽，又阅任公《清代历算学学者之总成绩》一篇，入睡遂感神经衰弱。昧爽不成寐，急携书赴公园花下徙倚移时，天碧皆空，花红欲滴，春事如此，我劳如何。

下午幼山书来，段生子美自巴黎书来。得慧十八日长函，即复。书挽联"有子为弓裘哲嗣；先生是六一畸人"寄欧树文。晚酌后复步公园，花事将浓，韶光不驻，窗前对影，弥感幽默之情。

1933年4月27日

卯正二刻六十度，晴和。奋可书来。

课余招泽丞、怡荪赏樱公园，姹紫嫣红，赏心乐事，昨年携手灞陵桥，今日独寻芳草路。留春无计，渡世何心，埋首百城，移情千里。

晚诣叔明、怡荪谈论明、清学者致力之方，油然有兴起之思。叔明之师柯劭忞凤荪（著《新元史》二百五十七卷，民国十一年刻。日本以此书赠柯博士），年八十五，不良于行，犹日危坐著书，亦孙夏峰①、沈麟士②之流也。

夜作书致季刚。获阅姜忠奎叔明所著《转注考》，有柯叙，当别记之。

【注释】

①孙夏峰：孙奇逢，明末清初理学大家。
②沈麟士：南朝齐教育家。

1933年4月28日

卯正三刻五十一度，晴和。

夜作向量解析数题，卧阅张恨水《啼笑因缘》至续集竟。

早课毕，招保衡看花，公园花事极盛。广东公记酒楼支店园中，薄饮啤酒，步归阅书。下午乡人某买办来，求写书斋石额，后面字有似碑阴，不知谁为撰词，斤斤恐不肖子孙变卖之，此而为之，摩崖先生之手亦太劳矣。

傍晚叔明、怡荪来谈。饭后又诣泽丞一谈。阅《微分几何学》，阅《近三百年学术史》竟，烛炧人倦，致句云：无可奈何睡下去，似曾相识梦中来。

1933年4月29日

辰初五十二度，晴明。

为讲演事，晨独步花园，兀坐凝想。授微分几何学二课，已晌午矣，翻《纂诂》①各书。

午饭后曾省之驾车偕杜毅伯、刘重熙来迓，共往沙子口（六十里）看梨花。岩阿山麓，皆作银色，淡妆素服，别饶风情。车行一时许抵沙子口，有大学海滨生物研究所在焉。省之备茶饼之属，盛意款待，短檐矮屋，可以避嚣，怒潮净滩，门前即是。渔舟蚁集，为数盈千，鱼虾鳞陈，贱不论贾。揖舟子而谈话，不知秦汉，慨猛虎之苛政，安问狐狸。敛重征烦，自谓生财有道，威尊命贱，安知埋骨何山。渔人偶聚，仅成小集，户不满百，地皆无贾，行不旋踵，一览无余，而治乱兴亡之感，奔辏怀来，夕阳在山，废然而返。

晚七时讲演"文学与科学"一题，分一楔子，二审题，三善事，四利器，五审美，六尾声。有外宾十余人列席，满场空气有融融熙熙之象，不自知其延长时刻几达三小时。散场后偕泽丞、保衡夜话小饮，共谓论题举世几无人敢公开演此者。

【注释】

① 《纂诂》：《经籍纂诂》。

1933年4月30日

  星期,辰五十度,阴霾,有风达夜隆隆。
  晨起,窗棂水珠累累而下,疑春雨也,开户视之,方知重雾压境,密云翳空。梅点春深,心愁花落,及今凭吊,或有余妍。复偕保衡,共入花丛,落红纷披,坠英凌乱矣。隔篱桃花相映,酒帘高摇,点缀盛时,自怯衣薄,归检残簏,空忆前尘。
  故友王海铸治山之子雏文、雅文来谒,未晤。
  下午发家书,复周鹤琴、张叔岱、蔡楚卿、王献刍、段子美(法国)诸函几二十通,积牍一清矣。
  晚仍访泽丞谈天。戌刻返舍,演偏微积分方程式,草改正数事,漏已尽矣。

1933年5月1日

  辰初五十度,阴,夜雨。
  授课后演题二则,未定稿。下午开审定课程会,达晡方散,闷极。晚访叔明、怡荪纵谈,时雨泷泷,未备雨具,呼车绝迹,"哥哥行不得也",主人极意留宿,贾勇趋归。
  谁谓鼠无牙,昨为所扰,彻夜不安,登床扑器,狞獠已极,夜起堵塞来路,欲挥奚奴聚而歼之,竟被别穿一洞,奋勇破板而去。利哉牙也。

1933年5月2日

  晴,卯正五十度,终日有风,夜访少侯。
  早起读代数。下午演偏微分方程式不变于一群之问题。
  令韩生宝珍书板传习之。
  刘重熙以其所著论文《赫胥黎与科学》并其尊人(都昌刘肃严吾)《种梅草堂诗抄》见馈。走笔复谢之,诗清脆可诵。
  人问泽丞"文学与科学"一讲如何,泽丞曰:"神采奕奕,气象万千。"索余为算博士之对,则往应之曰:"喜气洋洋,礼仪三百。"旋易为:"大风泱泱,礼仪三百。"

《万年山中日记》第十册

(1933年5月3—31日)

《万年山中日记》第十册·自序

万年山者，国立山东大学，旧国立青岛大学之所在也，地居青岛之西南。当日德人聚兵于此，筑营其间。三面环山，一面当海，东海雄风，隐然具备。今则修文偃武，弦歌礼乐，三年于兹。余于己巳五月，罢官河洛[①]，假馆是邦。鞅掌[②]半生，风尘盈袖，甫入斯境，诧为仙乡。窃吹草堂，撄情幽谷，有菟裘[③]终焉之志矣。又忆甲子之冬，飞鲸沉舟一役[④]，仅以身免，尔后岁月，胥属余生。入此山来，尤便藏拙。一饮一啄定之于天，一字一记反求诸己。抚膺开卷，庆幸良多，吾舌尚存，息壤具在，闵予小子，敢告仆夫。癸酉五月二日漏尽任初自序。

【注释】

①余于己巳五月，罢官河洛：黄际遇1928年任国立开封中山大学校务主任、数学教授，于1930年5月离任。然"己巳"为1929年，或者是笔误。

②鞅掌：谓职事纷扰繁忙。

③菟裘：古称士大夫告老退隐的处所为"菟裘"。

④甲子之冬，飞鲸沉舟一役：甲子指1924年，黄际遇由开封出发取道上海，乘船南下广东，不料途中触礁，海轮沉没，继遭海盗洗劫，他随身携带的著作、衣物等全都荡然无存，仅以身免。

1933年5月3日

卯正三刻五十一度，晴，初见新月。

今晨昧爽即起，风息气清，命薄如樱，所存几许，披衣往视，绿叶成阴，断片残红，仅于车轮人迹见之而已。"流水落花春去也，天上人间。"胶澳春寒，尚留春色三分，尘世滔滔，不可问矣。

夜访泽丞偕叔明、怡荪商榷入劳山事。

1933年5月4日

卯正二刻五十四度，晴，夜月特佳，卜明朝壮行。

《助字辨略》五卷，确山刘淇南泉著（已见前评）。任公云："南泉是素不知名的一位学者，这部书从钱警石①（《曝书杂记》）、刘伯山②（《通义堂集》）先后表章，才渐渐有人知道，书成于康熙初年，而和王伯申③暗合的极多，伯山都把它们比较列出（原注：伯申断不是剽窃的人，当然是没有见过这一部书）。清初许多怪学者，南泉也算其一了。"

子正三刻方释书，打棋局鸡鸣始寐。

【注释】

①钱警石：钱泰吉。

②刘伯山：刘毓崧。

③王伯申：王引之。

1933年5月5日

国庆纪念日，星期五休假，晴丽，夜月尤佳。

晨饱餐腊肠蒸饭，粗携罐头、麦酒、旅具之属，呼校车驱迎游泽丞、姜叔明、张怡荪、张王夫人登劳山。胶岛初夏，犹是春和景明，我负名山，裹足二载矣（辛未初夏偕闻一多、黄淬伯、方令孺①女士等入山一次，三宿而还）。三十里至李村，南折乌衣巷，梨树已荫，杨槐初绿，禾油麦秀，海碧天高。布谷催耕，飞泉流响，鸣驺入谷，村犬吠风。始皇帝之车尘，而今安在；逢（萌）征君之棠荫，旷古如新。望三神山之蓬莱，其存其没；睇五百人之田岛，可泣可歌。借此望古遥集之情，杀其我躬不恤之感。同乘共载，求其友声，驾逸绝尘，出自幽谷。清风满里，笑语满车，奇峰倒迎，村童骈足。近海有村，名曰"仰口"，欧战时日兵攻青岛登陆之所。今韩军②方深沟固垒，军作方殷，边将失官，守在领海矣，披发杖锡，遑论魏晋。车行一百四十五里，需时八刻，急湍峻岭，行有戒心，车道尽头，丰碑屹立。"山海奇观"四文，大可逾丈，清乾隆巡抚惠龄所书，书手不及石工，了无惊人之处，闻且以此被劾落职，博得行道口碑，游人载笔，亦幸事也。逶迤西上，夹道萧森，二里而遥，抵华严寺，耐冬尚花，牡丹半落，僧门之下，可以栖迟，当地素疏，别饶况味（土人呼为拳头菜）。果腹既毕，整衣顶礼，那罗宝殿，梵呗声宏，明憨山大师驻锡于此。怡荪颇通方外文献，索主持开阁摹经，同游者共仰憨山手书七律巨幅，摩沙不释。余为移录数纸，遍贻所好。诗云："独上高台眺大荒，飞来空翠洒衣裳。一林寒吹生天籁，无数昏鸦送夕阳。厌俗久应辞浊世，濯缨今已在沧浪。何当长揖风尘里，披服云霞坐石床。"署"登小金山妙高台作，僧清"。印二方，曰"僧印德清"，曰"憨山道人"。周肇祥意其白衣讲道羊城时，写寄山中者。斜倚禅床，联句解颐，善戏谑兮，未敢存录。未刻垂尽，方决计摩白云洞，以补前年西行不至之憾。洞去华严寺不满十里，而危岩壁立，攀者舌挢，鼓勇直上，张妇亦从，捷者伸眉，后者短气。未肯托足肩舆，大惧跨步折齿。落帽有孟嘉之侣，振衣迈太冲之豪。已刻未尽，叔明拔帜先登，予与泽丞、张君夫妇亦接踵而至。据欲坠之巨石，荫横空之蟠松。登东山而小鲁，先入关者为王。俯仰苍狗之光，吐纳白云之乡。披襟当东海之雄风，引吭谱大风之泱泱。终隐在心，夕阳在山，长揖高歌，彳亍归去。披茸扪壁，孑孓相依，投止寺门，低徊树影。老僧温劳，村妇笑依，铙钵齐鸣，缁尘不浼。何以解烦，唯有杜康，何以永夕，坐有东方。纵一榻之所如，凌万古之茫然。暮鼓晨钟，朝阳挂户，山中日出，为天下先。

【注释】

①方令孺：女散文作家和诗人。方苞的后代。

②韩军：韩复榘的军队。

1933年5月6日

辰六十四度，晴丽，夜月皓洁。

早餐后徒步二十五里赴下清宫，道过青山，都道自成风气，有石岸然，兀立路表，张脉偾兴，相与目笑。午初抵太清宫，西院耐冬，已千年以前之物。少顷道人炊黍以进，市沽不得，破罂吸醪，游兴顿减。枯坐石上，鹄待归舟。申初"海圻"舰长姜君招舟子先渡，独占一隅，吸烟待漏，登陆归舍，已报鸡鸣。

以上可题《劳山游感》，或可题作《游劳山记》。（日来游劳山者数达数千，如有人拟作《劳山移文》，殊大快事。）

1933 年 5 月 7 日

星期，辰六十四度，晴。

记劳山事有《胶澳志》等，因休沐未得假观。《游山专号》第三卷有傅增湘、周肇祥二记，尚翔实，然到处题名，自携相机，即影即印，欲以山中七日之事业，为世上千年之文献，未免自己扛轿，贻笑通人耳。（袁子才《致杨笠湖书》云："君子之立身如坐轿，然要人扛，不必自己扛也。"扛轿究是野语，项羽力能扛鼎。扛，举也，若释为俗义，则安所得对手哉。）

亡友王侮铸（冶山，海宁）之子雒文将其母命来见，年十九矣。晚泽丞来阅游记，旋偕访怡荪、叔明，蹋月归来，空寒如洗。

1933 年 5 月 8 日

卯三刻五十九度，晴丽，月色佳。

夜怡荪、叔明谓自来劳山记以此作为第一。友朋阿好，窃然忧之。昔孙搴以文质温子升，喜见推许，遂要温誓，温婉谢之，搴怅然曰："卿不为誓，事可知矣。"至援斯言，质诸我友。

黄昏偕保衡、贻诚缓步公园，桃花已叶，海棠独丽，皓月可爱，藤萝垂茂。归阅《小谟觞馆集》。

1933 年 5 月 9 日

辰初六十三度，晴霭，夜月尤亮。

肖鸿借来六百五十番。晚毅伯、之椿招饮顺兴楼。酒后涤之招观电影《鸟兽率舞》，无谓已极。

1933 年 5 月 10 日

卯正二刻六十二度，晴明，夜月正圆。寄内子书付金一千元还屋款。

晨温书授课后往访太侔之归，面商敦聘曾炯、李珩、陈兼善、黄侃事。

星期三须授四课，精力为之竭矣。下午又力治实二次形式论，因 Dickson

书太简奥，乃参以 Bocher 所论，始有端倪，力未透背，尚不能札记也。

夜访泽丞论容甫文。又闻皆游劳山者数逾数千，山木有灵，应为太息，可拟作《劳山移文》为之襀袯①尘浊。泽丞举《世说新语》（宋临川王义庆撰，梁刘孝标注）排调第二十五"头责秦子羽"一条句，"而尤以文采可观，意思详序，攀龙附凤，并登天府"，句下刘注所备载张敏集《头责子羽》全文视余，突梯滑稽②，古之人有行之者矣。酉尽蹋月咏归，明镜高悬，清寒欲绝，不知人间天上，今夕何年。

【注释】

① 襀袯：见"袯襀"，除凶之祭。
② 突梯滑稽：委婉顺从，圆滑而随俗。

1933 年 5 月 11 日

辰初六十三度，初换夹衣，晴和。张子春复书来，报聘李珩事。

门人曹吉豫报告高等微积分一题，尚有心得。

未正校务会议。晚少侯邀公记楼，酒不成欢，敛襟陪席。夜偕少侯、涤之步归。

1933 年 5 月 12 日

晴和，卯正六十三度，夜有风。

晨授高等微积分满八刻钟，力量充弥，弥觉油然，变分学一章，今日尽之矣。

《岩波讲坐数学》（二一年十一月十二日记），今日始获观第一、二、三、五、六各辑，其吉田耕作《连续群论》一卷之目次如下：

第一章：抽象的连续群论。

第一节：预备的概念。

1. 抽象群；2. 准连续体；3. 准连续群；4. 剩余群及同型定理；5. v 元集合体及 v 元连续群。

第二节：v 次连续群论。

6. Schreiber（施赖贝尔）之基本定理 1；7. 局部连续同型；8. Schreiber（施赖贝尔）之基本定理 2；9. 群芽；10. 一次元连结群之型；11. v 次元连结群之型（v 大于 1）。

流派与 Cohen（科恩）、Campbell（坎贝尔）二君所述不同，著者谓 S. Lie（索菲斯·李）仅就单位原素之近傍，以是冠以群论之名，尚有未当，最近 O. Schreiber（施赖贝尔）所论者以原素为点集合成 n 次元集合体，其合成之规则满足于连续性之条件，是为群之一般论云云，尚未窥其全豹。至微分方程式，则于福原满洲雄之常微分方程式第二章下《论变换群及其应用》分：微分方程式之正则域，第一积分，变换之连续群，无限小变换，Lie（索菲斯·李）之基本定理，变换连续群之不变微分方程式，Jacobi（雅可比）之乘式，积分不变式，变换群之接续，切触变换，凡十节论之。

方抛书，太侔以发月沈原曾炯君电来商，便叩杨金甫在燕近况，则已以三百蚨①购得石如隶书八挂屏，不全套，邓叔存甚妒羡之云。

晚醺未醒，步访叔明、怡荪，清谈移晷。

【注释】

①蚨：古代用作钱的别称。

1933 年 5 月 13 日

辰初五十九度，阴，夜微雨。盛传日机轰北平，诸机关准备南迁事。

晨再治微分几何学，授课二时，赴暑期学校筹备会，午后阅报。南京中央大学余介石寄馈所著译《算学通论》《几何作图题》各一册，后者系重译自三守守之原著，前者系汇参各较新诸初学教学书而成，颇便初学。余君未谋面，其意甚恳。

下午方治二阶微分方程式，利用偏微分方程之法。铁路中学某君来谒，不见。

夜饮于同舍人，明朝休沐，欣然藏钩三匝。携杖上道，泽丞枉谈，不之顾也。独上高楼（天德堂），去其旧染之污，默参《鲒埼》①之宝（今夕尽二十七、二十八两卷）。侍者绞巾以进，翕张而盘旋之，以食指承巾之脐，巾竟回转如盘，大类麻姑献寿，亦奇技矣。

月沈原大学曾炯复电至，文曰："Accept。"则快诺矣。得一士而可王，岂止私庆释去重负之幸而已。亚欧往复环球一周，须时才一昼夜，巧夺造化，天粟鬼哭矣。即函报太侔。复卧阅《鲒埼亭集》三十二、三十三两卷，鸡鸣不戒，辰正方兴。

【注释】

①《鲒埼》:《鲒埼亭集》，清代全祖望撰。

1933 年 5 月 14 日

　　星期，辰正六十六度，阴。发家书，复赵星吾书。午梦如君生日，觉而果然，不及祝矣，小令柬之。

　　今晨最晏起，巳初智斋来，则方早粥也，并招保衡绕西山路一周，步谈数学数程分配各事。狭道积泥，悬空新绿，狼藉参差，视若无睹。午初返舍。正坤来伏案抄文。腾汉来，不晤。

　　夜柬招泽丞来谈，曰："不见叔度，鄙吝顿生。"①泽丞语可存者曰："以宋儒精神，下汉儒方法。"

【注释】

①不见叔度，鄙吝顿生：黄宪，字叔度，东汉名士。周子居常云："吾时月不见黄叔度，则鄙吝之心已复生矣。"出自《世说新语》。

1933 年 5 月 15 日

　　卯正六十三度，晨阴。黄屺瞻书来。夜雨。

　　夜客散，读《亭林先生神道表》《二曲先生窆石文》《应潜斋先生神道碑》三文，人师而不敢居名，遁世唯自求无闷。恨不十年，尚有今日，彼何人哉，吾知免夫。晨授二课。

　　下午治代数二次形论，锲而不舍，间或得之。舟人馈上海鲥鱼，即柬泽丞、叔明、怡荪烹而食之。饭后久谈，叔明惠其所著《说文转注考》，且别以一部赐器儿，拜而受之。客散，补作日记，阅《鲒埼亭集》卷十三，息灯已交丑初矣。

1933 年 5 月 16 日

　　辰初一刻六十三度，阴雨，午后有风，晴。锐儿报南中少雨，达八十九度。报载十四日沪陡热，温度同重庆。老人李青云逝，盛传年二百五十六岁。

　　夜梦杂沓，睡既不熟，起几失时，是日课未纯之责也。无益之书，究以少读为是。（"勿读无益之书，勿为无益之文。"万季野①告方苞语。）

越缦先生事，夜叔明谈屑有可录者。叔明所师事之柯劭忞先生，与李慈铭同榜进士，时柯年尚少耳。蔡元培尝馆越缦家，为其嗣子蒙师。一日，越缦大骂其不通，逆之即去。忆日记中确有此事，而未著姓名。被先生骂为不通，亦非易事，予为鹤卿惜之，然先生之名不被先生之笔，事更可知矣。越缦尚有日记八册，为五十六岁以后所作，久扃樊樊山②箧中，抵死不露布，世疑其中骂樊山、香涛③处必不少。叔明言："有见之者云却不如此。"

下午治连续群论。日晡读《说文转注考》。夜仍诣泽丞茗话，叔明亦至。为出版部作启事介绍曰：

《说文转注考》，姜忠奎著。转注于六书为最难。历唐、宋、明、清迄无定论，治《说文》者苦之。荣成姜君饱馈众家之说，熔抒一家之言，于前人声转、形转、意转之说，未以为安，而以形、声、义并转为枢纽，谓建类一首者，立一字以为首，而不论其为指事、象形、会意、形声、同意相受者，凡意同建首之字，则受意受形并受声，尽举许书中转注诸文，依类建首，按意系联，成《说文转注考》四卷。从此六书分野之界说，划疆而守，考老互训之臆说，一廓而清。书经姜君手写影印，叹为精绝，成书无多，捷者得之。

虽系应用之作，而尚搔着痒处。许书本兼形、声、义三者，此书专从造字立论。姜君自叙"历举言转注者众说，而谓其皆非转注之本申"云云。夫转音者，造字之法，所谓建类一首，同意相受者也。部居者，编书之法，所谓杂而不越，据形系联者也。按许君之例以求转注之义，认为"老"从人毛匕，匕亦声，匕者变也，受匕意有"龀"有"老"，"龀"者，齿之匕也，"老"者，毛之匕也，匕为建类一首，"龀"与"老"则同意相受也。"考"从丂老省，丂亦声，丂者，老人气欲舒出而上碍于一也，受丂意者，有"朽"者。考"朽"者，物之老也，"考"者，人之老也，可为建类一首，"朽"与"考"则同意相受也。因本斯义而尽求《说文》，得六百余首，聊以备忘云尔。按许书中同部者如"证谏"也、"谏证"也，异部者如"筭计"也、"计数"也、"数筭"也，皆属互训于义为训诂，而非举"考""老"为转注正例之原意。又如"戋，贼也"条下（卷四）云："受戋意者戔。戔，善言也，残，贼也，举戋为首而以戔残二文为同意相受，盖戋从二戈。"《周书》曰："戋戋巧言。"故"戔""残"方为受其意，而凡以戋得声，如水之涸者为"浅"，人之卑者为"贱"，绳之细者为"线"，币之小者为"钱"，流之末者为"笺"，甲之薄者为"俴"（《秦风》"小戎俴收"，又"僎駠孔群")。虽皆有微小之意，而非由戈本义受意，故姜君不以入转注之林。按以戈得声者尚有"僎""䟾"，"䟾"下"巇"（五上）、"饯"（五下）、"栈"（六上）、"幓"（六下）等。寻姜君书例与姚文田《说文声系》取径略同，均从十四篇中摘剌成系之文，依类系列，以成巅著。顾声系者，以声为经。同声相受，转注考者，以形为经。同意相受，声则随古今南朔而有所变易，形声之字又日以孳生，则声系之为书也如谱牒。既有为之前者，须有为之后者，义则以以故书雅训为其所自出，独体之文又励有此数，则转注考之为书也如表式。前既无古人，后不必有来者。助以王筠《文字蒙求》，萃象形二百六十四文为一卷，指事一百二十九文为一卷，会意一千二百六十文为一卷，六书之分部已定其五矣，未比次者唯假借一部耳。我生之初尚无为，比而书之，以寄其尚友之志而已。

夜分尽阅《鲒埼亭集》十三、十四、十五、十六诸卷。终夕有剥啄者，人方倦游，予烛起舞，乌豢之悦我心，荐带之悦人口。士各有志，不可相强也。

【注释】

①万季野：万斯同，清初史学家。
②樊樊山：樊增祥，清代官员、文学家。
③香涛：张之洞。

1933年5月17日

辰初六十二度，阴翳，暧嬨如江南莫春三月，夜雨。

晨授课二时，整比课业一时，萧窗危坐，自觉悠然意远，下午尚有演习及会务，不敢多用心也。

1933年5月18日

辰初五十七度，夜来雨有声，风满小楼，三月无此霖雨矣。

下午治函数，以加法法则由微分方程式求之，晚整理演稿。

1933 年 5 月 19 日

辰初五十九度，阴。

授椭圆函数二时，深入显出颇自得。诣省之谈生物学系组织要务，太侔亦来，与重熙久坐，午方归。文儿等安禀来。报黄膺伯北平。

夜访叔明，归有所得，自浮一大白。（与叔明论及北方文化之低落，慨然引为职志。）

日来用心过度，胸鬲微痛，夜深不敢就寝，以《四六丛话》为下酒之需，因得句云："古来燕赵之间，素多慷慨悲歌奇士，此去海滨在望，或遇采微垂钓其人。"又云："有上马杀贼下马草露布之才，无鲁人猎较孔子亦猎较之暇。"（语自刘潜夫"有谪仙人骏马名姬豪放之风，无杜陵老残杯冷炙悲辛之态"脱胎。）

调摄之后，就睡尚安，士曰鸡鸣，昧旦而起。

1933 年 5 月 20 日

卯正六十度，晴和。

思维集中，欲罢不能，仍求球面及一支双曲面上之渐近曲线。出步近邻，岚光满目。

叔明言柯先生年过八十，神明不衰，著诵靡倦，论定诗稿全属五十以后之作。又征马相伯言："人之聪明相去究是有限，所争者致力耳。"此勉予无暴其志、无馁其气之言也，君子之爱以德也。王荆公初侍讲筵，讲"曾参易箦"一节（见《老学庵笔记》）曰："圣人以义制礼，其详见于床笫之间。君子以仁行礼，其勤至于垂死之际。姑息者且止之辞也，天下之害未有不由于且止也。"小人之爱人也以姑息，可畏也哉。

夜涤之、叔明来纵谈，深夜始散。阅《四六丛话》。"雁过长空，影沉寒水，雁无遗踪之意，水无留影之情。"（僧宝传）绝妙出世语。又秦少游闻端师子道高，请升座。端以手自指曰："天上无双月，人间只一僧。一堂风冷淡，千古意分明。"亦不食人间烟火者。

1933年5月21日

　　星期，辰一刻六十四度，晴和。家书来即复，并柬峻六、云溪、官献廷。夜阅《世说新语》，因急于还书也。

　　晨起闻科学馆广播消息，天津有变。绕邻山一周，王雒文来谒。录文三首寄季刚。

　　下午观球三十分钟，为工友书联"天上无双月；人间有畸儒"。运笔特佳，视大内诸臣跪书者，云泥之别矣。

　　京兆大兴王宗炎雷夏前辈命其文孙雒文来见，并赐篆书一联，联曰：（见图1）。

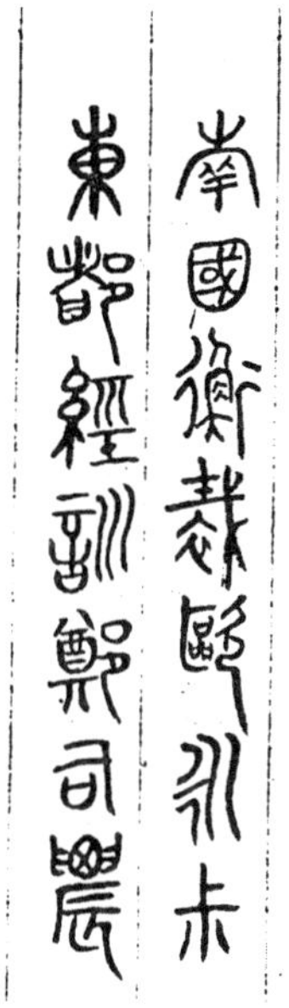

　　期许之风比于士元。即作谢启：假馆鲁学比及三年，方晤文孙，慰交并恭叩杖安。撰述益盛，老成型典，钦企何穷，重蒙高文，宠荣之极。芸人之由，学荒已久，加鞭倍奋，捧研何期，敬尘数言，伫候明教。连夕相聚而淡，楚囚对泣莫能举，国事可差强人意者，今夕之会，月旦生存人物，各举认为好人者，索尽枯肠，卒以段芝泉、朱子桥、张伯苓为断，末运至此，可为浩叹。

图1

1933年5月22日

　　辰初六十二度，晴朗。

　　授二课，已入指示研究之途矣。太侔来商公务。归舍预备课题，腾汉来。申、羊书来。

　　有馈鲥鱼者，将劳先生之笔也。招太侔、实秋、毅伯、邓仲纯大嚼，鱼重过六斤，皆曰鱼之时者也。涤之、怡荪不约而至，欢呼震屋瓦，久矣无此乐矣。纫秋复偕里人枉过，蟠桃大会异流同归，强聒不已，则应之矣。名之为累，一至此哉。

1933年5月23日

　　晴阴。

晨授二课，略阅课本，为理董出版委员会，颇分神也。是日始赴科学馆办公室，晚蒋丙然、李芳琮招饮聚福楼。读连续群论。

治射影移动略有头绪，时不我与，赴宏成发执笔为人致诔词。晚赴蒋、李之招，觥筹可乐。夜复往宏成发悬腕书之，子夜归来，例不存稿。无怪傅肖鸿曰："古人之文集，我知之矣，十首之中，己所欲言者一二耳，其余则诔人者四五，诔于人者亦四五，何可当立言之选哉。"思之何尝不是。

1933 年 5 月 24 日

辰初六十二度，晴。

晨授微分方程式与群之时，一阶者常（always）有其积分因数否，未敢断定立判，演之如下：

若 $Mdx + Ndy = 0$ 非正确，

即 $\mu(Mdx + Ndy) = 0$ 为正确，

则 $\int \frac{\partial}{\partial y}(\mu M) = \frac{\partial}{\partial x}(\mu N)$，

即 $\frac{\partial \mu}{\partial y}M - \frac{\partial \mu}{\partial x}N = \mu(\frac{\partial M}{\partial x} - \frac{\partial M}{\partial y})$，

故 $\frac{dx}{-N} = \frac{dy}{M} = \frac{d\mu}{\mu(\frac{\partial N}{\partial x} - \frac{\partial M}{\partial y})}$，

故依 Existence theorem 知 μ 必定存在。

Gudermann Christof（1798—1851）为 Weierstrass 之明师，E. H. Moore 受业 Weierstrass，余受业 Moore 师，亦可云 Gudermann 之再再传弟子也。

氏有佳话一则：方其在中学时代，一日已报八时上学矣，学监往查，问彼何以不上课，则彼方为惊人之发明，通夜未寐，而并不知东方既白也。（Cajori《史》424 页）

下午出席数理学会报告加法定理之一般性及 Gudermann 函数之加法公式（今日各报皆有记录），赵涤之、王咏声、郭贻诚、宋智斋诸同人并莅会，呕出心血，励得区区，浃背汗流，亦示门人以一种致力之方耳。阅《青鹤》杂志以自遣。

1933 年 5 月 25 日

辰初六十度，晴霭，今日治复变函数论。寄内子书，复李翼廷书，南汇五十金。

近九十四岁之马相伯与章太炎联名通电中有曰："欲专恃长城则无秦皇之力，欲偷为和议并无秦桧之才。"老人家尚有生气。

1933 年 5 月 26 日

辰初六十五度，晴朗，

授函数论二时。铁路中学来函，必为演讲事来恩[①]先生也，封面上款黄寅初，告以并无其人，壁之。（鲁人读任如寅，然并平仄阴阳不分矣）取瑟而歌，教亦多术，植杖而芸，究竟孰为夫子，于人情壁亦宜之。

杨金甫自北平来，极道去秋在都不克相见之歉，论茗倾谈，知平事益不可为矣。

斜阳在树，策杖徐行，访金甫于黄县路旧址，谈吐生风，别来一期矣。旋过少侯即返。

【注释】

①恩：扰乱，打扰。

1933 年 5 月 27 日

辰初六十二度，阴晴，是日有蜃楼见于海上。

授微分几何学二时。课毕稍憩，与泽丞校章订《三字经》各字，欲端楷付印，为小子读本也。原锥股头悬梁今作"火粹掌，锥刺股"。按，"粹"亦同"碎"。《荀子·儒效篇》："力少而任重，舍粹折无适也。"（《康熙字典》《经籍纂诂》均据此）"人遗子，金满籝"见《汉书·韦贤传》，贤为人质朴少欲，笃志于学，兼通《礼》《尚书》，以《诗》教授，号称邹鲁大儒。贤四子，少子玄成复以明《经》历位至丞相。故邹鲁谚曰："遗子黄金满籝，不如一《经》。"今本或作"盈"，又是盈满之义，则作"赢"亦通。

下午治群论。申尽应太侔之招，款金甫于顺兴楼。金甫善藏健饮，不减当年。同人极欢酬洽，尽酒几二十斤，夜分方散，年来无此乐矣。涤之同归返舍，下车盘散，强支一局，未终而返，呼侍者为之相焉。余亦和衣而卧，日记失课，东方既明，拥书如梦。

季刚廿四日片简来："尊书业已奉到，正在抽读。劳山之游陪者有姜、张二生，皆可与共学者，惜身不得预也。禹域方沦，唯希为道为身珍卫。"

1933 年 5 月 28 日

星期，端午，卯正六十二度，晨薄阴，午晴，初热，不胜毛衣。

晨起补昨日日记。出步空山，诣泽丞家吃粽。归校院观球一小时，阳光灼人，微感头痛，抛书而嬉。午正坤来留膳。昼寝片刻，作家书数行。招泽丞来谈，晚酌后共访叔明。叔明比来颇喜作书，骨格稍立，而乏神韵，乡壁虚造，私心独运，殊乖学古之道。劝其及壮致力，多亲古拓。夜深归，念吾党卓尔可造者，闻一多其选也。"前不见古人，后不见来者"，孤子之感，不克自胜。

读检论《清儒》篇，今日多阅杂书，权当小极一场。

1933 年 5 月 29 日

卯正六十四度，晴朗，过午阴霾，山雨欲来，因风而止。李笠函并诗来，刘树杞函来，家书羊函来，即复。

晨温课半时，授二课，阅函数论一时。

1933 年 5 月 30 日

辰初六十六度，晴，晚雨带雹，有声达夜。

授近世代数。是日迁入科学馆研究室，温立体解析学一时，学术空气环拱四周，坐拥百城，心怀千古，复温群论，脑力不断，则诵眉叔[①]文，用自熙乐。下午孙大雨来，复到研究室阅课业，张尔玉、曾省之来商公务。

日晡御者不来，胸鬲微痛，或因坐久之故。键门步行千余武，过太侔，同应怡荪之招，饮于厚德福，款金甫也。同坐皆文学院同人，肴馔尚可口，余因明日有课四时，不敢纵饮，然已陶然忘怀，今晚不能伏案矣。雨声方急，呼车先回，抵舍甫交戌，百无一可，颓然就睡。

【注释】

① 眉叔：李昭庆，字眉叔，李鸿章幼弟。

1933年5月31日

卯正六十三度，霁霭，今夕始见上弦新月。

晨授群论并示徒以读书途径：其一，返顾已习之书有何不熟之处，自定课程彻底温习；其一，攻所习之书，凡同类论著着手调查作成要目（例如就已有杂志调查关于Riccati方程式及群论诸论文，分类成表，分工兼习）。要之要对于读书发生兴味，可离非道一手一足亦可以造成学风，谆谆告诫之。下课后因某教员与学生不相安事，奔走二小时毫无结果。管理行政之无味也，自来久矣。

实秋家人自平来，以正明斋五仁细馅茯苓夹饼二合，信远斋桂花酸梅汤卤一瓶，清香适口。

晚礼和洋行谢某招宴，不赴。下午授二年级生读注予之《函数之研究》一文。独饮麦酒，信步泽丞一谈。毅伯以车穷之于其所往，不得已同赴谢宅，促襟危坐，未数巡即回。作第十一册日记序一首，此其自课也，不欲以无谓浮訾与世周旋者久矣。（坐有一客以名刺谒，极致久仰之意，余于室窔①受刺，头衔之多如蝇如蚁，睨盻良久方知倒持，客尚注视余，殊对不住。）

【注释】

① 窔：隐暗处。

《万年山中日记》第十一册

（1933年6月1日—7月31日）

《万年山中日记》第十一册·自序

　　天下事之最不易为者，莫自欺若也。天下事之最不可为者，又莫自欺若也。细数平生未至释书以嬉，畔道而奔，弃于君子，归于小人者，严父邱兄督于前，良师益友策于后耳。入中岁来，授徒自缚。学不习则虽欲道听途说而言无所资，行不修则身受十手十目而形无所遁。心亦劳矣，日以拙矣。而反躬自问，既觉进退失据。数君之齿，尤惭犬马之年。甚矣，修业进德之未易言也。去夏山居，逐日为记，回首今日，适周一期，鸡肋自伤，獭祭同诮，只有一节，可告寸心，其事伊何，毋自欺也。夫屋漏之间，帝天如在，夜课梦寐，日课妻孥。述之亦庸言庸行之常，行之乃希贤希圣之业。欲致其道，各有其途。儒家以主敬存其诚，杂家以息心摄其虑。吾以岭峤末学，敢希寡过之蘧大夫。窃以稷下之游，有怀晚学之荀祭酒。策驽马以十驾，惟君子有九思。欲群居而骋谈，不如退而自省也。欲临渊而羡鱼，不如退而结网也。嗟嗟，放心之求，稍纵即逝，知耻之勇，有闻斯行。日记于我，如影随形，我于日记，如响应声。咨尔日记，参前倚衡，咨予小子，修辞立诚。中心危者其辞枝，失其守者其辞惭。辞，与其不忠也宁默，与其誉①也宁释。菱而游诸侯，何国不容，而自令若是。已而已而，先生休矣，而今而后，吾知勉夫。癸酉蒲节②后二日任初自序。

【注释】

①誉：虚伪；欺诈。

②蒲节：端午节，因旧俗端午节在门上挂菖蒲叶而得名。

1933年6月1日

晴。

晨授课、温书、治校事。过午毅伯来。治复素函数论。

夜招叔明、泽丞论谈溉灌之资,不可多得也。约寄羊城查购《粤雅堂丛书》、《通志堂经解》、《东塾丛书》、《天问笺》(丁晏,二册,广雅丛书本)各书,当柬镜潭办理。

闻事不记释家之智,闻事辄录史家之学。

1933年6月2日

晨六十六度,雾晴俟暖。

下午偕毅伯至海边送孙大雨大归①,握手无言,珍重将意而已。

今日治微分几何学,因午餐积滞,读书至酉尽方进晚膳,以《论语》下酒,微醺。柬镜潭、空慧二通。

【注释】

①送孙大雨大归:指外文系孙大雨教授辞职离开国立山东大学。

1933年6月3日

辰初六十五度,重雾午霁,傍晚又霭。

青岛雾天今年特少,晨起浓雾笼罩,如江南三月莫春也。治微分几何学,授曲率性质历二时,怡然自得。泽丞口述四书句一对:"行不得则反求诸己,人之患在好为人师。"可作格言诵之。

张善继(济南)、周孟人(广州)函来,每年暑前求事者纷至,函复不暇。

下午赴铁路中学讲演"科学底下之世界与我",为中学生说法浅显为主,听者忻然。

1933 年 6 月 4 日

　　星期，辰初六十九度，重雾不开，终朝如晦，午晴，日昃有风。

　　晨闻鸡而起，竟昨日之业，归而求之，会心独远。披衣出户，遵彼海滨，而霢霂阴深（《诗》曰："益之霢霂。"《尔雅·释天》："小雨谓之霢霂。"与"溟濛"双声）。衣履为湿，跬步无睹，望海茫然。短褐登山，落槐没径，独行踽踽，其志嘤嘤。陈仲子尚存人间（夜席未阑，有客忽曰："吾以为黄任初走矣。"应之曰："尚在人间。"），鲁仲连久居不去，非有求于平原君者，无所往而不为原人。既未能目无所见，耳无所闻，又乌能非之无举，刺之无刺。呜呼，拜空山之袍笏，但觉高歌有鬼神，见被发于伊川，忍能对面为盗贼。侧身泰山天下小，回首人间忧患长。归去来兮，"只在此山中，云深不知处"。

1933 年 6 月 5 日

　　卯正六十九度，雾霾竟日。

　　有馈鲥鱼、枇杷者，招汤腾汉、曾省之、刘重熙、张尔玉、张正坤来便饭，诸子各索题额，乃为重熙书"观化"一方，省之"乾斋"一方，尔玉"知机之室"一方，俱用篆文，义则各从其类也。

1933 年 6 月 6 日

　　晨雾午晴，不胜夹衣，家书来，王献芬、何衍璿函来。芒种，夜月特清，入此月来始见月。

　　早授课后，埋首研究 Gudermann 函数，竟日未录稿。晚偕泽丞访少侯（少侯指伤）。

1933 年 6 月 7 日

　　辰初六十九度，晴和。傍晚杨金甫来谈，夜月特明。

　　早授二课，入图书馆借书，归续昨夜日记，腾汉交来《科学丛刊》稿件。下午督二年级生读所著文，并为比较圆函数、双曲函数、椭圆函数之相关。

1933年6月8日

辰初七十一度,晴。

晨温课授课,阅《四库全书》集部总目。下午开会辞以忙不赴。

连日钻研 Gudermann 函数,所得未丰,仅获加法公式若干条,凡已见著录即不为创见,披汰甄别存者仅矣。书余浴后,伫立空阶,气海无波,蛙声如析。

1933年6月9日

辰初七十二度,初感温煦,夜不寐,有蚊卷帘,卧赏树杪疏月,令人意远。

晨授徒温习法,不敢多用心,留不尽之力也。即返室又掘得结果。

晚访叔明,见陈介祺(簠斋)①手札影印本。"纸"字概作"紙"(丝滓也,氏声十五部都希切),此非小失也。舍《邡书》而言,钟鼎亦犹眉睫泰山之说矣。又见有邓石如诗文稿一小册,登岱七律云:"一无所限唯天近,百不如人立脚高。"颇见身份,当借录存之。

今日关于加法别行归纳,再事修正,未录稿。夜与叔明商定《文史丛刊》论题为《潮州八声误读表》。灯下依陈氏《切韵考》逐字列出,仅尽"东"至"山"一卷,漏已尽矣。举杯邀月,对影成三,睥睨苍茫,人天缥渺。姜伯韩、杜佐周、陈达夫、陈元铎函来。

夜语,叔明云:"大家稿件有错尽管说,发表之后,对是自己的,错是大家的。"正与北平师范大学演说词"研究结果,错是自己的,对是大家的"数语针锋相对。

【注释】

①陈介祺(簠斋):清代金石学家。

1933年6月10日

辰初七十一度半,晴和。

枕上得八声二句:生丑旦贴婆净外末(潮人谓老旦曰"婆",不然改为检场之场）；书启记檄移序传跋（又：周孔顾葛韩范郑陆）。

夜续校读《切韵考》第五卷，已得潮音与广韵不合者共三百二十字，当别为表。

今日录正《Gudermann 函数之研究》一文，未完稿，披沙拣金，行之维艰。

1933 年 6 月 11 日

星期，辰正七十度。

今日休沐，屏弃百事，自辰正伏案至申尽，研究 Gudermann 函数论文，方脱稿。计分要点十则，意外收获殊属不少，录正甫毕，不及再书，定十四日在数理学会报告。

晚餐未便多进食，此文从艰苦得来，饭后独步市街，消散闷气，购得《续辞源》一册（直三金），宜兴童斐伯章《虚字集解》一册（直八角），伯章墓木已拱①，颇能文。夜写《三字经》二开。

【注释】

①墓木已拱：坟墓上的树木已有两手合抱那么粗了。意思是人死了很久。

1933 年 6 月 12 日

辰初七十度，露。

晨上课二时，剃须，阅《虚字集解》。下午开会。晚写《三字经》三小时，以资休养，泽丞来谈。校舍断水几近二月矣，今夜始放水管，休沐。

1933 年 6 月 13 日

辰初七十度，晴。

竟日作《潮州八声误读表》，自"东"至"真"十三开。未阅它书。夜诣叔明略谈音均义例。积来函二十余通，均未复。

1933年6月14日

辰初六十九度半，晴朗。

下午出席数理学会报告 Gudermann 函数研究论文，纲领见下。

Gudermann 函数之研究（续1927年科学杂志）

黄 际 遇

（1933年六月十四日在国立山东大学数理学会报告）

1.

研究题旨概略：

定义

(1) $\varphi_1 = \mathrm{gd}\,x \qquad \varphi_2 = \mathrm{cog}\,x$
$= \sin^{-1}\tanh x \qquad = \sin^{-1}\mathrm{sech}\,x$
$= \cos^{-1}\mathrm{sech}\,x \qquad = \cos^{-1}\tanh x$
$= \tan^{-1}\sinh x \qquad = \tan^{-1}\mathrm{csch}\,x$

$$-\tfrac{\pi}{2} < \varphi < +\tfrac{\pi}{2}$$

性质

φ_1 与 φ_2 互为馀函数：

$$\mathrm{gd}\,x + \mathrm{cog}\,x = \tfrac{\pi}{2}$$

(3) φ 之圆函数与 x 之双曲函数之关系：

$$\begin{cases} \sin\varphi_1 = \tanh x \\ \cos\varphi_1 = \mathrm{sech}\,x \\ \tan\varphi_1 = \sinh x \\ \cot\varphi_1 = \mathrm{csch}\,x \\ \sec\varphi_1 = \cosh x \\ \csc\varphi_1 = \coth x \end{cases} \qquad \begin{cases} \sin\varphi_2 = \mathrm{sech}\,x \\ \cos\varphi_2 = \tanh x \\ \tan\varphi_2 = \mathrm{csch}\,x \\ \cot\varphi_2 = \sinh x \\ \sec\varphi_2 = \coth x \\ \csc\varphi_2 = \cosh x \end{cases}$$

(4) φ 與反圓函數之關係：

$$\varphi_1 = gd\, x$$
$$= \sin^{-1} \tanh x$$
$$= \cos^{-1} \operatorname{sech} x$$
$$= \tan^{-1} \sinh x$$
$$= \cot^{-1} \operatorname{csch} x$$
$$= \sec^{-1} \cosh x$$
$$= \csc^{-1} \coth x$$

$$\varphi_2 = cog\, x$$
$$= \sin^{-1} \operatorname{sech} x$$
$$= \cos^{-1} \tanh x$$
$$= \tan^{-1} \operatorname{csch} x$$
$$= \cot^{-1} \sinh x$$
$$= \sec^{-1} \coth x$$
$$= \csc^{-1} \cosh x.$$

(5) φ 之反函數與反雙曲函數之關係

$$x = gd^{-1}\varphi_1$$
$$= \tanh^{-1} \sin \varphi_1$$
$$= \log(\tan\varphi_1 + \sec\varphi_1)$$
$$= \log \tan\left(\tfrac{\pi}{4} + \tfrac{\varphi_1}{2}\right)$$
$$= \int \sec\varphi_1 \cdot d\varphi_1$$

$$x = cog^{-1}\varphi_2$$
$$= \operatorname{sech}^{-1} \sin\varphi_2$$
$$= \log(\cot\varphi_2 + \csc\varphi_2)$$
$$= \log \cot \tfrac{\varphi_2}{2}$$
$$= -\int \csc\varphi_2 \cdot d\varphi_2.$$

(6) φ 以 $2\pi i$ 為週期，其反函數以 2π 為週期.

(7) $gd(2x) = 2\tan^{-1} \tanh x$ 7.1)
$gd^{-1}(2x) = 2\tanh^{-1} \tan x$ 7.2)
$cog(2x) = 2\cot^{-1} \tanh x$ 7.3)
$cog^{-1}(2x) = 2\tanh^{-1} \cot x$ 7.4)

(8) $gd(xi) = i\, gd^{-1} x = cog(xi)$ 8.0)

$$gd(x+yi) = \tfrac{1}{2}\tan^{-1}\left(\frac{2\sinh x \cos y}{\cos^2 y - \sinh^2 x}\right) + i \sinh^{-1}\frac{\sin y}{(\cos^2 y + \sinh^2 x)^{\tfrac{1}{2}}} \quad 8.1)$$

$$cog(x+yi) = -\tfrac{1}{2}\tan^{-1}\left(\frac{2\sinh x \cos y}{\cos^2 y - \sinh^2 x}\right) + i \sinh^{-1}\frac{\sin y}{(\cos^2 y + \sinh^2 x)^{\tfrac{1}{2}}} \quad 8.2)$$

(9) 加法定理

$$\varphi_1(x) + \varphi_1(y) = gd\,x + gd\,y = gd\,\log e^x + gd\,\log e^y$$
$$= \sin^{-1}\tanh x + \sin^{-1}\tanh y = gd\,\log\sqrt{\frac{1+E_1}{1-E_1}} \quad 9.11)$$
$$= \cos^{-1}\operatorname{sech} x + \cos^{-1}\operatorname{sech} y = gd\,\log\left(\frac{1\pm\sqrt{1+E_2^2}}{E_2}\right) 9.12)$$
$$= \tan^{-1}\sinh x + \tan^{-1}\sinh y = gd\,\log\left(E_3 \pm \sqrt{1+E_3^2}\right) 9.13)$$
$$= gd\,\log \frac{e^x + e^y}{e^x + e^y} \cdot \frac{-1 + e^{x+y}}{+1 - e^{x+y}} \quad 9.14)$$

$$\varphi_2(x) + \varphi_2(y) = cg\,x + cg\,y$$
$$= \sin^{-1}\operatorname{csch} x + \sin^{-1}\operatorname{csch} y$$
$$= cg\,\log \frac{1 \pm \sqrt{1-E_1^2}}{E_1} \quad 9.21)$$
$$= \cos^{-1}\tanh x + \cos^{-1}\tanh y = cg\,\log\sqrt{\frac{1+E_2}{1-E_2}} \quad 9.22)$$
$$= \tan^{-1}\operatorname{csch} x + \tan^{-1}\operatorname{csch} y = cg\,\log \frac{1 \pm \sqrt{1-E_3^2}}{E_3} \quad 9.23)$$
$$= cg\,\log \frac{e^{\frac{x+y}{2}} - e^{-\frac{x+y}{2}}}{e^{\frac{x-y}{2}} + e^{-\frac{x-y}{2}}} \quad 9.24)$$

函数之研究

此处
$$E_1 \equiv \frac{2(e^x - e^{-x} + e^y - e^{-y})}{(e^x + e^{-x})(e^y + e^{-y})},$$

$$E_2 \equiv \frac{4 - (e^x - e^{-x})(e^y - e^{-y})}{(e^x + e^{-x})(e^y + e^{-y})},$$

$$E_3 \equiv \frac{e^x - e^{-x} + e^y - e^{-y}}{4 - (e^x - e^{-x})(e^y - e^{-y})}.$$

(10) 用微分方程式証明 Gudermann 函数之加法定理.

晚赴杜毅伯之招，饮于顺兴楼，陪杨金甫、蔡自声、王子愚。不敢纵酒，归有事，未竟之文也。续草《潮州八声误读表》，自"谆"至"麻"凡十开。

子愚代何仙槎面约往济南会考，以二十七日往，正可借此搜购旧籍也。

宏信来结单，结欠一千四百余金，遵慈命置邻屋一所，遂周转维艰矣。

1933 年 6 月 15 日

卯正七十度，晴。晚少侯、怡荪、叔明、泽丞来。

终日键门续《八声误读表》，竟晚治声类齿头、正齿之别，尚未得间，走问怡荪录定之。

1933 年 6 月 16 日

辰初七十度，晴。方恃泉书来。

是日上课后作《潮州八声误读表·凡例》竟，初计不若是之费力也。

里人高某馈潮州茶叶、枇杷、杨梅、蜜酱四事，报润笔费也。即以分贻金甫、叔明、泽丞、正坤。

有从南方来，执途人而告其官职，共讶为华北绥靖主任，视其刺则淮北税警主任也。八声之不可不讲如是夫。

1933 年 6 月 17 日

辰初七十度，晴。王硕甫来。函浙江大学苏步青，约来主讲暑期学校射影几何学。晚赵涤之招饮公记粤馆，夜归有醉意，同舍人弈而观焉。

上课后与叔明谈治学家法。是日写定《汪容甫出妻考》一文，节刺日记，成之凡千五百言。

下午点读《广韵》一卷，整比《潮州八声误读表》一文，比日共写三篇，尤以十余日来未尝一刻不伏案，丹铅环匝，烟茗为俦，经生生涯，乐我晚景矣。《误读表》纲要如下：

一、凡例（并序）。

二、声类切母八声误读表（并说）。

通则一，清声误读者少（二百四十四字，误字七字，占百分之三），浊声误读者多（二百八字，误字三十三字，占百分之十六）。

通则二，浊声误读者三十三字中，入声最少（一字），平声次之（五字），去声独多（二十七字）。

通则三，清浊声在方言不误，临文诵读反误（如"耳""五"二字），方言中浊声所存较多。

三、韵类字首（同音者以类从）八声误读表上（附方言并说，清声字五十四，浊声字二百有六）。

四、韵类字首（同音者以类从）八声误读表下（附方言并说，清声字四十一，浊声字一百六十七）。

右（上）表凡清声音首误读者，清声九十五字，浊声三百七十三字，都四百六十八字。

通则一，音首之清声误读字与浊声之误读字为百分之二十与八十之比。

通则二，音首之误者，平声四十三，上声一百二十七，去声二百二十五，入声四十二。

通则三，音读有误，方言可比附不全误者五十则。

通则四，因不知随切语上字之清浊而误，因妄随切语下字之清浊而误。

通则五，因误读音首而误，因误随得声偏旁字母之清浊而误。

表并序说等用十六行，行四十一字，稿纸缮写四十三开。请叔明复视之，谓可成书一卷也。

1933年6月18日

辰正七十一度，初感热，家书来报南中常九十一度左右。

晚来稍事休息，晨八时始起床，年来所未有，盖已不惯早睡矣。夹衣出游，旭光已感可畏，山中今日方觉初夏也。乱山无人，健步二刻，归整校写稿，温课业，读《左传》。

下午发家书，复积函三十余通，傍晚方毕。夜约杨金甫、吴之椿、赵太侔、梁实秋、赵涤之、杜毅伯、赴少侯、张怡荪、汤腾汉、曾省之、王咏声来寓便酌，尽欢，夜分始散，主人亦倦不可支，南方乡厨，甚合宾意。

1933年6月19日

辰初七十四度，朝雾旋开。

授课后整理出版委员会事及校务种种。下午温课，晚往宏成发访纫秋，留饭。夜归阅镇洋毕沅《经训堂丛书》。

1933年6月20日

辰初七十四度，晴。

早授代数通论、几何通论各一小时，整比出版各事，下午温课并为人书屏对。

傍晚为人书屏对数件，运笔较进，雅不欲为，而家人已受纸墨之资矣。晚腾汉款金甫，往作陪宾，夜偕金甫返，小谈而归，颓然就睡。

1933年6月21日

卯正七十四度，晴，午七十六度。点校《说文》第五篇。

晨上课二小时，构思课题五分，午方息。下午督诸生读所作论文并授以测量经纬仪之用法。章生辑五来。晚偕泽丞访叔明、怡荪谈至夜深。

假姜忠奎叔明所著《说文声转表》读之，卷首声论：曰古无韵书；曰古均无标准；曰声训；曰由声以求本字；曰今音之传但赖反切；反切之法古有之；曰声纽起于反切后（陈澧据三十六母校以《广均》切语，增多五字，凡为四十一母，于是字之发音备）；曰字母非出西域（据释神珙《反纽图·自序》曰："梁沈约创立纽字之图。"）；曰读若反切相因而作；曰声虽有变而踪迹可寻；曰古谓无四声，无轻唇，无舌头舌上之分皆不可信；曰今之所谓叠均者在昔多属双声；曰韵书专为词章音节之用；曰韵部之分合乃诗人取宽窄之便；曰近世言古均者其分部取法于曲韵；曰韵转不可通；曰音有三；曰四十一声之分合与旁转隔转之别。次列四十一声清浊表。次依声母各为声转表。如以"影声"为纲，而首"一"终"乙"。以"影声"为目，于"一"条下首"乙"终"億"。取九十文同诸四十一纽别其纲目，著其正变表。其旁通并声论凡七卷（自叙署庚午春）。其用力可谓勤矣。顾有心所未安者数事。

清浊表列四十一声于三十六母外，喉音添为母为间声，齿音添庄初神疏，皆指为浊声，谓为陈澧所增，寻陈君所著书（《东塾读书记》，《声律通考》，《切韵考》六卷、外篇三卷），并三十六母未见论列，唯《切韵考》第六旁注偶一及之，唯《说文声统》一书未曾寓目，不知叔明所据何书，此未安者一也。四十一声清浊表：

清浊之沟棼矣，此所未安者二也。古无四声，平仄通叶，古无唇音，潮闽犹然，例证罗陈，遽谓不尔，此所未安者三也。（遍阅《小学考·声均》各卷）江永《四声切均表》其凡例一曰："昔人传三十六母，总括一切有字之音，不可增减，不可移易，凡欲增减移易者皆妄作也。列于表上如网在纲。"又曰："见溪清，群疑浊。端透清，定泥浊。知彻清，澄娘浊。邦滂清，并明浊。非敷清，奉微浊。精清心清，从邪浊，照穿审清，匣喻浊。来日皆浊。"此一定之清浊，征此以坚吾说。

1933年6月22日

晴，七十六度。

授课之余苦思新生入学试题十余道，晚始缮毕稿而藏之。泽丞来共论音均。

1933年6月23日

曾炯之德国、金润农中大函来。

声母中齿音诸纽最难区别，北京人此事较清晰，今日假刘鉴士明（自序署至元二年）《经史正音切韵指南》读而思之，稍得其间列表并说以省其私，而仍未当甚矣，采音之功之疏也。

1933年6月24日

阴，七十六度。寄陈达夫尊人陈鹤生先生（浙江临浦转巅口镇）五十金。

早结束微分几何学课程。太侔来谈公，未及细商，即开出版委员会，决定《文史丛刊》《科学丛刊》各稿，至是略清理应尽之职，心力交瘁矣。

晚少侯宴金甫厚德福，藏钩为乐，至夜深同往宏成发纫秋处茗谈方归。下午写楷书。

1933年6月25日

休沐。辰三刻七十六度，霡霂霢霂，交巳如晦，急雨继来，午霁。

夜被酒，归已子初刻矣，急宽衣而睡。早起犹有余腥，策杖山中，吸纳清气，对面无睹，养吾浩然。子舆曰："我四十不动心。"孔夫子曰："三十而立。"昨夕酒后尚多攀附之词，平旦思之，自艾不已。

午应曾省省之约饮于公记楼。竟日写《三字经》六百字，而为手民[①]误脱一句，晚始觉之，前功半废矣，嗒然不知所可，明日又当补书。

【注释】

①手民：古时仅指木工，后指雕版排字工人。

1933年6月26日

七十六度，晴。

上课二时，是日结束课业，指示学生读书法及修养法，又纪念周席上报告出版委员会两种丛刊经过，并勉励诸生各择业问师研究。校长面嘱到济后进行各事。摒挡公务毕，归写《三字经》至日晡毕。泽丞、智斋、保衡来谈。夜偕毅伯、省之登车西行。

1933年6月27日

在历下，八十八度。

晨到济南，下榻胶济饭店，何仙槎、张幼山、张秉虔、林济青来谈。下午诣教育厅开会，分任典试试题。晚张鸿烈、胡溃（章甫）、王向荣（筱帆）、王芳亭、李树春（荫轩）、何思源、张绍堂（子仁）公宴于幼山宅（瑞源里），见幼山夫人，同席皆当年同僚，谈宴甚欢，并极力为大学经费游说。电报太侔。

归寓热甚，饮冰，与省之夜话。

1933年6月28日

在历下，八十八度，蒸热。

访旧书摊，查有《正觉楼丛书》（内有孔广牧《礼记天算释》三十六册，十二金），《山左古文抄》（八册五金），《六书分类》（十四册十二金），明版《四六标准》（二十册十金），《何义门读书记》（十六册六金）均可购。是自购得小谟觞馆文集、诗集（镇洋彭兆荪湘涵，四册三金），《全谢山文抄》（八册一金），王菉友刊《检说文难字》（一卷五角），《皇朝骈文类苑》（十五卷二十册五金），蒋心余《评选四六法海》（八卷八册三金），王菉友杂著《夏小正》一卷、重刊《正字略》一卷、《毛诗双声叠韵》一卷、《菉友臆说》一卷、《菉友蛾术篇》二卷、《禹贡正字》一卷、《四书说略》四卷（凡八册五金），又买筐席二袭（四金）。

午王子愚招饮东鲁饭庄，归途购得象牙棋子一副，整实可爱（十金），归寓写试题，补日记。

夜林济青①招于齐鲁大学济青寓所，即在校内西南隅，清旷绝尘，饶有田家风味。庚午收齐鲁大学校长Davis特聘，予到济公开科学讲演二次，时主济青家，贤伉俪招待颇殷，忽忽三年，壁上留题已斑斑，逼肖古人作矣。桑下联床，不言而欢。轳辘归逆旅，接电转风，依然热难成寐。

【注释】

①林济青：从美国留学回国后，1924年任私立青岛大学校务主任，后在济南任齐鲁大学教务长，又代理校长。

1933年6月29日

在历下，八十六度，阴。

晨五时兴，招省之野食。驰赴试场，余主试数学二种：数学（第五种理工科）……数学（第四种农林科）……

试场中亦无特记处。仙槎示预算审查会草稿，被勾去者十余条，核减八十余万元，大学协款已注明列入，侧俸①而廑②矣。即电太侔。

终日在试场中为人作书，处包围形势，此身非我有矣。写件数十通，其势且源源而来，箭在弦上，字或不正，世无能举劾者，心兹不慊③耳。

今日国文试题为"'十年生聚，十年教养'说"。主试问余有误否，答曰："故是教训，以是而主文试，天下事可知矣。"委它其间，无聊兹甚。急以车返，与省之对饮东鲁饮庄，江鲥湖藕，不丰而甘，鲁酒齐谣，式饮以乐，谈风所至，几破唾壶，浩然思归，登车宵遁。车中阅菉友重刊《正字略》一卷。夜东行凉爽，一梦遂酣，恢复三日来失眠之地。

【注释】

①俸：戾，强横。
②廑：蒙受，接受。
③慊：满足，满意。

1933年6月30日

阴，午七十四度。

晨抵青岛，阴凉可爱。发崔景山书，黄季刚书。校比新购群籍。签题《文字蒙求》一册贻实秋。

日未晡访太侔、金甫。饭后怡荪、泽丞、叔明来谈，均尽欢。

1933 年 7 月 1 日

　　午七十七度，晴。午陈寅恪夫妇来。晏生清廉为其待婚夫葛正权说项。孙生国封、慧函来。电子春致金。晚初见上弦。
　　卯三刻矍然而起，清还馆中书籍，清尘捧砚，与古为徒。

1933 年 7 月 3 日

　　七十六度。杭州大学薛良叔函来。
　　竟日监考，傍晚始归，倦甚。晚怡荪来谈，甚赏诸联，且与泽丞推敲数字。此益者三友也。

1933 年 7 月 8 日

　　七十七度，晴。
　　本星期每日辰刻即入场监考，考规极严，不少假借，绝类当年小试，忆并时大学无如此严格者。此教务长杜毅伯之力也，余以赞襄①其间，挽兹颓俗。过午申尽方克归休，日记为之中辍。连晚姜叔明、游泽丞、杨金甫迭为宾主。光阴冉冉，尘研不亲，录存试题，以资考核：

连续群论

~~Greet~~ connect the equation $y'' = y'^2 + 1$
with the Groups $\quad I. Uf \equiv \frac{\partial f}{\partial x}$
$\qquad\qquad\qquad I'. Uf \equiv \frac{\partial f}{\partial y}$
or with other groups.

微分几何学

1. 画一曲线及其所关联之一切原素图形，标明其所用符号于图上，而附书合符号所表示之公式。
2. 引出 Frenet 之公式。
3. 曲面总可以
$$2z = ax^2 + 2hxy + by^2 + \cdots$$
表之，何故？其渐近方向 (asymptotic lines) 之方程式为
$$ax^2 + 2hxy + by^2 = 0$$
何故？

近世代数

1. How many different kinds of determinants or matrices which you can define?
2. Find the rank of $\begin{Vmatrix} -6 & -5 & 1 & -2 \\ 5 & 56 & 4 & 11 \\ -1 & 4 & 0 & 1 \\ -2 & 11 & 1 & 2 \end{Vmatrix}$
3. Is the real linear transformation of the form
$$x = \lambda_1 x_1 + \mu_1 y_1 + \nu_1 z_1$$
$$y = \lambda_2 x_1 + \mu_2 y_1 + \nu_2 z_1$$
$$z = \lambda_3 x_1 + \mu_3 y_1 + \nu_3 z_1$$
orthogonal? Then, what are $\lambda_1, \cdots \nu_3$?

Final Examination

Second Term, 1933

Date: July 3,   Time P. M. 1:30–3:20

Advanced Calculus

1. Write down the functions, other than the elementary functions, as you have known. (Their definitions or outlines.)

2. How do you find the definite integral:
$$\int_0^1 \frac{dx}{\sqrt{1-x^{\frac{1}{3}}}} ?$$

3. Find the value of
$$\int_{(0,2)}^{(2,0)} \left[(x^2-y^2)dx + x\,dy \right]$$
along the paths: (a) A straight line,
(b) A circle with center at O.

4. What is the shortest line between two fixed points on our Earth? How do you determine it?

5. Explain the meaning of the differential equations
$$P\,dx + Q\,dy = 0,$$
$$P\,dx + Q\,dy + R\,dz = 0$$
under the standpoint of Vector Analysis, or by any examples.

立体解析几何

1. The locus of every equation of the first degree in x, y, z is on a plane, why?

2. Reduce the equation of the line
$$x-y+z-5=0,$$
$$2x-y-z-4=0$$
to the asymptotic symmetric form, and the two points form.

3. Prove that the volume of a tetrahedron with the angular points $P_i(x_i, y_i, z_i)$, $i=1,2,3,4$ is
$$\frac{1}{6}\begin{vmatrix} x_1 & y_1 & z_1 & 1 \\ x_2 & y_2 & z_2 & 1 \\ x_3 & y_3 & z_3 & 1 \\ x_4 & y_4 & z_4 & 1 \end{vmatrix}.$$

4. What are the character of the loci of the following equations:
   (a) $f(z)=0$,
   (b) $z^2+x^2=c$,
   (c) $f(x,y)=0$,
   (d) $f(x,\sqrt{x^2+y^2})=0$,
   (e) $x^2+y^2=zz$?

即在场中评乙试卷，诸生颇有进境，乃亦有秋，此若农服田稼穑之赐也。

【注释】

①赞襄：辅助，协助。

1933年7月9日

星期，七十八度，晴。河南大学旧生王钰来教授。阎仲彝夫妇来，晚叔明来。函峻六、奋可。

器儿昨日毕考，以今午政记公司"顺利"号南下归家，夜来面谕家中书籍人事各务，方为言陈硕友亲家捐馆事。

苏步青自日本仙台来书辞聘，并称余研究之 Gudermann 函数内容宏远。

冯祖荀汉叔自北京大学来就聘，预定公开学术讲演（七月十一日上午九时）为"怎样研究数学"，用余去夏在北平讲题，又预定学术三讲，今晨往答访。在太伃晤仙槎。

泽丞述一挽联：

"疾岂不可为绝技，医流无扁鹊；贪谁相与守孤楼，庑下念梁鸿。"

借扁鹊配梁鸿是借对法。

夜阅《骈文类纂》哀吊类，客馆萧斋，枕上成连曲，别移我情。

1933年7月10日

八十度，晴。电报昨日上海九十五度。

晨偕毅伯住胶东书局校监试题，终日不得徙步，夜交子始得归。林琴南①致蔡鹤卿书云："全国父考以子弟托公。"昨语毅伯云："二十子弟二十年之教育托命于吾辈今日一日之程功，万一不慎，何以对人，一念及此，亦无所谓劳苦矣。"

陆渭渔代汉叔携馈陈酒罍。王长卿来，不晤。

【注释】

①林琴南：林纾。近代文学家、翻译家。

1933年7月11日

八十二度。

晨往黄县路迎冯汉叔，依时入科学馆开讲，余为主席，汉叔自云只为学术讲演，今日之通俗讲演在汉叔确是破例。讲毕同来舍茗谈，云"樊樊山以八十六岁逝世,以彼精神可达大龄,晚来几窘于衣食,乃发藏箧,将以所藏者易米而炊,顾已为儿孙辈胠箧尽矣,老人为之眩厥,名士末途,可为扼腕"(泽丞云:"马通伯秘藏吴挚甫评点《史记》本,亦亲见其不肖子以三十金偿情负,通伯为之凄然下泪。")云云。午饭留觞,招涤之、智斋、保衡陪饮,办弈数局,各自欣然。

晚泽丞、咏声来谈,吃瓜不化。

1933 年 7 月 12 日

晨八十度,午八十三度,杭达百度。上海最高九十六度四。曾炯之自柏林函来。

公务是日方稍得间,料检案上积书移时,破窗纳爽,养吾陶然之趣,此古人定心一法也。

方作书,里人张采石、宋树三来,留饭。下午怡荪夫人接罗莘田①教授来校,晚陪饭公记楼,复步行海干。入夜罢读。

逸峰自历下馈兰陵酒四尊。夜忽不成寐。

【注释】

①罗莘田:罗常培。在《万年山中日记》第十一册(1933 年 7 月 19 日)中还夹着当年罗莘田教授赠予的《国际音标》。

1933 年 7 月 13 日

下午八十三度。晚怡荪夫人为罗莘田洗尘招陪饮。

晨复炯之书,写楷书,读《三国志》。下午开暑期学校委员会。逸峰来,相见甚欢。晚逸峰、正坤、钰女士来,留饭。叔明来共坐树下,自谓是羲皇上人①。

【注释】

①羲皇上人:古人想象羲皇之世其民皆恬静闲适,故隐逸之士自称羲皇上人。

1933 年 7 月 14 日

去年今日八十四度。纫秋电话报器儿所乘船顺利,已抵汕,极慰。

方研朱点《陈蕃传》,幼山忽至,攀车至澡池深处,偕张子仁、王筱帆对榻而谈达午①。

下午读《后书》,谭天凯来。晚约罗莘田、陈寅恪、姜叔明、游泽丞在舍小饮,至夜深始散。少侯来。

【注释】

①偕张子仁、王筱帆对榻而谈达午:黄际遇被山东省政府要员邀长谈,或与学校经费来源有关。

1933 年 7 月 15 日

辰末过巳达八十二度,朝阳可畏,手简尽湿,傍午八十四度,未正八十六度。

终日点《后书》,汗下如注。毅伯来托代教务各事。晚倪尚达来。

1933 年 7 月 16 日

辰三刻八十四度,稍有风,初闻蝉声,八十六度,初饮冰。

夜思家不寐,晨起丽日满窗。寄书坤平上海。门人章辑五来,介绍张伯苓校长公子锡陆能任数学事。辑五,二十四年前天津及门。答访倪尚达、刘重熙、叶公超于福山路校舍。汉叔来。

午张绍堂、张鸿烈、何思源、王向荣、张鸣文招宴青岛咖啡馆。咖啡馆无可下箸处,而饮料特佳,冰酒雪糕,是王所大欲也。晚逸峰、正坤来共饭,即以夜车归家,不及走送。

夜莘田、叔明、泽丞来谈,与莘田互订音韵学所见。

1933 年 7 月 17 日

  八十五度。

  暑期学校开学，晨往办公室处理各事，冯芝生到自北平，途中皆一百度以上云。

  晚太侔宴全校教职员于海滨青岛咖啡馆，甫入座，余即偕汉叔往平原路铁路局葛光庭、崔士杰、陈延炆、陆梦熊、彭东原、尹援一诸君之招，同座有李家驹、王正廷等，局终往送幼山、仙槎、筱帆、毅伯登车。

1933 年 7 月 18 日

  八十四度。

  竟日支应教务，间读竹内端三积分方程式。肖鸿自旧都来，馈清秘阁笺册十八册，洁净可爱，大可为记诵之助也。

  今日在体育部称得七十三公斤半。一公斤合中国三十二两（《续辞源》附录页三）者误也，合英磅 2.204，则仅有二十六两余耳。

  夜露坐树下读《孔融传》，人以鲜荔枝来，与客甘之。

1933 年 7 月 19 日

  晚倪尚达、赵涤之、冯汉叔、邓仲纯、冯芝生、游泽丞、王咏声、宋智斋、罗莘田来会，棋茗饮冰。下午赵太侔、杨金甫来共消盛暑。

1933 年 7 月 25 日

  莘田馈武林邵芝岩长锋紫毫笔四支。叔明馈徽州曹素功朱墨一方。此生能著几两屐，诸友望我读书之意良厚也。莘田又馈方言调查表格《甲声母韵母》《乙声调》二种及《万国音标》一种，附存之，是审音之道也。

國立山東大學二十二年度一年級入學試驗數學（代數・幾何・平面三角）試題

1. 自正午至夜半十二小時之間，
   (a) 時針與分針相重複者若干次？
   (b) 五時與六時之間，在何分何秒相重複？
   (c) 假定甲乙二錶，每一晝夜之間，甲錶快一分鐘，乙錶慢一分鐘，則在五時與六時之間，各該針分針相遇之時刻應改為幾時（假定正午之時皆已校準）快慢各幾何？

2. 有定長2a之直線AB，其兩端A及B各滑動於一定圓之上，
   (a) 問不論定圓之大小，上述之事必為可能否？
   (b) 此定長直線AB之中點之軌跡為何？
   (c) 此定長直線AB上之各點之軌跡為何？
   又此定長直線之兩端A及B，若各滑動於垂直相交兩直線OX及OY之上，則
   (d) 此定長直線之中點之軌跡，何以必為一圓？
   (e) 此軌跡之作圖法如何？
   (f) 上述之AB與垂直兩直線之交點O所成之三角形AOB，其面積最大之時，AB應在何位置？
   (g) 上述三角形AOB之面積，等於上述圓（AB之中點之軌跡）之面積之四分之一之時，OA之長若干？

3. 有聯立方程式：
$$\begin{cases} ayz=y+z \\ bzx=z+x \\ cxy=x+y \end{cases}$$
   (a) 求x,y,z之值各若干？
   (b) 求 $\frac{1}{x}+\frac{1}{y}+\frac{1}{z}$ 之值。
   (c) 求x+y+z 之值。

4. 解下之三角方程式：
   $\sin 2x = 2\sin x(\sin x - 1)$。

大代數,解析幾何試題

1. 求 $x^4 = -9$ 之四根。
2. 展開 $(1+x)^{-\frac{2}{3}}$ 至第四項。
3. 就所知關於收歛級數之定理一一寫出之，且各附舉一例。
4. 有三直線：
   $4y-3x=0,$
   $5y-12x=0,$
   $y-6=0,$
   求其所切之圓之中心坐標，及其半徑之長。
5. 三角形之三中線交於一點，試用解析幾何證明之。
6. 述共焦二次曲線(Confocal conics)．
   $$\frac{x^2}{a^2+\lambda}+\frac{y^2}{b^2+\lambda}=1$$
   之性質，(λ為變數；a,b為常數)

炯之自德来信云:"归期未定。"为之发一电一信促之归来。(汉叔云有沈启巽者,可以代课。)

1933年7月26日

八十三度。

十日以来,杂务碌碌,催电毅伯速归,均以稍待为辞。今晨稍得间,在校舍清理公私各件发各函电。定计入川,为中国科学社年会事。周家彦来。

科学社总办事处上海亚尔培路五三三号,入川日期预定:

八月四日:上海招商局北栈码头上民生实业公司专轮。

五日:清晨自上海出发。

六日:上午八时到南京泊特一区二码头改美最时囤船。

八日:下午五时到宜昌泊川江公司码头。

十三日:下午二时到万县泊陈家坝。

十五日:下午三时到重庆。大菜间①半价一百二十二元五角。(泽丞云:"《华阳国志》及《蜀典》可为入川参考。")

年会日程:

十六日:上午注册,下午游览城外风景。

十七日:正式开会共立师范学校,下午公开演讲。

十八日:上午赴温泉,下午游憩,四时社务会,七时社友交谊会。

十九日:上午八时赴缙云山游览,十时到下午二时社务会,六时回温泉。

二十日:上午八时宣读论文,十二时到北碚参观各业事,五时公开演讲,七时回温泉。

二十一日:上午八时公开演讲(温泉公园),十二时到北铁路游览风景,六时返温泉。

二十二日:上午九时回重庆公开演讲,下午游览南岸风景,六时年会宴会。

二十三日:出发赴成都。

鄂馆十年,未遂西行之计,距今二十五年矣。(宣统己酉元年)成都高等学堂以月薪二百两约往教习算学,为亲老未敢应聘,今兹不行,此生难有入川之望矣,即发论文纲领一篇交总社,列入日程,并函申奋可、述旦代交舟费。夜周兰生招饮。

【注释】

①大菜间:头等舱。

1933年7月27日

　　八十四度，晴，夜大雷雨以风，有声毁毁，娄起戒旦。
　　是日部署阅平试卷事（济南试卷到）。约罗莘田、张怡荪、游泽丞、姜叔明、冯芝生阅国文及中国历史地理，梁实秋、陈弼猷、叶公超阅英文，冯汉叔、赴涤之、宋智斋阅数学，吴文藻阅世界历史地理，王咏声、郭贻诚、王贯三、薛兆旺阅物理，汤腾汉、傅肖鸿、王竹邨阅化学，曾省之、刘重熙阅生物学。晚以招生委员会名义宴诸君公记楼。汉叔别出拳战新法，好会无多，明朝别矣，尚未便为同事言也。归舍痛食沁冰西瓜，汗下如雨。

1933年7月28日

　　晴，八十四度，润蒸多汗。
　　南京试卷到，北平试卷到。计与考者，青岛五十一人，济南九十七人，北平四百零五人，南京二百七十人。闻各大学投考生皆锐减，北平中学、小学尤甚，此社会生产不给之明证也。诣校长处告假并面陈各公务。往宏成发托购舱位。料检陈忤坐政记直行船回家，以文具分给诸儿侄孙。
　　午在试场部董各事，诸友闻讯皆有惜别之意，未刻往宏成发。叔明、怡荪、泽丞相约远送，冯芝生、罗莘田亦殷绻同车，话别移时，四时登"绥阳"轮，六时启锭。

1933年7月29日

　　晴，在"绥阳"舟中渡渤海。

1933年7月30日

　　晴，在上海，八十九度。
　　晨六时到浦西，有约不来，旋复尔尔。傍午见奋可，云入川舱位不可得，大菜间并官舱①易不可得，经已电青报知，得宏成发回电，始知已由"绥阳"南下。余忽然游兴顿改，变计南归。是日在宏发。

【注释】

①官舱：旧时客船中的正舱或轮船中的高级舱位。

1933 年 7 月 31 日

在宏发，八十九度。

午又爽然，遂定南归之计。夜仍登"绥阳"轮，舟人欢迓。奋可馈马岭瓜一担，建茶数事。思敬馈白兰地酒二尊。绍绪、有章相将登船握送，竟夕守舟，不克以寐，天方曙，舟人鸣钲发歇浦。

《万年山中日记》第十二册

（1933年9月20日—11月3日）

1933 年 9 月 20 日

晴丽。

是日大学集诸生举行开校纪念及开学式，余以"凡事不落随便之遂"勖勉之。礼成，偕赵涤之茗会第一公园。荷茎未枯，槐荫可盖，弈三局，互先，一负二胜。午涤之招咏声、肖鸿、任君小酌公记楼。归途购铜架弹板卧床一具，直十六金。抵寓已交申，阅课业一小时，久不用心，心田荒涸，又失午睡，微觉头痛，竟夕反仄不安。

1933 年 9 月 21 日

晴，华表七十二度。

晨始开课，授二级，头痛忽止，耳提面命之劳，口讲指画之效，益人神智，豁我胸襟。部署校务，晚访怡荪。

改订《象棋谱初集·象局集锦》第三十局正和为红胜，肖鸿为鉴定。（稿附存原书）

1933 年 9 月 22 日

晴，华表七十二度。杨善基君自安庆来电，允廿三日动身就聘。张子春粤电报李珩君双十节自法到香港。

晨起健步绕邻山一匝。阅书授课毕，拟补日记，又为事所扰。涤之电招再弈公园，一负一不终局。晚丁丁山[①]、张怡荪来谈。客散，坐读名局，至忘休沐。

【注释】

①丁丁山：丁山，字丁山，时任国立山东大学中文系教授。

1933年9月23日

七十四度，阴雨，午达暝瑷犍。

晨休沐，阅课业，补日记。家居一月，苦热苦蚊，无可谈之客，日为诸儿侄讲诵孟子及文学概略外，与山妻稚子杂坐消夏而已，日记卒为中断。九月四日出汕头，适中元节日，挈器儿买"四川"舟位北上，七日晨抵歇浦，游城隍庙。邑人林仔肩生欲为圣贤，自言死必除城隍，闻者无不忍俊。立宏发二日备极欢叙，循例写事，来溷不能却之。九月十一日返校，料检公务，甚矣，吾之废学也。

阅各家评选古文辞，评谱。晚太伫招饮。夜偕实秋诣罗文柏①寓茗谈，文柏贻狼毫大楷笔一款，戌中返舍，独坐颓然。

【注释】

①罗文柏：时任南开大学教授。

1933年9月24日

星期，卯正七十四度，阴雨。

晨起独早，信步校园，重夜未曙，浓阴欲坠，天方瞶瞶，予亦怅怅。

终朝蕴翳，足不出户，门可罗雀。作家书并柬复数函外，竟夕评谱，晚涤之为之鉴定。

1933年9月25日

卯正七十二度，晴。寄家千金，悬债可畏。

夜睡不熟，早起疾步数里始阅书，授课办公，达午方息。曾炯自柏林函来。

阅书拉集，未得条理，冥思追步，饶有领悟，深夜犹健，入梦亦酣。

1933 年 9 月 26 日

七十二度，晴。

萧涤非①以"一年难此中秋月"属对，予以"天下共知端午桥"（端方②之字）应之。夜偕丁丁山、萧涤非、贺祖钱③诣纫秋处茗谈归。

【注释】

①萧涤非：时为国立山东大学中文系讲师。

②端方：托忒克·端方，清末大臣，金石学家。

③贺祖钱：时为国立山东大学中文系助教。

1933 年 9 月 27 日

六十八度，晴，夜月初皎。

杨善基①自美归国（怀宁人），来共任数学。晚怡荪、泽丞、丁山、彭君过谈。发内子书。

怡荪招国文学系同人茗会，议决大学诸生习文均用文言，并定曾选《经史百家杂钞》②为一年级课本，《论语》及《史记论文》（康熙武进人吴见思评本）为诸生自课本。一年课取此亦挽近一转向也。

曾选本经"扫叶山房"③注解，殊便蒙诵，而凡例有云删去不合潮流者若干篇，为之喷饭，既曰经史百家，则何所谓潮流，既曰潮流，则皆须束之高阁。海上书贾可杀也。

【注释】

①杨善基：时任国立山东大学数学系讲师。

②《经史百家杂钞》：曾国藩编纂的一部古文精华集，共 26 卷。

③扫叶山房：一家历史悠久的老牌书店。

1933 年 9 月 28 日

卯正六十七度，晴。

早行朝读，静言思之，趋校坐拥，是日授课独多。午太侔来商发北平冯汉叔电，聘沈启巽任数学。

阅《橘中秘》，殊发人智慧。涤之述"一不饮酒，二不赌钱"之谚，深用惕然，舍中为之罢饮十日，今晚饶有兴致，呼奚市沽酒兹孤侣。

夜怡荪夫妇来访，酉终告归，送行数武，山空人静，月出皎兮。君复书来转纫秋复汕。

1933 年 9 月 29 日

卯正六十七度，明霭。
是日课较重，休居坐对一枰。夜宋君复来，五合颇尽兴也，复读谱至子漏尽。
张云自粤转李珩由巴黎函。

1933 年 9 月 30 日

辰正七十度，晴朗。
气宇特清，心潮不起，治事温课，自谓是羲皇上人。太俙招往谒韩主席（向方）。夜罗文柏邀宴厚德福，特携北平积年陈绍款客，酣饮极欢。局终往文登路见韩，则方召马连良清唱也，谈旧而已。归来醉意可掬，子刻复兴，会心不远。

1933 年 10 月 1 日

辰正七十二度，晨薄阴。
晨为河南汝昌中学书校额一方，应门人曹续彬之请也。阅课业后评谱。
夜太俙、丁山、怡荪、泽丞及同舍人聚谈，萧斋远客，即此已是人间最乐事。

1933 年 10 月 2 日

七十四度，晴。
晨起天色如洗，慨然有登劳观月出之思，觅侣孔艰，一枰为伴，晚月亦不佳。

1933年10月3日

七十四度，晴阴，夜月朦胧，黎明微雨。

朝步后读微分方程式，尚有会心，课毕毅伯招谈校务，午酌解闷。

1933年10月4日

八月中秋节，七十二度，阴雨。陶孟和、黄金鳌北平函来。

授课后偕杨善基驱赴宏成发午餐度节。传言黄峻六、李照依等五人被控出走，殊为诧异，即函天津黄长简询讯。

闻一多向不函报友朋，昨夜与泽丞戏占"有子五人，不一而足；读书万卷，虽多奚为"调之。今日忽寄来《岑嘉州年谱》一文，又戏题其后曰"给自己难过，替古人担忧"二语。在纫秋坐上笔楮①并佳，即写报之。归途循览海滨风景，长天秋水，殊移我情，跑马场边，停车如鲫。异鲁人之猎，非乡人之傩②，天下皆秋，人间何世。

佳节当前，秋雨助闷，裁书内子，未遣所怀。夜丁丁山招张、姜、傅、彭诸同人饮厚德福，藏钩传盏，不负明时。酒移互以抢对为乐。彭云"月经"，余对"年谱"（或"年表"），张对"日历"。彭云"经布"，姜对"传抄"。张云"厚德福"，姜对"薄情郎"。丁云"棒打无情郎"，傅云"汝请厚德福"。张云"么五输拳"，予云"二三其德"。皆冲口而出，取快当前。傅述绝对云"鸟名戴胜，人名戴不胜，可以人而不如鸟乎"，众凑对云"彼号黄初，我号黄任初，不然我何有于彼哉"。此亦人生行乐耳，须富贵何时也。夜评局改订数点存谱中。

【注释】

①楮：纸的代称。

②傩：古代驱疫避难的一种仪式。

1933年10月5日

七十二度，阴晦。

所聘教员沈君又不克来，添授微分方程式一课，此是正业，无须惜劳。

上下午均授课，课毕出席校务会议。晚餐太伴招宴厚德福，夜归不克坐读。

1933年10月6日

七十二度，阴。泽丞来阅课业。

梅县古直（近愚）作《客人对》，仿容甫《广陵对》而作。曾于主①傅孟真时见之，亦觉赅洽。近主任广州中山大学国文系，报录招考中文专课生通启一则，曰中文，曰专课，杀字既有未安，读通启全文，又酷肖古氏之笔，又何寒碜至此也。文曰：

"学术万端，文章为难。东原致好于顾氏，九江最志于门人。夫二儒当文盛之日犹发此慨，况复底的随宜、它她强傅之际哉。昔阮文达督粤，启学海堂，提振学风，百年未沫。推其致此，则专课之由。今师其意而设中文专课生，庶几澹雅惊绝之才因之起乎。海内士流，欲以文章报国者，可受试焉。特此通告。"

疵累百出，中如东原二句，用"伯牙绝弦于钟期，仲尼覆醢于子路"句法，而主宾易位矣。虚字用法读之毛骨悚然，真如听广东人说官话也。（林畏庐有"是率天下而道也"句，窜孟子"是率天下而路也"。食古不化，时论少之。）

友朋多嗜痂成癖，麇聚一室执管齐吹，有集句为联云：

"重帘不卷留香久；短笛无腔信口吹。"

亦自成趣。

王哲庵②示以章太炎师近年书联：

命意超化。先生不以书名,晚岁小篆极工,此联则非其至者。

【注释】

①主:寄住在。

②王哲庵:王国华,时任国立山东大学外文系讲师。其兄是近现代学者王国维。

1933年10月7日

辰正六十九度。四日阴翳,晨始放晴,丽日当窗,碧空如洗。张秉虔函来。

晨习课业,计算 $\int \frac{(1+y)^{\frac{1}{2}}}{1+y^2} dy$ 之积分,应用颇广,稿存门人谈生锡珊。

夜赴国文学系会,以"迎新大会"为题,口占八比文破题,承及开讲示诸生。会终,太侔、丁山、泽丞、怡荪、彭啸咸、贺华予、萧涤非皆来书斋纵谈,夜分方散。送客望月,仍不豁朗而已,缺然不满,闲阶伫立,怅然久之。入室读《橘中秘》让左马诸局,虽多迁就之作,尚多启人法门。张毓英谓其稍嫌做作,运着紧迫,满纸杀机,无名将雍容风度,诚然。

1933年10月8日

星期,卯刻六十六度,晴。

晨风飒飒,秋意满窗,当户负暄,夹衣犹薄。绕后院曲肠而行,阒不见人,落叶流泉,遥与空谷足音得得赓和而已。

叔明所馈曹素功凤皇云①一方,今日督器儿点勘《史记》乃启用。"此生能费几两墨",因对云"与子同消一局棋",与"此生能着几两屐"作对。

【注释】

①曹素功凤皇云:徽歙"曹素功"品牌的墨锭。

1933年10月9日

卯初华表六十四度,霁朗。

是日更须早起,联课三堂。出席纪念周讲山东之文化,及大学之责任、大学生之修养，亦历一小时。未午觉惫劳，偕泽丞回舍共餐。

涤之饭后来，午睡不成，自午尽至申共弈五局，互先，三胜一负一和，棋兴之高二十年来所未有也。晚留饮，涤非、保衡各善饮亦能拳，陷涤之于客地。尽绍兴酒八斤，席终涤非招涤之弈至七局，涤之已不胜酒力，举措失常矣。叔明来联话至夜深。

指曹信忱、岳长奎、任国栋三生为微分方程式助教。快函张幼山。

1933 年 10 月 10 日

六十四度，辛亥起义国庆纪念日，过午阴。

晨起步诣泽丞处小谈，架上新得《竹书纪年》四函，值五十金。一求之敝，卅年不易，心爱之书，宿膳得之，寒士酸态可掬也。借吴挚甫《古文》、《读欧阳省堂（泉）点勘记》二函以归。

夜独酌，少侯来谈，少侯谈作年表法，示以汪孟慈所为《容甫先生年谱》。其实《孔子世家》即极好之年谱也。

夜分假《橘中秘》让双马各局用自娱喜。

1933 年 10 月 11 日

阴，辰三刻六十四度，杨生书田自山东第二师范学校来函，托代觅算学教师，束①百三十六元。

今晨几不逮上课时刻，舍餐而奔，则报时者乱我也。联课三课毕，由林里步归，思索虽疲，而兴会极高，别稿示诸生，导以应用练习之法，纯趋理论无当也。

下午泽丞来，太侔来。傍晚偕涤非往叔明久谈，并视怡荪疾。初着薄棉衣。

入夜评谱，渐得家数。

【注释】

①束：原指学生送给老师的礼物，后指给老师的报酬。

1933 年 10 月 12 日

辰中六十四度，晴。

晨理课业，秋风萧飒，坠叶离披，负米①天涯，赁舂人庑，感时怀旧，不禁怅然。

致夏生伯初函武昌。复杨生书田函曲阜。

旧雨②不来，屏风独对，授徒敲子，达夜未休，乃公亦圣人之徒也。

【注释】

① 负米：外出求取俸禄钱财等以孝养父母。

② 旧雨：老朋友的代称，又叫旧故。

1933 年 10 月 13 日

辰中六十二度，晴。因女禀来。

晨授徒四时，诸生所演算题有可存之作矣。幼山函来，将偕其夫人来青。

下午招涤之对弈一局，首数着即以一炮破双士，复以双车一炮盘旋敌地，应着至百五十余着，无着松懈，需时达十一刻，终局败于一卒，仍健斗到底，局终犹能记下着先后，室无书记，不欲更以此废时矣。

1933 年 10 月 14 日

晴，辰中六十五度。

夜睡不熟，朝阳之下，负暄健步半小时，整比课业。幼山偕万夫人自济来，下车过访。毅伯、智斋皆当年汴梁大学旧友，畅谈竟晷，如谈天宝遗事也。

点勘《陈涉世家》，晡应涤之公记楼饭局，垂归车迎幼山夫妇厚德福，复飞觞舌战，益不任酒力矣。

1933 年 10 月 15 日

星期，晴。

卯正即难入梦，盥漱弹冠出走大学之道，辇毂之下有东方市场焉，三月不往，已云集枊比矣。国人不事清洁，殊令人裹足却步耳。

午幼山约杜毅伯、周君、宋智斋、许生等便酌厚德福，肴馔殊适口。归舍有客。傍莫偕幼山浣沐天德池。夜赴周君亚东饭店之约，主人不善酬酢，满座敛襟，少食辄饱。有客述民国十二年，冯玉祥倒戈曹锟实由李彦青一尿激成之。玉祥索开拔费三十万，李方掌军需处，仅予八万而迫书三十万收据，此尚可忍也。玉祥往谒彦青，自辰达午不得一面，买烧饼充饥守株待兔，既传见矣，彦青横卧烟榻且拥便器对客溲溺。于是玉祥乃忍无可忍，振臂一呼，山海关一役，天下骚然矣。阉人柄国之祸一至于此。宜十六年冯军入燕，首执此豸而歼之也。

晚补发内子书。检《吴大澂篆文孝经》赠叔明，复柬问怡荪疾。

1933年10月16日

晴。

夜偕毅伯宴幼山夫妇厚德福，陪客到者沈成章、葛光廷、雷焕章、崔景山、陈延炆、陆□，载笑载言，兴复不浅。酒阑席散，幼山赋归，送君车站，到者连翩，长笛一声，送者未及返，君在天尽头。只以游兴犹健，驱迓叔明漫游山麓海干，殊我醉欲眠，不知车尘轮迹，叔明相伴返舍，翻然就睡。

1933年10月17日

六十六度，阴晦无光。

早行后伏案理课，执鞭之士，吾亦为之。午归致马海洲函（附改正《横槊赋诗》棋谱）。杨生柏森函来。

夜叔明、泽丞来长谈。

1933年10月18日

辰正六十五度，阴。

感风未愈，勉上三课，亟归加衣。梁章钜（茝林）著书，世多以拉集非之。通不及王益吾①，精不及周栎园②也。

午仲儿、冢妇等家禀来，报云老于九日病故，年六十岁。黄云溪世居澄海……幼山丙寅春主于予家，予招云溪、鸾阁、硕友、峻六、东铭作陪，昨日幼山尚垂问诸旧雨，讵知东铭、硕友、鸾阁先后凋丧，幼山甫行而云溪之耗又至也。每有良朋，况也永叹，况死生之大哉，联以哭之：

衡门之下，倏尔八年，暗淡谢时评，底事方干不第，罗隐无名，从先生者坐若春风，抵死晏如，书来犹辩古丧制；东野之官，萧然一尉，凋零伤异客，为念北海倾尊，鳣堂问字，彼君子兮化同秋草，此生已矣，论者以方汉弘农。

日晡走示泽丞推敲数字，泽丞辄为见其深处。复见代人吊惨死者一联："正气树风声，尽有典型留后死；杀机满天地，相煎箕豆到先生。"余谓不如书现成十四字"恒言自古皆有死，民到于今称先生"，亦尚稳贴。泽丞勖以老学，君子爱人以德也。

毅伯来报陈遫教授转职北平女子学院。蒋丙然台长来电话报李珩教授二十日奉天丸来。

【注释】

① 王益吾：王先谦，清末学者。
② 周栎园：周亮工，明末清初文学家、篆刻家、收藏家。

1933年10月19日

华表六十二度，晴明。

卯初蹶然而兴，吸纳移时。读《郦生陆贾传》，一则曰"齐王遂亨郦生"，一则曰"陆生竟以寿终"。举鼎拈花，相映成趣。

理课业，以 *Calculus of Limits* 之法治微分方程式论三角方程式解法之比较，则命门人曹信忱传习诸生。函曾生炯月沈原。张幼山夫人、女正坤来谈相宅事。

阅《望溪集》。夜同舍人来谈，少侯、怡荪踵止，亦萧斋高会也。

1933年10月20日

华表五十八度，是日移表室外，晴，有风。谢声舫、乔梓自郑州过访。

晨授微分方程式一阶高次者，偶举最简易二例榜示诸生，而包含几何图理甚裕。

午归治惰园函数之积分，未卒业。午后答访谢声舫裕通旅店，未晤。往宏成发少坐，未刻接李珩君夫妇二号码头，蒋右沧亦至。李君初自里昂回国，专治天文数学。晚约来舍餐话。

1933年10月21日

阴，午有风，入夜霰。夜开数理学会，毅伯亦到。

夜篝灯交丑，今晨起迟，遁逃空山，罕觏人影，蓬蒿塞道，榛棘拂衣。归治 Goursat（先生今年七十五岁，未退职）所论，校务交加，学焉不精。泽丞来勘日记数则即谢去，然鄙吝顿消矣。

夜自学会演讲归舍，麇啸间室，相聚而谈。

1933 年 10 月 22 日

星期，辰三刻六十二度，北风，晦。

早步诣怡荪寓小谈即返。竟日北风飒飒，键户读书。作家书。夜叔明来谈。（作诗一首不入录）

1933 年 10 月 23 日

卯初五十度，晨晴明，风未息，洎晚虎虎有声。

晨课颇剧。午梦后构一高阶微分方程式题，解以种种方法，备示诸生。家书来。

独坐念昨夜叔明语，谓马通伯鬌龄时所为古文辞已有家数。柯凤荪年十六举于乡，《史》《汉》成诵，歌诗有唐人矩度，信如越缦所记。而二公年登耄耋，接引后进如恐不及，每为一文必询人有未稳之处否，非貌为谦抑也，文章千古事，不侯客气为也。久不闻师友之鞭喝矣，敬谨书之。少侯来。

夜校读《汉书·东方朔传》。

1933 年 10 月 24 日

节候霜降，辰正五十度，晴和，著绒袍。

晨治高阶方程式，参用 Sophus Lie 连续群论方法沟通之论著矣。授近世代数，女生刘智报告 $n=8$ 之分群 8! 种，极见细心，因附记之。

$n=3$、4、5 之一切替换，L. E. Dickson 师著 Theory of Algebraic Equations 中（十三、十四页），备列之 n 等于 6、7 两种，经门人曹信忱辈计算兹论。

李珩、罗玉君夫妇来午餐。馈论文两卷，书镇一双。以论文两篇报之。

晚酌无欢，强自敛抑，凭几欲睡，四顾茫然，故曰"水至清则无鱼，人至察则无徒"，而好学乐道之效可睹矣。（仆行阅千里，不睹一士，日唯陈书，上下千古,偶出酬接,皆至失欢,一再以思,未知何故,世无季述,稚存亦可以无作矣。)

1933年10月25日

卯二刻四十四度,朝阳佳胜。

朝早起攀校山。远望浴日,安得壮士挽天河,净洗思潮如废井。移晷返室,明窗可爱,而钟声催我去,出门躬舌耕,此中大有至乐也。

课毕已交午,招涤非往中华书局猎书,则方整比书柜,无从讯览。甫登车,御者急闭车门,砰然一声,中指夹陷门轴间,我有呢绒以缓其冲,不则讵止呼嚄①而已。顺途付还宏成发三百番,一无所得而归。

夜读《问字堂集·卷葹集》,真令人欲弃百事而从之游也。

【注释】

①嚄:因痛而叫喊。

1933年10月26日

辰初四十八度,晴和。

登高远眺,胸次顿清,冬日帘前,乱书为侣。理课业加未方毕,剃头,杂阅群书,日用思过度,感风,入夜不能奋力浏览而已。

1933年10月27日

重九,辰初五十度,淡阴有风。

重九令辰,三秋将尽,踏残黄叶,兀对青山,新月半弦,臣心一片,群嘬先生之齿,谁怜晚节之香。真赏难逢,素心宛在,采来盈掬,卿本佳人,吹皱一池,干卿底事。一长天于秋水,送落雁于西风。徙倚东篱,此间乐不思蜀也,归依南阁,有为者亦若是焉。是日偕毅伯、涤之访菊,归招涤之共饮,漏尽并记。

1933年10月28日

　　辰正五十七度，阴有微雨。

　　夜睡独迟，反仄不寐，敲残烛跋，默戒鸡鸣。晨起如晦，阴霭欲滴，倚树远睇，有客卖花，商榷数株，疗君花渴，居然嫣红姹紫，入此室来，殊觉不类。

　　晚王哲庵招饮公记楼，健饮诸同人均在席。陈季超招饮顺兴楼，主人高拳雅量，一时无俦。迩来习静山中，偶涉阛阓，尚能敷应裕如。席未彻，偕少侯挽泽丞来黉舍清谈清唱，便尔消磨，度此长夜。黄河悠悠，吾其济乎。

　　席间构占一联挽曹母任太宜人。太宜人，曹理卿之母。仲丹初、季敏溪，固始人，皆馆中州时素交，夫妇年寿俱登八十六岁，子四人，各服官山东，有差洵老福也。联云：

　　设帐到中州，识勖勗助勋，一门四贤，唯义训有方，花县群沾众母范；
　　享年跻大耄，看子孙曾玄，五叶齐茂，况封翁健在，人间几见两游仙。

1933年10月29日

　　星期，辰二刻五十二度，晴朗。发家书。广东通志馆来函催稿。

　　晨问菊校园，将黄、红二株馈李、罗新寓。偕保衡访之齐东路，其屋依山面海，半岛在望。主人得花，喜甚云："此花在巴黎可值二百法郎。"此亦山林城市之别矣。

　　月色凄清，一尘不动，夜登乱山，悄然有思。归点《寿恺堂集》，淬伯以为母太夫人寿者也。《寿恺堂集》三十卷，计"诗编"十五卷，"文编"十卷，文外篇"骈文"二卷，"简札"二卷，"禀启条陈"一卷，又补编"楹联"一卷。海门周家禄著（道光二十六年生，宣统元年卒）。家禄字彦昇，一字蕙修，晚自号奥簃老人。海门厅优贡生，时与张謇、范当世、束畏皇等号江东才俊。謇晚以第一人及第，莫猎名自喜。当世（号伯子，亡友陈师曾妻父）与家禄俱以诸生终，而述作斐然，足传于后。

1933 年 10 月 30 日

卯三刻四十七度，天际无尘，碧空如洗，胸次未净，惭对名山。

星期一特须早起，院前徙立，卖花有声，添将二株，备员代谢，寒素清风，领略不尽，况此花开后更无花耶。授课三堂。

晚酌后偕涤非访怡荪，谈文归来，月色满襟，山光拂袖，岂不怀归，畏彼简书。

1933 年 10 月 31 日

辰中五十四度，晨淡阴，夜月无光。

夜交丑，属稿方就。晨走视泽丞商榷文律。

夜厨人以白鱓进（俗作"鳝"），东人谓鱓曰"鳗"。《说文》："鲡，鱼也。"鳗鱼，吴下方言曰"鳗鲡"。

1933 年 11 月 2 日

辰初四十七度，晴明。

负山二匝，时读我书。

以四金二角购《详注经史百家杂钞》二函，发叙记之。属通鉴诸篇诵之。

今日课余，喜观球戏，北风渐劲，复感风。晚觥嚏交加，粗阅一卷，不克终篇。

1933 年 11 月 3 日

辰初四十八度，晴丽。

授微分方程式论，退复攻治 Goursat 名著，油然有得，确定传授方法以一面读第二篇理论（存在论），一面进行第三篇以下各分段。

"百年世事有兴废，半夜钟声无是非"而已。

《万年山中日记》第十三册

（1933年11月4—27日）

《万年山中日记》第十三册·自序

在昔伯厚《纪闻》①、容斋《随笔》，汇群言之渊薮，垂异闻于宪章，四部而外，别辟町畦，终老之勤，赖之汗简。尔后余姚《待访》，昆山《日知》，并赜微言，时存大义。有清胜国，稽古名家，或述经义于过庭，或记读书于东塾，莫非日积月累，成其山壤海流。晚有湘乡，踵以常熟，汉宋无择，仕学兼优，则亦魏巍等身，藉藉人口，间虽醇疵互见，殊复精力逾恒，席彼遭逢，丰其述造，迥非枵空汙李，掠影浙袁所可媲拟已。清代殿军，浙东越缦，儒林文苑，韦布素王，仰挹清尘，默参素业，信乎空群冀北，莫之或先，独步江东，谁为之后者哉。间尝论之，使赵括竭毕生才智，以著兵书，未必出孙吴之下。韦宏嗣舍著史之长，以事博弈，未必非吴国上选。而或以臣心如市，求伎未忘，或以偕隐无俦，专业不一，浮湛郎署，踯躅路岐，滋致慨于古人，宁无惭于日记邪。是用自序，并以解嘲。癸酉九月既朢②，任初识。

【注释】

①伯厚《纪闻》：《困学纪闻》，南宋王应麟所撰札记考证性质的学术专著。

②朢：与"望"字不同，见前文1932年11月12日日记解释，下同。

1933年11月4日

辰正五十七度，晴霭。陈生继志来，云不见十二年，师貌如故。

晨起读林鹤一师积分方程式。

早挟策访泽丞，推敲所谓"许刘之交，诣门不嫌十度；嵇吕相思，命驾不远千里"者也。秋思满襟，冷欢稍慰，早寒可畏，乱卷重温，睇流水兮无波，有名山焉在望，我思古人，俾无尤兮。（《世说》："许元度停都一月，刘尹无日不往，乃曰：'卿复少时不去，我成轻薄京尹。'"袁枚《与蒋苕生书》："昔者嵇康命驾，千里相思；元度出都，一日九诣。"）

晚小饮舍中，泽丞、君复来谈，盘飧市远，横序声希，别有会心，非求倾听。客散阅书至四鼓。

1933 年 11 月 5 日

星期，卯一刻五十三度，晴和，黄昏风起。

午王咏声来，留饭。昃①后访珩君。晚餐答访咏声福山路，饭后观弈二局，电灯忽熄，二鼓归寓。正坤来。

【注释】

①昃：太阳偏西。

1933 年 11 月 6 日

卯三刻四十二度，初寒，晴明。仲儿禀来，云月底北来。苏步青教授介绍杨永芳，明春毕业东北大学。夜月皎。

稍理课业后观球参弈。阮生好屐，祖生好货，亦同讥耳。拥衾阅书至三鼓。

1933 年 11 月 7 日

晴，辰正四十七度。

夜沈成章招饮迎宾楼，胡秘书长（秀松）家凤复善战，主人情重，不觉酩酊，酒移往宏成发消二局。步伐乱矣，不知所之。归时乃真大醉也，所难堪者，"天涯何处无芳草"耳。

1933 年 11 月 8 日

是日立冬，辰初五十度，晴霭。

宿酒未消，旧痕宛在，勉支授三科，口渴甚。交午偃息减食，午眠尚佳。郝更生来辞行，往就教育部督学。以"注重国民体育，节制球戏各节"

勖之。

　　晡后答更生、君复，不晤，改视少侯，谈逾晷，复偕访邓仲纯。仲纯，石如先生玄孙也，书室陈设甚雅，有邓传密（石如子）中堂篆书一开，篆学完白，行学包慎伯①，皆未有独造处。又见陈封可②一画，步其名父师曾而作也，生硬不化，有名父作于前，未必有贤子述于后，几见以所学世其家者哉。夜深忽忽若有所亡，残月一钩，空床掩照，盆花无恙，抛卷释然。

【注释】
①篆学完白，行学包慎伯：完白指邓石如，包慎伯指包世臣。
②陈封可：陈衡恪儿子。

1933 年 11 月 9 日

　　辰中五十五度，晴和。

　　晨理课业，午后再授二课，课毕开校务会议。晚毅伯招饮，二鼓又赴体育协会之宴。读书之法，一目十行贵乎？十日一行贵乎？一目十行，炫耀夸言，十日一行，校雠精业。儒者博而寡要，劳而少功，吾深惧之。

　　夜偕君复返舍对二局，均负，交亥正阅《青鹤》，三鼓就寝。

1933 年 11 月 10 日

　　辰初五十度，晴丽。

　　闻事不记，释家之智，闻事辄录，史家之学。释家吾不知，而吾犹及史之阙文也。

　　晚彭啸咸①招饮厚德福，文采风流今尚存，可为斯会咏焉。

【注释】
①彭啸咸：彭仲铎，时任国立山东大学中文系讲师。

1933 年 11 月 11 日

　　辰正华表五十度，晴和。夜曾省之招饮公记楼。宋君甫招饮顺兴楼。未敢被酒，归依乱书。

　　晨无课，用函数论连续解析法治线状微分方程式，深入无间，聚粮三日。

杂记联语以自娱。

怡苏言丁福保《说文解字诂林》并正续二集，八十余金可得之，即托转购，今日见有《补遗自叙》，谓仍按《诂林》旧例依类编次，凡百七十卷云。（序文见《青鹤》一卷四期，二十一年一月）

夜分定棋谱若干局，板桥人迹，范我驰驱，茅店鸡声，遥与应和而已。

1933 年 11 月 12 日

星期，辰正五十三度，晴朗。李、罗夫妇来，借《菿汉微言》①去（菿，大也），并约明晚之饮。傅肖鸿傍晚来谈。

晨起访叔明，清谈四刻，胸次如洗。比日酒食随班，颇苦酬酢，既不喜多话，又不敢多饮，惧其骋一时之乐，贻退食之忧，然瓶口夂襟，亦一大苦事也。吾庐在人竟，时还读我书。

【注释】

①《菿汉微言》：章太炎的哲学短论集。

1933 年 11 月 13 日

卯三刻五十度，晨阴，交午微雨。夜李珩君招饮，蒋右沧夫妇同席。

黄昏微雨如丝，不克呼车，步赴夜宴，甚雨及之，踉跄失步，街泥污绚①矣。入夜稍寒，小炉取温，卧阅《越缦日记》，交丑方睡。

【注释】

①绚：古时鞋上的装饰物。

1933 年 11 月 14 日

辰正四十八度，阴晦。

赖执中、郭有守自济来访，晚留饮，夜同到俱乐部青岛咖啡听洋乐，意有所牵，忽忽不知所往，过第一旅社少坐，偕毅伯同归。发五羊书。海风夜吼，殊不可耐。

1933年11月15日

辰初四十度,晴明,初著灰鼠求①,竟日北风,燃炭当炉,茶香满庼②。

上午授课三小时,下午治微分方程式论,别存稿。晚怡荪来谈。发季刚金陵书。

【注释】

①求：古通"裘"。
②庼：小的厅堂。

1933年11月16日

辰二刻三十九度,晨风息,朝曦可爱。

授课后涉观北平宏远堂送来各书首册二三百种,可爱者甚希,有吉林奭良《野棠轩摭言》一小册,分言往、言真、言文、言粹、言魏、言包、言多、言微八卷,不著年月。而于论毛西河①条下,有近人柯劭忞言西河只是翻书,知其未尝读《西河全集》一节,则今之时人也。又云西河无子,姚惜抱②指为毁朱之报,此可知其未读毛集也。其实此等事皆不足论,假有人指曰爱伯无子,为毁姚之报又将若何。

夜沈成章宴郭有守迎宾楼,折柬③招陪。此亦所谓"吾观先生非有求于平原君者"也。酒后同往宏成发聆曲数支,回车已三鼓矣。发奋可书。

【注释】

①毛西河：毛奇龄,清初经学家、文学家。
②姚惜抱：姚鼐。
③折柬：亦作"折简"。折半之简,言其礼轻。

1933年11月17日

辰初四十度,晴,薄阴。

晨授课,间道归庐,键门亨茗,甘如荠。(片达王硕甫索回《几何》一册,杨书田校长来信聘教员)拟为徐光启开会纪念,翻阅史乘,整比为劳。午饭言之杨善基、李珩二教授,各分途准备。

今就已得者分（一）徐光启传述、（二）几何原本纲要、（三）几何学发达史概观三层述之。

晚杜毅伯宴郭有守，招大学系主任八人作陪，局终偕送车站。咏声、涤之同车来舍对弈三局，不克参观，三鼓送归，独寻芳草，检阅堆书。

1933 年 11 月 18 日

辰初四十一度，晴朗。

晨信步校园，续成昨日徐光启纪念祭文。函李珩君，旋来决议，李君报告题为"徐光启在天文学上之贡献"。国译编译馆送书来校定。杨善基定讲题为"几何学之分类"。招数理学会总务谈锡珊来草《徐光启三百年纪念祭》，遂节一纸付之。午饭因伏案太久，几为罢咽，然心实甘之。

将晡访怡荪、叔明，不晤，遇泽丞小谈。赴王贯三顺兴楼之招，大嚼而归。咏声偕来，以车邀涤之共弈，子正方散。卧阅《越缦日记》，交丑抛书。梦见先君严厉如当年。

1933 年 11 月 19 日

星期，辰三刻五十二度，晴和。

晨起已迟，步寻叔明一谈。前夕饮于迎宾楼（土人呼为提督楼，沿德人驻占时旧称），黄花数盆，肥艳迈常，以入画图，必令人错认矣，谁谓黄花瘦哉。但如此好花，厕身于富贵场中，不知有减色之嫌、伴食之慨否耳。路过毅伯新寓，登楼一面即归。

午后正课已毕，从叔明假武进胡君复《集联汇选》，摭其无者录之。

夜来作字稍多，畏眠多梦，虽不早衰，亦见力尽。

1933 年 11 月 20 日

卯正三十九度，晴丽有风，夜邀君复来弈四局。

晨七时三十分上课，迟到者至十余人，郑重训诫之。国立编译馆付《算学名词表》来审定。复苏步青杭州函。课后适太侔返校，商定要公，并介新同人。温课业，别证一定理，未完稿。

1933 年 11 月 21 日

  辰初四十七度，晴，北风午停。家书来。是日别证群论一定理，仍未完。初见新月，夜偕涤非访君复弈，归，风起。得残局一，别存稿。

1933 年 11 月 22 日

  辰初四十六度，终朝如晦。
  今日授课五时，思力体力尚克应付，然积之不厚，临阵为营，不易胜任也。课后往广场散步，为工学院、理学院诸生足球比竞作裁判员，去裘短褐①，随球奔驱，约略当年丰度，然目眶为汗所渍，忽呈花雾，审视不清，急卸去职掌，与少侯立谈，黄昏方归。晚酌啤酒，独对一枰。太伻来久谈，别来无恙。
  叔明付来《简竹居先生著刊书目》（广州文明路一四九号之二，岭南图书流通社），《尚书集注述疏》（三十五卷廿四册，十二元），《论语集注述疏》（十卷廿一册，十元），《孝经集注述疏》（一卷三册，一元六角），《礼记子思子言郑注补正》（四卷，三元），《毛诗说习传》（一卷一册，三角），《朱子大学章句粹疑》（一卷一册，二角），《朱九江先生集》十卷，《年谱》一卷（四册，三元，此书已有），《朱九江先生讲学记》（一卷一册，二角），《读书堂集》十三卷、附注三卷（八册，六元），《读书草堂明诗》四卷（一册，八角），《纂修粤东简氏大同谱》十三卷（十二册，十元），《顺德简岸简氏家谱》五卷（二册三元），《景印朱九江先生礼山讲学像》（一角二分），此东南文献之遗也。是日无伏案，民亦劳止，汔②可小愒③。

  【注释】
  ①裼：披衣而不结带。
  ②汔：接近。
  ③愒：古同"憩"，休息。

1933 年 11 月 23 日

  是日小雪节，辰正五十度，晴和无风，退食后竟日不出户，新弦冷月，心照不宣。

朝阳在牖，急起梳头，叶落林空，飞鸟避迹，门无俗刺，几有盆花，敢辞劳薪，何伤赁庑，催租败兴，闻警坠心。

Gudermann 函数论文已由大学《科学丛刊》摘印成册，分别佥[①]送校内同人及青岛数份。晚君复来弈三局。少侯偕邓仲纯（完白山人曾孙）过谈。是日归思大动，非不怀归，畏此简书。

【注释】

①佥：古同"签"。

1933年11月24日

辰初五十度，晴和，夜月幽清。

徐光启先生三百年纪念祭下午三时在科学馆举行。主会者大学数理学会，到会者数学、物理两系全体师生。到会者蒋右沧（李珩代表）、教育局王科长、赵太侔、杜毅伯、赵涤之、罗玉君。

首由予报告徐光启传略，几何原本概要，几何学发达史概观。次由李珩报告"徐光启在天文学上之贡献"，翔实充畅。杨善基报告"几何学之分类"，条理明晰（别见记录）。

今日《大公报》特发图书增刊，载二文曰《徐光启逝世三百年纪念》及《徐文定公与朴学》，文楺而脆，盖教徒之言，不过尔尔。又有关于徐光启新刊三种增订：《徐文定公》（七角），《徐氏庖言》（一元五角），《徐上海特刊》（二角），均由上海徐家汇天主堂出版。今日可云科学之极盛已。

会终，涤之同来八校舍晚酌。偕善基访太侔，戴月而行，山光波影，远近掩映。

《大公报》代售书籍有《李慈铭史记札记》（五角），《晋书札记》（二册一元），《宋梁北魏隋书札记》（七角），《南史北史札记》（八角），当往购之。夜阅林畏庐《韩柳文研究法》，此亦守一家之言，姝姝而自悦者也。

1933年11月25日

辰二刻四十九度，晴丽。大学发月薪，以二百五十金还肖鸿，付器儿月用四十金，付煤一吨十七金，留五十金寄借陈达夫尊人。

晨无课，往工学院工场徘徊片刻。挟书入科学馆研究室却扫默参。省之来晤。瑞安李笠雁晴转任广州中山大学文学教授，今日书来即复。续治一定理，仍未毕。

竟日不出科学馆，不见一客，思力尚可用也，黄昏返舍。方诵《容甫自序》及《吊马守真文》，于"考标高蹈东阳，端居遗世，鸿冥蝉蜕，物外天全，及秀气灵襟，纷披楮墨之外"等处窥见高人遗世，尚须端居，乐籍托身，犹存秀气，分无贵贱，流无泾渭，在山则清，俯视符充，其言犹粪。

涤之来约会，呼车未至，一局相对，三十分钟而毕，追忆录存。

1933 年 11 月 26 日

星期，卯正五十四度，晴丽，夜步空庭，环山拥月而上。归柬内子。

晨早起，余腥壅鬲，神思瞪瞪，独步大学之道，遵海濒而行。市政府前接收青岛碑侧风景绝佳。朝岚未开，渔舟隐约可辨而已，市人有携鸟笼至此，振翼竞鸣，不下数十，都门此风最盛，为之欣赏移时。遥望栈桥，兀出海岸，蜿蜒里许，绝少野游，贪步前趋，瞻眺徘徊之乐，寡可共者。间遇数辈，或老或少，亦在吐纳屈伸，领略清景。凡能早起至此舒锻身体者，决非甘于坠落之人，若夫"月上柳梢头，人约黄昏后"，形影相吊，皆都市万恶之归也。辇毂之下而不涉足者年余，芳草独寻人睡时，寒潭空映日出处，得此秋声，归而图之。

今日示儿辈以《越缦堂日记》第七册。

1933 年 11 月 27 日

《越缦堂日记》五十一册，与北平宏远堂论贾，以四十金计定（原贾五十金），从此萧斋平添爱读之书一种。年来朝夕与共之物，一旦永为己有，寒士所谓快事唯此而已，异日《说文诂林》比肩骈立，虽不得读，犹称快意。

夜作日记第十四册序。

《万年山中日记》第十四册
（1933年11月28日—12月21日）

《万年山中日记》第十四册·自序

予尝观日记。于商贾者矣，曰流水簿；于工词章者矣，曰饾饤录；于观气象者矣，曰纪度表。又尝察人类之日记矣，曰历史；考大地之日记矣，曰地层。顾仅有流水簿，非有术以综核之，曷以知商贾之盈朒[①]也。饾饤小录，非有文以铺缀之，曷以呈词章之靡丽也。纪度成表，非有函数以统驭之，曷以推阴阳之变化也。凡此皆须及时写定，不假它人。若夫历史者，人类递嬗之蜕迹。地层者，大地凝结之年龄。或则广穷绝域，及身难成；或则上溯大荒，百年为暂。要皆由博以归于约，由变以求其通。吾人之逐日为记，将为人乎，抑为己虖[②]。为己而为之，则所记者胥己所已知者也，何吾子之不惮烦；为人而为之，则所记者率非人所必欲知者也，何为执途人而聒之。然又不见夫剧中人乎。袍笏登场，自呼小字，举步启齿，弦管随之，儿时观剧，以为古之人如是如是，奈何今之异于古所云也。天下事之不可解，大率亦如是如是耳。责天下皆尽可解之事。亦犹乎误视科学为万能之学，有一日知其不然，废然而返，则又以天下无必然之是非，无一当吾意可为之事。仆愚不肖，不知天下尚有何等可为之事，而今天下，亦无暇知此山中有此无能为役之人，则以是终焉可矣。日居月诸，敢告斯记。癸酉初冬任初自序。（敢，犹云不敢也，《左传》庄二十二年"敢辱高位"，犹如言不如也。僖二年："若爱重伤，则如勿伤。爱其二毛，则如服焉。"）

【注释】
① 盈朒：亏缺，不足。
② 虖：古通"乎"。

1933 年 11 月 28 日

　　辰正四十一度，晴明，初见冰，夜月佳丽。
　　晨起较迟，朝旭窗前，温度表尚低降，趋视篱菊，傲霜岸然，地上凝冰达寸，方知夜寒霜重也。
　　怡荪代订定《说文诂林正续》八十几册，贾七十七金一角五分。字林鸿宝，畴盦有之。
　　晡后寻叔明久谈。胡先骕（治生物学，喜文学）评钱基博《现代中国文学史》一文（见昨日《大公报》文学副刊）甚有见地，于现代文物可云灼然知其情状者（别剪存汇稿）。

1933 年 11 月 29 日

　　辰初四十六度，煖靆。家书来，报收郭家屋款二千三百五十元，以一千九百五十元存宏信外，付修理百五十元。慧自粤寄来川绸一匹。柬陈荫三。
　　是日精力尽于授课，傍晚退休，天寒欲雪，炭火取暖，亨茗当杯。在中国文学系室瞥见《说文诂林》及《补遗》已到，神情为之飞越，先假《补遗》第一册阅之，未晡即尽。
　　夜重读王安邱《说文释例》第九卷，尤于《列文次第》《列文变例》二篇深致契合。今日所阅书均凌杂无理，未得提挈之方。阅弈谱夜分矣，而子声丁丁然。

1933 年 11 月 30 日

　　辰初三十五度，霭豁，夜冒寒登山望月，清净无伦，数月来无此皎洁。
　　晨入科学馆就暖，馆中有热气管，温庇寒士，功不在禹下，究嫌灸手，阅书移时，神志昏瞆，始信孤寒之境，亦古人之绝诣也。授课后假《续诂林》数册读之，如饥得食，徘徊不忍去，昨日《大公报》有海门凌宴池《清墨说略》一篇，别存稿。

1933 年 12 月 1 日

辰初三十三度，霭，校初升炉①，夜月高亮。

课毕为曹生信忱阅课业，泊晚未毕。夜偕王哲庵访王咏声，与周君承佑弈三局。来去皆攀山逾岭，饱看满月清寒之境，最耐人思。

【注释】

①校初升炉：学校开始提供暖气。

1933 年 12 月 2 日

辰初四十度，朝霭。

晨入科学馆端坐，泊午毅伯来访。晚太侔招饮厚德福。下午尚须赴会，又任裁判长，一日浮生尽矣。

加巳毅伯来同赴会，交申大学生举行越野赛跑，绕跑马场仍归校，约十里，高生鸿翥第一先到，需时二十六分五秒十分之五。晚咏声、涤之、智斋、泽丞来，同赴欢宴，未敢纵酒。招周承佑、宋君复先回舍弈谈。咏声、太侔接踵而至，欢极忘归，三鼓犹酣战高谈也。

张校长默生自烟台来函，即复，略云：

得书蛩然而喜。山中养拙，略事读书，自伤寡闻。盖念当年良友中州相从，多戛戛有成就，雁晴、文甫、凌晨咸有著书，盼遂孟楚专篇并见著录，吾兄所造尤深，追理曩襟，为之神往。

1933 年 12 月 3 日

星期，温和。仙槎函来要潮州旱烟，即复。正坤来，授读书要略。下午偕泽丞往观大学生对祥泰木行篮球，三十五分比十五分，大学胜。发家书。怡荪来。仙槎来函，即复。

辰三刻方披衣而起，明窗独坐，整比残念。庄子曰："夫子其犹有蓬之心也夫。"

1933 年 12 月 4 日

　　卯正三十五度，晴。家书来，支宏成发洋八十元，付《诘林》款七十七元一角五分。镜潭函来。夜仍偕哲庵登山望月，不胜荒寒之感。终夕写《说文》。

　　早起授徒，退休无事，披览图籍，以当耕耘。报言上海有主用别字者，有主用简字者，有主用俗字。各有主名，胁从网治。

1933 年 12 月 5 日

　　辰二刻三十五度，暖曀如晦，细书为难，黄昏微霰。
　　泽丞尊人自临川到青，送来土仪。夜录王、吴二家指事隶类比较表，先列其目，再事条析。
　　蒋丙然送来东亚飓风与低气压分区的研究论文一卷（用英文写成）。李生金鉴呈所作论草一卷，未为是正。读《说文》。晚宋君复来，留饭，弈四局。夜感风不快，早惕。

1933 年 12 月 6 日

　　辰初三十七度，晴，夜月犹皎，是日私舍初升炉。
　　是日授课五堂，间以薰沐弹棋，道艺游心，借资调剂。为人作书致幼山。夜偕善基入市购冬令毡履之属，趋浴天德池。归阅《文字蒙求》。

1933 年 12 月 7 日

　　辰正四十二度，晴和。
　　昨日略事休息，今日颇堪深思，得下代数注疏。《越缦堂日记》付到。叔明至为道贺，喜可知也。慧书来。
　　检《诘林》还叔明，不欲久据人之所欲也，其中误字结为别纸签出，异日书来再行注入。下午天朗气清，高秋无偶，出访叔明，遇诸途，倾谈片晷，而所得不赀矣，归即片谢之。

叔明问《越缦日记》字数。余约计之五十一册，册不及百页，页二十行，行三十字，则在二百万言以上矣。若论字原，无人统计，总在五千与六千之间也。并世唯康有为、章太炎先生所著书用字为最富矣。忆《莎士比亚文集》用过八千余字。然吾国同形异义者，如解衣衣我之"衣"，推食食我之"食"，丐沐沐我之"沐"，独乐乐与众乐乐之"乐"，皆各以一字计，异形同义者更不待言。以一字计，鸿儒硕学，取精用宏。王安邱曰："世之能识九千文者谅亦不少。"（《文字蒙求》卷三跋语）岂但以识之为蕆①事哉。在此数君子者，字字皆有用处，不知其用者乃谓为无用耳。又按《越缦日记》二百余万字中，笔误脱字之处几为绝无，此何等学力，何等精力，至其未合六书处，以予所记仅三五字而止，骤难举例，自愧浮夸。

晚酌之际，兼为儿辈讲诵，知识娱人，亦是一乐，无须寻欢胁诒也。饭后假寐片刻，振起治书，意兴十倍。夜分读萧山毛奇龄初晴《三年服制考》一卷（《昭代丛书》丙集），所感弥深，朝课在心，未遑攻治矣。万籁萧然，下弦初上（参照二一二二三）。上弦右满，下弦左满，自来以右为上手，以左为下手，自然之上下轩轾也。

【注释】
①蕆：完成，解决。

1933年12月8日

卯刻三十七度，霓雾如霰，春意盎然。

早起讲二课，稍操以宽和，师徒咸便之，然进竟不及四之三，张而不弛，文武之道也。每来复至今日（星五）上午授课毕，一年之余在于冬，一日之计在于夜，比来常积，一来复读书之计，在所余二日，往往自课稍严，伤及睡眠，昨夜又几失眠，伤哉衰也。

李珩君来。夜阅莼客日记，爱其《怀沈晓湖》诗云："不见忽三月，相思如水深。残年愁雨雪，清梦足山林。著述今增几，除书倍又沈。闭门贫亦好，知今岁寒心。"岁莫怀人，百虑交集，诵此清响，奚啻笙磬之音，苜蓿能甘，博士亦可为也。

1933年12月9日

辰三刻四十二度，阴曀。

朝晦起迟，涉岗疾步，携书入馆，所究弥深。

申刻返舍，柬招李珩、杨善基、赵太侔、罗文柏、梁实秋、赵涤之、杜毅伯、王咏声、赵少侯、宋智斋、李保衡饮唊书斋。土厨来自田间，善亨鳗鱼、甲鱼之属。诸君亦颇乐之，欢宴至夜，相引为东。咏声、涤之交弈至子初，太侔观局，涤非、哲庵踵至，客散几四鼓矣。

1933 年 12 月 10 日

星期，接收青岛日，巳初四十四度，终朝如晦，晚寒。发家书。夜随手翻阅，早睡待旦。

昨日思索酬酢，自辰达子，微觉惫倦。黎明微感头痛，勉加眠睡，遂致起迟。诣泽丞寓，谒其尊人北来，又获观其曾祖王父□□先生手著各种，细如蝇头，高盈数尺，前辈治学之勤可以想见。其中清人诗抄《分韵》《字诂》二种，得有力者可梓而行之。泽丞言清人诗选尚未有大成之作。予观《分韵》《字诂》十余册，一万三百余字，全照《佩文诗韵》辀①录中所集辑，似仿《经籍纂诂》例，惟一为训诂，一为词章，是其不同耳。客座中未及静阅，姑记崖略如此（其文词已节抄在日记）。

午归仍未痊，快巳刻步往观国学生与银行队篮球，朔风颇紧，瑟缩不胜，车停路侧，欣送余归，连日积劳，顿感恢复。夜偕哲庵过少侯，烟茗均绝。

【注释】

①辀：聚集。

1933 年 12 月 11 日

卯三刻三十五度，晴明。

晨连上课四小时，李生金鉴补证群论一定理，存稿。张默生函来，附寄学术文册《山东第八中学校刊》三册，有志之士也，当粗为校阅，再事裁复。来函有云："先生博贯中西，于学无所不窥。"受者汗颜，聆者拆舌，称量过情，君子耻之。

李珩、罗玉君夫妇来借去《国故论衡》一册，《万年山中日记》第五、第六两册。玉君嗜文事，尤致推许，特勉应之。

今日索书者数起而来。以有尽之身专未成之业，安有余力以役于人哉。

夜访泽丞，共校改订《三字经》。由武昌刘伯平寄来之稿，勘出庸报所录者讹脱至十余字，校书如落叶，谅哉。访李珩，归过叔明，不觉久谈。复张默生函，柬陆高谊。

阅报知汕头倒银行四家，市面摇动，电宏成发，知有鸿发、盛光发等，未能恝然于得失之间也。

拟更写改订《三字经》，文具已备矣，寻格纸不得而罢。

1933 年 12 月 12 日

辰正三十五度，晴，幼山来答复代人请托事已饬①办。

晨起登山一呼，寂无应者，归途思索一定理，以为得之矣，执笔书之，仍未完全。

授课后温课，午梦方醒，某夫人亲以书委门者而去，自称愿为弟子云。斜阳正丽，诣叔明邀同绕西山路一匝。秋林已择，北雁南飞，气爽天高，游心物外。归袖清气，正书《三字经》数开，壶酒待温，实秋以车来接往厚德福，饱饫北京涮羊肉，肥美开口，物贵逢时也。局终，偕少侯、哲庵、涤之往宏成发品茶。乡人以蜜柑来，分赠同舍人并李君。

【注释】

①饬：古同"敕"，告诫，命令。

1933 年 12 月 13 日

辰初三十五度，晴和。家书来。

本日授课五小时，各生皆有报告，均见进境，而精力疲极矣。傍晚信步观棋。咏声、君复、涤之来舍互弈，以此为消遣已耳，诸稿多未能入录。

1933 年 12 月 14 日

辰正三十八度，早晴，午后曀郁。是日赴校务会议，无要公。夜微雨。

夜独酌后少睡，振起补写改订《三字经》毕，年来于书道略有通悟，而不肯为人役书，世非无阿好者，然多非知我也，掷笔彷徨，四无人声。

1933 年 12 月 15 日

　　去年今日华氏二十八度。辰初三十九度，阴，终朝如晦。
　　夜梦美国芝加哥大学旧师来游东方，经已设席，约数学界同人款待方席，而恩师 L. E. Dickson 亦老来仍健，握手致磬折①之礼，对答之词，醒犹记之，盖日来颇游心斯学，故当年耳提面命之人，寝寐遇之，羹墙见之也。

【注释】
①磬折：弯腰，表示谦恭。

1933 年 12 月 16 日

　　辰二刻三十四度，早起初见山头雪花，晨霭，午出馆方知又雪，达晡风号。
　　夜来不知几时雪，山头斑白，岁莫可思。因风陟山，道京山路一匝，人天俱渺，入馆味道。
　　久不作篆书，手生荆棘矣，今于攻治之余，以鄦文各字篆于段注本之眉，既可温书，又便检举……
　　作记未毕，涤之翩然而至，招为星期六夜饮。乃急柬太侔、实秋、涤非、智斋、保衡趋厚德福。太侔少饮，余子胥巨觥相对，顷刻尽酒十五斤，为涮羊肉而来，及其来也，则颓然偃卧者过半焉。坐者酒徒鱼贯眠，思之失笑。诸客醉，甚至需人乃克登舆，乐诚乐哉，然伤于酒者甚矣。

1933 年 12 月 17 日

　　星期，辰初二十八度，晴明。
　　连日消化不良，夜为酒困，晨起胃作痛，不药良方，唯有休息，散步少食，乃冒寒登山观东海日出，归不敢枯坐。叔明来阅日记，旋归。余又独步福山路一带，以资运动而已，不堪急步，便访实秋，服梳打片二片。又访汤腾汉，不晤。归饮米汤而已。午后仍出走观球。李珩夫妇来，泽丞侍其尊人过访，均不晤。晚泽丞约往便餐，伴食移时，归睡。

1933 年 12 月 18 日

卯正三十四度，晴。家书来。

晨起勉尽三课，低声缓气以应之。在此授徒几四年，因公之外，未尝告私假也。归舍剃沐将息而已。竟日稀食。腾汉来，怡荪来商《文史丛刊》事。正坤及董生来。呼伻购蜜柑、芭蕉、葡萄之属，素蔬生涯乃高于肉食，此都市之居也。

杂阅《昭代丛书》遣日而已，耨而无所获。

1933 年 12 月 19 日

辰初二十九度，和明，竟夕温度不变，炉火几失温煦。

早起胸中梗塞未开，迈行二三里，舒其气也。温课。今日仍素食，诣校医邓仲纯受药服之。访叔明少谈，归为少侯作立轴一方，又书二三事。夜倚坐以《昭代丛书》为伴，尽数卷。

1933 年 12 月 20 日

辰初二十九度，晴，北风。

盥沐，竟走吸冷气，授三课而归，仍静养，傍晚访少侯，不晤。阅《昭代丛书》已集。

1933 年 12 月 21 日

辰初二十九度，晴。陈达夫自巴黎函来。假怡荪《归纳》一册，阅过即还之。授徒温课。午后偕善基往观电影《青春之梦》，出海滨而归，素食初进粥。

《万年山中日记》第十五册
（已佚，只余序）

《万年山中日记》第十五册·序[①]

　　盖闻学有为人与为己，人各有能有不能。是以颜子[②]虽愚，不为易地之举，以殉天下之溺。渔人虽贪，不为非分之干[③]，以冀蛟龙之获。

　　盖闻尘埃野马，瞚[④]息已非，流水逝川，昼夜不舍。是以蟪蛄朝菌，亦有春秋，伏枥抚髀，自伤迟莫。

　　盖闻不狂为狂，不笑不足为道，各是其是，一是难绳众非。是以孟子之滕，馆人疑其窃屦；郭泰遇雨，时人皆为折巾。

　　盖闻善炫美者，工藏其拙；老于耕者，不失农时。是以李谐善用三短：因瘿而举颐，因謇[⑤]而徐言，因跛而缓步；董遇善用三余：冬者岁之余，夜者日之余，阴雨者晴之余。

【注释】

　　①《万年山中日记》第十五册已佚，其序言由于收于国立中山大学丛书《黄任初先生文钞》中，因此有幸得以保存。

　　②颜子：颜回。

　　③干：求，求取。

　　④瞚：古同"瞬"。

　　⑤謇：口吃，言辞不顺利。

《万年山中日记》第十六册
（已佚，只余序）

《万年山中日记》第十六册·序①

　　二旬于兹，家园养拙，孺人稚子，白屋藜羹，是亦乡人，言咨故实，所居之邑，裂土于明。于《禹贡》属扬州之分域，于《汉志》为揭阳之南交。震泽底定，厥田上上。所居之民，来自中土。于元和著盛唐之文物，于德祐衍南宋之衣冠。韩庙陆祠，民不忘本，问其礼俗，则冠婚丧祭之仪节，信而有征，稽其语言，则八声五音之古言，失而在野。筚路蓝缕，邑于岐山，负耒若耜，盛于聚族。黄虽积弱，介于陈蔡之间②，独以相忍，远遵江夏③之训。溯其本支，兴于高祖，三妃宫下，五世其昌，凤山书院，家庙在焉（振祖祠前火药局旧为凤山书院。雍正六年立，见县志）。革命军兴，兵事压境，一椽之地，克保弦歌俎豆之常；岭海之滨，时枉海内长者之辙。忝食先德，有负明时，遗书在楹，白云在天。曾涤生云："不敢以浮夸导子弟，不敢以暴弃贻父母之遗。其有所进，幸也，其无所进，终吾身而已矣。"敢述旧风，以要嘉誉哉。甲戌上元际遇自序于澄海振祖祠。

【注释】

①《万年山中日记》第十六册已佚，其序言由于收于国立中山大学丛书《黄任初先生文钞》中，因此有幸得以保存。

②黄虽积弱，介于陈蔡之间：当时澄海陈蔡二姓人多为大姓，黄姓人数相比陈蔡为少。

③江夏：澄海黄姓认为本族来自江夏，自称为"江夏黄"。

《万年山中日记》第十七册
（已佚，只余序）

《万年山中日记》第十七册·序①

不事耕耨，不知稼穑之艰难也；不自芟治，不知心苗之芜蔓也。客岁云莫，乞假南归，省墓之余，兼治小学，勉能自守，不役于物，孳孳一月，兹事又废。子舆②四十已不动心，我年五十方有所悟。不役于物，已感匪易，不役于心，尤觉其难。凡夫名利等等，先生于此，更复何求，独于骨肉之间，未免有情，谁能遣此。祭灶前日，陡丁奇痛，举饧罢咽，对客无言。年事未终，征途已始，一身未了，何日归休，负米为谁，废书而叹，魂忽忽如有失，行伥伥以何之。欲呕出心血耶！不有博弈者乎。谁是博徒，可从之游。窃以弈旨，可坐而隐，一切得失，纵暂忘情，一子后先，未肯罢手。不必云此物虽小，可以喻大，但卧听山中一叶，天下已秋。风满空山，心如止水，莫问吾舌之尚存否，姑扪我心在腔里无。甲戌立春日任初山中序记。

【注释】

①《万年山中日记》第十七册已佚，其序言由于收于国立中山大学丛书《黄任初先生文钞》中，因此有幸得以保存。

②子舆：曾子。

《万年山中日记》第十八册

(1934年4月27日—5月14日)

《万年山中日记》第十八册·序

不其山下,拜赐三年,苢蓿斋中,一卧惊岁。问客何能,曰是不能也,问客何为,曰无可为也,是知其不可而为之,非斯人,徒如之何。其闻斯行之,有日记在。山中正多岁月,皮里自有春秋,用数晨昏,以自序记。

夜如何其,晓月在牖,日之出兮,为天下先。邻鸡膊膊,重车碌碌,披衣而起,挹泉而漱。呼奚浇砌,开户纳鲜,阿涧可依,部娄接武。蹒跚曲径,却曲荒园,两袖清风,一盂早粥。于时日在隅中,寅宾东作,窃吹驴技,滥竽鱣堂。数之为数小数也,先生之志则大矣。辨究毫厘,推极宇宙,言者袂耸,闻者色飞。闻所闻而来,何患无君二三子,见所见而去,从先生者七十人。谓以是为绝学之传,吾斯之未能信。姑舍是为执鞭之士,则敢问其所安。人各有能有不能,事有不为非不能者。以树木之计树人,或曰求其在我,无买山之钱买砚,臣本少不如人。日之方中,退食自公,或招客而共酌,或拥书而相从,抵掌讥弹古今人,借箸欲为天下雄,则何为纷纷然,肆残杯之狼藉,复乱书之鸿蒙,乌用是栖栖者。既四方兮蹙蹙,复一枰兮丁东,客有时而不可得,道无时而不可通。长啸空山,呼月出夷,犹偃仰鳃鳃然。计一日之难尽,又奚暇哀吾生之靡穷。

1934年4月27日

五十二度,晴。竟日伏案,晚复艾一晴、张默生函。夜访叔明、君复。归阅《四六话》第十卷。谈生奔母丧,归馈湘酒、凫脯。

大学图籍中以丛书标名者有下列各种,据《书目答问补正》及杨守敬《丛书举要》、沈乾一《丛书书目汇编》三书校撮要略:

《汉魏丛书》。(明程荣刻三十八种,何允中七十六种。清王谟刻八十六种,又广为九十四种。)

《玉函山房丛书》。(历城马国翰辑。)

《岱南阁丛书》。(孙星衍刊十六种,又巾箱本五种,周秦至隋唐佚书六百余种。)

《贷园丛书》。(历城周永年辑十二种。)

《知不足斋丛书》。〔歙县鲍廷博以文编刊三十集二百二十种(乾隆丙申)。渤海高承勋续二集十七种,道光刻本。常熟鲍廷爵《后不足斋》四集二十五种,光绪甲申刻本。〕

《读画斋丛书》。〔石门顾修辑,八集四十六种,嘉庆四年,中有杨囦道(深仲)《云庄四六余话》一卷(第六十一册)。〕

《振绮堂丛书》。(泉唐汪氏活字本,庚戌二集。)

《琳琅秘室丛书》。(仁和胡珽编,五集三十六种,咸丰癸丑。)

《粤雅堂丛书》。(南海伍崇曜辑,二十集一百二十一种,咸丰癸丑,光绪间续刻十集六十四种,有周亮工《字触》六卷。)

《海山仙馆丛书》。(南海潘士诚刻,五十六种,道光六年。)

《青照丛书》。(朝邑刘廷升抄存,李元春详编,八十三种,道光乙未刘氏刊,有《俗书正误》一种,《字书误读》一种,《文谈》一种。)

《文渊楼丛书》。(清宋星五、周蔼如辑,四十四册五种。)

《逊敏堂丛书》。(宣黄黄秩模编刊,三十二种,有汪廷珍《作赋例言》一卷。)

《士礼居丛书》。(吴县黄丕烈荛圃校刊,十九种,嘉庆二十三年。)

《清代学术丛书》。(二集五种,有《巢经巢集》。)

《聚学轩丛书》。(贵池刘氏刊,五集。)

《藏修堂丛书》。(刘晚荣节卿辑,光绪庚寅,六集三十七种。)

《峭帆楼丛书》。(湘赵元益静涵编,叶德辉有序,五函十八种。)

《殷礼在斯堂丛书》。(东方学会石印本,二函二十种五十九卷,多手稿本及日本传抄本。)

《三长物斋丛书》。(宁乡黄本骥辑,湘乡蒋环刊,二十四种,道光二十六年,有黄本骥《诗韵检字辨似》一卷。)

《借荫轩丛书》。〔三原李锡龄辑,道光庚子。(家藏本二三零一零七读记)〕

《正觉楼丛书》。(武昌局刊,巾箱本三十种。)

《心矩斋丛书》。(长沙蒋氏刊,六种,光绪九年。)

《木犀轩丛书》。（德化李氏辑，二十七种。）

《宜稼堂丛书》。（上海郁松年泰峰刊。）

《翠琅玕馆丛书》。（钱塘丁氏辑，同治癸卯刊，二十四种。）

《榕园丛书》。（守约篇。李恢垣刊，六十一种。）

《守约篇丛书》。

《集虚草堂丛书》。（合肥李氏刊，光绪甲辰。）

《啸园丛书》。（仁和葛元煦辑，五十八种，光绪己卯刊。）

《长恩书室丛书》。（新昌庄肇麟木生辑，南昌刊，二集。）

《咫进斋丛书》。（归安姚觐元编，四十八种。）

《别下斋丛书》。（海宁蒋光煦刊，二十八种，有吴德旋《古人绪论》一卷，又《论书随笔》一卷。）

《南菁书院丛书》。（长沙王先谦辑，四十二种。）

《豫章丛书》。（新建陶福履辑，光绪十六年。）

《金华丛书》。（清胡凤丹辑，同治八年，二百七十五册六十八种。）

《常州丛书》。（武进盛氏汇刊。）

《泾川丛书》。（泾县赵绍祖绳祖校，道光十二年，二十四册五十二种。）

《湖南丛书》。（湖南长郡学宫编，十四年印，二十四册八种。）

《六译馆丛书》。（廖平著。）

《湖海楼丛书》。（萧山陈春编，嘉庆廿四年十三种。）

《守山阁丛书》。（金山钱熙祚校刊，百有九种，光绪己丑鸿文局石印本，中有宋张儗《棋经》一卷，元黄潜《日损斋笔记》一卷。）

《昭代丛书》。（新安张湖编辑，吴江沈楙德校刊，十集四百九十三种，别集六十二种。）

《师伏堂丛书》。（皮鹿门所著书。）

《学寿堂丛书》。（番禺徐氏刻，光绪中。）

《桐华阁丛书》。（巴陵杜贵墀著，五种，中有《读书法汇》一卷。）

《三十三种丛书》。（二三零一零四读记，家藏本。）

《小石山房丛书》。（常熟顾湘翠岚辑，三十九种，同治甲戌。）

《涵芬楼丛书》。（吴县潘祖荫伯寅编，四函五十四种，有《钮匪石日记》《箑斋笔记》。）

《清颂堂丛书》。（吴县潘氏刊，十种，潘世恩辑，道光庚子。）

《武英殿聚珍板丛书》。（同治七年，福建藩署校刻。）

《忏花盦丛书》。（山阴宋氏辑，三十五种，光绪丁亥刊。）

《结一庐朱氏剩余丛书》。（五种，光绪乙巳。）

《抱经堂丛书》。（钱塘卢文弨校梓，十二年直隶书局景印本，一百册，十八种。）

《行素草堂丛书》。（朱记荣辑，二十种。）

《积学斋丛书》。（南陵徐氏刊，十九种。）

《校经山房丛书》。（原名《式训堂丛书》，会稽章硕卿辑，光绪十二年刊，三十二册二十九种。）

《鄦斋丛书》。（南陵徐乃昌编，光绪庚子刊，二十一种。）

《观自得斋丛书》。（石埭徐氏刊。）

《拜经楼丛书》。（十种，靖海吴骞葵里辑，光绪十年，十册十种。）

《广雅丛书》。（广雅书局，五百一十九册一百三十九种。）

《食旧堂丛书》。（即《旧德堂丛书》，钱塘汪大钧校刻，同治四年。）

《灵鹣阁丛书》。（元和江标建霞编，六集五十五种。）

《晨风阁丛书》。（番禺沈宗畸刊，宣统元年。）

《半盦丛书》。（仁和谭廷献辑，光绪己丑，十六册十二种。）

《适园丛书》。（灵石杨氏辑刻，十二种，中有《群书治要》五十卷，道光二十八年灵石杨墨林刻。）

《花雨楼丛书》。（四明张寿荣校，光绪癸未刊，二十四册三十种。）

《当归草堂丛书》。（孙星衍辑，四十六种，嘉庆十七年。）

《雅雨堂丛书》。（德州卢见曾抱孙校，乾隆丙子德州卢氏刻。）

《邵武徐氏丛书》。（邵武徐幹辑刊，二十种，浙局印行。）

《永嘉丛书》。（瑞安孙氏辑刊，光绪二年，十二册，孙衣言辑。）

《十万卷楼丛书》。（归安陆心源辑刻，光绪五年，一百一十二册五十二种。）

《云南丛书》。（光绪二十年，三册二种。）

《明辨斋丛书》。（古潭余肇钧辑，四集十四种，同治甲子刊。）

《春晖堂丛书》。（侯官林侗于野辑。）

《又满楼丛书》。（清赵诒琛辑，十年昆山赵氏刊，八册十六种。）

《丽楼丛书》。[长沙叶氏刊，光绪丙午，有《七国象棋局》一卷（司马光），《打马图经》一卷（李易安）。]

《吉石盦丛书》。[上虞罗氏刻印，宣统丁巳，四集（按：宣统无丁巳），二十四册二十七种。]

《二函堂丛书》。（武威张澍刊，道光。）

1934年4月28日

阴，辰初刻五十八度，晡有微雨，终朝如晦。

晨餐前独步公园，孤负花朝者二日矣。惜花起早，空园岑寂，同好二三其徒而已。两日樱开充径，入午游车塞途，匪云自尝孤芳，性好独寻芳草耳。"樱"字，新附《玉篇》以汉瓦当文有"婴桃"，实别是一种。《司马相如传》以"婴桃""蒲陶"并举可证。战骨埋荒，蒲陶入汉，今古同慨。

晨治群论。隅中入馆，稽考丛书著录，尝数丛书之权舆①矣。

过午有课，斜倚一榻，阅王选宋文及杨囷道《云庄四六余话》(《读画斋丛书》仿宋本)。怡荪归自燕京，论文片刻，谓"容甫文得徐、庾②自不必言，得之尉宗③是其特点，参以永叔④清淑之气以成一家"。此语未经人道。又谓"清人律赋宪过唐人"，亦为的论。

傍晚思力已弱，杂检靡所获。哲庵、肖鸿过谈，共寂夜，晓舫夫妇来谈，取换日记三册。入夜空如萧寺，心冷于僧，止水在槃，薰香味永。

【注释】

①权舆：起始。

②徐、庾：徐陵、庾信。

③尉宗：范晔。

④永叔：欧阳修。

1934年4月29日

星期，辰初刻五十八度，温和，夜月浑圆，光明无玷。

晨偕哲庵、保衡访樱汇泉公园。花开花谢，本两无情，迎春送春，各自为计。落英逝水，觉来日之大难，孤岭残某，良得天之独厚。古今一垤，狐貉一丘。无可奈何，伤不仁之天地，以曾相识，揖当路之笠车（花下多遇市友呼茶厚待）。春日迟迟，春光及第，予情渺渺，予怀信芳。迓十里之香车，信万人之空巷。久矣饮木兰之朝露，浩然怀莼菜之秋风。归去来兮，入此室处。

晚醺后卧阅名局，君复过谈，了此清夜。

午张生、董生来，留饭。晡发接家书，柬镐臣。

1934 年 4 月 30 日

卯正五十度，午六十七度，霭，夜静如醉。

早起读书授课，课间又抽往花园，略资劳体，息心之益，坠英可数，嫩叶交柯，酌花有期，留春无计，徘徊顷刻，课事催人，匆卒驰归，撞钟当值。道遇吴子丞院长自历城来践花约，自我不见于今三年矣，倾盖少谈，一握而别。承佑来即回。腾汉来商院务。

1934 年 5 月 1 日

辰初五十八度，晴。

晨起检图籍返之馆。院园缓步，心境殊宽。治课。函梧州广西大学陈之霖。夜少侯来，同访涤之，交亥不支，早睡。（重熙来约茶会）

1934 年 5 月 2 日

晨六十二度，御薄裘。授徒竟日。晡践重熙茶约，晚饭于福山校舍，戌尽归。

连日疲于象、数①，局于四六②。夜读《东皋子集》，昏昏莫气为之舒振。

【注释】

①象、数：指象棋、数学。

②四六：骈文的一体。因以四字、六字为对偶，故名。

1934 年 5 月 3 日

卯三刻五十四度，晴，慧自羊馈牙嘴二事，坚白可爱。

窗前篱豆始牙，早起气清，坐林下看报，四年级生九人来，同往参观市立中学数学课程，校长董志学、教务主任郑震荣躬自引导，鹄察初级中学课三小时，高级一小时，归为诸生批评教学之法。自乙丑去楚①十年，不亲此役矣，念及门相从有年，乃为此心法传授耳。

下午治方程式论。

夜酌无可与谈者，以《东皋子集》助饮，低斟潜咏，精神如接北邙。人海之中乃有一人焉，宅心相若，出处相若，所受于人者又无不一一相若至于如此，乌得不引杯相酹欢庆，其千载上有同心之死友也。

【注释】

①乙丑去楚：指1925年离开武昌师范大学（今武汉大学）。

1934年5月4日

晴。

晨治课讲授。午晤太侔约公送周承佑①新婚礼。少侯亲督办宫灯数事。宏成发致酒一昙。夜君复、涤非共尊久话，贻诚、涤之、咏声、贯三来谈，客散已交子三刻矣。

【注释】

①周承佑：时任国立山东大学机械工程学系教授兼系主任。

1934年5月5日

假日，辰三刻五十六度，晨风作，细雨栏干，足不出户，竟日枯坐。李夫人来换取日记。家书来，六日而到。

夜偶出小步，舒其闷郁，较射瞿相之圃，观鱼鲁国之棠。归而饮至，入而振臂，衣履尽湿，篝火独明，人定抛书，夜长多梦。（郊行集一联曰：平生能着几两屐；卿辈可容数百人。东坡语）

1934年5月6日

立夏，小雨霡霂，春风飕飕。

李茂祥①戏言与予决饮，以醉卧地上为限，晚特约太侔及其夫人任监军，实秋、文柏、少侯、康甫、仲纯相陪，壁垒森严。五雀六燕②，瓶罄而扨，不分土厨，不辨鱼味，而宾主皆欢。席终同诣文柏寓馆，烟茗杂陈，谈笑皆韵，归已夜半。

【注释】

①李茂祥：时任国立山东大学外文系教授。

②五雀六燕：比喻双方事物的轻重相差不多。

1934年5月7日

辰五十三度，阴雨晚雾，未开百卉渐有向荣之象。夜访泽丞小谈。

晨起神思忽忽，被酒甚矣，入山小步，阴雾蒙胧，笼罩一切，树不见杪，泉仅闻声，袖湿襟单，心清气爽，萧疎①料峭，入我怀来。讲道二小时，饶有理趣。

【注释】

①疎：古同"疏"。

1934年5月8日

卯三刻五十六度，晨阴午晴。

晨步寻叔明小坐，即返斋，治群论稍有所入，复攻方程式论，十二年前Beiss所授之绝学，今方以之传诸其人，追理之余，感不绝于余心。积稿盈寸，当稍董理之耳。晡毕，伏案课业，腾汉来。夜杂阅众书，漫无所得，专治一书又苦其难，月计未见有余，日计殊感不足。

实秋送来《学文月刊》第一期，闻一多《匡斋尺牍》一首。

1934年5月9日

辰初五十七度，春和。

今日授课四小时，心神健旺，兴趣油燃①。课余泛核群籍，亦无倦态。加申少侯来，同赴文柏寓斋，晚约到者与前三晚之聚全同，笑语横生，奇技间出。文柏亲下厨下，故乡莼菜，尤有遐思，亥归。

课间入馆补查前未考录丛书：

《正续裨海全书》。（明商濬编，康熙丙子振鹭堂刻，八十册七十四种。按：中以宋人杂家为多，如志林裎史之属。）

《艺苑捃华》。（清顾之逵辑，同治七年瑞安孙氏刊，二十四册八种。）

《广仓学宭丛书》。（五年仓圣明智大学刊，二册四十九种。）

《天壤阁丛书》。（清王懿荣辑，光绪五年福山王氏刊，二十八册二十六种。）

《檀几丛书》。（清王晫、张潮辑，康熙乙亥新安张氏刊，十八册一百种。）

《丁氏八千卷楼丛刻》。（清丁丙辑，光绪廿三年八千卷楼刊本，二十册二十种。）

《当归草堂丛书》。（清丁丙辑，同治二年钱塘丁氏刻，六册十七种。）

《月河精舍丛抄》。（清丁宝书编，光绪苕溪丁氏刊，六册十七种。）

《古书汇刊》。（邓宝编，元年国粹学报社，三十二册五十九种。）

《泽存堂五种》。（清张士俊，康熙甲午吴郡张氏原刊景印本，八册五种。）

《学津讨原》。（清张海鹏校，嘉庆十一年琴川张氏原刊本，二十册一百六十二种。）

《借月山房汇抄》。（清张海鹏辑，九年景印，二十册一百三十种。）

《正谊堂全书》。（清张伯行辑，左宗棠重校，同治七年，百八十册六十六种。）

《鹤寿堂丛书》。（张曾勤辑，光绪戊戌刊，二十册二十二种。）

《佚存残书》。（日天瀑山人辑，十三年涵芬楼景印，三十册十六种。）

《高昌秘笈甲集》。（孙鉴辑，十六年六册四种。）

《雅雨堂丛书》。（清卢见曾辑，乾隆丙子德州卢氏刊本，二十一册十一种。）

《藕香零拾》。（清缪荃孙辑，光绪廿二年，三十二册三十九种。）

《烟画东堂小品》。（清缪荃孙，九年，十二册二十七种。）

《说铃》。（清吴震方辑，康熙四十九年嘉兴吴氏书林刊，二十八册五十五种。有周亮工《闽小纪》。）

《松邻丛书》。（清吴昌绶校刊，六年仁和吴氏刊本，十二册二十一种。）

《艺海珠尘》。（清吴省兰听彝堂刊，六十六册一百六十二种。）

《行素草堂金石丛书》。（清朱记荣辑，光绪十五年，四十册二十种。）

《孙溪朱氏经学丛书》。（清朱记荣辑，光绪十二年，十二册十三种。）

《百川学海》。（宋左圭辑，四十册一百种。）

《味经斋丛书》。（庄存与辑，光绪八年重刊，九册。）

《十种古逸书》。（高邮茆泮林辑，道光二十二年梅瑞轩刊，十册十种。）

《集虚草堂丛书》。（清李国松辑，光绪甲辰合肥李氏刊，二十四册十种。）

《涉闻梓旧》。（清蒋光熙辑，十三年涵芬楼景印，二十册二十五种。）

《函海》。(清李调元辑,光绪八年,一六零册一六二种。)
《求实斋丛书》。(清蒋德钧辑,光绪十七年湘乡蒋氏刊,十二册十五种。有文正文襄著数种。)
《铁华馆丛书》。(清蒋士遵校,茂陵蒋氏仿宋本,六册六种。)
《仰视千七百二十九鹤斋丛书》。(光绪六年赵之谦辑,十六册十九种。)
《黄氏逸书考》。(清黄奭编辑,十四年怀荃室补刻本,一百册二百八十种。)
《观古堂汇刻书》。(叶德辉辑,光绪壬寅,十四册十五种。)
《雪堂丛刊》。(宣统元年罗振玉编辑,二十册五十二种。)
《述古丛钞》。(清刘晚荣,同治九年藏修书屋刊,四十册二十六种)。
《龙威秘书》。(清马俊良辑刊,乾隆甲寅,八十册六十八种。)
《玉函山房辑佚书》。(清马国翰辑刊,光绪九年,九十二册七百三十五种。)
《说郛》。(元陶宗羲编,清陶珽重辑,四十册三百三十三种。见四库书目杂家七。)
《宝颜堂秘笈》。(明陈继儒辑,四十八册二百又九种。)
《湫谬斋丛刊》。(清陈准辑,十二册十二种。)
《武林掌故丛编》。(清钱塘丁丙辑,光绪九年嘉惠堂丁氏刊,二百零八册一九二种。)
《岭南遗书》。(清伍元薇同治五年重刊,六十册五十八种。)
《湖北先正遗书》。(户靖辑,八年沔阳卢氏印,百七十五册五十八种。)
《绍兴先正遗书》。(徐友兰辑,光绪十三年徐氏铸学斋刊,二十四册八种。)
《金陵丛书》。(三年蒋氏慎修堂校印,三十三册。)
《常州先哲遗书》。(清盛宣怀,光绪二十五年刊,六十四册四十二种。)
《贵池先哲遗书》。(清刘世珩,宣统二年,六十四册三十三种。)
《湖州丛书》。(陆心源辑,光绪九年,二十册十一种。)
《豫章丛书》。(五年南昌退庵刊,二百六十五册一百种。其属于一人专著者。)
《二程全书》。(《四部备要》据江宁刻本,十册七种。)
《宋张宣公全集》。(宋栻撰,咸丰四年绵邑张氏刊本,十二册三种。)
《王文成公全书》。(二十四册七种。)
《刘子全书》。(明刘宗周著,道光二年王宗炎刊本,二十四册二种。)

《归云别集》。(明陈士元,道光十三年吴毓梅刊本,二十册十种。)

《古夏老人消夏集》。(清汪伋撰,嘉庆元年古愚山房刊,二十四册十五种。)

《六译馆丛书》。(清廖平著,十年四川存古堂刊,八十册八十三种。)

《章氏遗书》。(章学诚著,十年吴兴刘氏嘉业堂刊,三十二册十六种。)

《章氏丛书》。(章师所著书,二十册十四种。家藏本。)

《湘绮楼全书》。(王闿运著,十二年东州刊本,九十八册二十种。)

《王船山先生遗书》。(王夫之撰,同治四年湘乡曾氏刊,一百二十册五十三种。)

《王忞公遗书》。(王国维著,四十二册三十五种。)

《顨轩孔氏所著书》。(孔广森著,嘉庆丁丑曲阜孔氏刊本,十册七种。)

《颐志斋丛书》。(丁晏著,同治元年山阳丁氏刊本,二十册二十一种。)

《覆瓿集》。(张文虎著,同治十三年冶城宾馆刊,十二册十二种。)

《张九季子九录》。(张謇著,二十年南通张氏刊铅印本,二十八册。)

《授堂遗书》。(武亿撰,道光癸卯重刊本,十六册十一种。家藏本,门人段振坤所馈。)

《安吴四种》。(包世臣撰,十六册四种。)

《通艺录》。(程瑶田著,嘉庆八年,二十册二十种。)

《崔东璧遗书》。(崔述撰,上海古书流通处景印,二十册十九种。)

《刘武慎公遗书》。(刘长佑著,光绪二十六年新宁刘氏印,二十八册六种。)

《桐城吴先生全书》。(吴汝纶撰,十四册四种。)

《空山堂全集》。(牛运震撰,嘉庆戊寅牛氏空山堂刊,三十七册九种。)

《随盦所著书》。(徐乃昌著,光绪二十一年南陵徐氏刊,四册四种。)

《随盦徐氏丛书》。(徐乃昌辑,光绪三十四年南陵徐氏刊,二十四册二十种。)

《徐位山六种》。(徐文靖著,雍正元年当涂徐氏刊,九册六种。)

《学寿堂丛书》。(徐灏著,咸丰四年徐氏原刊本,二十六册十五种。)

《蕙风丛书》。(况周仪,光绪三十三年白门刊本,十二册十一种。)

《汪双池先生丛书》。(汪绂著,同治元年安徽敷文书局校刊,百五十六册二十九种。)

《洪北江先生遗集》。(洪亮吉著,光绪三年授经堂刊本,八十四册二十九种。家藏本不全。)

《亭林先生遗书汇辑》。（顾炎武，光绪十四年朱氏授经山房刊，二十四册二十四种。）

《二思堂丛书》。（梁章钜撰，光绪元年福州梁氏刊，十六册五种。《退庵随笔》二十卷，《南省公余录》八卷，《古格言》十二卷，《闺秀诗话》四卷，《农候杂占》四卷。）

《杭氏七种》。（杭世骏撰，乾隆元年杭氏原刻本，八册八种。）

《郝氏遗书》。（郝懿行著，同治元年郝联荪刊行，八十三册二十九种。）

《榕村全书》。（李光地撰，道光九年李氏刊，一百册四十五种。）

《李氏五种合刊》。（李兆洛著，光绪戊子扫叶山房本，十六册五种。）

《师伏堂丛书》。（皮锡瑞著，光绪三十三年善化皮氏刊，四十册十八种。）

《李文忠公全书》。（李鸿章著，光绪三十一年合肥李氏刊，一百册六种。）

《戴氏遗书》。（戴震撰，孔继涵辑，乾隆四十三年孔氏微波榭原刻本，二十四册十六种。）

《瓯北全集》。（赵翼著，乾隆六十年原刊本，四十册八种。家藏本。）

《观古堂所著书》。（叶德辉撰，光绪二十八年湘潭叶氏刊，十四册十七种。）

《罗忠节公遗集》。（罗泽南著，咸丰六年长沙刊本，六册七种。）

《古欢堂集》。（田雯撰，德州田氏刊本，十二册七种。）

《观象庐丛书》。（吕吴撰，光绪四年彭县吕氏刊，四册十种。）

《周悫慎公全集》。（周馥，十一年秋浦周氏校刊，三十六册十种。）

《天马山房丛著》。（马叙伦，十八年印本，十五种。）

《大鹤山房全书》。（郑文焯撰，九年苏州刊本，十二册十一种。）

《东塾全书》。（陈澧著，咸丰六年番禺陈氏原刊本，十九册五种。）

《春在堂全书》。（俞樾著，光绪九年德清俞氏刊本，一百册二十二种。家藏本。）

《饮光全书》。（钱澄之著，同治二年皖桐斠雠堂刊，二十四册三种。）

《潜研堂全书》。（嘉定钱大昕撰，光绪十年长沙龙氏重刊，七十四册二十三种。爱伯最爱读北江、鲔埼、潜研三公之集。家藏有价汀十驾斋新录二十卷，所著录多未刻本。）

《王氏四种》。（王念孙、王引之撰，道光高邮王氏刊本，六十册四种。家藏本。）

《涉园丛刻》。（张惟赤，宣统三年，八册八种。）

《汪氏丛书》。（家藏本。）

《左海全集》。（附续集，陈寿祺，道光三山陈氏原刊本，七十二册二十种。）

《四库全书考证》。（王大岳辑，武英殿聚珍板，六十二册一百卷。）

《群书拾补》。（卢文弨编，光绪十三年上海蜚英馆景本，八册。）

《江氏音学十书》。（清江有诰撰，七册。）

《高邮王氏遗书》。（清王念孙著，八册。）

《竹柏山房十五种》。（林春博。）

《词学全书》。（清毛先舒纂，十册。）

《词综》。（清朱彝尊，《四部备要》本，五册。）

《疆村丛书》。（清朱祖谋。）

《理堂全书》。（清韩梦周，九册。）

《味经斋丛书》。（庄存与撰，光绪八年重刊，九册。）

【注释】

① 嘫：古同"然"。

1934年5月10日

辰二刻六十五度，报载三日前南京达八十六度，竟日温暖无风，夜静如醉。

晨餐后林下小憩，张幼山夫人、曹理卿夫人来访，坐谈多及家事。

理算艺颇有领悟处，虔礼①《书谱》云："思则老而愈妙"，"通会之际，人书俱老，是以右军之书，末年多妙，当缘思虑通审，志气和平"。三复前言，海天万里。下午出席校务会议。夜啸咸、君复、少侯、贻诚、保衡来谈。

【注释】

① 虔礼：孙过庭。

1934年5月11日

卯三刻六十一度，晴煦，有初夏之象。

凤以过午之课不宜于学数，自今日始，每星期五、六两日特加早课七时至八时，空腹而往，负汗而归，独爇京香平旦之气。复赴研究室授课，颇擩心得，掬量传授。日加巳，幼山来久谈，缕述汴梁当年共支教育陈迹①，殊多怅触，于并代人物臧否，观察尤有特至处。山林萧旷，不闻车马之声久矣。

少侯、茂祥来谈，均论国学，宜有素养，议论甚洽。

夜酌后访少侯，偕诣叔明，复叩泽丞，门则已键矣。天涯朋好，寥落无多，临岐各道珍重。

【注释】

①汴梁当年共支教育陈迹：张幼山1923年任中州大学（现河南大学）校长时，邀黄际遇到该校主持数理系兼校务主任。黄际遇请辞武昌师范大学（今武汉大学）教授兼数学系系主任，于1925年9月到中州大学任教。

1934年5月12日

卯三刻六十七度，晴，初着夹衣。

未卯已曙，若有所失，心有一物，到处着尘耳。朝课罢归，焚香深念。幼山抽暇上山，对坐移时，久要不忘天涯知己也。

下午冥心方程式论，构成下图，传不习者十年，可为惕息。晚太倖夫妇招饮黄县路寓宅。及晡，邀少侯同往，观棋聆奏，使酒藏钩，齐右善讴，东方怀肉，极朋游之高会、旅次之殊欢，晷移不知，归已四鼓。

1934年5月13日

星期，辰正七十度，霭朗，过午八十二度，笔研为枯。夜发内子柬及示诸儿书。

未交卯正，朝旭满窗，以为日晏也，盥漱既毕，始知孤负早梦。携筇远游，以消夜壅。半载不至海频矣，明波迤涎，朗霞荟蔚，如斯丽景，不禁停骖。况复春服既成，新柯交翠，婆娑瞻瞩，积块渐消，临波诵玄虚之赋，迴驾入逢萌之山，首邱可待。泽丞来为评骘日记，又屡有意为予五十初度欲有所为。樸楣之郎，只堪雨立，东郭之履，犹行雪中，优斿纵见而哀之，独不虑道中人之笑之乎。惆怅春归，迟回日莫。

王哲庵（静安介弟）馈便面一方，自绘《春潮带雨图》，笔尚洒脱，以是求予之细书。篝车豚蹄矣。

夜泽丞有约，不来，使人觇之，则投笔去矣。嬲涤非坐谈，甫布子，曹夫人偕正坤来，云将归济，特以儿女事将托，旋辞归。

1934年5月14日

因市运动会停课。辰七十六度，空净无云，日出昹昹①。

晨端坐攻微分方程论，诸生相从四年，将毕业矣，人师有愧，诡遇未能，勉以传经，缵②厥微绪云尔。念曾子《立事篇》云："其少不讽诵，其壮不论议，其老不教诲，亦可谓无业之人矣。"又云："三十、四十之间而无艺，则无艺矣。四十、五十而不以善闻，则无闻矣。"夕惕多咎，不若朝闻而行。幸桑榆之犹荫，悼椿萱之不茂，抱残守缺，媿柱下之孑遗。赐简楬书，无山中之厚贶耳。退庵通籍历官云："仕则优云学亦博，其言可行，其心可取，用存概略，以遗吾徒。"（《退庵随笔》）读经，程伊川教人读《易》先看王弼注。今之学《易》者，但先就程、朱传义，字字用心体会，再参以李资州集解足矣。

【注释】
①昹昹：日始出金光灿烂。
②缵：继承。

《万年山中日记》第十九册

（1934年5月15日—6月29日）

《万年山中日记》第十九册·序

  盖尝与修学术通志，抽读儒林诸传，因以辨先哲修业之涂轨，窥道艺之畛域矣。凡一学之成科，其将始也极简；一人之成材，其登高也自卑。浸以继长增高，不辞土壤，积功致力，不废舟车，终令蕞尔附庸，蔚成大国，明德之后，遂生达人，此非一朝一夕之故，尤非一手一足之烈矣。吾于畴人之术，亦历三十年，则于日记之前，不惜盈尺。地循四部，部居之序，为九数，数理之谈可乎。伊昔圣门六艺，不废象数一科，洎唐而《算书十经》，已列选士之制。原其作者，乃命羲和，谁其广之，问于商高。历象日月星辰，经天而纬地，广三修四隅五①，卧矩以知远，苟求其故，千岁可坐而致。后有作者，圣人不易其言，兹道若大路然，由之复使知之，奚止五五之开方，岂复九九之贱技，如有易其一字，臣欲谢以千金。古有存者，皆国门之可悬，今之建树，尤举世所共宝。窃欲修其原理定则，勒成《算经》之书，与《尔雅》《说文》并殿群经之后焉。子部百有七家（梁庾仲容《子钞》所录一百七家，宋后失传），杂家十而八九。薄解文章之士，空谈性命之徒，群相托言神农，著书《明鬼》。惟兹论数，非侈谈玄，德在新民，功在明道。其分道扬镳也，则为形、为数、为音、为力，各极其别开生面之观。其通功合作也，则参天、两地、穷理、尽性，而胥呈殊途同归之理。以究万物之情，以通天人之际，可谓控名责实，参伍不失者矣。史书之兴，人文所系，虽有来轸②，厥赖前车。浑天之仪，光在东汉，圆周密率，明于南齐（张衡、祖冲之）。欧史早著张衡之功，不待核之汉志，日儒特定祖率③之语，本来名从主人。译"借根""天元"之法为东来，或未免六经注我，断毕达哥拉褫贩自中国，则犹是公论在人。概自畴人分散，邹大失居，史臣失官，历法中落。纵徐文定④有崛起之势，而梅征君⑤寡同术之俦。何名山之寂寥，仅传仪征一传，望阙里之多士，谁续《金匮》之篇者哉。鸣乎，谈天者摩肩稷下，一指而泰山不知，哗世者拾慧齐东，等身而倚马可待。诸所云云，异乎吾之所闻，公等碌碌，所谓依人成事。吾远考西京艺文，近征美芝学府，天官历谱之鸠录，卷可盈千，寿世华国之鸿业，地必数辈，稽之上古则如彼，考之与国复如此。斯乃行之者远，发扬邦国之光，言之有文，宏启宇宙之秘者矣。与居与稽，不薄今人爱古人，以佃以渔，毋令造物笑我拙也。甲戌初夏任初自序。

【注释】

①广三修四隅五：即勾股定理。

②来轸：后继之车。喻相续而来的人或事。

③祖率：指祖冲之及圆周率。

④徐文定：徐光启。

⑤梅征君：梅文鼎，清初著名天文学家、数学家。

1934年5月15日

辰初七十一度，今夏早热，核去年今日相差十度，晴，晡风。

晨授课，罗文柏来。毅伯电召往议校务，午共面校长取决。下午出席理科暑期讲习班委员会，议决六项。夜作日记序，夜分不敢恋阵，强付一榻，深负良宵。家书来。

1934年5月16日

辰初六十一度，顿凉，霓霁，晡微雨，夜滴沥有声。

发梧州陈之霖电，芝罘张默生函。温课授课四小时。招君复对弈数局，并留晚酌，精神一振。夜补日记，四鼓而毕。

潮安蔡乐生，中央研究院心理专家，前亦芝加哥同研，未相识，今日魏菊峰、周承佑两君偕来，方忙，未能畅话。

1934年5月17日

辰二刻六十二度，晨微雨旋止，天阴黯淡，西隅日见。

温课授课，以新脱稿《序》付四年级生传抄，将于课余讲诵，肄业及之，几上海棠茂开。

毅伯明日归聊城，托代理其职务。"日月逝于上，体貌衰于下。"此昔贤所为，感此数语，掩卷而悲耳。中困于衣食，晚苦于鞅掌，斯又志士所用累欷者矣。

韩宝珍送阅毕业论文"A Certain Transformation of Riccati's Equation under Lie's Theory of One-parameter Group"一篇，四十余页，得结论曰：凡二阶（非同次）之微分方程式皆可归于 R 氏方程式而在群论底下解之。

刘纪瑞送阅毕业论文"Classification of the Differential Equations of Second Order under One-parameter Group"，分十二类取群书例题执行分类，各令隶于一类而求得各例之积分因数，从此解微分方程式，得一渡海南针矣。阅正毕已晡。

夜为善基书便面一方。肖鸿、康甫来。休沐。

1934 年 5 月 18 日

卯正六十四度，阴淡，晡后湿雾欲滴。

早课一堂毕，方归舍进早粥，继授三课，兼为诸生解说本日记《序》，在堂上讲国学，此生尚未经过，今方为升堂者及之耳。处置校务移时，退食。

午往晤怡荪，定《文史丛刊》诸稿次第，以经、史、子、集为准，更类从之。见怡荪存稿有《补正释由》一首，发王忠悫公（国维）之覆也。袭它人之说为己说，思以一手掩天下目，惟至愚者为之，借它人酒杯浇自己雅量，工此术者一生吃不尽矣。

晚实秋速客厚德福。席散偕少侯、茂祥缓步返寓斋，多食停胃，寝中不静。

1934 年 5 月 19 日

卯中六十四度，阴雾洎晚。

早课颇吃力，胃滞未消也。便步培塿，轻烟笼罩，亭阁荡漾，江海渺然。危坐教务处措理事务，兼阅杂书以资静摄。书贾付来各书，有袁守定《占毕丛谈》一种，撮其三则分系十八册日记中。（《礼·乐记》："今之教者，呻其占毕。"注："占，视也。毕，简也。""但吟讽所占视之简牍，不能通其蕴奥也。"）午归，园人以群卉来，幽室灿然。

日昃，君复来弈四局。丁山、少侯同速实秋赴亚东饭店铁路局之约，坐有日本来宾四人，主人彭东原、陆梦熊令予与外宾同席，咿哑唯诺，亦有乐处。隔坐笙歌聒扰，令人不闻车马之音。涤之后至，甫入坐而邻席大哗，觇之则误投隔坐，大进饮馔，知宾者迭问贵姓宝号，则对曰姓赵，山东大学。主人以为山东大戏院之老板也。看竹何须问主人，今信有之。局终偕实秋、少侯、太侔同车流连太侔处，交子方归。

1934年5月20日

星期，辰中六十四度，晨雾尚浓，午旸晌。梧州复电夜到。

出访肖鸿福山校舍，泽丞寻踪而至，旋同至寓斋，李晓舫夫妇来，清谈洎午。

补温课，日昃释卷。束内子，移校《梦吾选谱》。晡太侔、少侯、实秋以车来速赴饭局，履夜约也，矮屋藏钩，三二为朋，别有风趣，小酌后同观"魔影"，不知所云，交戌遁归，早睡。

1934年5月21日

卯初刻六十一度，晴和，日昃尚蒸热，夜凭几阅杂书，初见上弦。

早起登山，温课授课，整理理科讲习会稿件，出席纪念周，报告校务。午晏归，食鲫鱼，许文作"鰿"，《尔雅》"鰶"当"魠"，段据郭注谓今之鲫鱼或作"鰶"，潮语曰"王鱼"，皆上之尊号也。

1934年5月22日

小满节，辰三刻六十七度，霭，弦月清高。

晨独坐办公室，以公余治方程式论，有见到处。晚篱边闲眺，叔明来，各据石床茗话，坐看日落，为阅日记《序》，谓此种宜多作不宜惜力，并可选集，自来论学之文比次之。予曰："此越缦有志未逮之业也。"

夜少侯来，同出步月，明星三五，习习凉风，初夏景光，行谈甚惬。皮达吾自济来，送来仙槎所馈兰陵陈酒二尊，上海黄史镁亦馈陈绍，甚矣，先生之非此不乐也。

入夜读书阁笔，凭几温《越缦日记》一册，茶香漏埩，滋味隽永无伦，非有早堂，不思睡也。

1934 年 5 月 23 日

辰初六十七度，空霭，夜月高洁。

晨治公务，授徒二课，深觉群论在微分方程式论之重要，躬率吾徒探讨不尽。午接梧州陈之霖航空快函，即复电订约。下午授演习其一题（林师《作图不能问题》五十一页），知内心外心及垂心之位置，求作原三角形。由诸基础公式出发，应用几何或三角或解析几何证明之。今日丁生振成等用三角法证明，极有匠心，指示需时，神勤①心怡，其参用者为：Lock：*Higher Trigonometry*。

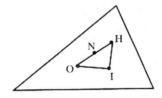

$HN = NO \qquad HI = \frac{1}{2}R - \gamma \qquad OH^2 = 9R^2 - (a^2 + b^2 + c^2) \qquad OI^2 = R^2 - 2R\gamma$

夜留君复饭，客归出访福山路校舍，同仁则整装待发矣。折访叔明，比返舍。太侔祭酒来不值。伏案治书体力已不继，温阅《越缦日记》。

【注释】

①勤：劳苦。

1934 年 5 月 24 日

晴，辰中六十八度，夜风月俱佳。羊枣来。

起少迟，到校措置公务，日已移隅，治课，同时逐两兔，所获几何。下午出席校务会议。阅方程论，不及细记。晚招少侯共盏，同访泽丞、君复，加子归休。

1934 年 5 月 25 日

卯正六十四度，晴和，午有东风，夜月满山，映窗清绝。

早起独坐树阴，槐香满院，辰初上课，午初方毕，退处一室，堂宇靖深，斯咏斯陶，复理颛业。

夜访周承佑信号山路。迨归而有客有客，实秋、太侔、少侯久待矣，清话至子初。人定仍温高阶微分方程式。

1934 年 5 月 26 日

卯正六十五度，晴丽。

晨初即授课，课毕素餐。槐阴下坐看新闻，听卖花声者久之。入室孳孳①治方程式论。午函实秋②。

晚校长犒劳运动员以积资，得伴食。一堂师弟，阓坐觥筹，不觉贪杯，亦为添饭。局终贯三、式毂、涤非相将踏月，半街白练，明耀尘寰，我心陶然。此景清绝，信步所之，叩泽丞户，山中人净，足音跫然，觅侣有俦，看竹不禁，归途习习，解我营营。

【注释】

①孳孳：同"孜孜"。勤勉，努力不懈。

②午函实秋：与梁实秋谈聘洪深事。

1934 年 5 月 27 日

辰中三十七度，只任夹衣，夜薄雾有风。

晨实秋以函报，心长语重，且告以是早北车矣。①斯磨数载，怦怦在心，即柬太侔。

出访晓舫，对席窗前，万里海天，尽入怀抱，一年最好莫过此时。玉君夫人为拍二照，积瘁之躯，惭于对镜久矣。旋皈空斋，茗香自遣。

李茂祥来，不值。

【注释】

①晨实秋以函报，心长语重，且告以是早北车矣：时梁实秋已有辞职北返之意。

1934 年 5 月 28 日

辰七十度，晴阴有风，夜月如盘，山高月近。

晨温课授课，料检校务。下午为李生金鉴审校《由微分方程式以求不变之群》一论文，颇费钩稽。日来因教务及此事为之废读。夜腾汉、肖鸿、少侯来谈，并速君复、太伴来，坐谈至夜半。

1934年5月29日

辰初六十五度，阴，午霭，晡又密合，入夜月皎，茂祥来。

靖坐公廨，攻存在定理至最一般者，而功将告毕矣，晚景余阴方竟此业，补十年憧憧之愆，私心良慰。窗前溽青密绿，淡日和风，俯仰审思，有得斯记。武昌张镜澄函来，复之霖函。

毕业诸生例有年刊，来索近相。三日不读，面目可憎，百年无多，市里不入。谈生①亲督相人携机来斋摄取，姑倚槐树，听其渲染，是我非我，无足重轻。

【注释】

①谈生：数学系应届毕业生谈锡珊。

1934年5月30日

辰初六十四度，晨霓雾洎夜。

夜访茂祥，归舍晤太伴。

1934年5月31日

辰初刻六十六度，雾湿如雨，海窗久坐治书，夜风作。

夜独饮殊甘，泽丞来谈，久坐论文，人生不易得之欢也。晡风作，破窗而卷，花瓶为碎。

1934年6月1日

卯初六十五度，晨风雨交作，过午益狂。

早课一堂，归食粥，复出治公。函济南蔡子韶校长，复武昌张镜澄教援。讲授偏微分方程式最普遍之存在定理，此为数学之大观矣。复讲数理基础为如何途径，交午方休。

开数学系会，审查毕业论文，午智斋招同系五人饮于私宅，同声相应，盍簪①之乐可知也，呼车不得，殃及履綦②。罗文柏、宋君复雨中来访均不值。

大风震撼，时雨纷披，不出户庭，难觅酬和，有怀人之意，多感旧之思。爱伯九哀梦寐，常见新鬼。昭明七契风雨，莫慰于鸣鸡。惊飚无留叶之柯，急湍乏停川之棹。落英盈径，惆怅前途，天未断鸿，迟回去日。辍耕太息，投笔怃然。

夜雨有间，走访君复，驱驰一罫③，泥泞半街，先生于此兴复不浅。

【注释】

①盍簪：士人聚会。
②履綦：鞋上的带子。
③罫：围棋上的方格子。

1934年6月2日

卯刻六十三度，晨霁，日中风起，晴雾相间。

早课完未及进食，公务麋集矣。李晓舫以母丧赴，即成唁联（并为门人代拟一首）：

及养有惭李征君，事母未能，欲与故人争一哭；显亲可拟徐文定，凿楹具在，即兹传卷已千秋。

夫天不可阶而升，大道恢恢，幸附名师窥蠡海；有母方倚闾而望，白云渺渺，空见游子抱楹书。

晓舫即以旦日行，涸坐公廨，援笔成此，不及雕镂矣。整比试题，安排论文口试事，逾午方退食。重熙来。交申文柏来谈，昏始夜饭，冷僧空院，自适其适。

数学系系会议提出明日报告论文，照录于左。

王聿相：《级数之均一收敛性》。指导员：杨善基。

任国栋：《最近发现之一慧星的轨道的研究》。指导员：李珩。

谈锡珊：《Gudermann 函数之研究》。指导员：黄际遇。

江焕：《复素函数项之研究》。指导员：李先正。

韩宝珍：A Certain Transformation of Riccati's Equation under the Lie's Theory of One-parameter Groups。指导员：黄际遇。

刘纪瑞：Classification of the Differential Equation of the Second Order under Lie's One-parameter Groups. 指导员：黄际遇。

曹信忱：《线状偏微分方程式之最先解答》。指导员：黄际遇。

岳长奎：《根据气体运动说对蒙气差诸理论之比较所研究》。指导员：李珩。

李金鉴：《由微分方程式求其不变群之新法则及连续群论在微分方程式上数种应用》。指导员：黄际遇。

1934 年 6 月 3 日

星期，卯正六十三度，晴丽，柬内子及蔡倩，又发慧函。

晨起跷蹊小径，往送李晓舫归蜀，兼订秋以为期。诣怡荪小谈，校对《文史丛刊》稿。为刘重熙及其尊人念庐先生书便面二方，背《书谱》之意行之，虽不作吏，此事已废矣。

哺寻少侯谈。夜肖鸿来谈。揽谱以婴①。

【注释】

①婴：喜悦。

1934 年 6 月 4 日

辰初六十八度，晴。为工学院刊物定名《权衡》，因原有《刁斗》刊物也。

晨指授四年级生受试之法。十时十五分正式开始。蒋右沧台长，杜毅伯教务长，赵太侔校长，张怡荪、刘重熙、王咏声三主任列席，及本系全体员生。余发问为多，大叩小叩亦自有法，叩而不鸣，或鸣焉而非其声，非所以系观听也。下午出席毕业考试委员会，旋开招生委员会。哺始散。姚某乡人以时鱼之半来，柬招少侯、君复共席助餐，夜倦。终日未执卷。

1934 年 6 月 5 日

辰初六十五度，晴，有风。课前访太侔寓斋，柬四年生。

乡人侯某（传贤）来云"今日南归"，料检家中用物数事，托以将归。

校《文史丛刊》著稿，柬达吾①。

午睡梦得一定理，由微分方程式以求所不变之群必须条件五则，比及寤，犹历历在胸。因治群论泪晡始休，及门诸生竞走此路，椎轮大辂②在乎其人。夜静闻蛙声阁阁。

【注释】

①柬达吾：原秘书长吴之椿辞职他就，皮松云（达吾）继任秘书长。

②椎轮大辂：比喻事物由简到繁，由粗到精，逐步完善。

1934年6月6日

芒种节，辰中六十七度。二日电：美芝加哥城百零二度。

夜风息，得睡尤熟。早起坐槐阴看园人艺圃，求田问舍复壮夫之所为也。温课校稿。

怡荪来谈文。太俌来商榷校务。是日授课四小时，提命虽劳，亦得至乐。

1934年6月7日

辰中六十六度，和霭。

晓舫夫人来借书。

夜杨善基邀饮市上小肆，偕贯三、式榖、保衡舍车而徒强，泽丞俱智斋、仲纯先后来会，行有啸侣，坐有酒家，不须佐觥，时自把盏，归来小话，一曲灯残。

1934年6月8日

辰初六十四度，晴丽。

早课一堂后检微分方程论各书，文献足征，典型永在。复坐堂上，为诸生肄业及之，自奈端以来二百五十年间事，粲然可数：第一期十七世纪末至十八世纪中，Bernoulli, Taylor, Clairaut, Riccati, Delambre, Euler, Lagrange 辈专攻各种特殊方程式之解法，各大学初级课程皆此古典也。第二期十八世纪后半至十九世纪之初，Euler 1769 以无限级数表微分方程式之解，Lagrange 1776 用无限连分数，Euler 1769 用定积分之形，于是始有普遍方法。第三期

Cauchy-Lipschitz, Lie, Riemann, Picard 辈用函数论以证存在定理及其应用,由历史之进化即为个人研究之南针。别矣诸生,不觉言之移时,洎午方下课。

北平研究院严济慈来应毕业考试委员之聘[①],午任之恭、王淦昌诸同人款之厚德福。仲儿今日南归,赋以四十金为川资,并以二十金为其母陈姬之用。

夜太侔来邀赴新民饭店访严济慈,加戌归,少侯、肖鸿在坐,谈至夜分。自念一日之间不可无斗室独坐之时,终日对客必难保无失言之处,即此一端之操守,已费十年之功,垂老未敢自倍[②]也。

【注释】

①北平研究院严济慈来应毕业考试委员之聘:1934年国立山东大学第一届毕业试验委员会成员,除校长、教务长、秘书长、院长、各系系主任外,还邀请了北平研究院物理研究所主任严济慈、北平静生生物调查所所长胡先骕、山东省教育厅厅长何思源等专家。

②倍:古同"背",背弃,背叛。

1934年6月9日

辰正六十四度,晴霭,夹衣怯寒,午后偃息,少涵、静安函来。

早有课,毕乃进朝粥,晨风在树,朝旭挂窗,治微分方程式论,至午略得近代趋势。

1934年6月10日

星期,卯一刻六十三度,晴丽,早起登山,日未出,破晓已雾。午晴,傍晚大雨滂沱。

攻书未竟,周拯君来,谬以青岛文化委员相嘲,久矣不与世务周旋矣,却之未能。有顷肖鸿来,张、董二生来,此事遂废。傍午驱宏成发饭,并为理卿细访庞生事[①]。二时赴青岛文化分会,车中托崔景山以宏成发营业税事。四时归校出席毕业考试委员会。晚陪饮顺兴楼,比返舍不克再执经矣。柬泽丞。

【注释】

①并为理卿细访庞生事:理卿即曹理卿,庞生为理卿未来女婿。

1934年6月11日

  辰初六十七度，晴，蒸气甚浓，午晴。

  晨温经授课，检发来往函件。泽丞来即返。午后监题视考，关防严密，日在西隅方退。

  武昌门人萧文灿寄所译一巨帙来，此书为大学生助读之良本，当年极力传授，今则居然见译本矣，即以付及门共阅之。

  夜馆人相聚而谈。阅《段注撰要》，早睡。

1934年6月12日

  卯正六十八度，晴。温课监考。家书六日来，云细婆（家中常呼语）病有间，嘱仲儿勿归，有"世事不堪过问，留青读书亦佳"之语（珪儿禀中），令人闷郁，然仲儿已行矣。

  泽丞来谈，智斋、保衡旧门人来，请为祝嘏①并举行二十五年教职纪念，敬辞却之。君复面馈佳茶雪茄，拜受之。

【注释】

  ①嘏：福，祝嘏意为祝寿。

1934年6月13日

  辰初七十度，晴，丽霭，初有夏意，始食桑葚。

  晨温课阅卷，监考上课。仲儿、史镁自申均有函来。毅伯、达吾约会予三人宴诸考试委员严慕光、胡先骕（代表寿理之）、蒋丙然、雷法章、何仙槎及本校诸委员于汇泉西菜馆。腾汉今晚宴宾厚德福。我不意于学古之道，乃专为口腹忙矣。

  之恭、淦昌偕严济慈来久谈。客见记中多关《说文》之学，见不识之字则以鼻嗤之，率然曰："是可烧而去之也。"此事已成近来青年共同之思想，一笑颔之而已。

  夜赴席归，觅俦不得，倦卧一榻，鸡既鸣矣。

1934年6月14日

卯正六十六度,晴和。

晨课毕,陆高谊函来云:"《三字经》已印成。"午赴刘重熙大同馆之约。归监考倦甚。坐槐荫下阅《越缦日记》。晚款同帘于汇泉西馆,夕阳绕砌,树影在襟,沉李浮瓜,风生笑谑,浮生多感,难得暂欢。夜归兀坐看鄹学,怡荪来共灯烛者久之。睡迟早起。

1934年6月15日

授课后出席校务会议。午蒋右沧、雷法章招饮聚福楼。下午开毕业考试委员会,审定及格者五十五人。(国文系十八人,外国文学系十一人,数学系九人,物理学系四人,化学系八人,生物学系五人。)

交申坐院中枑①边看客打球,实秋来茗谈石上,披襟挡风,稍解劳碌。

晓舫夫人来,数学系四年生九人俱来,请为祝嘏及二十五年教职事,感而谢之。夜太侔宴客亚东,席终同至新民饭店,复至车站祖送严慕光、寿理初之行,归已人定。竟日奔走,委顿早睡。

【注释】
①枑:古通"篱",篱笆。

1934年6月16日

端午,晴。

晨起迟,体力仍不支。泽丞、叔明、肖鸿来长谈,稍洗积闷。纫秋来电话招往午餐,比日少静坐,不欲再以口腹累仆夫矣,复电却之。陆高谊函来,云《三字经》已印就。

下午阅爱伯各文聊资静摄。夜校生傀儡登场,氍毹献技,为四年生祖别也。车马盈途,坐客常满,因张庭院,待客往来,且偕肖鸿观局,局终曲罢,鸡既鸣矣。

报载豫人(固始)祝庭廷菜(少莘)自经①于历下逆旅,谓其通算学,因觅食张厅长阶下,比委任状下,已不堪甚饿矣云云(谓其为前豫实业厅长则不确）。此予之旧识也，八年前祝氏困食夷门，经幼山之先容②，予亲往一小栈视之，衣履不完，形容憔悴，以所著微积分草稿为贽。休文车侧，有负书者，雅慕古风，敢轻今士，审读之下，虽未免臆断，要不失为一好学之士，因量聘任河南中山大学讲师，行数年矣，不复相存问。今竟以饿不善厥终，斯亦穷士之末涂③、人生之极惨矣。

【注释】

①自经：上吊自杀。

②先容：事先为人介绍、推荐。

③涂：同"途"。

1934 年 6 月 17 日

辰正六十九度，晴，寄上海陆高谊书、张奋可书，柬内子。

杜定友捏"图书馆"三字为"圕"一字，矜言发明，不堪齿冷。昨为客言，然则可以"圕"字象征青岛国立山东大学图书馆矣，竟有甚以为然者，然则《说文》脱敚"圕"字，今人又不须用"圕"字矣。《慧琳音义》①五十三卷十五页"圕"注下引《说文》："圕，厕也，从囗青声。"王玉树《说文拈字》据徐楚金"厕"字条断囗部本有此篆，后人转抄脱之。而雷深之《说文外编》则于"圕"下云："《说文》无圕字，广部厕，清也，清即圕，古书多如此。"未免滥用相反为训之例。徐楚金②曰："厕，古谓之清者，言污秽常当清除也。"（今铉本无此字，据《集韵》所引）雷说亦掩徐说为己说耳。然"厕"之驯"清"与"清"之为"圕"，究是二事。

下午杂阅书。晚数学系诸生为毕业生饯别，聚餐科学馆。四载共窗，一朝分袂，言笑宴宴，情意勤勤，杯箸皆春，行歌互答，归已交亥，有客共光。

【注释】

①《慧琳音义》：本名《一切经音义》，西明寺慧琳法师撰，故称。

②徐楚金：徐锴，南唐文字训诂学家。

1934 年 6 月 18 日

辰初六十九度，晴阴相间。夜访承佑。

今日仍集毕业生肄习以定积分解线状方程式法，此积分方程式初步也，惜别念深，不觉提斯恳切耳。温经，泪午泽丞来小谈。

1934年6月19日

　　晴。

　　晨课，四年级生二日来仍出席受课，不免多温授经，谆谆诲之。

　　下午治反形论未离几，太伻来谈。晚保衡招饮厚德福，涤之、贯三、泽丞、式穀、智斋、善基、涤非先后至，小聚为佳，引杯互酌，式穀不觉沉饮，予以明日有课四堂，勤自矜饬①，得免一醉。归舍相聚为欢，人定就寝。

【注释】

①矜饬：端庄严整。

1934年6月20日

　　辰正二刻七十二度，夹衣犹煦，换单衣。

　　早起骤暖，独步花下。窗前种瓜，二月方勃露芽，北土苦寒，殊异南中景物也，课仆浇水，整比思路，为门人治学之方，无道于己，无功于人，只此一事，窃附诲人不倦之旨。比下午方毕课，意有所牵，专心致志，不知日早晚，姑与子驰驱。

1934年6月21日

　　辰正七十度，晴。

　　下午复治移动之理，深悉近世几何与解析联合之枢机所在。旋出席校务会议，决暑期军事集中训练事，自七月九日起三星期。晚沈成章宴陈隶泰于宴宾楼，招往陪席，夜归加亥矣。约涤非坐谈一局，存稿如后。

1934年6月22日

　　晴，晡风，夜月埃。

　　晨七时有课，前二十分方觉晓，以昨日过劳，夜睡不熟。仓皇趋授一课，归进早粥后治算经，尤有悟入之处。十时复特集三、四年级生，讲授切触移动群论如何用于微分方程式之原理，正午方毕，此为数学之结晶矣。柏林曾炯来报受聘。开封陈作钧来云舍馆未定。慧函来。

怡荪、叔明馈陈酒一罎，为予五十览揆①也，赋使一金。门人岳长奎来述四年级毕业同门以后日设席为予祝嘏，默数韶华，深惭师友耳。

夜善基招食西餐，辞不赴。彭啸咸来久谈为欢，予语之云："耐得忙是经济，耐得闲是修养。"又人问作破题之例，应之曰："《喜雨亭记》首二句'亭以雨名，志喜也'，一句破题面，一句破题旨。"又问"截塔题"义法，先大夫云："如'吾闻之也，君子周急不继富。原思为之宰'三句，有以白话歌体作中渡云：'自古道，寒炉添炭是君子，锦上添花是小人；繁华公子且勿论，且表为宰姓原人。'手法甚密。"记蔡少士尝问何谓双声，何谓叠韵。立应之曰："少士双声，际遇叠韵。"以上四则，殊简而赅，前两则尤未经人道。

【注释】

①览揆：生辰，生日。

1934年6月23日

辰初六十七度，闻雨声潇潇达午，洎晚阴翳，镐臣君函来，隽卿函来。

今晨举行毕业典礼，谬膺①总招待之职，及早出巡礼堂招待室等处布置。九时众宾莅止，行礼如仪，锡②训词者：陈隶泰、沈成章、何仙槎、张某、赵校长及余。午聚餐图书馆，征逐为劳，丑尽方归。同人多来寓斋茗话，保衡呼肴沽酒，为予暖寿③，同舍人之外，君复、咏声、叔明来会，一堂和乐，健谈赠盏，亥中方散。客甫散待发，王淦昌仓皇来，为同居李姓者打电请医生，云李姓之妇雀角④已眩一小时矣。急切不可得医，为邀诸友同往救其一命，此被发缨冠⑤而往救之者类也。君复为施人工呼吸法，余继至蟹两指据其脚后根，生死之交从权行之，不意李妇翻身一叫，举室失声鼓掌。余等素不相识，翻觉无以为情，引而出户，其家人终以为王君所聘之医生也。救人一命，胜造七级浮屠，姑妄识之。

夜青岛商会招饮亚东，辞之。

【注释】

①膺：接受，承当。

②锡：通"赐"。

③暖寿：旧俗于寿诞之前一日置酒食祝贺。

④雀角：争吵。

⑤被发缨冠：出自《孟子·离娄下》。形容急于去救助别人。

1934年6月24日

星期,辰六十八度,终日晴和。

是日予五十初度,恭叩慈①影。李晓舫自成都来电祝千秋,李夫人来道寿。数学系四年级全体门人来叩寿。李保衡、宋智斋来,游泽丞、宋君复、赵少侯、王咏声来,同舍王节盦、郭式穀、萧涤非来共午宴。

晚李夫人、四年级门人、赵涤之、邓仲纯、左承略、王淦昌、王贯三、刘康甫、傅肖鸿来共馔,午诸友均留,今日酒馔皆诸友及门人所馈,必恭敬止拜而受之。自念三十有五年来,四方蹙蹙,间一回家,而从未在父母之前在家中过此生日,且亦不自记矣。惟己巳十八年②在汴梁道中为营救被逮诸生,过午不得食事闻于同人,乃不期而合者百余人,博得一醉,五年以来荏苒而已。今年蒙友生之爱,过量称此,壮虽不力,老当益坚。

【注释】

①慈:指慈母。

②己巳十八年:1929年,时黄际遇任河南中山大学校长兼河南省教育厅厅长。

1934年6月25日

辰正六十八度,晨雨滴沥,终日霢霂。

晨起较迟,时雨方紧,微感委顿,静坐息躬。王生聿相来。旧役陈文木自乡来,家中无事。

午毅伯电召往商教务事,预备议案。下午校务会议决定提前一星期考试,自明日停课,趁三十一日考毕,会操青州军事训结,自七月二日起三星期。会散,校长集全校生训话,余加以说解。

晡归舍作家书,并报镐臣。今日陈怦来,口述家中不欲儿辈归家,因县中风气甚坏,纪纲不振。始明前日有"留青读书亦佳"之语。

夜应麦鼎华、吴祖耀两同乡招饮于吴宅(湖南路七号),华贵细精兼而有之,所饮逾量,而醇醲不伤人,得免于醉。归车往宏成发小谈。

1934 年 6 月 26 日

卯三刻七十二度，晴湿，夜见月塱，初感热，是日上海百零二度，为六十年未有记录。

晨立槐下看日出，卖报者来，争看俞珊①串演《百花亭》剧评，人曰："月上柳梢头，报看屁股后。"皆为失笑。

命试题三门，封送教务处，自今日始当得小闲。

罗文柏（节若）来辞行，坚订入都必主其宅（东单草厂胡同十三号），谈久而别。太侔以车来，偕毅伯往商续聘，颇费斟酌，泊晡方定。

夜仲纯约饮顺兴楼，实秋、咏声、少侯、文柏、涤之诸健饮者并至，藏钩更酌，更余始毕，太侔、毅伯后至，同往送文柏之行，复至车站送陈隶泰，青市冠盖咸集车侧矣。

【注释】

①俞珊：中国早期话剧演员。与梁实秋、徐志摩等往来密切。1933 年与赵太侔结婚，后离异。

1934 年 6 月 27 日

卯初七十四度，晴丽，午八十二度，夜月浑圆，空明无匹。

早起温经。

柬铁路中学刘蕴玉。呼车偕实秋往送节若登车，遇怡荪同归。进粥后监考。君复馈啤酒一打。幼山函来为人求免试入学。

夜邓仲纯宴孙丹林，招往陪坐，孙氏尝任内务总长，顾事迹不若被掳近闻之著，坐次述之尤详。新顺天轮航津，第一次即为匪骑劫，绑英人四人，国人二十人，落草津沽芦苇间。孙氏善臆谓英机明晨即至耳。果中其言，匪弹仰天迎击，无异告驶机者伏莽之地，无何机队密集掷弹示威，毙匪三名。匪目乃丐孙氏缓词，得偕英人脱险外，此十九人者未卜生死如何也。其人年五十余，目光灼灼颇有英气。离席后吴祖耀来一坐，三人停杯投箸，酉尽归舍。月净如洗，一年之间不几见也。独立山阿，推敲梦绪，不堪回首，颇认前身。

1934年6月28日

辰七十四度，晴，晡雨颇急。

晨门人江焕告归江西。赴考场，以间阅马寿龄《段注撰要》，尽《通用字》一卷。

尽日在考场，晡决率校生往青州受军事。夜仲纯、君复来，留饭，痛弈至子初，凡十局。

1934年6月29日

辰初七十四度，报载各处奇热，晴阴。

晨起坐石上，当风阅报，时有鸟声，庭前之瓜枝叶选出矣。

阅评试卷，立体解析几何不及格者二人，连续群论四人，应令再习一年。故人李顺卿自北平率师范大学生物学系生来走访之，未晤。午顺卿偕陈季超来谈。

戎装西向，假馆藏《青州府志》《益都县志》阅其大凡。《益都县志》刊于康熙十一年，板漶①不可句读。《青州府志》咸丰九年重修。青州，古爽鸠氏之虚，禹贡青州潍淄之野，殷改青曰营，周改营为幽，秦置齐、琅邪二郡，汉置齐郡，隋属北海郡，唐以后置青州，金元改益都府，明复青州府，清沿之，入民国隶胶东道，今皆夷为县矣。青州，清领益都、博山、临淄、博兴、高苑、乐安、寿光、昌乐、临朐、安丘、诸城十一县。

【注释】

①漶：模糊。

《万年山中日记》第二十册

（1934年7月1日—8月26日）

《万年山中日记》第二十册·序

《论》《孟》之书，门弟子记孔孟之言及其行事已耳，以后例之，亦日记者流也。文学之途，弥延日广，乃至有假托狂者、喑者、鳏寡者、怀春者，置身非人之竟，或置身盖棺之中者。无若有，虚若实，以心生竟，随趣成文，设身处之，亦日记者类也。古昔师徒，口耳相授，周秦以降，笔简乃繁。长啸钓名，曲学①阿世，掩父书为己出，信史难诬，背师约而名成，爰书具在。枕中秘笈，盛张对客之谈，都下刻书，窃自老儒之手。伪书如落叶，野草生春风，徒灾汗牛，自同刍狗耳。惟自来日记，尚未有窜前人之名，若假他人之手为者，以其事本可不为，而为之犹贤乎已。所学何以自信？曰：吾斯之未能信。躬自存录，不待弟子之传薪。事出寻常，无烦作家之弄斧。考古人之生卒，应是赐也之贤，谱一己之平生，究嫌夫子自道。长门无赋，小序自婴云尔。

【注释】

①曲学：囿于一隅之学，亦指学识浅陋的人。

1934年7月1日

在青州，晴，颇热，约九十度。

夜车来青州府今益都县。十时开车，毅伯、器儿同至车站，比车行方归。虽备卧车，坐以待漏而已。以未交四时即到青州，恐失更误站也。至则王云浦率校夫在焉。天将曙矣，假一小栈危坐以待启关。

黎明入城，约五里而达师范学校，盖亦当年校土地也，途中田畴交迕①，庐舍半墟，未易恢复城中商贾，复极窊塞，鲁人生计吮于芳邻者有如此矣。访仇声②述学生今日来益都受编事。访赵代校长谢地主之意。偕云浦出诣第一春酒家，备席二筵送营部。仍以客约邀师范学校同人晚酌。午驱车出城在益聚小栈斜倚一榻，以待校车之来，则闻电报傍午方发自青岛。乃招云浦访桓王（即衡王）旧宫遗址，在城西五里而遥，满目荒榛，遍阶坠瓦，英雄叱咤遗风矣。仍依逆旅，有前识任伯起趋至，倾谈益都比年变迁实状。傍晚报车尚未过潍县，乃入城宴客。酒甫一巡，匆匆又出城，只可辨色，校队拥车鸣鸣而至，举冠迓呼，蜂拥入城。是日人力车上往返七次，非车道颠播不可安坐，亦云劳矣。诸生一百七十人，在第二院进一日之膳，黑夜行车，仅以声辨，挥汗如雨，备极仓皇。领队宋君复按簿呼名，徒手一灯，聊为藜照③。检阅甫毕，即可入伍安息。余等亦告无事矣。

忽然首队哗呼，六军不发，诘状，则某教官以军事训练改为四星期之事告之也。于是人庞言杂，此呼彼和，深夜之中，偶语聚沙，四面楚歌，一筹莫展。竟有离队势将出门高呼归去者，急阻其行，谓如此深夜，街上乱走，其如禁令何？大势至此，只有暂时休息，藉地而坐，以待解决。彼等遂提出受训三星期，及不愿混合编制二事。为之请于仇营长，不可。赵代校长曰："事急矣，必及天未明，电省问办法，不然，则营部报告先到，不知作何处分矣。"任伯起亲叩长途电话局之门，重阁以次启，卒电通民政厅长李树春荫轩卧室，闻报电云："厅长已入睡矣。"曰："是固知之，然不可待天晓矣。"有顷，复曰："试说之。"乃以状告，并述所要求者二事。顷复曰："明早由何厅长及赵校长会商答复。"方知校长尚滞留济南也。长途三百七十里间，呼应如面，真科学之妙用矣。归校即以急电报仙槎、太俸，时已子尽，师范诸先生方得休息。一言丧邦，累人至此，余等终日未进膳也。馆人云方张灯久待，意甚感之。乃偕君复、云浦憩于饭馆中，略进水料而已。斜榻假寐，以待天曙，而白蛉（一种小蚊，无声无臭，余极苦之，被咬一口，必经旬始愈）麇至，一夕之间，体无完肤矣。

临行始见同邑陈少文以祖母丧（八十七龄）来赴，车中不寐，改窜旧句成联：报刘已无多，天不假年四千日；于鲁其有后，人待举火五百家。

会葬期已迫矣，乃用电报远唁之，费四金有奇。是日以一金得《史通削繁》一部。

【注释】

①迕：交错，夹杂。

②仇声：当地驻军营长。

③藜照：出自刘向燃藜读经的典故。

1934 年 7 月 2 日

晨雨声颇急，满院落叶，街上如沟，过午方息，在青州。

晨苦白蛉，早起看雨。电毅伯、达吾。偶偕君复弈，举棋不定，心神不一。午太侔电来，校电来。伯起来复，偕往长途电话局，与太侔对话。既不允其要求，势将瓦解。

李荫轩来长途电话，未通。与君复细商，不得解铃之法，乃苦留君复，以晚车趋济，面太侔决之。

夜十时抵胶济饭店，太侔与客久待，商定后即夜电君复云："要求二事，明晨由军训委员会决定。"一面用快邮代电方式致该会，太侔草稿，予为缮写，军旅之间，露布自草。三鼓已过，方觅一室，别电大学报告。入浴更衣，自昨日汗透衣袜，今始得解脱，遂获酣睡。

1934 年 7 月 3 日

早雨过午，滴沥有声，傍晚霁，在济南。

辰中方寤，阍者云："校长来，已行矣。"移时太侔来云："委员会否决不行，非入伍不能谈条件，以省校法纪所在也。"实逼处此，而校队久扎益都，断为非计。太侔遂决躬往，命电知君复。曾省之自青来会。十一时四十分太侔遂只身东行，予未能同往，不无耿耿耳。然爱莫能助，自怼良深。

午偕省之饭于宴宾楼。归寓剃头，闻雨漏叮咚以为鼓乐之声也。傍晚往青年会，与省之同车诣齐鲁大学林济青，欢话片刻，济青坚约明晚之饮，以行从无定，谢之。往趵突泉饮甘茗听泉。夜饭于百花香，省之偕来寓舍，同尝新熟西瓜，予尽其半，委顿早睡。

校电来，是日报校电二通。

1934 年 7 月 4 日

在济南，午八十七度，晴阴相间，各处报炎热不退，在一百度以上，多渴死者。

晨起补作日记，电曹理卿约逸峰小姐来谈。林济青来再申晚约。午信步萃卖场杂购用具，《老残游记》一册，《世说新语》二册，册各七分，可云贱矣，然除此无可入目者。遂独酌小楼，北地呼曰"清真馆"，回教人所设也。

下午理卿来。晡偕省之往践济青之约，坐无他客，林夫人自办菜馔，反觉可口，谈至戌尽，主人且雇摩托奉送，殷勤已极。十时迓太侔车侧，互道辛苦，盖几经调度，费尽唇舌，始将三年级生遣散，余已于今午入伍，谴所谓亦就罢了。与太侔谈至夜深，属归面毅伯、达吾商要事。遂抵榻而睡。

报载关外通车，第一次即轰车，毙十余人。

1934年7月5日

晨晴，午过青州，大雨，九十三度。过潍县，七十七度。晚抵青又霁，夜湿雾。

晨与太侔分手，彼南下白下，余东归胶州。七时登车，历山在旺，阅《老残游记》以自遣，其最工仍在写"白妞鼓书"一段，及状箜篌各种乐声诸处。十一时过青州，大雨倾盆，宋君复自城中赶至同车，不出山人一算之中。长旅佳伴，难得契侣，早（午）餐小饮以慰久劳，复展一枰，互对数局。忽转凉爽，已抵海濒。六时到青，毅伯、达吾来迎，均为公忙，但求有济，不道劳苦可也。车过达吾寓，小停，互报近事，复同来校舍细谈校务。

夜速泽丞、叔明来久谈，善基来，各赠以《三字经》一册。

1934年7月6日

晴阴相间，未越八十度，午风，晡雾重，霢霂澈夜。

朝睡未醒，达吾、毅伯排闼而入，曰事败矣，虽有智者不得其故，披电则入伍生不守纪律，全体被遣归也。令名盛德扫地尽矣。即拟电二通，复李、何两厅长。青州探投一报赵校长南京，之椿转。九时三十分开临时校务会议，未及往，报退伍生到车站矣，余促步赴会，雅不欲与遇诸途，江东父老无面目可相见也，北语曰"丢人"。会中报告，余任前半丢人一半，毅伯续后半亦丢人一半，啼笑皆非，收拾无策。午归。

下午料检日来积压函件，复北京刘楚青院长函，为薛君事。复清华大学叶企孙院长函。昨日车中遇李家驹（伯闲，爱伯所赐字也）坐师，云冯汉叔将来青，即作书速之并约来寓下榻。青岛市立中学公函，约初四日往讲演，已愆期矣，函谢之。柬陆高谊谢代为印《三字经》千部，直九十五金，并柬张奋可代付书款。函内子。清理途中用款报会计课,即电报一项费几四十金矣。

智斋、保衡、泽丞、贯三、涤之来谈,兆旺来,君复来,咏声来。夜阅《越缦堂日记》。

1934年7月7日

午七十九度,阴曀(终风,孔注:"阴而风曰曀。")。

晨谈生锡珊来求便面,并送来四年级毕业生公致佩章一方,正面镂青岛灯塔(青岛得名乃在校前一小岛,正名青岛),绕以万里海波,阴面雕"春风惠我"四文,款曰"任初老师执教廿五年纪念,山大数学系廿三级学生敬赠"云云,爱之佩之。往办公室摒挡暑期学校开课各事。以达吾、毅伯及余三人名义长笺校长报告军事训练生退伍经过及其要务,原稿千余言,一挥成之。午归写殿本十三经书跗备便翻阅,曹生信忱来求为道地①。达吾约晚饭,王淦昌来约明午饭,皆在私寓。

方午饭,毅伯来速往应实秋厚德福之饮,为肖鸿祖饯也。咏声、涤之、之恭同坐,所进陈酒特醇,均为贪杯,开怀痛饮。局终偕至斋舍品茶,特至纫秋处取茗具,杯小茶浓,挹芬醖郁。实秋、涤之对围棋,予与君复象战,咏声则鼾卧一榻矣。晚赴达吾之招,毅伯、君复同往,饱餐而归。

【注释】
①道地:代人事先疏通,以留余地。

1934年7月8日

午八十一度,晴丽,初热,有薰风解愠,稍击蒸溽。

教育局柬往任中等学校成绩批评,未往。陆梦熊委员娶子妇,贺以礼券二金。竟日作书贻毕业诸生各一通,并应智斋、保衡、君复、隽卿、薛盛斋所代索之件,眼高笔疏,非复当年豪健矣。

午应淦昌之约饮于邻舍。柬隽卿潮阳,柬季刚南京。逸峰自济来,馈兖州雪茄烟四合、兰陵酒四瓶,皆鲁产也,赋使六百。晡逸峰来留饭,属每饭来共食。晚饭后移坐槐下纳凉,今暑第一遭儿也。贯三、善基、保衡、涤之、仲纯、康甫、少侯、泽丞来列坐,戌终人散,杂阅群书。

1934 年 7 月 9 日

　　辰八十度，早炎丽，初闻蝉声，午八十二度。

　　晨凭枻石看人刈草，榛芜顿减，丝瓜及肩，海色山岚，齐入户牖。南窗而坐，北面而朝，归有余师，道在不远。读王选、爱伯诸记，尚书之雅诂，艳夺骚人，经师之赋形，思通画苑。薰风入律，长日如年，新蝉乍来，晴鹊时噪。万卷横席，一榻当窗，捧舞婆娑，袚除尘垢，信浮生之暂乐，梦竟所怀栖矣。晓舫夫人来谈（借《太炎文集》一函）。

　　午涤之来，速出饭，已动箸矣，遂偕仲纯留饭。晡巾车待发，阍人传南京吴君来，急不记谁何，则十五年前武昌同馆吴兢（葆之）也（南京沈举人巷二十四号），代邀入席，备致欢忱。局终葆之复至舍斋小谈，涤之、咏声对弈至深夜。与善基商暑期学校功课事。

1934 年 7 月 10 日

　　辰八十一度半，晴霭，过午八十四度。

　　晨起已有暑意，厨人以干银鱼煮粥，厥味殊甘，招善基共食之。舍中共住十人，适齐适蔡，今存者善基一人而已，冷院枯僧，乃有独乐耳，躞蹀看云，彳亍幽径者久之。

　　承佑面约夜饮粤来馆（芝罘路），入坐者半系酒徒，大学健饮之名几闻全国云①。下午读林师《几何与代数之语源》一文，为六十还历纪念而作者，耆集旧闻，亦足消夏。

　　实秋以便面来，对客书之，离少合多，尚觉相称。晡涤之、咏声、实秋、逸樵、之恭、承佑同乘共载，沁壶浮瓜，相引为东，即在家园难得此乐矣。

【注释】

①入坐者半系酒徒，大学健饮之名几闻全国云：见附录二梁实秋《酒中八仙——忆青岛旧游》。

1934 年 7 月 11 日

　　辰八十三度，当窗作书，不免于汗，交未八十五度。

大学毕业证书，例署校长及院长名，书手填余名于"際"字歧牾叠出，甚至如"隂"，省去一丿，且自以为巧矣。记家居有人馈联，书"祭"如"癸"，余为客言之此必无之写法也。比来见翻宋刻或景宋本，皆以"癸"作"祭"，娄见不一，见宋人小学不讲求至此，然亦以征所见之不广而出言之太易也。

李罗夫人来。束毅伯来，偕达吾同往评判各中学成绩。《四部丛刊续编》昨寄到：

经部：公是先生《七经小传》一册，景印本，宋刘敞（原父）撰，学者称为公是先生。是书皆杂论经义之语，七经者：《尚书》二十二条，《毛诗》三十五条，《周礼》三十一条，《仪礼》四条，《礼记》三十一条，《公羊国语》三条，《论语》八十六条。宋儒说经最重章旨，而名物实疏。

史部：马氏《南唐书》，景明刊本，四册三十卷。陆氏《南唐书》，景明刊本，三册十五卷。

子部：《括异志》，景宋本，张师正纂，二册十卷。晁氏《郡斋读书志》曰："师正擢甲科，得太常博士，后游宦十年不得志，于是推变怪之理，参见闻之异，得二百五十篇。魏泰为之序。"是本无魏序，仅存一百三十三篇。《续幽怪录》，景南宋本，李复言编，一册四卷。

集部：《韦斋集》十二卷，宋新安朱松乔年撰。《朱庆余诗集》一册。《周贺诗集》《李丞相（建勋）诗集》一册。

孙卓泉来求书便面，即应之。夜善基招饮厚德福。夜颇热不安软床。

1934年7月12日

晴明，辰八十五度，始呼冰，午八十八度，旋东风起，未刻降至八十四度。

晨起蝉声满树，旭日在山，稍进早粥，已不胜挥汗，今夏第一热天也。兀坐石山，高林屹立，少顷方有西风，此时极似大陆气候，料它处更不堪此隆威耳。巳刻主席招生委员会议决六事。

午饭时风全闷闭，溽蒸不可耐，席地而卧，东风旋作，屋宇生凉。任生国栋自济南来，言温度至百余。

逸峰来。晚仲纯、贯三、善基来，共往保衡新居，折贯三处久谈。归已四鼓。

1934 年 7 月 13 日

辰中八十二度，晴。

宋宪亭来，贻以论文二册。暑期学校中等教员报到者已九十余人①，闻有白发皤皤者，耄学之风至今未沫。入办公室指麾移时，归休。

院落净深，重帘悬锁，时移小榻，高卧其间，鸟语涛声，而外了无入耳者。

贯三馈东昌府烤鸡二只，稿使四百。消暑不冠，临书多汗，颓然自放，束带为艰。前人诗云："退闲惊客至，衰懒怕书来。"正谓此也。厨人得鳗，亨以夜食，晡乃柬实秋来共杯，新沁果瓜，聊以助箸。涤之来辞行回里，加入饭局少饮。夜承佑、咏声、实秋互下围棋，余只作壁上诸侯，时以棋史逸话点缀而已。

【注释】

①暑期学校中等教员报到者已九十余人：暑期学校面对的主要是中学教员。

1934 年 7 月 14 日

辰中八十度，阴雾霡霂，午晴薄阴，不过八十二度，夜大雷电以风有雨。

十二日《北平晨报》来，报各处酷热，均超过百度，如杭州、南京、申、济、晋、郑、陕、徐等处。

十三日天津《大公报》载十二日各处旱魃情势严重，上海同日上午十一时达一百零四度，此为徐家汇天文台六十三年以来上海最高之气温，仅光绪甲午年七月二十五日到过一百零二度九。苏州、无锡城内饮料恐慌，水价最高一元。武汉室内温度达一百零四度，南京一百零四度，西安一百零八度六，市上行人骤希。开封一百零八度。又载青电专电九十四度，按大学科学馆报九十三度，此为空气箱中大气之真温度，低于路傍而高于室内者。予家中悬于家庙之针，历年以来未有超过九十四度。

上午善基、智斋、保衡来，密商入学试题目，子细丁宁，过午方散。是日查暑期学校报到者已一百十余人，大学毕业者过半，教育界名师老儒执贽而来，余数学通论一课，已报五十三人云，夜送点名册到，实五十六人。旧门人赵培峻来。阅《寿恺堂集》。

1934年7月15日

辰中八十一度，蒸湿，过午八十二度。

柬智斋为分讲微分方程式事。

有署实业部技正蒋拱辰者来，甫接见，而达吾、毅伯以车来迓，同访仙槎，未晤，折往炮台废址观海而归。复入市中购短衣草冠等具，以明日上课葛绨长衣不胜多汗也。过宏成发少坐即返。

十四日《大公报》载各地热仍未退，室内越百度以上。江浙亢旱，祈雨禳灾。皖南旌德忽下大雪如荷钱，历时二十分，积至二寸，气候大冷，天时人事日相催，周余黎民，靡有孑遗矣。

桂、王两女士来见。晚留智斋、保衡、逸峰共饭。夜贯三、叔明来坐院中石床，亨潮茶，谈甚洽。

1934年7月16日

晴，未正八十四度，晚无风。

是日暑期理科学习班开课。卯明即兴，略进早点，短装登堂，跻跻学员，殊增三乐。第一课数学概论，为讲数学之分类及历史之概观，并指定Young、Hardy二书为肄业之本。第二课讲微分方程式之分类研究途径，并分为三组。其未习过微分方程式者为一组，由刘纪瑞助教指导之。未习过高等微积分者为一组，由宋智斋讲师指导之。较有学力者为一组，由余亲任指导之。睹丕振①之学风，施及时之化雨，亦是消暑良法也。

蔡纫秋馈南中新鲜荔枝百余颗，虽不足东坡三百之啖，然忩②于望梅画饼远矣。晡，幕天大礼堂前球场开欢迎讲习班会员茶话会，余有致词。毅伯、达吾、咏声同来尝荔枝。竟日心神疲于暑校，诵读为废，心神极怡。

【注释】

①丕振：大力振兴。

②忩：喜悦。

1934年7月17日

　　阴晴相间，午不越八十度。

　　第一课述中学（等）数学教育，为算术、几何、三角、解析几何、微积分至微分方程式初步为止。即此已是一张历史进程表，亦即是数学讲授法一张极重要古今学表，发挥未尽，为时所局。今日听讲从先生者七十人，已有数人立雪①门外，自明日起当迁地为良矣。第二课讲移动及群大意。

　　武汉大学生物系陈恕田率张人骥、汪中正二女士来，皆旧门下也，柬刘重熙指导之，并为安顿下榻处。毅伯来云仙槎今晚辞饮。

　　奋可付来《三字经》三百部并附长函来。器儿今日坐"山东"号南旋，付路费五十金，又赋百金将归为家人衣履之用，发家电报器儿行期。夜咏声、贯三、善基谈坐，客散早睡。

【注释】

①立雪：见"程门立雪"，比喻求学心切和对有学问长者的尊敬。

1934年7月18日

　　晨阴，巳刻七十八度。

　　晨课移讲坐科学大讲堂，可客百五十人者，隙地无多矣。授数学之符号一节，谓数学之发达全赖新符号之使用，终以六书之旨重象形、指事二端。

　　以《三字经》分贻校友之有子女者。

　　报来，报济南十四日室外温度达一百二十九度，一日之间热毙者至百人。班禅专车赴北平，随员四十人，毙于车中者四人。各处已报得雨，气温渐杀。北京大学教授刘复半农因赴各地调查，亦感暑而死，年四十四岁。半农以科学（即音学）治语音学颇有述造者。

　　李罗夫人来馈生荔枝。夜毅伯招待海滨生物研究所专家李良庆、张星五、张震东，晡来速入市，过达吾处小谈，入坐有省之、重熙、左景略、蒋右沧，少饮而乐。交戌归，食沁冰西瓜。夜凉甚，须薄绵被。

1934 年 7 月 19 日

卯正七十七度，晴，时薄阴，午霭，不过八十度，初见上弦，夜凉。

第一课授符号之发达由乎计算之进展，在代数解析下分：（一）算术，（二）代数计算，（三）指数对数计算，（四）行列式，（五）三角。次第推论之。

第二课授不变之义及 $\cup f \equiv \xi \dfrac{\partial f}{\partial x} + \eta \dfrac{\partial f}{\partial y}$ 之要略，但令机械的计算之。

今日收得各学员所提出关于数学教学法应行讨论之问题，当为分类排列议事日程。其中有算题一则，则解联立方程式 $x^2 + y = a$，$x + y^2 = b$，以二次方程式为限。

晨晤仙槎，索去《三字经》二十五册，并托转赠济南诸友也。同车来舍，过门不入，别约后会。坐院落整比讨论各题，少侯来，同食瓜。午后独沐新新池，为修甲也。

夜有学员来问梯形等分法，以民国五年武昌高等师范学校《数理杂志》余及曾瑊益①之论文答之。旋偕贯三、善基闲步海岸，久矣不来是非之地，而饶有江村渔火之风，月魄半弓，涛声满眼，几许前事，不禁迁流。复入山东大戏院观幕上剧《效颦西子》，益彰嫫丑耳。夜睡仍须绵襦。御者索所书《三字经》，是王化之行也，慨然与之。

【注释】

①曾瑊益：曾昭安，数学史和历算专家，也是中国数学会的创建人之一。黄际遇在武昌高等师范学校数理部任教时的学生。

1934 年 7 月 20 日

卯正七十三度，午后八十二度，夜无风，月在树梢。

晨授数学符号，订正如下表：

```
1~2 代數解析
       a. 算術
       b. 代數計算
       c. 行列式
       d. 指數對數

3. 幾何 ─ 行列式
   ∥ ⊥ ∝ … 等符號非數學之符號而為文句簡省之符號
   A:B 之比
   A:B=C:D 之比例所含之量為幾何之純量可視為一種符號
   三角函數 π=4tan⁻¹1 = 4(tan⁻¹½ + tan⁻¹⅓) 等為超越數

4. 解析幾何 同他數解析已治幾何故典顧創立新符号為推
   坐標 (a,b) 為新符號發明者 Descartes 譯名藤澤利喜博士林師之說
   用直限相交表示一點之位置 此法用以表複素數用以表

5. 微積分 d, ∫, Σ
   無理數之 cut 即 ⊂⊃⊂⊃⊂⊃⊂⊃ 之無理數定義可為一大發明
   數及新函數等 lim … 等 (又文 y x→a 反各種不定形) 以得新
```

　　以上先即中等数学教育之范围论之，其高等即近代数学别依数学分类表类及之，由是可知每教授一种新符号之时，学者必感不习惯，此时须特别注意及练习。

　　第二课授基本定理，$Mdx + Ndy = 0$ 不变于群 $\cup f \equiv \xi \frac{\partial f}{\partial x} + \eta \frac{\partial f}{\partial y}$ 之时，其积分因数之一为 $\mu \equiv \frac{1}{\xi m + \eta n}$ 以 $ydx \pm xdy = 0$ 为例说明之。

　　门前累石如堵，备兴土木也。骄阳在树，行人为驻骖，纳凉于此，常见工人三二舁卧乱石之上，厥状殊适，或手夹面饼助白菜啖之，吞咽尤甘。我辈虽非玉食锦衣，然寝馈所供以例此辈，奚啻衢渊，而尤时时举箸茫然、据床反侧，人生苦乐之观有定说哉。

　　读《王氏释例·重文篇》，其说甚辨。宏成发电报：张奋可、黄述旦自申

来。将晡驱赴一面，留谈，饭后纫秋共车遵行海陆，过海滨公园，拾级披襟，经年无侣，为之屏迹。入水族馆，鱼虾飞潜，供人指数，固有日常供馔之物，而不知其学名者众矣。复绕浴场、炮垒，御风而归，邀二客下榻寓斋，月出登山，游谈至夜分。

1934年7月21日

阴淡，有蝉声，八十二度。

第一课续讲符号：

$$\pi = 3 + \frac{1}{6} + \frac{1}{6} + \frac{1}{15} + \cdots$$
$$e = 1 + 1 + \frac{1}{12} + \frac{1}{13} + \cdots$$

一为无穷连分数，一为无穷级数，亦即新添之符号。

综以上所述，为中等数学教育所用之符号，从此可入教授法矣。

第二课总结求 μ 之积分因数法，并引入 Extended group 之定义。

午饭后有客同车穿林入谷，仅容回旋，不见人影。登旭山之巅，全市在望，大劳小劳诸山亦隐约可辨。出海濒，肉林成市[①]，不须文身，俗士无知，大惊小怪耳。

教务处办事员某，忽下令徙数学教室，师徒及百人举动维艰，彼视之如弈棋，然呼之来则曰："向如此也。"不觉对之稍厉声色，来此四年，未尝待人如此，然而无可忍矣。

方与奋可阅《残冬伤春记》，宋宪亭来，以心中不快谢之。晚宏成发宴客可乐地，酒后归寓夜谈，登汇泉炮台听月。

【注释】

①肉林成市：指青岛市境内的海滨浴场。

1934年7月22日

阴曀，迨午七十七度，未刻雨作。

今日中等学校讲习员由大学招待游劳山。奋可、述旦随队前往，为介领队宋君，并派一仆护往。毅伯亦到校照料学员登车，旋偕至寓舍商行要公，电皮达吾济南、太伻上海，订校新生各题凡十七副。杨金甫自北平来，相见甚欢，因方奉公，少坐即去，当柬饮之。咏声、少侯来，均未及谈而返。家书来，即复。

《四部丛刊续编》昨续到者……

夜实秋假座厚德福为金甫洗尘，承佑、少侯、毅伯、康甫、仲纯先后来会，心弦为之一振，摩拳擦掌，依希当年之盛已①，馔食亦美，席散复来斋舍，抵掌而谈。

【注释】

①依希当年之盛已：见附录二梁实秋《酒中八仙——忆青岛旧游》。

1934年7月23日

大暑节，晴，八十一度，夜月空明。

第一课授数学教学法，仍依中等数学课程次序：（一）算术。第二课授 $uf=0$ 之条件并练习之。

是日监印入学试题于胶东书社，自巳至申，蛰伏小廊之中，机器轧轧，暑气隆隆，关防所在，与毅伯瓜代①跬步不离，即此亦可考见工人生活之一般，幸温度不极高耳。

晚纫秋偕奋可、述旦饭于校舍，谈至深夜，写单约金甫诸友明晚饮于寓庐。

【注释】

①瓜代：任期已满换人接替叫作瓜代。

1934年7月24日

晴，午薄阴，八十一度，夜月犹明。

第一课讲算术教学法，以四则诸等数分数为重，比例开方等次之，教学要旨以使儿童得到基本知识而能应用为贵，故不避重复，对于要领须更端温习，先方法而后理论，重实际而避虚声，分数之教授尤为学算者一大关键，此处不令学生得明确之观念，过此必生望算而畏难之心，影响及终身也。退与毅伯言，毅伯曰："余即患此弊病之一人也。"第二课授 $uf=0$ 之应用，极得简明之法，已可见微分方程式与所不变之群之关系矣。

束孙卓泉（得复）。大学生以不服从军事训练事，韩主席闻而震怒，竟下令停拨校款，已知之数日，今已见报端。无庸讳言，牵牛而夺之田，罚已重矣。今晨教育部有电来校，商同毅伯属稿复之。为人书绢面便面三方。

夜金甫、承佑、实秋、少侯、仲纯、康甫、毅伯、君复以次莅止，善基、奋可、述旦同席，行酒传花，萧院中盛举也，互谈今代文学甚悉，十时客散。

1934 年 7 月 25 日

午七十九度，竟日暧靆，夜雨泷泷，达旦始息。

第一课讲代数教授法，第二课授微分方程式分类表。

蔡乐生来留午饭，邓植仪（广州中山大学农学院长）、吴祖耀觉生（青岛监务稽核所所长）来，满座乡音矣。

阅 Ball 数学史，谓三角法之起源，由于埃及人测计金字塔之高或莱因河之广，已知非求角之三角函数之比不可。（页八）纪元前时代亚历山大学派 Alexandrian School 因星学①之知识，自然非成立三角之学科不可。（页九十）

【注释】

①星学：一般是指星命、占卜之学，此处应是指研究宇宙空间天体、宇宙的结构和发展的天文学。

1934 年 7 月 26 日

晨雨，阴雨相间，七十九度。

第一课：代数方程式。

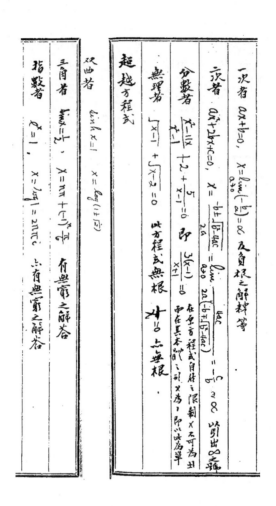

方程式须与不等式并举，前者求点坐标，后者求点界限也。

李晓舫来自成都，馈川绸、榨菜、辣椒、淡巴菰、普洱茶，受之。邓仲纯来。夜毅伯宴宾可乐地，归偕金甫过实秋夜谈。

1934年7月27日

晨露旋霁，午七十九度。

$$i^{\frac{1}{i}} = e_1 = \frac{1}{\sqrt{2}}(1+i)$$

$$i^{\frac{1}{i}} =$$

$$(\sqrt{i})^{\sqrt{i}} =$$

$$(1+i)^{1+i} =$$

$$|a_{mn}| = \pm \sum a_{1\alpha} a_{2\beta} \cdots a_{n\nu}$$

超越計算

等因欲令山表与近代数学相接不可不于中等教育之外有所陳述

$$e^{yi} = \cos y + i \sin y$$

$$e^{x+yi} = e^x \cos y + i e^x \sin y$$

$$\log_e (x+yi) =$$

移動 I $\begin{cases} x_1 = x \\ y_1 = y+a \end{cases}$

II $\begin{cases} x_1 = x\cos a - y\sin a \\ y_1 = x\sin a + y\cos a \end{cases}$

第一由圖即得

$\begin{cases} P_1 = P \\ \theta_1 = \tan^{-1}\frac{y}{x} \\ = \theta + a \end{cases}$

第二由關係式

$\begin{cases} x = \rho\cos\theta \\ y = \rho\sin\theta \end{cases}$

$x_1 = \rho_1 \cos\theta_1$
$\quad = \rho\cos\theta\cos a - \rho\sin\theta\sin a$
$\quad = \rho\cos(\theta+a)$

$y_1 = \rho\sin(\theta+a)$

点得 $\begin{cases} \rho_1 = \rho \\ \theta_1 = \theta + a \end{cases}$

一般 由 $\begin{cases} x_1 = \varphi(x,y,a) \\ y_1 = \psi(x,y,a) \end{cases}$

$\begin{cases} X = F(x,y) \\ Y = \Phi(x,y) \end{cases}$

$\begin{cases} X_1 = F(x_1, y_1) \\ Y_1 = \Phi(x_1, y_1) \end{cases}$

消去 x, y, x_1, y_1 得 $\begin{cases} X_1 = \\ Y_1 = \end{cases}$

$$Uf(x,y) \equiv \xi(x,y)\frac{\partial f}{\partial x} + \eta(x,y)\frac{\partial f}{\partial y}$$
$$\equiv Ux\frac{\partial f}{\partial x} + Uy\frac{\partial f}{\partial y}$$

1934 年 7 月 28 日

晴，八十三度。

授几何教授法改为标准变数法。以《三字经》十册应崔景山之索。罗文柏自北平托彭东原①运来陈酒一坛，稿使一金。午访幼山。夜金甫设席斋中，仍二十四日晚诸客，亦移尊就教之意也，实秋以微恙不来，三鼓客散，仍作乡谈。

【注释】

①彭东原：民国时期政客，一生从军做官四十载，最后一心向佛，成了香港青山居士。

1934 年 7 月 29 日

星期，晨大雨，隅中晴阴，八十三度。

晨未起听雨复寐，日高方盥沐，一来复来难得之睡也。贯三来，毅伯来。哺偕奋可、述旦赴纫秋处夜饭。

1934 年 7 月 30 日

八十度，晨雨，终日霓霚。

授混合数学教学法：（一）改革分科制，（二）改革抽象观。以函数为中心用直观教授行之。又授二阶方程式之不变群。

王生福春书来。周英耀书来。器儿二十四日抵汕安，禀来。午宴幼山寓斋，招金甫、毅伯来陪，谈饮甚欢，谈至日晡。

1934 年 7 月 31 日

晴薄阴，八十一度，夜雾。

在数学教学法章下分（一）分科教学法、（二）混合数学即新主义数学之批评、（三）实施上困难之点三节，此节下又分（A）混合教材之散漫、（B）时间之不足、（C）教科书之少适当者、（D）同级人数之太多等。终以专任制之实行教职之研究，又分下三点论究之：（甲）黑板之设备及使用，（乙）练习薄之整理及省力方法，（丙）问答体之充分使用。要之非社会优待教师及教师忠于所事，徒言方法无当也。

下午温课，是日无客，凝神多睡，晚应康甫之约饮于顺兴楼。

1934 年 8 月 1 日

阴，日光暧瞹重霉，八十三度。

今日拟结束教授法一章，尚有未尽之点如：（一）注重讨论；（二）数学普遍化，即化为普通学科而非专门学科；（三）术语之划一，如以上、以下等。

各处报考者三十一日截止。计北平六百三十人，南京一百六十五人，济南三十五人，青岛二十八人。君复来。复俊卿、英耀函。

朱家骅部长、李四光、李书华前部长偕蒋台长来访，导往参观各部，甚赞大学之猛进，与之久谈别来事，并及大学无端风雨，金甫、毅伯以次来会，沁酒代茶，谈至晡方散。

晚应保衡、少侯酒约。交亥归，斜榻当风，树梢漏月，百怀交集，千载谁论[①]。

【注释】

① 百怀交集，千载谁论：此次朱家骅、李四光、李书华同莅青岛，是为协助解决大学生不服从军事训练、山东省政府主席韩复榘下令停拨校款事。

1934 年 8 月 2 日

薄阴，八十四度。

晨驱祖任之恭车站，七时左及归。上课论及高等数学五分途，各举一入门之书以为介绍。

解析学：

Hardy：*Pure Mathematics*。

Watson：*Modern Analysis*。

代数学：

Bocher：*Higher Algebra*。

藤原松三郎：《代数学》上下两卷。

几何学：

Woods：*Higher Geometry*。

应用数学：

Meller：*Higher Mathematics for Physical and Chemical Students*。

基础论：

Young：*Concepts of Algebra and Geometry*。

Russel：*Principia Mathematica*。

第二课授存在定理大意。归倚树读书，悠然意远。

门前卖瓜者言："学生在时生意好，先生来后生意衰。学生用钱不在乎，先生用钱痛乖乖。"言暑期学员惜钱不花也，言虽俚而入理。

北平冯汉叔、张少涵函来，张生培元函来。夜毅伯来。阅《北江文集》。

1934年8月3日

晨闷热，八十二度，午有风，淡阴。

"数学者，数之学也。"此定义之内延不全。"数学者，思想之学也。"此定义之外包太广。予故曰："数学者，研究数学、文字及计算符号如何结合之科学也。"

但近代数学所使用之文字已不尽然为数，即数字亦不一定代表数量，而所计算者复不必一定为数。

然则所处理者不必为数而为数之位置及其移动，即以几何而论，在纯粹几何之近代部份有反形法焉，有极及极线焉。圆之反形不必又为一圆而或为一直线，对言之亦然，地球上之北极一点在平面地图上为一有限直线。又以一点为极 pole，则必有其极线 polar 或实或虚耳。极动则极线亦动，要之所处理者已不必为量之大小关系，如三角形之三内角之和等于大于或小于2直角之类，而加为位置及移动之概念，此尤非射影几何学、位置几何学、线复素几何学不为功也。今日所授者止此，明朝当更阐论之。

第二课授函数分类表及偏微分方程式大意。

未毕课，门者报汉叔自北平来，托智斋款待。相见无恙，旋同谒李家驹先生（柳溪）。

晚奋可设席，为代约金甫、实秋、仲纯、康甫、毅伯、少侯，适汉叔来，并列席，周尧廷、蔡纫秋先后来，亦一高会也。汉叔、实秋对围棋。据汉叔自称尚未入初段云。今晚蒋右沧招饮聚福楼，以有客辞之。

1934 年 8 月 4 日

八十五度，颇感热，晚仍少风。隽卿函来。

是日大学招考，上午监场。

第一课授矩阵及四元加减乘除。四元者，非中国昔日之四元，专论多元方程式，此曰 Quaternion，系 Hamilton（1805—65）于 1843 年 10 月 16 日夕偕其夫人闲步 Brougham 桥上，以小刀刻基础公式 $i^2 = j^2 = k^2 = ijk = -1$ 于桥石，于 1852 年遂刊 Lecture on Quaternion 一书于 Dublin（事见 Cajori《数学史》332-3 页）。其实即 Vector Analysis 之特种，J. G. Coffin：Vector Analysis 及 Tait and Knott：Introduction to Quaternions 二书为最明晰。

汉叔言北京、清华两大学合办之暑期讲习班其数学组受课者十余人而已，盖多领到各省津贴来都汗漫耳，课程力求简易。汉叔任不等式包含代数之极大极小，胡沇东任初等几何作图不能问题，江泽涵、杨武之共任几何代数之公准 Postulales 问题云。

午大学及观象台宴朱、李三部长于聚福楼，汉叔、金甫、胡秘书长、雷局长作陪。达吾自济归，传仙槎面陈韩主席，意汪院长①特派李圣五②来济面韩陈大学协款事。席中悉为骝仙言之，冀解铃于系铃人也。甚矣，赵孟之能，贵人贱人哉。

傅斯年（孟真，北平护国寺前铁匠营二号）与俞大彩女士明日结婚，以喜柬遥寄，即以"三匝有依，两美必合"八文电贺之。是日溽蒸，晚坐门前久之，入夜席地而睡，今夏第一次也，忽有所会。

【注释】

①汪院长：汪兆铭。

②李圣五：李福善。

1934 年 8 月 5 日

星期，晨有急雨，八十五度，蝉声清急。

國立山東大學二十三年度一年級入學試驗
代數・幾何・平面三角試題

1. 有甲乙二人賽跑，每秒鐘之速度，甲為 $8\frac{1}{3}$ 公尺，乙為 $9\frac{1}{11}$ 公尺，今問
   (a) 甲乙二人每秒鐘速度之差若干？
   (b) 甲乙二人作 100 公尺之比賽，欲令彼等同時入決勝線，則應令乙在出發線後若干公尺，或令甲在出發線前若干公尺？
   (c) 令甲乙在 100 公尺之圓道上賽跑，則自同時出發之後經過若干秒鐘，甲乙二人復同在一線上？

2. 以所設半徑作一圓，令其中心在一所設直線上，且切於他一所設直線，其作圖法如何？
   又此圓之半徑若為 12 寸，則內接正方形之面積若干？內接正六邊形之面積若干？

3. 解聯立方程式：
   $(y+z)(x+y+z)=10$，
   $(z+x)(x+y+z)=20$，
   $(x+y)(x+y+z)=20$。

4. 解三角方程式：
   $\cos x = \sin 2x$.

   （試題須隨卷交還，否則試卷作廢。）

束保衡監考，早仍办公，补两日日记。

毅伯、达吾款李圣五、郁达夫于可乐地。晡偕金甫往陪，达夫不见亦十年矣，饮威士忌草草而别。应海产生物研究所之约于厚德福，席散已十时。往晤骝仙东海饭店，谈校事历一时许，韩①意已转，骝仙此来之力也。历阶揖别，嘱往见之。偕金甫、右沧往拜李书华部长养老院不晤，投刺而返。

夜感热不安于榻。门人某来乞文，既不署名，是为人捉刀也，先生无此闲致矣。

【注释】
①韩：韩复榘。

1934 年 8 月 6 日

晴，早温八十二度，午八十五度。

晨束毅伯约九时面商校事，则以余所闻于骝仙者与毅伯所闻于圣五者，不尽符合，然大率不离矣，事之重心已不在白下，即联电太侔返鲁。

第一课述代数：

代数解析：整数论，行列式论，方程式论……

近世代数：代数的数论，矩阵，Galois 方程式论……

午偕金甫、达吾、毅伯驶沧口飞机场（三十余里），送骊仙登机飞京，逾午返，金甫同来午饭。

李柳溪先生来面，约初九日饮于精庐，汉叔云先生亨饪手艺极高也。述及《越缦堂日记》常见天津李家驹字样，先生云别是一人。赴招生委员会。夜陆鼎恒、李庆良、张奎、张春霖约饮厚德福，谈饮俱健。归坐槐下。

1934 年 8 月 7 日

晴。

昧爽兴，少进白粥，赴车站送李庆良、张春霖返北平，趋回上课授下表：

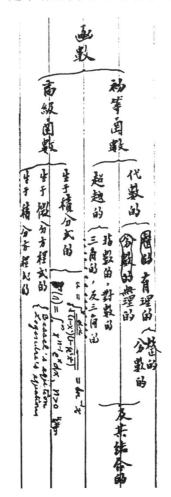

由（一）加减、（二）乘除、（三）乘方开方、（四）指数对数、（五）圆及反圆函数诸计算之后进，而有（六）微分及积分每一段阶之逆计算常得新数或新函数，有分别研究之者为函数各论，有总研究之者曰函数论，今日又得数语阐明。

数学之功有二：

（甲）就寻常事象，表以数学符号，而施以数学计算。如春夏秋冬等习惯语，用替换表之为 $s = \begin{pmatrix} 春夏秋冬 \\ 夏秋冬春 \end{pmatrix}$。此 s 可施以代数之乘法计算，而 st 不必等于 ts 之积。

（乙）就非常事象，表以数学符号，而施以数学计算。

用是以推得必然之结果。彼海王星之发见，即由微积分以判定其必然存在也。

"解微分方程式是数学家事，成立微分方程式是数学家所不能独负任事。"自然界诸现象容有若干个之微分方程式维系于其间，社会各现象是否有此种方程式存在？前者为 H. Poincare 名言，后者尚未有定论也。

1934 年 8 月 8 日

晴，八十五度。

晨授课二时，下堂即办公、阅卷，不及作记。余阅第一题，张逸樵阅第二题，冯汉叔阅第三题，李保衡阅第四题。以三十五分、二十五分、二十五分、十五分为四题配分比例。气温颇热，竟日仅能尽青、济、南京三处试卷二百四十本。午偕汉叔饭于大礼堂。晚惫甚，槐下一坐，乡话亦佳。谭天凯来索书。

实秋即行，毅伯、达吾为之祖饯，夜往陪。

1934 年 8 月 9 日

晴，八十五度。

晨走送实秋。归讲授二时，结束暑期讲习会，本来尚有二天，因徇学员之请也命题考试。

Ⅰ. 数学概论之纲目及批评。

Ⅱ. 1. 函数分类表。

2. 微分方程式分类表。
3. 微分方程式与连续群之关系，试即 Cohen 第一表所列者说明其一二。
4. 证明 $\int_0^1 x^p (1-x^m)^q dx = p(\frac{p+1}{m})p(q+1)/mp(\frac{p+1}{m}+q+1)$。

是日续阅试卷，北平部分监场最难，雷同尤多，成绩虽较上年稍优。然疵缪之甚者，如分数相减时分子减分子、分母减分母者至十余卷之多，第四题解三角方程式 $\cos x = \sin 2x$，得其一般解答者不百之一，而断此题必误者或直言 $cosx$ 绝对不能等于 $sin 2x$ 者，武断之状可掬也。午仍饭于大礼堂。

夜赴柳溪先生招饮于黄县路李庐，仅堪容膝，而陈书充壁，殊供清赏。先生故汉旗而父以粤籍著，供馔尤有乡味，多先生手定者。汉叔、东原、张考栘（棣生）外仅有一客，清言浓酿为之酩酊。棣生，武昌张裕钊（廉卿）先生之孙，与亡友陈师曾交笃，师曾入京时久主其家，余因师曾常常至焉，并得见廉卿先生墨迹百余，事忽忽二十年矣，神交已往，腹痛徒伤。棣生酒拳俱可，辟易①残军，追旧之余，益有感于兹会矣。

【注释】

①辟易：屏退，击退。

1934 年 8 月 10 日

晴，八十六度。

是日阅卷。棣生来访。蒋右沧偕其少君（君武）来访，新自法国学工归者。夜重熙、腾汉假坐顺兴楼，金甫同坐，均未敢纵酒。

1934 年 8 月 11 日

晴，八十五度。

方赴阅卷处，程生楚润自巴黎得数学学位归，由西伯利亚铁路十四日到大连，今晨特来过访，盖专学变分学 calculus of variation 者，攀谈移时，躬送之江干登舟。午偕汉叔饮于宏成发。

夜汉叔命陈厨备馔，约李柳溪、张棣生、杨金甫、周尧廷、蔡纫秋、张奋可、黄述旦饮于寓斋，谈宴至乐，夜定方散。

昨在柳溪先生处见其日记，皆作小楷，用馆阁白摺卷缮楷，以六十五龄老人，不失矩矱如此，殊堪钦仰。唯记中字体多学松雪①一流，破裂特多，非经生②肯为也，或因所偶见者一二开为止，未可为例。

【注释】

①松雪：赵孟頫。

②经生：刻板印书盛行以前，书籍多赖抄缮流传，以抄缮经书为业的人称"经生"。

1934年8月12日

晴，八十四度。

暑期学员送试卷来，多斐然可观。午送奋可、述旦赴大连，及宏成发少坐而返。李晓舫偕玉君夫人来。吴夫人率贤媛来访，馈川布、粤橙，拜受之。

与汉叔午饭，谈其祖讳培元者，以督学从军，殉难湖北。即考《人名辞典》，云"冯培元，清仁和人，字因伯，一字小亭。性善画梅，道光进士，咸丰间累官侍讲学士，督学湖北，洪杨军陷武昌，死之，谥文介"云。明德之后，必有达人，于汉叔见之。

家书来，内子以其母病视汕鮀，四、五、六诸儿皆未随往云云。想疾革矣。家锐已于五日坐"甘州"来上海转杭州投考艺术学院，仲儿年已二十一岁，徂南往北各自求独立之途，理应尔尔，但因体弱，朴学非其所任，改而之此，从此须过单独生涯，不免为之黯然耳。即走书寄申示谕之，并柬陈建功、张绍忠代为照料。作家书示珪儿，言儿云四儿头痛食鬲，并示以摄养之法。

1934年8月13日

阴晴，多阴。

连日扰扰，中心憧憧。今日山中静极，补作数日日记。为右沧、康甫书便面。锐儿六日在汕头首途，九日到杭州，住天然饭店，有禀来云："蔡外祖母已于五日早归真①矣。"

金甫以今早行，有片来致惜别之意，并属招待李济之、赵元任、唐擘黄。锐儿自杭州来禀，因访少侯，托为道地。午后驾车陪吴夫人环游岛屿港湾，密树远波，境与心违，心随境远。

【注释】

①归真：佛教语，谓死。后泛称人的死亡。

1934年8月14日

　　终朝如翳。

　　早起，汉叔将携书入山纵读，方聚信宿之粮，赁驱驰之乘，为备面包、干鱼、水果、麦酒之属。并电询山东汽车行车贾，按至华严寺（一百二十五里）一宿而返，仅需二十金，车饭五金耳，大车小车贾相若，云院长之命可相让也。比之前年四十金更悬殊矣。汽油狂跌，物阜而民不丰，亦今世界特有之变象耳。贾论定而校车来，乃提早午饭，决意陪往。毅伯来电，商出榜录取新生事，婉词改期一日，得允。遂偕汉叔、吴夫人贤媛同行，皆为当年辙迹所经，详去年五月五日日记中。日加未，抵华严寺下。一小逆旅，遂税驾①焉。按，青岛为莱州即墨县属，今划青岛市，以百里为界，所界处适当山脉，仄道巨石分裂，如破瓜之形，过此入劳山之域。新辟车道蜿蜒屈蠖，相山形地势而成之，车行趋降，颇费盘旋。华严寺不见《一统志》②，要在不其山麓耳。按，不其山在即墨县东南二十里，《汉书·武帝纪》："太始四年夏四月，幸不其。"颜师古注："山名，因以为县。"《水经注》："逢萌浮海至辽东，复还，在不其山。"李肫《三齐记》曰："郑康成尝教授此山，山下生草大如薤叶，长尺余，坚韧异常，土人名曰康成书带草，今所谓拳头菜者非欤，山下有郑康成祠，明正德七年改建郑公书院，今废。"（据《一统志》）南风不竞，吾道遂东，瞻望古人，敢不生为道自重之想哉。石边小息，连翩谒寺，竫穆堂宇，齐装钵衣，参诵有声，尘劳顿解。住持指引，仿佛此境曾经，沙弥追随，凄迷当前之路。云起云飞，本无心之出岫，泉清泉浊，宛斯人之在山。吸引一瓶，清凉沁骨，迟回跬步，耿婉幽情，万木参天，振衣千仞，日之夕矣，连襼下来，循泉奔流，咽石作响。侧身穿峡，跃足攀松，逶迤而行，乃抵坦处。坳池聚水，返照如空，漾且漪兮，其清欲绝，临沧浪之水，听孺子之歌。山川沉寥，琴音特韵，搴裳俪凌波之赋，濯足羡比翼之飞。掬水而甘，望尘如洗，有此逍遥游，不知人间世矣。夜宿华峰饭店，携壶有伴，行答尤欢，竹林之间，消此长夜，万山如醉，一榻尤安，可为干净一片土也。

【注释】

　　①税驾：犹解驾，停车。谓休息或归宿。

　　②《一统志》：指《大清一统志》，清朝官修地理总志。

1934 年 8 月 15 日

　　晨在劳山，小雨，入午阴晴相间。
　　相约早起，在山中观日出，浴日气宇，又是一番景象也。未爽而醒，枕畔雨点萧瑟，泉韵潺湲，已知此境不易达到，悬之胸际，作一种幻境。目想而神游之，亦觉宇宙之宽，无阻无碍。早膳中西杂陈，刀匕迭奉，博此一饱，好骋山行。小雨有间，冷波可即，跳据岩阿，攀取松菌，轮囷纤少，得之皆欢，手拾之劳，倍滋心赏耳。庖人杀鸡，付以助黍。风雨如晦，益爱友朋，展对一枰，酬应数局，以有所牵，负北者三。洎午打尖①，鸣驺出谷，华峰无恙，汉叔独留，书带如存，吾道不孤。余等三人，循辙回驾，好雨刚过，频过泥泞，方仰一坡，车轮不转，行不得也，胡为乎泥中哉。乃雇土人十余辈，前邪后许，或推之或挽之，护从数里，穿越山谷，抵乌衣巷，方散遣之，以资二金，其一人因用力过猛，破玻璃一窗，念非彼力所能偿，笑遣之而已。申初刻入青岛，斜阳半山，梨实满树，入室进膳，清叙抵夜分。
　　仲儿由杭回申禀来。
　　【注释】
　　①打尖：行路途中吃便饭叫"打尖"。

1934 年 8 月 16 日

　　七夕，晨雨午晴，八十三度。
　　辰刻入办公室比检成绩分类，九时开招生委员会，至下午五时方毕，共取定一百五十二人，数学系宋德容等十四人。胡秀松（家凤）昨今来访两次，未晤。夜对局清谈，时有悟入处。
　　玉君夫人来言晓舫有疾，代为片请仲纯往诊之。

1934 年 8 月 17 日

　　晴，晚小雨。
　　晨赴车站接太侔，未到，过客栈看同乡，折市政府答胡秀松之访。毅伯来同至秘书处与达吾商办校务，归来，因雨竟日不出。

1934年8月18日

晴，八十三度。归途初见上弦。

晨迓太仆车站，晤仙槎，过太仆寓斋小坐而返。晤李济之，济之旋来谈，以潍产寿杖赠。吴夫人遂以今午告归矣，千里来访，至可感也。诣宏成发待舟不得，当仍折回午饮，浮生又得半日欢，耆好所在，心头滋味，自喻之而已。不觉多尽几杯，低斟缓酌，醉人如许明日，多饮伤胃，申诰历三，但自分此生未尝滥分所好，即此一杯之爱，应有共谅之者耳。脉脉绵绵，倚几而坐，车鸣缆解，言至渭阳，踯躅江干，看日早晚。晚饭于纫秋处。夜有客杂谈，几至子尽。

1934年8月19日

晴，八十三度。

补日记，器儿禀来云蔡外祖母以中秋日领帖，母亲令其陪奠，过此日子方行返校，然须误课二星期云云。念此非校规所许，不过情意亦有是处，作示并柬内子礼次商定之。示仲儿上海并嘱其往善钟路。

竟日为人聒扰，无可谈藉者，远水归帆，隐约可数，绿波碧色，瓜以为期，郁无俚之怀，当强聒之客，虽隐几而卧，取瑟而歌，而无术自脱。夜懑甚，独雇街车，走宏成发寻纫秋倾泻之，山居四年未遇之苦也，戌归浴早息。

汉叔入山约以昨日来，待至今夕杳然，欲电询之而电话不达，拟及朝差伻者阿孙迹之，乃亥尽而汉叔来，则已应客约长夜之饮矣。复张灯小谈，抵榻而睡。

1934年8月20日

昧爽急雨倾盆，雷电交作，隅中晴，午稍热，八十四度，无风，夜月见。

未起，骤雨拍窗，巨雷振屋，其声霹雳，回绝凡响，群山乱叠，益助激湍也。然闻声之时已在雷发若干秒钟之后，迅雷必变而可不必耳。寤而复寐，辰尽方起。偕汉叔安步枙落，分坐石头，益念华严之游，幽窈隽永，不可弥忘。

仙槎与其法国夫人来,饷以潮茶。仙槎欲窜予书《三字经》中不合俗书者若干字,在济南重印大字本,广为施行,令鲁童肄业及之,此尚可行者也。已及午,不及备餐,面约仙槎晚来共饭并谈校事。

与汉叔对二局。汉叔尤喜围棋,谙日本棋界掌故,为诠次之,云日本现有围棋研究会,内设研究院,由大实业家大仓喜八郎年给二十万金支持之,自入初段以上者给奉,有差虽甚薄,而以民间多耆此者,故多伙①助耳。入二段,举国不过二百余人,其奉入可视中学教员。五段者可视大学教授。闽人吴清源幼随其父参赞日本,八九岁时已毕读其家所有棋谱,十六岁其母挈之复渡日,豢于豪家。彼在燕都夙以棋界神童名,然靡能全活之也,今名列五段而力量实过之,所造可与康熙间海宁范西屏颉颃,今存《桃花泉》及西屏唯一敌手海昌《二妙集》两种棋谱可证也。日本推为国手列九段者,仅有本因坊秀哉一人,其在棋界之权威视吾侪学术界为大,从之游者,以其一言为贵为贱焉。然已绝少对局,多以教导及著论为生矣。偶因新闻社之主催与吴清源对手,仅让一先,一先即一子也,其等级约差三段,两人对下,日不过数子而止,而通日播之报章,一局之稿费已达二千金,旅邸供亿,为数不赀,尚不在此数也,局终清源仅负一子云。此事与民生之安定、民知之强窳攸关,今日吾国象棋界去此尚远耳。

晚宴仙槎夫妇、李济之,有汉叔、太侔、毅伯、达吾作陪。何夫人颇健饮。太侔久客初归为乐,举盏引满者数焉。席终清言娓娓,亨茗切瓜,各适其适,更深方散。与汉叔坐庭前久之。

门人刘纪瑞、曹信忱分就馆②去,来叩辞。柬慧。

【注释】

①伙:帮助。

②馆:旧时指教学的地方,此处指刘纪瑞、曹信忱分别到学校任教。

1934 年 8 月 21 日

晴,八十二度,晚月无光。

武昌陈雨苍来。广州高承元以仙槎之介绍来,承元自称略通音韵学。陈年又来对坐终日。

汉叔行箧中有佳书可为伴侣者……

E. C. Titchmarsh:*The Theory of Functions*,1922。

北京图书公司有翻印本《函数论》,以此书为最新颖且排列合于教授。

Dr. J. Horn：*Einführung in die Theorie der partiellen Differentialgleichungen.* Leipzig：*G. J. Göschen*，1910。

尤适宜于授偏微分方程式论之书，微分方程式尤见匠心排列。

里人陈朋初、宋树三、黄钟（梅县）来。夜仍感懑，电招纫秋来决待恶客事，定以明早致馆费二十金，声明力尽于此，如不蒙原谅亦是无法云云。比来受窘五六日，恶言盈坐，本不敢引之为友，而无因至前逼人如是，王之所欲者至少二百金，是诚区区然，先生为何而赁虎哉。入此山来，此为闯门之尤者矣，戒诸奚明朝起戒门巡视，管钥员员不休，为人之拙，时自失笑。

1934 年 8 月 22 日

报载京徐室内温度又达百度以上，八十四度，晴。

启窗而吸，阖户而坐，与汉叔各手一书，倦则鸣鸣然，各寻至乐。

中土围棋胜负以子之多寡定之，日本则仅问胜负，不问所负之若干，与中国象棋相同，然若所差一子之间，则其严密处至一子之四分之一、至八分之一决之，犹象棋以让一先、二先、三先至一马为等级也。

《四部丛刊续编》今日收到。

扃门自守，终日不窥园，博涉群书，时写一二，拜客之赐不少矣。然剥啄时闻，早晚却来两次，至则被拒，于阍人而仍索钥所在，诘冯先生安在①。人不自爱，何施不可。我则画地为牢，夜深方踱户仰望天河，一年一度，天上人间，彻夜席地而卧。

【注释】

①诘冯先生安在：冯祖荀原有应聘国立山东大学数学系之意，到校后不知发生什么事，终令冯北归北平。

1934 年 8 月 23 日

晴，感热，日昳八十七度，西北风，晚阴蒸，入夜小雨，同日宁沪报一百〇四度，本年两次破六十年纪录。

早起，因汉叔将北归会 Osgood 教授，今日到平。Osgood 供职哈佛大学三十许年，以函数论负现代之权威，今年六十九岁，新与一门生之妇结合，旧妇仳离，为哈佛大学所退职，可见彼邦尚有制裁，不若国人扶篱突藩之甚也。汉叔濒行，以名书 Titchmarsh：Theory of Functions 为赠，此论兼实虚两种变数,出版才三年者,奉读喜极。早餐后召车将送车侧,祖以陈酒四尊。车行诣宏成发一谈,连日苦于一客,几欲束装而逃,近走宏成发或柳树台,远则北平或上海耳。暑威未退,举足维艰,安土重迁,乃出键门之策。今晨徙书几北窗下,海山在望,骖从无声,何事走越走胡,居然以游以敖,昔贤今士,不绝履綦,书带心苗,蔚兹方寸矣。

罗家伦长清华大学,禁雀战,废菊圃。寅恪集杜句联曰:"庄梦未知何日醒,鞠花从此不须开。"有曰:"鞠可通菊乎?"则将应之曰:"吾适思月令鞠有黄华耳。"

张怡荪来谈,郭式毂自燕来,共坐石上久之。客散灯下阅书,不可一刻。偶坐槐下,为毛虫所伤,废然就寝。

1934年8月24日

处暑节,终日暖瑈,日佚八十二度,晡日始见,昏后小雨,热未解,慧长书来问窗前瓜熟未。

枕中微闻雨声,及寤已息,早尚感热。式毂自京来,云已夹衣入秋季矣。

1934年8月26日

星期,晨淡阴,昳日见,八十一度,昏小雨,旋月出朦胧。

早起急步大学之道,归以鸡卵二枚助粥,北人曰"卧果",言其躺于水中也。

张默生来投刺两次,顽奴推门紧闭,以为先生山中去也,不胜交臂之悔。智斋来,保衡来,晓舫、玉君夫人来。发家书。

中华书局《四部备要》别有巾箱本①,三十种,都二百册,以二十金约购之,今五年矣。长剑在要②,行囊生色,孤灯渡夜,逆旅有俦,并札存之,以示嗣续者。

内政部近查各省市人口,见报者八都市,计上海三三七七四三六,北平一五二〇一八八,天津一三四八九〇五,汉口七七四〇九六,南京七三五〇一九,青岛四四八一八七,济南四三三八九八,兰州九六二三二人。而不及广州,虽鞭之长也。

留学芝加哥时,记一独幕电影片,仅有问答数语,意云:

法官:"夫人今年多少岁数?"

夫人："二十五岁。"

法官："我记得数年前夫人办过一桩离婚案，亦说是二十五岁。"

夫人："我向来说话一句就是一句。"

——鼓掌——幕闭。

闲居而不读书，士大夫之耻也，已读之书再见焉，如陌生之客，尤吾辈之耻也。无它，读时唯恐其不速，读过于我无有焉耳。敬领无则，加勉之训。

【注释】

①巾箱本：指开本很小的图书，意谓可置于巾箱之中。

②要：古同"腰"。

《万年山中日记》第二十一册
（1934年8月27日—9月27日）

《万年山中日记》第二十一册·自序

  山中一雨，秋思盎然，远水欲波，臣心可照。六旬来似年长夏，驹隙悠悠，五十后来日夕阳，予怀渺渺。自伤始满，焉知不如，岂耻无闻，实疾没世，加齐卿相，夫子不动心否乎。媿鲁诸生，君子知天命者也。青山名士，须一饮兮三百杯；红豆故人，致尺素兮五千里。浇其心苗之槁，馈以啖蔗之甘，不观野草无名，复时蕴后凋之秀，漫谓篱瓜有意，何长如久系之匏。无语燕泥，空梁飞落，老人马齿，抚髀踟蹰耳。甲戌圣诞黄际遇自序。

1934年8月27日

  夜凉须绵衾，晨阴，卯正七十三度，午七十九度，夜雨。
  至圣先师诞辰，今令所定也。是亦告朔饩羊[1]之谓矣，放假。
  邀李茂祥来弈，晚共饭，据云报载弈人谢侠逊将率数人来青表演。因记《三国志·王粲传》云："粲观人围棋，局坏，粲为复之。棋者不信，以帕盖局，使更以他局为之，用相比较，不误一道。其强记默识如此。"又《北齐书·河南王孝瑜传》亦言覆棋不失一道。古人所视为难能者，今人稍工弈者类能为之。余与客弈，偶存一二局，皆客退翌日追记之者。林和靖[2]云："世间事皆能之，唯不能担粪与著棋。"（《山堂肆考》）子瞻常言平生三不如人，即著棋与吃酒、唱曲也。（《挥犀后录》）皆夸世欺人语。

【注释】
①告朔饩羊：出自《论语·八佾》。后比喻照例应付，敷衍了事。
②林和靖：林逋，北宋诗人。

1934年8月28日

卯尽七十三度，淡阴，昳七十八度。

夜雨丁冬，生凉枕上，晨起不胜葛绤矣，启笥更衣，勉自调护，冷波间作，空院无人。

晡以论文分寄寅恪、孟真、秀松、幼山、子仁、荫轩、竹铭、梦秋、镐臣、隽卿、季刚、吴山、一多、颉刚。作家书兼柬峻六、梦秋、隽卿、秀松外甥、孙陈安澜。

晚醮，少侯一过垂问锐儿考杭州校事。济南赵新吾来访，馈以《三字经》。夜呼伴不得，独倚北窗，读《后书》酷吏、宦者、文苑三传，真为扼腕斗筲，伤心五百者矣（五百卒伍也，见《酷吏传》）。夜深人定，掩卷而悲。

1934年8月29日

傍晚以端楷为人役，是真近乎卜祝之间者矣。晡少侯馈竹叶青一瓶，独酌甘之，信佳酿也，名亦韵绝。夜招君复弈五局，间有悟到新着，而漏着太多，终日云劳，精神不继耳。尝语同人云，要去汝之悔着与太显现之漏着，而后可言入级与否，今之弈者以九级为入门也。

1934年8月30日

阴，午晴和，夜见下弦清洁，秋意渐深。

晨起独迟，送汉叔行后，忽忽一来复①，未尝衣冠唯诺也。偶出访重熙少谈，过怡荪、晓舫均不值，归以谢启致少侯，并柬怡荪、柬玉君。怡荪来答访。中山大学教授崔载阳（增城人）来访。毅伯来。茂祥、咏声来谈。

【注释】

①一来复：旧时称一周为"一来复"。

1934年8月31日

卯正六十八度，日昃急雨旋止，七十六度。报书自黄浦至。

点《逸民传》竟，智斋、少侯来。柬毅伯。久不步行，傍晚走访泽丞，户键不得其门。夜寻咏声坐谈，携得《撰联指南》归，而卧阅之，亦甚自得。（泽丞实未返青，传贻诚者误之也。北平祭孔，主祭者云"虽州里行乎哉"，误作"周礼"，此更不足大惊小怪矣。）

1934年9月1日

晴丽，是日止用冰，气候和爽，初秋最好时也。

点勘《方术列传》一卷。

星期之六，各觅佳侣，萧斋如寺，执简自婴。夜访少侯参战，子初、茂祥同来。

1934年9月2日

星期，晴和，午阴，七十八度。

早李晓舫来，未起，不晤。寄家书、羊书，函蔡镜潭、杨静吾并片示仲儿杭州。

夜答访李仲珩，不晤，折往少侯处盘桓长夜，乐群而荒业矣。

1934年9月3日

阴翳，夜雨霢霂。

晨访仲珩，商定分任实变数函数论、近世代数学、积分方程式三种。访毅伯商校务。访叔明未归。皮达吾、陈之霖来访，适不晤。编定本学年数学系课程分任表及轮流指导演习论文月分表，颇费钩稽。招岳生长奎助理之，达午方毕公。家书来，慧柬来，即复。函喑程生楚润，柬省之。之霖（新昌）来任化学教授，约聘有年矣，仅见其论文，以为未相识也，晚见面，乃十三年前渡美时道过东京在国师馆有一面者。

卧阅东汉诸帝纪。夜雨与涤非坐谈至子初。入浴而睡。

1934年9月4日

巳正七十五度，晨雨霂霢，午晹立阴，昳又雨，大风，夜星见。

家书言南中大雨霖（《说文》："凡雨三日已往为霖。"），禾秧淹毙，斯亦可谓天人交迫者矣。昨夜苦雨，无以为怀，杂检诸书，随翻随释。入夜欹枕，声益凄其，屋溜山泉，交相迸响。殊惭霖雨，负此苍生，侧耳霂霢，时伤霢霂。有怀不寐，此意谁论，风入山中，更深益吼。破窗而洗，挟雨来侵，势振危楼，威卷残卷，是书生寄命所在，敢抵死与风为仇，理董经时，枕衾可恋，一卧晌午，所生不辰。

阴雨晦明，瞬息而变，抽读《鲒埼诗集》至"三千里外无家客"等句，殊难自克。攻正一谱，又不可得结论。夜出访君复，坐至子初。法章以书来，索手书《三字经》，即束答之。

1934年9月5日

晴，昳七十八度。次儿自杭禀来，发片示器儿。今日某局招往开会，因读书不往。午往校商各公务。晨访少侯。夜怡荃①来谈。

【注释】
①怡荃：即张怡荪。

1934年9月6日

晴，昳八十度。指派岳生长奎为数学系助教。智斋来商定课程、教本等事。夜闻雨枕上。

竟日点《后书》。夜卧阅《杨震传》以下数卷，渐有入处，鸡鸣始释卷，然入梦惝恍矣。

1934年9月7日

寅三刻七十四度。

料检寄家中节物，腌鱼、苹果、花生、花红、白梨之属，又以其余寄慧儿，均托绥阳归舟中人萧、陈二伴带去。岁时存问，节序迁流，睹物依风，行深莼鲈之感矣。

下午君复来坐谈数局，新着间出，晡留饭。毅伯来。不入戏场二年有奇，独往国民大戏院。《四进士》去宋世杰者刘奎童，到场锡金龟刚上。去张义母为一坤角，平平无足道，令人回想龚云甫盛时。戌初《四进士》上场，一名《节义廉明》，自杨玉贞卖身路遇杨春起，此戏人人所知，料无不看过者。余髫龄时在本宅前所见，情节几全相同，而传习不衰，非尽关演员叫坐之力，本戏亦有大部分号召之功。余常言与其看好角演恶戏，毋宁看较差之角演好戏，今夜环环视同啸侣，差强人意，实获我心，刘伶嗓子甚宽，落字尚稳，脸上有戏，惟不足言韵味耳。夜半归舍，卧阅《后书》。

1934 年 9 月 8 日

晴，午阴旋霁有风，昳七十六度，夜星河在天。

晡晓舫夫妇来谈，傍昏读书为之忘食，夜寻君复坐隐。

1934 年 9 月 9 日

星期，辰初七十一度，晴，昳八十度。

晨起坐瓜下，看林鸟高飞，山阳远照，池荷残盖，篱蘜①未葩，自恨独醒，何心高卧，赁春何处，卖饼有人，滋贻笑于山灵，复婴情于蠹简耳。

《广雅丛书》史部有《后汉书》补表、补志、补注、辨疑、考证等数十卷，皆清儒治史学者之杰也，当兼及之。

泽丞今晨自江右来，晡枉谈，多遭乱之音，证以史事，古今一埒，山岩泽畔，隐士孤臣，自有其不得已者在也。夜释荚俯仰，木石无知，宛其死矣，它人入室，蹈伊川之土，过伯有之门，喟然不觉，涕之无从，嗟哉，天下之生以至是乎。

【注释】

①蘜：古同"菊"。

1934年9月10日

晴，辰初七十四度，昳七十九度，风和景明之秋也。

累日闭户讽诵，绝人间事，欣然自得，不知候问之礼。夜方诣泽丞一谈，归复治书。泽丞馈江西缶罍，状如石鼓。客问："何用?"对曰："君子不器。"

1934年9月11日

卯正六十四度，昳七十九度，及夜无风。

昧爽不寐，当户吸鲜，高爽无伦，徘徊大学之道者久之。

午怡荪偕舒舍予[①]来，泽丞来，啸咸来，不期而会，相见亦无事，重与细论文。舍予前尝在历城典试同评阅国学试卷。昳茂祥来，剧谈至亥尽。纫秋传意下山一面。张采石娶子妇，贺以四金。门人徐韫和书来。

【注释】

① 舒舍予：老舍，时任国立山东大学讲师。

1934年9月12日

辰初七十二度，晴。

晨起登山，乱石阻径，比方凿石筑舍也。遥盲海濑，波静如土，水面无光，为浅汐之期，林空蝉静，返景入庐。

家书来即复，并柬示次儿杭州。夜同舍人小饮，相聚而谈，泽丞来，省之来，联膝为欢。客散夜静天醉，仍读《汉书》。啸咸述民十之间一趣联云："由城而坡，由坡而河，由河而海，四总统愈趋愈下；自京至奉，自奉至鲁，自鲁至鄂，三巡阅越弄越糟。"亦一代风谣也。

1934年9月13日

晴，昳七十七度。锐儿禀来。

晨未起，达吾来，不晤。访少侯小谈。少侯旋偕洪深[①]（武进）来，亦健谈者。

下午出席校务会议。晚胡秀松、雷法章宴蔡鹤卿夫妇青岛俱乐部。少时闻蔡元培尝到澄海，问之而信，于汕头主薛子珊，于澄海主李雪岩云。

夜往观尚小云《峨嵋剑》一剧（票贾二金有半），先三日定坐而后得之，至则奚啸伯《击鼓骂曹》上场，声多浮响，台步亦不稳，有曰时祢衡年未二十六也。《峨嵋剑》事出天南遯叟之《淞隐漫录》，俗诞不足谈。小云不见四年，嗓音仍足，惟咬字仍多未稳，使腔复多，趋时动制新剧，拉杂而陈，文武混乱，云路剑光，最为欺眩之具，配角不讲，味道荡然。吾不欲观之矣。

【注释】

①洪深：中国早期电影的开拓者。导演，剧作家，戏剧批评家，教育家，社会活动家。

1934年9月14日

晴，昳八十度。

下午门人徐子尚（现今临清县）子大有来见，问入学事。出席教务会议。晚蒋右沧宴鹤卿先生于观象台邸。席间叩鹤老以《越缦堂日记》未印本事，承云前十三册已在商务印书馆上版，后八册则仍居樊山箧中。当年樊山云："待自启针。"或云："樊山未死，箧中物已为不肖子孙盗卖。今樊山已死，更不知流落何处矣。"为叹息久之。与胡秀松对一局，秀松入手即用炮二平四，犯兵家之忌，致败甚速。驾车遄归矣。

丁山馈戏票一张，乃驱赴之。芙蓉草即赵桐珊，十年旧识，今以刀马旦名适演《百花亭》，不用跷工已非旧法，但运腔尚圆。大轴为《三娘教子》，接《忠孝牌》（御赐"忠孝节义"额），《双官诰》，即全本戏。奚啸伯去薛保，颇用心行腔，究竟脸上无戏。尚小云以蓄音胜，高低运唱时，腮下涨缩甚剧，殊合音乐之理，但不可入目耳，此来屡饰高领，善掩其拙。今晚戏极动人，"断机"一段尤曲折尽致，唯表情每有流于荡处，殊于苦节。"教子"之王春娥诸多未合，"断机"时因薛倚淘气为之失笑，而后号啕，失之远矣。子夜偕太侔夫妇归舍。补读刘平、赵孝等传论，感念义烈之风，迟回礼教之本，闻鸡不睡，挑灯记之，此戏令程砚秋演之当更能表贞妇之至处。

1934 年 9 月 15 日

晴，昳七十九度。

晨仍早起治书。今日开学，上午指导选课。智斋致陈酒一罍。丁生振成馈信笺二盒。

夜赴东海饭店，应咏声佳酌，肴馔殊美。东海今夏方落成，投资六十万，备极宏壮。

今日涤之回校，馈同仁堂虎骨酒，晡过谈以待，共出候车，自五时起姑对一局，本系消时之举，举着甚不费思，六时车来，未终局，约车再来，延长半时，仍不成和，酒后再续成之，后半局饶费推敲，可存之作。

1934 年 9 月 16 日

星期，晴，昳七十七度。

夜周承佑、杨善基、王淦昌诸君聚谈，客退读《汉书》至子正。

1934 年 9 月 17 日

昳八十度。器儿电来报行期。平书来。

夜唐凤图与涤之对局，君复、涤非、淦昌诸君作壁上诸侯，王哲庵来即归，谭天凯来索书。

1934 年 9 月 18 日

晴阴相间，昳七十四度，初见上弦，忽焉而霾。

夜卧阅《汉书》，晨遂贪睡，如有所失。竟日坐听事，守待指导选课，阅览无所得，日昳归舍，亨乡茶而甘，纫秋所遗也。柬纫秋代寄二十金为锐儿留杭之用，寄家书。

夜少饮辄醉，昏后振起读至夜半，斯信永巷长门之佳侣矣，坐久不胜单襦。

1934 年 9 月 19 日

卯正六十四度，阴，过午晴，夜月清高。

开明书店（上海福州路二七八）用殿本①《二十四史》加《新元史》《明史》考证捃逸人名索引，参考书目各种，为《二十五史》三千五百三十卷，分装九册，预贾四十金，用六号字，尚清晰，可随身备查者。但排版聚珍②而成，恐不胜亥鱼鲁豕③耳。

夜啸咸、泽丞、保衡来久谈，仲纯后至，同出步月，低头者久之，夜点书。

【注释】
①殿本：清代武英殿官刻本的简称。
②聚珍：活字印刷。
③亥鱼鲁豕：指书籍在刻印过程中的文字错误。

1934 年 9 月 20 日

卯三刻六十五度，霭，夜月皓洁。

是日开学，而释菜之礼久废矣，蔡鹤卿临讲，余复励以进修之道，从咬菜根入手。

蔡镜潭函来，寄示家锐杭州、家器上海，寻购王氏《汉书》，柬门人杨渠章长沙，亦为此事。晚少侯以张人廖复书相视，云锐儿已考隽，少坐同出望月，清寒欲绝，秋意侵侵迫矣，夹衣尚感凉。今日接家书（十三日）尚云九十四五度也，夜读至人定后。

1934 年 9 月 21 日

霭，夜月高洁。

刘重熙来谈校务。君复来共弈，局终出看夜月，分外明彻，处处乡心，将相同之。今日收到《四库珍本》一箧，凡五十九种，四百二十六册，未备书架，不欲启封，亦以来日有可读之书也。

1934年9月22日

辰初六十二度，晴丽。

晨起方伏案，幼山自济来①，拥书而谈。九时往授课，口讲之劳，又有事矣。幼山午来共饭，正坤来。

毅伯来招同赴会，因午睡失应。哲庵馈杭菊，贯三馈东昌鸡，即片谢之。晚太侔宴同人厚德福，亦极履綦之盛。局罢同至校庐小坐，复偕往太侔处相聚而谈，子三刻方归。

【注释】

① 幼山自济来：张幼山难得从济南来青岛，每来则"又有事矣"。

1934年9月23日

中秋节，星期，辰二刻五十八度，阴曀终朝，夜月隐约。

日来多坐少动，夜被酒，尤觉停食不快，速善基同出西山二路。自入夏来不作斯游，荒径寡行人之迹，空林惊宿鸟之飞。草有荣枯，人犹老健，天阴海啸，雁北燕南，感此盛时，每逢佳节，所以迟回，遂揽辔也。发内子书，午食于宏成发，肴馔丰满，不敢多食，取其适口而已。归偃息，复为乡人作榜书碑额等。"学书本以自娱，其终乃为人役。"近人田桓之语，信可味也。晚酌无侣，孤寂交感，诣少侯款语移时，偕出缓行至海濒，行人星稀，团归云蔽，唯清风习习，足荡我怀。夜乃点帝后纪待漏。

1934年9月24日

卯正五十六度，曀郁。

早起授徒，归检比新籍，究觉古人可亲也。《四库全书珍本初集》已到者：

经部：

《周易新讲义》六卷四册，宋耿南仲撰。

《西溪易说》二十卷五册，宋李过撰。

《周易图说》二卷一册，元钱义方撰。

《尚书疑义》六卷三册，明马明衡撰。
《诗演义》十五卷六册，明梁寅撰。
《毛诗类释》二十一卷、续编三卷，六册，清顾栋高撰。
《月令解》十二卷三册，宋张虙撰。
《春秋明志录》十二卷十册，明熊过撰。
《春秋辑传》十三卷、凡例二卷，十六册，明王樵撰。
《春秋质疑》十二卷二册，明杨于庭撰。
《读春秋略记》十二卷七册，明朱朝瑛撰。
《融堂四书管见》十三卷五册，宋钱时撰。
《十三经义疑》十二卷四册，清吴浩撰。
《十三经注疏正字》八十一卷三十二册，清沈廷芳撰。
《蒙斋中庸讲义》四卷四册，宋袁甫撰。
《古乐书》二卷二册，清应㧑谦撰。
《俗书刊误》十二卷二册，明焦竑撰。（二三〇九二四记）
史部：
《春秋战国异词》五十四卷、通表二卷、摭遗一卷，三十册，清陈厚耀撰。
《水经注集释订伪》四十卷十八册，清沈炳巽撰。
《吴中金石新编》八卷六册，明陈昕撰。
子部：
《家山图书》一卷一册，不著撰人。（儒家）
《武经总要》四十卷三十册，宋曾公亮等撰。（兵家）
《脚气治法总要》二卷一册，宋董汲撰。
《集验背疽方》一卷一册，宋李迅撰。
《研山斋杂记》四卷二册，不著撰人。
《言行龟鉴》八卷三册，元张光祖编。（杂家）
《实宾录》十四卷六册，宋马永易撰。
《名贤氏族言行类稿》六十卷二十四册，宋章定撰。（类书）
集部：
《文庄集》三十六卷十二册，宋夏竦撰。
《范太史集》八卷二十册，不著撰人。
《忠穆集》八卷四册，宋吴颐撰。
《东牟集》十四卷八册，宋王洋撰。

《相山集》三十卷八册，宋王之道撰。
《北海集》四十六卷、附录三卷，十二册，宋綦崇礼撰。
《网山集》八卷二册，宋林亦之撰。
《澹轩集》八卷二册，宋李吕撰。
《尊白堂》六卷五册，宋虞俦撰。
《九华集》二十五卷、附录一卷，八册，宋员兴宗撰。
《芸庵类稿》六卷三册，宋李洪撰。
《昌谷集》二十二卷十册，宋曹彦约撰。
《省斋集》十卷五册，宋廖行之撰。
《后乐集》二十卷十册，宋卫泾撰。
《性善稿》十五卷五册，宋度正撰。
《泠然斋诗集》八卷四册，宋苏泂撰。
《臞轩集》十六卷十册，宋王迈撰。
《唐斋集》六卷三册，宋赵汝腾撰。
《张氏拙轩集》六卷二册，宋张侃撰。
《青山集》八卷四册，元赵文撰。
《养吾斋集》三十三卷十四册，元刘将孙撰。
《西岩集》二十卷七册，元张之翰撰。
《王文忠集》六卷三册，元王结撰。
《榘庵集》十五卷六册，元周恕撰。
《伊滨集》二十四卷八册，元王沂撰。
《性情集》六卷二册，元周巽撰。
《独醉亭集》三卷二册，明史瑾撰。
《希澹园诗集》三卷二册，明虞堪撰。（已上别集类）
《南岳倡酬集》一卷、附录一卷，一册，宋朱熹、张栻、林用中撰。
《诗家鼎脔》二卷一册，不著编人。（已上总集类）
《竹庄诗话》二十四卷八册，宋何溪汶撰。（诗文评类）

以上凡五十九种四百二十六册，依四部之序循墙栉列而攻之，每书皆首列提要，昔为王者之利便，今儒生亦有之矣。

夜翻猎群籍，收获甚少，手定弈谱，亦曰饱食用心云尔。家书来。

1934年9月25日

辰初六十四度，晴明，夜月皓洁，怡荪夜来谈。

晨授二课，下午尚有二课。闻叔明来寻访，久谈，别来二月余矣。今日精力尽于授徒，徒能遵教，亦是乐趣。夜酌后点完《后书》帝纪，征田亩租税，开西邸卖官，皆起于桓灵之世，天厌汉德久矣，山阳其何诛焉。

1934年9月26日

辰初六十四度，晴阴相间，夜月无光。

晡承佑来密谈，乃柬招涤之来共晚酌，适少侯、仲纯来，不速之客于此三人矣，就同舍人之席饮宴为乐。夜君复来。独留涤之谈至夜分。马隽卿、荧飞书来。

1934年9月27日

晴，夜月阴淡。

授徒二课，其声已嘶。诣太侔校长略及公务即归。点《汉书·高祖本纪》。感风不快，齁嗽间作，午后一睡几至日晡，梦魂所绕，野马无羁，偶一忘怀，辄视亡女。虽禀西河离群索居之过，犹感文先（杨彪）老牛舐犊之言，负手溯洄，刺心恩爱已焉哉，谓之何哉。

夜仲纯约小饮黄县路寓斋，见其垂髫之女所书泰山峄碑，略得瘦长之意，完白山人之后，应复有闻于世者。座客鼎彝错列，不惭高斋。丁山、涤之、涤非、少侯后先而至，鲁酒一罍，家烹数馔，低斟缓语，别有清情。谈至戌中，五行阴阳日者相人等事，亦复津津有味，史传有之，今未能废也。予今夕不敢多进饮食，素餐陪食，遂尔相忘。负月夜归，以生梨止嗽，蒙眬入寝。

《万年山中日记》第二十二册

(1934年9月28日—11月4日)

《万年山中日记》第二十二册·自序

比以闭门，比于坐废。妻孥南徙，洛鼎东迁。秋风莼鲈，故国旗鼓。时用迟回，能不怆悢。顾念书缺有间，庭除正宽，俯仰之余，啸歌以之。丹铅狼藉，若对薄书，青史豕鱼，如扫落叶。晨鸡警晓，野马流光，独策峻坡，无伤逝水。年不可假，大未必奇，心之所安，非亦胜是。不习女工，宁当举博士邪，如此竖儒，几败乃公事耳。经儒将绝，痼习难忘，永戴遗贤，怀我风爱焉尔。甲戌中秋后五日畴盦自序之一。

1934年9月28日

《四库提要》分史部为十五类。曰正史，曰编年，曰纪事本末，曰别史，曰杂史，此史之总体也；曰诏令奏议，曰传说，曰史抄，曰载记，曰时令，曰地理，曰职官，曰政书，此史之分支也；曰目录，曰史评，此史之冠冕也。晋之《乘》，楚之《梼杌》，鲁之《春秋》，一也。唯《春秋》乃昭耀万世，以尊圣人故，炳焉与六经同风。类列正史者，《史记》与《汉书》尚矣。纪传与编年，分峙二体，犹《春秋》之于《尚书》也。至唐以前，不愆不忘焉。宋袁枢作乃年次旧闻，厘为纪事本末，昔之以人为年为经者，兹则以事为经矣。自此以降，胥外传裨官者棷也。《国语》之于《左氏传》是已。然旧事遗文，往往而在，如《东观汉记》，如《贞观政要》，亦不可废也，故立别史、杂史二类以系之，史之为体，尽乎此矣。然治道之隆，寀人治之。文野、天时、地利之蜕嬗，无一不于史焉寄之，故《史记》有十表八书，《前书》有八表十志，以补纪传之疏，而贯编年之绪，治史者犹虑其未尽，分立专科，自诏令至奏记，皆虑其未尽以存实录者类也。自时令至政书，皆分立专科，以核世变者类也。若目录与史评者，则又何说？《春秋》文简而事赅，目张而褒贬已具。迁叙三千年事，五十万言，固叙二百四十年事，八十万言。（刘知几语）虽文辞烂然，而浮于质矣，乃自序传以领其纲，复缀论赞以见其意。固又立《艺文志》，以总结文治之源。晔又时附序论，以致慨盛衰之理。不治史者，直朝菌、蟪蛄而已矣。通一经则群经能通，专一史则诸史可举类焉。吾自述治史之迹，以序吾记焉尔。自序之二。

鼽嚏交侵，咳唾乘焉，偃卧无俚，入夜早睡。

1934年9月29日

辰正七十四度，湿雾霓霾。报载京沪复热至九十余度，海州沭阳牡丹花开两株。

晨走少侯处小谈。温度甚高，授徒未终，挥汗如雨，衣襦透湿矣。

晡陈之霖偕周学普①君来访，皆留东同学，初应校聘者。

是年行省五旱灾（湘、鄂、赣、浙、皖）。市政府社会局以振灾事大会游艺，挽名伶尚小云、名票俞珊等，乐舞三日于平度路大舞台，台可容二千人。票价高者六金、五金、四金，以下有差。五六年来已淡焉若忘，不涉足锣鼓之场，兹以事关振助，且乐观诸票友伎艺也。按其戏目则以第三日为配搭得宜，捷足先得中三排一座。今晚乃蓐食，按时赴之，到场甫过六时，尚未开锣。只因第二出为《连升三级》，写一赶考举子与店家曲解四书章句。如在陈绝粮，命子路借粮，子路乃往借盐以喂（畏）圣人之盐（言），所以夫子及门皆古之咸（贤）人也等，殊助解臣。去店家者慈瑞泉，为现存名丑之一，盖非口齿玲俐，气永声宏，不足以动观听。平生喜聆妙于词令者，特早赴之，而临时戏码易为贾多才父子《定计化缘》，失之远矣。开台戏为本台童伶梁蕙超之《乾坤圈》，演封神榜哪咤太子故事，身段尚觉灵活，断非玩票者所能。三出江衡甫《盗御马》，江系铁路局员，去窦尔墩身材嫌小，咬字有不准处，如报名时恍如"窦墩"，是舌头未硬之证，然一路演来，颇觉流畅，饮酒时"二六"一段，顿挫低昂，字字入耳。目下花脸人才日少，弥可贵耳。四出《六月雪》，紫丽琳女士去窦娥，演"探监"一段，不代（应作"带"）法场，嗓音过尖，是女性通病，但尚无走板，不弄油腔。五出《审头刺汤》，王矩之（工部局员）去陆大人，陶若雯女士去雪丰雁，高富远去汤裱背，"审头"一段，王甫出上剧门，台步极萧洒之致，与汤力辨，继以申斥，嗓音不宽而饶有脑后之音，间或提高亦尚如云遮之月，（彼中人分唱音为"脑后音""云遮月"二派，汪桂芬以"脑后音"胜，谭鑫培以"云遮月"胜）唯不免有漏白，如"我也不买你字画呀"句上应"你既说人头是真的，又言道人头是假的"二句，忽然省漏，语气全不照应，演者当时似不觉得。陶每下堂必以怒目报汤，最为贴入剧情。又天生一副苦脸，直到"刺汤"一幕时，锦衾在御之，新嫁娘仍是愁眉深结，上吊时"早就有你在心上了"一句，破泪而出，强送秋波，极写无穷之刺心，作刹那之苦笑，将刺时之缓步，已刺后之急步，著著演来恰到好处，唱工复至稳贴，嗓音微带沙腔，去尽拔高拔尖之病。"抱认人头时见人头"一段，纵未圆润，已极稳贴，信青衣之独步，况属女界之票材哉。挽近以花衫②相尚，既兼花旦而演青衫，荡气有丝毫去不干净，节烈之概何从描写，差之毫厘去题万里矣。十一时压轴戏《御碑亭》方上场，从"赶考"演至"团栾"，吴铸生去王有道，尚小云、赵桐珊（即芙蓉草）分去有道妻、妹，铸生平平，偶一调高，便有脱板，然大体安稳。桐珊嗓音已复，表演剧情是其特长，此剧去一待字小姑，太苍老矣。小云登场即博采声，以前多属票友，至此一换口味而已，但观其举止纯熟，唱音宏亮，已满人意，须知此即其过火之处，又每一拍告终必于尾声加以一顿，助以手势压而送之，不知所受何师，而悠扬缭绕之韵尽矣。不过寻常顾曲，不明叫好应在何时，若随其手势而股鸣，百不失一耳。道白之间，"御碑亭"每日"碑亭"，究嫌不词。遇雨走台如弹丸走板，身段灵活，意遽体迟，急步环走时蹶而即兴者，一次濒跌而强持，幸免者二三次。上亭阶鼓点与步调紧应，上阶六步，下阶时亦六步，凡此等处，洵能体贴剧情深入无间，唯以归宁少妇，无人伴送，踽踽独行，终非理之所安。剧本亦极力补弥此缺，一则清明令节，舆隶马医之子，无不上祖宗丘墓者，一则懒仆骄奡，当差捏病，酿成小姑戏言有道休妻之变，此则本戏结穴所在，不必胶柱鼓瑟矣。十二时三十分大轴戏《四郎探母》方克登台，自"坐宫盗令""探母回营"至"缴令"为止，例须九刻钟，今夜以八刻钟了之，倍见紧凑。临时幕前宣告小云准串缴令公主，票友赵韵岩串佘太君，以为维系人心之计，其实本戏久成名剧，有调皆备，无幕不精，加以今夕璧合珠联，票伶咸集，俞珊女士去坐宫盗令之公主，奚啸伯去杨延辉，赵桐珊去萧太后，已称五美，复以银艳芳去四夫人，札金奎去杨六郎，尚富霞去杨宗保，慈瑞泉、高富远分去护军、小军，青岛堂会此为空前矣。"坐宫"杨延辉一大段起，奚伶即卖全副气力，"我好比四叠"之"好"字，特见饱满，"南来雁"之"雁"字，尤以尖字见长，余音绕梁，掌声四起，"想老娘想得我泪流满面"之前背身耸肩充分挥洒，而后变徵③以出之，经此半幕，隐为全剧生色不少。接着公主出场，察其泪痕，八九已不离十，剧词特设四层"莫不是"云云以衬托之，此时操琴者已易，俞氏琴师按指有力，换指摇曳，播音于三眼处，弦音一断以顿之，复紧接上板，格外动听。俞氏台步全用燕京旗女步法，高视阔步，不作绊足迤行如寻常旦角，在演者或以为独见，在观者反误为生硬。及至唱到第三段"拍莫不是"尾声，喝采顿起，跟着一段胡琴又是一采，今夕胡琴更迭五次。"此最擅场"接唱"莫不是年迈老……"一提，奚伶头一缩，雉尾乱摇，活现惊愕之状，演者色舞，观者眉飞，壁上诸侯，寂然四坐，演员剧本，各半其功。接入"盟誓"转"盗令"一幕，凡非紧要处，过场甚捷，以剧情言，以本夜言，理应如此。赵伶"萧太后帘内"倒板，大有凤鸣高岗之势，落字之准得未尝有，"出帘"作满后装磬腰而行，博得虚誉不在少数。"骗令"时公主捻小儿哭，鼓师不知何以忘吹琐呐，堂上太后已高叫回来，顾观众无发觉者，四郎"索令"之时，故开一笔曰："嗳呀因为谈了半天心，倒把驸马的事忘了。"及至"得令在手，受我一拜"之时，又故放一刁曰："一夜之事，不谢也罢。"此等描写处，但令念词者稍重略假颜色，未有不博采者。俞氏当此平平演过，论戏则无疵病，论身分则十分恰当，不过行头扮相二项，不相称处不能无也，唱来丝丝入扣，于壮阔波澜之后忽奏悠闲婉变之音，又不以矜才使气出之，每遇转气之际特留一闲，如画家转笔，故留痕迹示人方，不借繁管急弦充填转气之缝，此是正道，而反令俗人不知好处，则又不必苛论耳。入后"探母"一幕，益显奚伶身手，甫交宋营，马脚一绊，筋斗一翻，令剑一松，铁锁已上，自是应有尽有，然尚在未下海时期，总算不易。赵韵岩"佘太君思子"一段，嗓子极宽，而时作小顿，不令一泻而下，老旦于今绝响矣，无怪赞好者之独多也。"母子相见"一场，乃叹观止，牵衣而哭，似戏似真，放声而呼，如泣如诉。"见老娘深深下拜"一段，慢西皮黄河九曲，声泪俱下，所见言菊朋、王又宸、马连良、高庆奎、谭小培等，今日皆被压倒，真大卖力气也。银氏四夫人亦平妥，跪台十余步颇可观。已过二时方演"缴令"，小云甫出，仪态万方，闻讯立呈皇恐之状，其急变处亦见工夫。要之此出自始至终无懈可击，综全剧而言，亦复铢两相称，今夜干坐八小时，有半不负此坐矣。（出园陪少侯夫人同归）

【注释】

①周学普：时任国立山东大学外文系讲师。

②花衫：20世纪20年代以后，综合青衣、花旦、刀马旦的艺术特点发展而成的新的旦角类型。

③变徵：我国古代七声声阶中的第四个音级。比徵低半音。

1934 年 9 月 30 日

阴雨，入夜霂霡。

早睡不熟，诣少侯快谈。访叔明借得《汉书补注》一函。记夜观剧事。晚招啸咸听雨论文。

1934 年 10 月 1 日

辰正五十六度，阴。

自今日起仍用韩江书局仿汲古阁本①《前汉书》点读，参以《史记》及凌稚隆②《史记评林》、王先谦《汉书补注》勘校之。器儿自南来，适携来申上文瑞楼③王本，直十金，犹且快意尔。

晡酌谈家常桑麻事，故庐无恙，人竟日非，蒿目江河，不任世变之惧。夜访舒舍予谈。归以《史记》参读孝惠、吕后两纪，兔狗之喻，人彘之刑，烟阁掖庭，望之却步。

【注释】

①汲古阁本：指明末常熟人毛晋所刻之书，汲古阁是毛氏刻书、藏书处，故名。

②凌稚隆：明代学者、雕版印刷家。

③申上文瑞楼：上海文瑞楼，清代末期创办的民营出版发行机构。

1934 年 10 月 2 日

卯三刻五十五度，晨微雨，及晡阴郁，夜初感寒。

晨束蒋丙然。今日授课四时，不能多治书，略理课业而已。校点孝文、孝景两纪，《前书》之文较《后书》难奥，佐以凌本《评林》、王本《补注》及《史记》，尚多涩不通也。少侯来阅日记，颇许评剧有则，晡共饮，夜同访泽丞、保衡。归温《史记》。

今日为一年生讲演习之法，并举下题为模范例，尚可存稿。

1934年10月3日

　　辰初五十八度，晴，淡阴。

　　阅上海中国书店（西藏路大庆里）书目，有王篆友《文字蒙求广义》四卷（五本四元），雷深之《雷氏八种》（十二本，二元六角）。篆友著述所知者凡十三种，尝考其编年，先后存上年六月三十日日记，此之云广义，向未见诸家评录，卷数凡四，与《文字蒙求》同，则更为晚作矣。彭啸咸云非篆友自为广义，特恐成于它人之手，书贾憙①揭橥其名者耳。[如《二十一史论赞》三十六卷（廿四本，廿四元），标作者曰汉司马迁，抑何可笑。]又予所得《雷氏小学》廑有五种，于雷刻四种，外加《韵府钩沉》一种，已为雷氏年开八十之作，此之云八种，不知尚有何等著作。窃谓深之所造虽非至深，而取径得宜，所言者多为人人心中所欲言，此为可爱耳。

　　今日觉感冒，不能致思。晡承佑来言，涤之已于昨夜行②。涤之函亦旋至。三载以来，气味相投，旬月之间，斡旋备至，卒挂冠而去，难进易退，保其如玉之身，涤之诚完人矣，顾何胜惜别之感哉。夜邀泽丞谈。

【注释】

①憙：古同"喜"。

②涤之已于昨夜行：赵涤之是创建国立山东大学工学院之重要人物，他决心辞职北返，黄际遇为之叹惜。

1934年10月4日

　　辰初五十六度，晴，初御薄棉裘，连日温度较诸去年低降十余度。

　　晨授课二小时，既竭吾力。下午出席二会，深感疲倦。晡少侯来共杯，善基、淦昌、啸闲来，谈至酉尽。

　　长沙门人杨渠章函报，王刻前、后《汉书》，贾连史纸五十元，官堆纸三十二元。是可购而至也。

　　夜以《越缦堂日记》校阅爱伯《汉书札记》，嗽加剧，不耐思索，早睡。

1934年10月5日

辰初五十五度，晴丽。

晨起神思稍振，漫走山河。循例授书温课，复入图书馆视公家所有者。

黎锦熙①等主张用简体字，尊崇宋元以下民众习用"囗（錢）""边（邊）"等字，至欲推行于教育，改古书，提议由教育部通饬各书局，一律采改，疑非世间人语。（文见十月二日四日《大公报》，剪存之）今之人固不无简写以趣约易矣，尚劳朝廷以敕令行之邪，又虑今之人不读古书邪，虑其读之而不懂也，尽改古书中字样为简体字，恐今士仍然不读也，读之而仍然不懂也。斯人未得志尚有并宇内同一车书之志，例诸秦政更酷一等矣。人创一符号，可以终身由之探讨不尽，公等何为者哉，卯金刀固非"刘"，九十二（俗书"刘"）亦非"刘"，己不识字必尽欧，天下人坠诸九渊而后快于心，与此少正卯之不若也。（校来约初八日学术演讲，即以"简体字之呐喊"为题应之。）

少侯示以《人间世》（小品文半月刊），载太炎先生挽黎②联，云："继大明太祖而兴，玉步未更，倭寇岂能干正统；与五色国旗同尽，鼎湖一去，谯周从此是元勋。"（《蜀书》："后主从谯周之计，遣使请降于邓艾。"又："魏以周有全国之功，封阳城亭侯。"）

唐凤图来，不晤。少侯约同柬招太侔夫妇、洪浅哉、唐凤图、李仲珩、舒舍予、水天统、毅伯、达吾、仲纯诸友七日晚饮于寓庐。夜浴。

【注释】

①黎锦熙：语言文字学家、词典编纂家、文字改革家、教育家。
②黎：黎元洪。

1934年10月6日

辰初五十六度，高爽。

授二课，偶脱口为滑稽之语，以阐明积分因数 $F(u)$ 之 F 为任何函数之理，遂致哄堂。

晚贯三、式毂、智斋、保衡约宴顺兴楼，谈剧风生。既振謦矣，又偕太侔夫妇往三江会馆和声社票房聆《黄鹤楼》一出，去周瑜小生颇有味，去张飞且操锣者即《盗御马》之江衡甫也。夜深归。

1934年10月7日

星期，辰中五十九度，霭煦。

晨整比书籍，招蔡同道西山路，曲径寻幽，瘞坟吊旅，敬通秋草，异地孤魂，麋鹿来游，夏夷同尽，既思古人，行自念也。

午达晡时点《汉书·外戚传第六十七》，午梦不成，欲欧者数矣，雪茄告匮所致也。

日落诸友踵至，并约丁山申三刻入席。乡厨土味，见赏群公，食谱烹经，开河洪子（洪浅哉大背食谱）。继以藏钩屈指，提楬探筹，虽坐乏遗珥坠簪，而无伤飞觞传令。席阑茶熟，围坐高谈，老舍浅哉，尤烂剧理，其谓左嗓子①不能唱正中调，证以发音机关构造之图，言菊朋之以老生见长，参有青衫行腔运调之处。又谓小生唱法其妙处在以宽嗓窄嗓间互运用。均属深入浅出之论。尤于说理时随举剧词，曼声拍唱，高山流水，实移我情，而低调之难于高调更可见也。客亥正散，读《史记·外戚世家》，夜忽忽若有所失。

【注释】

①左嗓子：京剧界通常指高而窄的嗓音。

1934年10月8日

辰初六十度，和煦。

晨访少侯立谈。温课，出席学术讲演，第一次讲"简体字之呐喊"，未毕吾词，钟鸣而止，附带声明："勿以记录登报，徒惹是非。"函涤之北平，作家书（家书南来即转示锐儿）。

夜以《汉书》末册付装线，取王本粗阅《王莽传》竟，莽亘三卷，与十二帝纪之半相垺①。首卷多记讼莽功德之言，中卷多述莽僭礼假制，末卷述山东豪杰泅起诛莽之状。此天生王以亡汉也，世乱天昏，鬼号神哭，唯西京尚无甚失德，之后天下之归久矣。南阳②之兴，岂偶然哉。

【注释】

①相垺：相等。

②南阳：指汉世祖光武皇帝刘秀。

1934年10月9日

辰二刻六十二度，晴，薄阴。

今日授课四时，言之谆谆矣。暇日以校《汉书》为适。丁山午来小谈，托由申觅书来。晚叔明来，为阅日记，是正数文。夜剔灯独坐至子三刻，尽列传四卷。

1934年10月10日

辰三刻六十八度，霭。锐儿来片告寒，即汇二十金赴杭为冬裘之用。门人张奋可自上海馈金华腿脯、陈酒，助诗酒之兴，并函来。

晨诣叔明寓斋，观图籍，假《文字蒙求广义》一部，盖合肥蒯光典（光绪辛丑）所广者，眷剿①群说而已，然可为发蒙之助。（江左书局本）李雁晴函来，方知其复馆汴校②。

【注释】

①剿：以别人的语言文句作为自己的。

②汴校：指开封河南大学。

1934年10月11日

辰初六十四度，阴晴相间。

课毕，为侄甥辈书联额等。《四部丛刊续编》到。

《东莱吕太史春秋左传类编》三册，四库未收，六卷。

《贞观政要》十卷，唐吴兢撰，明成化本，四册。

《麟台故事》残本，宋程俱撰，三卷二册。

《嘉庆重修一统志》索引十册。

《棠阴比事》二卷，宋桂万荣撰，一册。

市立中学来函重申演讲之约（十五日上午九时），即以"怎样学数学"为题复其校长董君。（得复）

湘中门人徐梗、罗大藩、杨渠章辈十余人，别来十几年矣，犹被书相忆，托保衡道地，欲为予祝五十之嘏，可谓久要者也，分以《三字经》写本馈答之。柬李雁晴开封。

1934年10月12日

薄阴,辰初六十二度。

夜阅杂书,陈继儒《岩栖幽事》云:"《多少箴》不知何人所作,其词云:'少饮酒,多缀粥;多茹菜,少食肉;少开口,多闭目;多梳头,少洗浴;少群居,多独宿;多收书,少积玉;少取名,多忍辱;多行善,少干禄;便宜勿再往,好事不如无。'"此一服清凉散也。

夜偕善基访少侯,闻马弁之号,则往应之曰:"虽执鞭之士,吾亦为之。"呼电匠改置电灯、叫铃等。早,泽丞、保衡、毅伯过谈。

1934年10月13日

辰初六十八度,阴,午小雨达夜。

授课,温课。涤之自北平复函来,词意迫切,诚直士也。承佑来。夜听雨。

1934年10月14日

卯三刻五十八度,晨雨。

欹枕听雨,滴沥有声,早起读书,行人敛迹,抗怀前哲,会心不远。怡荪来久谈。

夜以街泥裹足,点书不任久坐,乃卧阅所憙者游侠、佞幸两卷,殊得甘睡。

1934年10月15日

晨西北风,辰初五十五度,午薄阴。

晨往市立中学演讲,故为浅易之言,资学僮①领略而已。

【注释】

①僮:古同"童"。

1934年10月16日

重九,辰初四十九度,晴丽,夜月明。

寡人之于授徒也,尽心焉耳矣,但以此算殚莫究之学,羼聒于后生,予口卒瘏,而彼等均呈畏难之色,道之不行也与。

日在西偶,偕啸咸及怡苏夫妇登校山,俗曰"太平山",点缀重九佳节。西风方紧,敌垒空存,薄裘怯单,雄图安在,啸歌行答,残照在肩。

晚少侯夫人自入厨下,招往夜餐。座仅有太侔夫妇、王哲庵而已,饮宴为欢,归途上弦高寒,清澈欲绝。薰炉剪烛,仍馈班书①。爱王本《汉书》甚,今日借貣②金三十番付长沙杨生代购湘本,是亦癖好也。

【注释】

①班书:汉班固所著的《汉书》。
②貣:古同"贷"。

1934年10月17日

辰初四十七度,晴明,风息月净朏(《说文》:"未盛之明也。")。

课余时还读我书。下午唐歧欧来索书。夜访承佑对二局,步月偕行,空尘俱洗。

1934年10月18日

辰一刻五十三度,丽霭。

夜以灯下细书较多,枕上不安,衾寒多梦,爱此炳烛余明,自致焚膏就竭,寒秋九月,塞外草瘁,列①士莫年,宵长剑短。世运苟如此,且发箧中书。

下午赴会议,其悉心以对,相将亲览焉。博士对策,唯之与阿,相去几何,人有恒言,会而不议,议而不决,决而不行,行而不通,通者又不会矣,冰坐懑甚。晚饭少侯、怡苏共席,款谈二更,相将望月,风凄以清。入室心神一爽,纵读至子初。

【注释】

①列:古同"烈"。

1934年10月19日

辰初六十二度,和煦。
授课温课治书,已非此不乐矣。
月夜偕贯三登校山,明星隐曜,山岳动摇,领会自然,饱餐月色。

1934年10月20日

晴。
晨未起,幼山排闼而入,款谈移时,共餐早粥,士素之风,愿毋相忘。治课,有征不应。夜访君复偶坐即归读,君复馈天津白梨。加戍达吾、毅伯来谈校事。

1934年10月21日

星期,晴煦。
晨访叔明,适晓舫夫妇来未晤。太侔来商事。贯三馈陈酒,即片复谢。纫秋来告南归期,晚备土酌为之祖道,周尧廷作陪。柬少侯不值。夜仲纯来,闻月特好,偕仲纯出视泽丞,未闻其语也。折访叔明,高谈至亥中。饮月浩歌,入室仍读书。

1934年10月22日

煦间阴,夜月间见。
生物学系学生二十人,因供养不周,聚哄其师。下午开临时校务会议,缜密讨论,决议各记大过二次,暂予留校察看,如再有行为不慎或总平均成绩在六十分以下者,立予开除。开校五年矣,得未尝有此,亦《王章传》所谓造狱[①]者也。怡荪、少侯来共饭。
夜偕怡荪代表校务会议同人意挽留重臣,颇费口舌之劳。诣校长邸报告。人定望月隐曜,归车仍邀怡荪,遵海而南,水波不兴,桅灯如星,浮湛可数,箕坐濑石,不任琼楼玉宇之思。

托纫秋市人参五两余，冬深补剂也。

【注释】

①造狱：特定之严刑。

1934年10月23日

辰初五十五度，竟日多阴，入夜西北风。

授徒毕四课，徒不自奋，为傅无状矣。包慎伯《记棒师语》谓："求徒难于求师。"诚哉是言也。泽丞来谈。

晡仲纯来共杯杓，同舍人聚话，复招舒舍予与会，贯三来。

1934年10月24日

辰初五十度，晨北风未息，傍午渐晴，夜风尚紧，月明。

夜治书稍深，今晨思力不振，学无所得，坐对枆菊，聊息我劳。泽丞午来谈。

晡毅伯来，同访怡荪不晤，折面太侔。归，饭后访左景烈。怡荪来后复独诣毅伯处，口舌奔走之劳①，莫非为维护计也。风紧月寒，无心领略，菊讯方盛，更未涉其藩篱矣。夜校书。

【注释】

①口舌奔走之劳：外文系系主任梁实秋辞职，时校长赵太侔、教务长杜毅伯、文理学院院长黄际遇、中文系系主任张怡荪都深表惋惜，轮番劝驾挽留，虽未成功，然已尽心意。

1934年10月25日

辰初四十六度，晴，夜月犹明。

晨授课，处理校务。丁山来谈。夜访太侔，举杯清酌者久之。夜阅王若虚《史记辨惑》，是惑也。

1934 年 10 月 26 日

晴明。

晨授业后又为一年级生补习一小时，所谓传道而解惑也。午书方太母挽联。秋高日丽，最宜郊行，适少侯、泽丞、保衡来，同往德平路吉田花园访菊，含苞待放，嫩叶扶持，人似羲皇，花无敌国，徘徊瞻眺，一年容易又秋风，不胜迟莫之感矣。

夜治酒备肴鳦①数事，款同舍人，花影茗香，殊助清兴，或默或语，尤见枢机。

【注释】

①鳦：燕子。

1934 年 10 月 27 日

辰初四十三度，薄阴，逾午云开。

刘重熙来为其尊人求寿言。夜太侔宴外国文学系同人于黄县路寓庐。呼陈伻为之治馔。壶觞枰罫，各适其适，夜分始归。

1934 年 10 月 28 日

星期，卯三刻四十一度，晴丽，夜犹见下弦。

竟日点书，以所学者与古人引证，释卷见贵客即满郁不自安，习与性成矣。晡叔明来畅叙，涤非、啸咸来会，笑声震屋瓦，权作少年狂耳。夜深独坐如古佛，青灯有味似儿时矣。怡荪以夜来。

1934 年 10 月 29 日

辰初五十四度，晴霭，见天心。

竟日点《王莽传》，不能尽也。今日以四十金定约开明书局《二十五史》，中有柯氏《新元史》及《人名索引》两种，殊系人思。杨生自长沙复函，已为购邮王氏两《汉书》，贾仅二十六金有奇。每得一书喜而不寐，此终身所相与伴侣者也。

夜得奋可书，详述南北各港商贸萧条，汕头市受纸币睃削，倒闭接踵，故交星散，金尽交疏，为之扼腕。又寄来雪茄烟四合，馥芬沁口，弥感久要。君复来坐谈。

1934 年 10 月 30 日

辰初五十七度，晨霭，午阴，昏有小雨旋止。

今日毕四课，方来学者，乃稍有机可引师道于保傅也。晡毅伯、达吾宴蔡鹤卿太史廛肆，计不市井者匝月矣。走送太侔夫妇分往南北两京。日昏会饮，颇纵杯杓，垂归负酒甚。面约太史诸友初一日晚来饮寓庐，便车诣皮宅小坐，达吾手致雪茄一合。人定入室即睡。

1934 年 10 月 31 日

重霁，晡有急雨，入夜北风隆隆。

晨勉授一课，归舍写柬约明晚之客，均得署。仍点书自遣。正坤来借《诂林》，此胡可一日离也，昼昏几不可以读。招善基步入公园访菊，篱边残卉耳，其佳种已入禁阃矣，但见荷梗塞洿（洿，《说文》："浊水不流也。"），梧英积径，萦情去日，怅望深秋，怃然荒园者久之。

长沙寄王氏两汉二部，下晡时到（晡后谓之下晡，见《前书·天文志》）。得一佳书，抵获筒河三百石。竟晚猎搜签志，且以四部次第更置顾中所有书，此中大有经济在也。孔门六艺按即分别部居之始，刘歆（应曰"刘秀"，盖歆自哀帝建平元年后已改名为秀）承哀帝命总群书为七略，一曰集略，二曰六艺略，三曰诸子略，四曰诗赋略，五曰兵书略，六曰术数略，七曰方技略（见《隋书·经籍志》），故有辑略。晋荀最始分书为四部，其四曰丁部。（王氏《汉书补注》引吴仁杰说，见《艺文志序》"辑略条"下）

1934 年 11 月 1 日

辰初四十五度，晨北风，终风且暳。

以两月之力抽读两书①纪传，间撮存之自备遗忘，其他表志需功特多，未暇及也。

下午大学师生为足球之战，西京②所谓蹴鞠也。重以众意，勉任裁判，驱驰挥指，恍忽当年，尚厌堵墙观者之意。

夜宴鹤卿太史及其夫人于寓庐，土厨充馔而已。招刘坨及重熙夫妇、啸咸、毅伯、少侯作陪，淡酒一壶，清言弥晷，朔风撼屋，倍感喈喈，人定客归。坐翻王氏《释例》。

【注释】

①两书：指《前汉书》与《后汉书》。
②西京：西安。

1934 年 11 月 2 日

辰初四十七度，晴。泽丞午来谈。晡送纫秋南归，托以家用杂料将归。

夜深卧阅王若虚杂文，肤浅不足供推敲。吾之辨，为史、汉辨惑，自为注书之学已耳。

1934 年 11 月 3 日

辰初四十五度，晴。竟日掎摭，人定愈奋。下晡时少侯来畅谈。

1934 年 11 月 4 日

晴。

今日补评王若虚《史记辨惑》数则，其他牵强附会之谈尚多，无暇辞费矣。

晨方盥洗毕，达吾、毅伯来，谓有长舌生事者，偕出周旋，期于了事而后已。

访丁山谈颇久。晡得家书即复，柬陈镐臣。夜往泽丞寓，晤仲纯、少侯、保衡，游谈甚欢。归作日记序一首。

《万年山中日记》第二十三册

(1934年11月5—16日)

《万年山中日记》第二十三册·自序

龀而读书，免夏楚①也，少而读书，干科名也，壮复读书，博禄养也，今垂老而读书，何如哉。人之生也，耳欲闻，目欲见，口欲言，心欲思。所见局于方隅，所闻囿于道听，言之辞惭，思之腹俭。而含饴焉，鼓腹②焉，过焉若忘者，非无怀氏之民，则深于道者之所为也。吾身既不能安于畎亩，术复疏于叔孙，诡遇③奚从。望古遥集，斗室之内，驰思八纮，及夜未央，直追千古。不见来者，乃见狂且，幸觉昔贤，如或诏我。出门荆棘，披籍汪洋，落叶不知，闻音而喜，以是与世浮湛，看日早晚耳。甲戌秋归畴盦自序。

【注释】

①夏楚：古代学校两种体罚越礼犯规者的用具，后亦泛指体罚学童的工具。

②鼓腹：鼓起肚子，谓饱食。后因以"鼓腹"形容人过着安乐的生活。

③诡遇：比喻不以正道猎取名利。

1934年11月5日

《汉书》所以难读者，以多存古字也，洪迈于淳熙甲辰叙娄机《班马字类》，已以册帙博大许之，可知季长以后，事此者希。予以冬余数治小学，爰依形音义之次，诠释班书，习见而非今见者如下：

…………

《汉书》素称难读，治《汉书》之道又不一其途，惟此单辞只字之探求，前有娄机之《班马字类》，后有王念孙之《读书杂志》等，各自颛门，尚难遽许为绝业。但即分类次第言之，娄氏依《广韵》之序，有类韵书而择焉不精。凌氏但列字群，又语焉不详。鄙意欲题之曰《班书字说》①，分为两类：

一、音义不变者曰本字，本据形系联之，则以《说文》部首为次序。

二、音或义变者曰借字，本音近义近之，则以《广韵》部首为次序。

凡诵读所得辄眉次手存，加我数年，冀有成篇之日也。

二十三年十一月十三日际遇跋。

【注释】

①《班书字说》：黄际遇喜研究小学，其日记大量使用古奥难解的文字。是年他利用暑假不回乡之机会，潜心作《班书字说》，对班书中的古字、僻字做了较全面的探求。现《班书字说》（亦称《汉书字说》）全篇存于《畴盦学记》的《万年山中日记》第二十三册（1934年11月5日）中，这里只略做说明。

1934年11月6日

辰初五十四度，午风，黄昏愈紧，亥尽降至四十五度，是日设炉未燃。

授课毕，以检字自娱。怡荪来借《汉书》。重熙来商文稿。夜仲纯、毅伯来。

课毕，竟日作奇字解，雕虫之伎，屈蠖之安，朔海凄风，倍思南陔暖荫耳。

1934年11月7日

辰初四十二度，晨北风未息，午晴。

授课，温课。蔡鹤卿太史来辞行。叔明来谈。君复来留晚饭。以《说文》治《汉书》。

1934年11月8日

辰初四十六度，晴和，是日立冬，始服参。

授课后作《字说》若干条，渐悟治书之法。有乡人以文为贽糈干侪助，付以二金。

刘生以香光①所书东坡诗小行草求题，书学襄阳②，纵非雁品，亦为少年之作，中有"张惠言③校"一印，复软弱难以为据。唯张振德（谥愍烈，天启壬戌进士）残简写《争坐位》数十字，楮墨皆古，亦洁净，非诸城穷老尽气所能及，已为眉识而归之。为重熙尊人题征言述。

晡走访少侯共饭，复偕访叔明久谈，中馈有人，庭除修整，有客戾止，斗酒待需，此自寻常家庭事，然已非新少年间所欲为者。

【注释】

①香光：董其昌，明代书画家。

②襄阳：米芾，北宋书法家、画家。

③张惠言：清代词人、散文家。

1934年11月9日

辰一刻四十七度，晴。

授课，温课，考记《汉书字说》三十许则，西京去古未远，古字古义多赖保存。夜同舍人相聚而谈。陈之霖来面约翌晚之饮，人散已加亥。一经伏案，丑初乃休。

1934年11月10日

辰一刻五十四度，晴，黄昏车中初见新弦。

今日曶①以员生种牛痘，故停课一日。午往大港码头送鹤卿太史夫妇南归。适丁山夫妇、晓舫夫妇来访，均不直。

晡陈之霖招饮亚东饭店，与化学系同人飞觞为乐。席未半，驱回黄县路洪浅斋私寓饭局②，在座为外国文学系同人，五洲殊方之语聚焉。壁上悬南园七字联，署名沨，断为真迹，而笔尚未古健，应属御史四十以前作也。叔明来托买王本《汉书》不直。夜亨茶对书，坐至子刻漏尽，成《汉书字说》三十八条。作家书。

【注释】

①曶：古通"忽"。

②驱回黄县路洪浅斋私寓饭局：洪浅斋指洪深。本来，洪深只是应聘国立山东大学外文系教授，可是由于开学后原外文系系主任梁实秋辞职离校，校方于是决定由洪深"暂时代理"。

1934 年 11 月 11 日

　　星期，辰正五十六度，晴。
　　简杨生少岩长沙，为叔明致书购《汉书》，涤非与焉。同舍之人皆争好书，穷士所依无过此者也。为人作擘窠。书致内子。夜啸咸、涤非来谈。终日禁足，作《汉书字说》。

1934 年 11 月 12 日

　　假日，辰正五十六度，阴霾，下晡时雨。
　　竟日作《汉书字说》。晚与彭、萧二子小饮为乐。复伏案至夜分。

1934 年 11 月 13 日

　　今日毕四课。复以余力作《班书字说》，粗竟凌氏所举四百余字，夜跋记所见，多未尽者。此事大有可为也。叔明、泽丞、少侯过谈。

1934 年 11 月 14 日

　　辰初四十七度，晴丽，夜应省之酒约，归步月访丁山，霸光可挹。

1934 年 11 月 15 日

　　辰初四十三度，晴，夜月尤皓，少侯共晚酌，共诣福山校舍访同人。
　　今日复见《北平图书季刊》载越缦遗稿事。经顾颉刚[①]介绍购存《丧服传经节要》一册、《越缦经说上》一册、《复社绍兴姓氏录》一册、《萝庵游赏小志》一册、《柯山漫录》一册、《困学楼丛抄》一册、《越缦山房丛稿》一册、《知服堂读书学略》一册、《缦庵日抄》一册、《越缦笔记》一册、《越缦堂日记》一册、《越缦堂集》二册（即白华绛跗阁诗集甲集至己集初定本）、《湖塘林馆骈体文抄初集》一册、《越缦堂外集》一册、《庚寅病榻小草》一册、《越缦笺牍》一册（共十六种十八册）。又《越缦堂日记》共七十三册，民九印行者只《孟学斋》至《荀学斋》五十一册，以后八册归樊山，不可究诘。《孟学斋》以前手稿实存十三册半，又传录半册，由蔡孑民②送馆收藏，已于九月与商务印书馆订印，此十四册起咸丰四年三月十四日，讫同治二年三月三十日，与《孟学斋》日记衔接，咸丰四年越缦年二十六，九年二月二十七日入都云云。手治之勤赖以不坠矣。

太侔今晨自南都回，报告出席考铨会议事。事由考试院主持，召集各省市教育、行政、大学或独立学院三类领袖，会议考试、铨叙两事。考试原则以学校学科为主，铨叙先以考核，断以每年各政署汰去百分之四，以考试及格，补充之登庸考绩。亦"齐民要术"矣。太侔归馈以石榴、佛手柑，香盈筐筐。为作《木疏》以当谢启。

【注释】
①顾颉刚：历史学家、民俗学家。
②蔡孑民：蔡元培。

1934年11月16日

辰初五十二度，晴。

杂阅《文史通义》《渊如外集》。偕少侯访毅伯、叔明，晚共饭赵宅。复同访丁山、仲纯、太侔，仲纯不晤。与太侔席连席坐至戌尽，归思悠然。

《万年山中日记》第二十四册
(1934年11月17日—1935年1月7日)

1934年11月17日

辰初五十六度，亥正达六十度，晴煦，早初见霜，夜月晕。

夫楚人谓乳曰谷，故言释乱为治。地之相去，不必千里，时之相去，不必千岁。同一时也，而夏夷异言，朔①南殊制。同一地也，而风尚悬隔，文野暌违。言语道穷，娄旷同慨。余杭②博通古语，而主讲楚鲁，动赖舌人。今代号太学生，有不知周公，安问断句。国殊风异，自古而然。人十马四，于今为烈。非今人之独拙，亦昔人之所难。中远③称太山太守，北面见绝于郑生④，季长⑤以一代大儒，伏阙受书于班妹⑥。师弟火薪，有资口耳，诗书襟带，久等弁髦。卿读《尔雅》不熟，我以《汉书》下酒耳。读群雅⑦后记(《小学考》卷三至卷八子目特详)，甲戌冬至之夜，任初。

日落徜徉路隅，承佑、君复、仲纯、少侯不期来会，幸有尊酒，不肴而欢，环搏传钩，举杯相属，天涯觅侣，此为最乐。夜太俘、叔明埵至，棋酒之会，比来以今夕为最盛矣，局终人散，与太俘同出望月，气暖如春，袂飘风之不崇朝也。

【注释】

①朔：北方，朔方。

②余杭：章太炎。

③中远：应劭。东汉学者。

④郑生：郑玄。

⑤季长：马融。

⑥班妹：班昭。东汉女史学家、文学家，史学家班彪之女、班固之妹。

⑦群雅：《尔雅》系统之古代辞书的通称。

1934 年 11 月 18 日

　　星期，巳初五十一度，西北风起，至下晡时忽有急雨，入夜月皎如洗，降至四十度。

　　傍晚应丁山寓庐酒约，裙綦珥钗，殊称极盛，流连至三更，先要叔明同车归舍，阶上寒月如银，雨后皓光，清寒弥甚。

1934 年 11 月 19 日

　　辰初三十八度，晴明，夜月晦。

　　茂祥午来，君复晚来，皆与对下十局，明道所谓玩物丧志也。

1934 年 11 月 20 日

　　辰初四十六度，晴和。

　　今日因指示诸生演习，引起研究诸补助公式之需，并存算稿以代口笔之传习焉。

　　乡邻程梅阁来青，周尧廷、张采石陪来午饭。晚宏成发开筵英记楼，趋往陪食，适功课最重之日，无心谈宴，刻意解题。然满座野花，数声啼雁，蓬鬓凫胫，薄解羁情。归思浩然，远山如画，四无鸟迹，人在灯前。

1934 年 11 月 21 日

　　辰初三十九度，晴。

　　以所得者分授吾徒。

　　午太侔宴顾耕野、唐传铭顺兴楼，肴馔尚适口。顾自述往复新疆半载间目击之状颇悉，其民多奉回回教，未开化，地旷人希。循言记录之，亦新西域志也。

　　有人来求书，已违来文不书通例。旋有客踵至，败伏案清兴。又有不通函件二通，妄署全衔，无述至此，国家縻费以养士，如此蠹才，可为浩惜。日未晡憊甚，寻少侯共饮，适有烧牛之会，学东人食法也。饱饫而归，校点《前书·匈奴传》。

1934年11月22日

辰初三十九度半,晴。

授课颇抒心得。下午开会,毕续昨日未竟研究。夜偕善基往福山路校舍答周、王二君之访。归望月而思,剔灯读《匈奴传》,作《字说》一则,呼花雕一罍,直四金八角,尽此当归矣。

1934年11月23日

小雪节,辰初四十七度,晴暖,夜月犹圆。

竟日治微分方程式论。晚食开陈酒,则十七年前之嘉酿也,招少侯尝之,出步月,稍涉影场,即归治书。

1934年11月24日

辰二刻五十三度,晴。

晡达吾来,同赴毅伯晚餐之招。旋归治书,倾酒助读。

1934年11月25日

星期,辰正五十三度,晴薄阴。

仙槎夏间来此,商定重印《三字经》用原格大小方见笔力,将以分贻鲁学,荏苒经月,未践前约。今晨取前所写者易窜数文,仙槎虑人不识字也,百衲而成,一文不直,复发宏愿,以鲁公《元次山碑》气势再写一遍,笔法较舒展矣。

晚德教授[①]招饮花园饭店,特命侍者频至白兰地,为之尽欢。少有酒意,往国货商场配制团花马褂,维工与料费我十九金有奇,韦布[②]生涯,忽焉有此举,时自笑也。

【注释】

①德教授:在国立山东大学任教的德国教授。

②韦布:韦带布衣。古指未仕者或平民的寒素服装。

1934年11月26日

辰五十四度，阴曀，晡北风起，初雪，亥未止，降至三十六度。

终日写《三字经》，穷两日之力，黄昏始竣事。君复来，谭天凯来，不停挥笔，复书楹联二事，偿谭天凯之约。夜出诣君复共弈，聊息我劳。出门大风，夜归戴雪，衣袜皆湿，殊以为乐。作家书。简仙槎，补书二日日记，手指僵劲不复成字。

1934年11月27日

卯三刻三十度，达午风未息，始燃炉。

方晚酌，叔明冒风来访，偕彭、萧、杨诸子当炉共坐，戌尽方散。读《秦策》，订《竹香斋》①三集一谱。

【注释】

①《竹香斋》：《竹香斋象戏谱》，清代四大著名象棋谱之一。

1934年11月28日

辰初三十二度，始见冰，遇称炭者于途，称之得一百三十斤，食粟而已。

托天凯教授以《三字经》手写稿本赍往济南交仙槎印行。读王氏《释例》一卷。

招君复坐谈数局，本以解其劳结，入夜又与承佑易敌而战，继之以烛，殊流玩物，夜睡因致不安。大道以多歧而亡羊，枕上杂感纷如是矣。少侯、贯三来。黄、张两君来为介索书者。

1934年11月29日

下午开校务会议，教授满五年者休假或出国事，应明文规定待遇法，此事方在起草。

晚洪浅哉燕甘肃教育厅长水梓（楚琴，兰州），来笺召陪，所谈多华、黄名山登游事，语尚不俗，交亥方散，一日光阴尽矣。炉火炙人，大受熏迫，归途舍车而徒,耤冷身怀,入寝仍不适。

1934年11月30日

辰初三十六度,晴霭,加申西北风起,日落降至冰点。

授课,温课,研思方程式论数点,未得确果。下午招涤非观球,北风已劲,归燃炉读《卷施阁文》。晡应太侔寓斋饮约,仍陪水楚琴(梓,兰州)谈宴为乐。楚琴明日即赴西安坐飞机赴兰州,闻机票须一千元云。与太侔诸客杂语至夜分,多举各国大学生哄戏事,互广见闻。达吾曰,太学生向来胡闹,孟子之徒以窃屦闻矣。予曰,以拍卖之时,屦大小则贾相若欤。殊解人臣。今日报载冯友兰(芝生)被逮解保定(翌日已开释)。

1934年12月1日

辰初三十一度,晴。

授课毕,面太侔商洽前途事,冬日可爱,秋以为期,同枥未甘,剥果有味也。捧书循览,与今为徒。阅《北江集》。雷法章来。夜访少侯,同诣泽丞、保衡处,坐至二更。

1934年12月2日

星期,辰一刻三十三度,晴。

晨赴民众教育馆,为中学生比赛演说作评判员,凡八校,校出二人,每人十五分钟,冰襟洗耳,散会已交未矣。取礼贤中学初等一年级生俞鲁达第一,年方十三也,居然"从国际大势说到我国应有认识与努力"命题,横扫海内,说来亦老气横秋,真奇童也。方趋过午之食,御者传校长命召,予偕毅伯急赴之,而后食于花园饭店。毅伯云一日精神就此断送矣。

贯三来同访少侯,晚往保衡寓与仲纯、泽丞诸子消磨达戌尽,即此恢振疲惫,主妇肴饭摒挡,以待诸不速之客,甚见灵敏。

今日倦甚,夜早睡。

1934年12月3日

辰三刻三十一度，晴丽，见池冰。

晏起，步诣姜宅，叔明头痛未起。吾辈不读书无以永日，读勤体弱，遂为积瘁之躬，不胜同感。与姜钟夫人少谈，夫人善墨梅，蕉岭人也，故叔明自颜①其斋为"广东室"云。

天空如洗，日丽于春，海不扬波，夂如莹玉。循陔缓步，过市问沽，彳亍路隅，迟回归辙。保衡、智斋不期而会，重入市场，别出幽径，侏人解语，魋②女卖刀。一割减于思之嫌，杯酒解跋扈之憾。蹒跚就道，安步当车，日在西隅，客无东道。偶然访戴，归去来兮。夜酌自怡，杨、周来晤，一枰之下，四顾茫然。

【注释】
①颜：同"额"，牌匾。
②魋：高大，魁伟。

1934年12月4日

辰初三十二度，晴，午阴。

课徒颇撼心得，退食微感头痛，不敢作深湛之思，尚有责未清，求人不应，卅年枯井，一旦开蓬，成诗一章，寿都昌刘重熙尊人念庐先生：

少年抵掌策安危，让爵归来百卷诗。报国汲深心耿耿，杖乡春暖日迟迟。

一经写定有传子，双寿征言皆口碑。自古江州称五老，只今风物系人思。

治微分几何学，复为保衡阅定新作。日落诵周怡庵《寿恺堂诗集》，集中无寿诗，寿诗非古也，以李因笃之孝义而不能得寿言于亭林，其故可思矣。

天寒酒薄难成醉，幸故人相过，密谈至人定，语多愤激，不足为他人道也。

1934年12月5日

辰一刻三十二半度，晴。

午乡人来，留饭，方冥搜远绍①，未与多谈。重熙来谢寿言。垂晡偕少侯、泽丞入市，为内子姬人购狐裘二袭，不及六十金，各自中年怜意气，聊资敝缊②博归欢云尔。复自制绵裘一袍，馆青五载，敝裘未甘弃也。招周光廷同入小肆食烤鸭，主宾四人交觞为东，供馔未佳，欢惊可恰。茗于宏成发，共缓步而归，买醉未成，有奇共赏，夜枕为甘，不堪回溯矣。

【注释】

①冥搜远绍：广泛地搜集引证资料，穷本溯源地说明来历，以进行论证。

②敝缊：破旧的丝棉袍。

1934年12月6日

辰初三十四度，晴，无风。

晨例授二课，又为新生补一课，归改课艺，日晚犹未抛书。仲纯来就饮，招少侯相过，盘飧市远，薄酒几杯。泽丞夜来，恣谈为乐，夜半钟声到客船（床），此竟绝肖。

1934年12月7日

辰初三十二度，晴丽。

工学院唐、张、周诸同仁皆来丐书寿刘。学书半生，乃供人祝嘏吊丧之役，外此无所用矣，振笔自伤，路人感叹。

贯三求为书致张子仁、幼山、仙槎道地，志切欧游，专治物理，此则欣然乐为援手矣。

闻太伴新开佳酿一罍，垂晡趋就食，仲纯妻女及少侯、丁山、康甫已先至。甚矣，客之好曲蘖①也。不待主人数劝，不必佳肴满前，流觞飞盏，罍之为罄，如斯乐趣，令人意远。无冠带之拘束，无酬酢之桎梏，兴酣韵流，清言继烛，投壶剖橘，皆足以叙其旷怀。入室拥衾，不知东方之既白。

【注释】

①曲蘖：指酒。

1934年12月8日

大雪节。辰二刻三十四度，晴，晡见上弦，新月如画眉，南中非初三不见月，夜暖。

济南王子愚来青休养，过谈至晡，当年芝加哥同舍人也。晚王文中①招饮亚东饭店，与德籍教授共饮啤酒半打，彼此皆半腹而已。局散偕黄、胡、陈诸友享茶宏成发，戌尽舍车而徒，行犹健走也。

【注释】
①王文中：时任国立山东大学化学系讲师。

1934年12月9日

星期，辰正四十三度，晴。

续治Gauss氏方程式，未能尽行札记。日和风静，挽善基步访晓舫不值，与玉君夫人谈坐。再访叔明，不觉暑移。晚赴永丰号周兰生处，应采石之招，乡味犹浓，客心如水。

归答访子愚与太侔，夜话至漏尽。

1934年12月10日

纪念日。辰三十三度，晴。锐儿杭州禀来，寄汇三十金。

重熙来。以小篆写《三字经》自遣。晓舫来，玉君夫人来借日记。晚德籍教授C·Brackt招宴，柬以英语，非国体也。少侯自督购牛肉，招仲纯夜饮，及余三人而已，器儿随往，清闲亦佳。

1934年12月11日

辰二十九度，晴。

授课，温课，作微分方程式一例。日已莫矣，唐凤图来，夜共对六局，无可存稿者。

1934年12月12日

辰四十度，晴。

课后涤非、泽丞来谈。家书来云"新宅一半租与姚姓，月十三金，收九成余"，殊出望外。访晓舫不值。诣叔明久谈。君复晚来，因坐谈久之。

1934 年 12 月 13 日

  辰四十度，晴润，上弦隐曜。
  授三课后温课。柬内子报归期。加申往观球，雄心犹勃勃也。晚少侯、叔明、泽丞、仲纯来饮，急就之章牛肉三斤而已，嫩韭香疏，亦饮口腹，丁山来加入舌战，笑腾户外。家电来报，仲儿婚期定感日（12 月 27 日，十一月二十一日），嘱先期归。又须变计提早矣。客散同步至海岸，归虽未皓，全市电灯忽灭，殊助步月子怀。蔡子民南都函来。

1934 年 12 月 14 日

  辰初三十七度，晨大雾，五十步外不辨，午淡阴，过午如晦。
  授课后往宏成发问归舟，以十六日"富升"或十八日"新宁"为宜。返舍出学期试题，排署春期课程，分托同人指授。作家书，片达汕头黄峻六、上海黄史镁。访太侔未晤，夜晤太侔谈久。

1934 年 12 月 15 日

  辰四十度，晴。
  授课二时，兼示诸生诵读法。以所计划数学系进行事，商得本系同人同意，分抄三份，面存校长、教务长、注册课。归为人写便面二方。
  午后率器儿观轮一号码头，"富升号"甚窳，不可入目。招商局新轮第一次航行到青，函请各界参观，果然整齐爽洁，二等客室已不在旧时一等客室之下，而至汕舟资仅需四十二元，欣然决乘此南下，过宏成发说妥。即到泽丞书斋与熟友恬游至夜，重劳中馈矣。晡时抽到太侔处，陪工业家数客之宴。复返游寓，三更有啸咸、丁山、善基、涤非伴步而归，上弦尚清皓。毅伯来，不值。

1934 年 12 月 16 日

  星期，辰三十九度，晴。
  收检行囊，颇携家人所爱之物。一年一度图此寻常之欢，稚子山妻尚为知己也。贯三自济归,馈兖州次巴菰四合、兰陵酒四尊。

诸友熟知者又烦送礼。少侯亲致袍料一袭,泽丞赠袍料一袭,晓舫、仲珩、善基、智斋、保衡、长奎赠袍料二袭,丁山、啸咸、仲纯、康甫、叔明馈缎幛一方,门人李金鉴送红幛一方,同乡宜今兴号致礼券六金,永丰兴号四金,宏成发号四金,张采石八金,宋树三六金。共二十六金,易银杯一对,镂曰"百年之好,五世其昌",并镌诸友芳名,永系琼琚之好。

贯三来久谈,述济南子仁、幼山诸旧同僚殷勤之意,子仁、幼山并有书来,即柬复之,且以行踪告之。访毅伯不晤。晡偕贯三往皮宅,晤达吾、子愚少饮。偕达吾、毅伯赴晓舫厚德福之招,局终相约至太侔邸畅叙,漏尽方归。

已就睡矣,门者启户以太侔函来,云"任初吾兄长鉴:毅伯想已代达致恳留之意矣。吾兄表率全校,行止所系甚大,此去寒假尚远,不可遂令学生无所请益,弟等无所承教,学期考试尤赖主持,千祈缓期言旋,公私均感,区区之意,堆冀裁纳,不胜厚幸"云云。然毅伯及晡前尚无一语及之也。乘舆已驾,维舟待发,枕上较量,遂致不寐。

1934 年 12 月 17 日

辰三十五度,小雨,阴,午后晴。

朝起定计中止南下,诣太侔面述误会事。归电峻六云:"任临行,因公改下月回,吉事照办,请兄主持一切。"太侔亦深致歉意,然事有轻重,但行其心所安而已。即快函报内子,杂务请朱卯太公代理,吉期由峻六兄招待宾客,寄三百金交嫂嫂大人费用,并解说以公事为重之意,即如去冬为亡亲坟垄事,如校长不许,必当再申请求,此自儿女私情,不能以私害公,无待再计决也。少侯、泽丞、重熙来送行,均以此意托告友生,并通知各院门人照常上课。午赴宏成发,诸同乡多应海亨午宴,兼为予送行,予亦有被请酒束,则婉谢之,留饭柜上。仲纯踵至,瀹茗同返。晚践尧廷约,饮于大同西菜馆。

家书来报,六儿活泼,七儿十一日剪发,次儿授室,十五日文定纳采、二十六日光厅、二十七日辰时迎娶,次媳邑南桥头蔡景祥先生长女公子也。

1934 年 12 月 18 日

阴,辰三十一度,竟日黯淡无风。

晨仍授课。贯三、式榖馈红幛一方。晚君复来,留饭。凤图来谈。子仁函来，即示贯三。

1934 年 12 月 19 日

辰初三十七度，晴，夜月特明。

循例授课，还读我书。夜叔明、少侯、啸咸、凤图来坐叙，茗尽数瓯，风生一室，苟有好事，记其雅言，即非中郎秘藏，亦补《世说新语》，二更共出踏月，分外清寒。

1934 年 12 月 20 日

辰初三十七度，终日如晦，晚霰。贯三来云："留欧案省议已通过。"①不负好学之士。

夜读罢，思得侣共饮，出寻少侯，不知已雨也。为觅良俦，不顾敝屣，卒如其愿，贷酒借餐，饮倍常量，饭亦猛进，奋袖起舞，击缶而歌，幽思无穷，天涯多感，暂欢难得，一醉为艰。

【注释】

①留欧案省议已通过：山东省政府通过王普带薪出国留学案后，交国立山东大学校务会议最后议决（见 1935 年 3 月 7 日记）。

1934 年 12 月 21 日

辰三刻三十九度，阴曀，夜月无光，南中函"气温降至四十余度"，已属奇冷也。

晨起失时，终日治微分方程式。付苹果豆铺之属交绥阳归舟。柬慰门人李铭疾。访凤图。

1934 年 12 月 22 日

冬至节，辰初三十七度，阴翳至夜。

授徒又了一周，面太偠。闻公园有某花将开，虽冬行春令，亦妖由人兴也。演题示诸生。

泊铺^①治偏微分方程式，未及札记。少俟来，念今日为冬至令节，卅年于外，未亲烝^②尝之役。南中礼俗，以冬至日祭祖，缙绅、白衣同遵此例。虽属部落为生，究隆敬尊之典，每逢佳节，倍思宗庙之仪。有家难归，有客戾止，一杯在手，万虑渐销，飞笺酒侑，仲纯难弋，啸咸来会，承佑捶门，酢彼巨觥，消此寒约，天涯海角，共此素心。君复馈红缎一方。

【注释】

①铺：古通"晡"，傍晚。

②烝：古代特指冬天的祭祀。

1934 年 12 月 23 日

星期，巳初四十度，晴，夜月黧然。

起迟，偶步校园，群英尽谢，入户仍治方程式。晓舫伉俪来谈。器儿病脚，未良于行。

扬州方光圻^①（千里）以其尊人慎之先生赴闻（千里，十二年前芝加哥同学，治物理学），先生殁以九月十八日，又邑庠生云，即挥一联吊之：

萧瑟秋风，事可痛心九一八；凋零椿树，言犹在耳礼诗书。

下午凤图来，遂共坐至夜，思力亦为不支，卒走访泽烝，三更方归，子尽犹独坐也。

【注释】

①方光圻：物理学家。

1934 年 12 月 24 日

朝蔚，旋阴泪夜。

重熙送来所得贺诗，独于庄仲舒"白社传笺诗思健，黄炉买醉客愁醒"一韵，深致欣赏。

夜独寻君复坐谈，返舍仍续思对偶定律，有未解者。

1934 年 12 月 26 日

辰初四十度，晴煦如春。

晡仲纯来，留饭，啸咸、善基共酌乐叙，为之浮白者数焉，二更后方散。

1934年12月27日

辰初四十度，阴，夜风作旋息，有微雨。

是日辰时，家中为次男家锐迎娶。以教以学皆不能归，有负盛典矣。粤人多出外营业，又怛于择吉之习，先行迎娶以待者往往而有，余于乙卯四年三月迎内子蔡夫人时，适就馆武昌，亦格于校务不克亲迎，越六月方归家也。

午设席答乡友陈朋初、周兰生、周尧廷、张采石、宋树三，邀少侯作陪。夜宴二席，到者太俸、泽丞、少侯、叔明、丁山、啸咸、康甫、仲纯、君复、式毂、晓舫夫妇、善基、智斋、保衡及岳、李二生，未敢广告友朋也。酒毕两叠，觥飞数匝，假此高会，杀其羁情。念锐儿生于甲寅三年十月，深博先大人之欢，忽忽长成，年二十矣。既愿为之有室，复望克成祖武耳。（是日厨人报席资二十六金有奇，锐儿杭州禀片来，自道肯苦学）客散鸡鸣。

1934年12月28日

辰四十一度，阴晴相间。

夜凤图来，二更归。独坐丁丁，制成一谱。

夜睡即迟，枕上反复计算不成诸题，几致终夜失眠，四更方息念。

1934年12月29日

辰初三十五度，晨霁，午复阴无风。

都伶演腊尽之戏，曰"封箱"，以助同行贫困者。今日之课于予亦为"封箱"戏矣，虽有心得，而无眠之下，演来精神未饱满也。课毕有涤非偕行迎曦，道福山支路登一部娄，则新行落成一佛庙在焉，门首悬袁潭淑敬一联，极仿祖庵之笔，盖步武南园者，想为祖庵女公子也。庙中部署井然，住持者邀入，历阶、檀几、贝珠、梵钟、经阁尚觉可人，凭栏瞰波，尤饶远挹。唯华洋杂投，既乏山林澹逸之气，浴沔在望，难逃空色痴呆之禅，逃俗终匪易也。

下午院落无声，温方程式一篇，如逢故人，款话娓娓，中心藏之，不记亦可，不遗忘矣。晚偕少侯应康甫顺兴楼酒约，饮餐俱饱，主人故善操觞政者也。

1934年12月30日

星期，辰中四十一度，霓阴及昏微雨。

晨起气海如凝，一尘不起，轻裘缓带，不杖不冠，出户飘然，入山阒甚。斯人之群安在，夫子之心蓬然。长啸一声，上通天帝，胸存宿惑，返归而求之，治微分方程式用定积分法。

习其理论未竟，客来，遂为贪坐流谈至夜，残年凄雨，弥难为怀，一灯萤然，五更铿尔。

1934年12月31日

辰正三十五度，霓霙不雪，午晴旋阴，北风达夜，山头薄积雪，未见。

《四部丛刊续编》新到七种，晴窗隅坐，因检录之：

《仪礼疏》五十卷八册，唐贾公彦疏，汪阆覆宋刊本。按《四库书目》著《仪礼注疏》十七卷，郑注贾疏，此书标疏不言注，而郑注仍逐条冠于疏之上，文云"释曰"，即疏文，据汪序知《仪礼》合疏于经注而并其卷第，始自明正德也。《仪礼》之残阙之余，汉所传者三本，一曰戴德本，一曰戴圣本，一曰刘向别录本（《前书·艺文志》云："汉兴，鲁高堂生传《士礼》十七篇，讫孝宣世，后苍最明，戴德、戴圣、庆晋皆其弟子，三家立于学官。"），即郑氏所注也，文古奥，得疏乃明。

附《释文互注礼部韵略》五卷，附《韵略条式》一卷三册，旧本不题撰人，《四库提要》据《晁公武读书志记》云丁度撰。所附《释文互注》乃南宋坊本，不知谁所加，此书收字多贻訾议，然一代功令所在，莫敢出入之者，张元济考定此本与四库所著录者不同，馆臣亦未尝寓目云。

《孔氏祖庭笔记》十二卷三册，金孔元措撰，蒙古刊本，《四库提要》存目《孔氏实录》一卷，黄丕烈考记云："即此书遍载历代褒崇封典之文，谱至元措凡五十一代，而孔子以上历世之事独不一叙，非完帙也。"

《程氏家塾读书分年日程》三卷（二册），元程端礼撰，仿元刊本，端礼字敬叔，事迹在《元史·儒学传》，依朱子读书法六条（一曰居敬持志，二曰循序渐进，三曰熟读精思，四曰虚心涵泳，五曰切己体察，六曰著紧用力）

而推广之。卷三旁证独详，撼郑夹漈《六书略》、徐铉《字音正讹》、贾昌期《群经音辨》《字音清浊辨》等（王柏所抄），夫书之可抄者多矣，详略失宜，不无余议耳。（木刻本前已得自汴市，今存家塾）

《龟溪集》十二卷，宋沈与求撰，四册。

《范香溪文集》二十二卷（五册），宋范浚撰。浚，《宋史》无传，《兰谷县志·范浚传》载朱子两造其庐，皆不遇，录书屏《心箴》以去，注入《孟子》集传，云："集中之言，湛然儒者也。"

《郑菊山清隽集》一卷，附《所南诗》一卷，文一卷。按所南名，思三十年前客江户时，尝得其《心史》如干卷，传为枯井中瘗物，白首南冠，磊磊落落，或者有未知也。

同斋彭啸咸新自京肆购得《皇清经解正续》六百余册（二百六十金），捆载而来，路人驻足凝视。儒生生命非书莫托，予为之解嘲曰："昔有寓言，谓一顽童庸于炭肆，面目黝黑，经年不沐，一日误入贵妇卧室，见衣裓罗陈，栉巾不下十面。童曰：'异哉，安有一人而需如许之多也，此必天下极不洁之人，方需此耳。'顷而望见镜中有一人焉，发蓬颐霉黟黜不可，向迩即面莞尔，状益难堪。童又曰：'异哉，世上安有如许不洁之人，然则适所见之栉巾，必属此人也。'今日路人见如许多书，入则充栋，出亦汗牛，亦必曰：'有此书者，必其胸无只字者也，不然何以多为。'"

薄莫，少侯过从，酒薄天寒，肴疏市远，陶然一醉，送此残年。同访晓舫，不值，折叩叔明之扉，啸咸、涤非伊人宛在，一床旧雨，四壁春风，言及鸡鸣，方如雀散。

1935年1月1日

辰初三十六度，晴霭。

旅青渡年，此为嚆矢，循例贺片可百余通。记室无人，懒写里舍，友朋相过，均属素交，形迹已忘，履綦可数，岁月不居，时节如流水，五十之年忽焉已过，乡里知交，零落殆尽，萍踪南北，乃友数人，山麓蛰居，门可罗雀。入此岁来，以年历下馈者仅有周立大酒家，可见先生所与为友者，又以见世人之知先生，亦唯此卖酒者徒耳。

午饭未及举杯，少侯自肉肆专屠者传令勿饭。移时太伟、仲纯、保衡集于赵宅，主人操刀，主妇躬爨，客亦攘袂，手助炰羔，置炉室隅，下积以薪，薰及屋邻，笑彻童稚。此旧京烤羊肉法也，以正阳楼为最，余尚未亲见之，今日则且染指鼎上矣。念原始牧猎时代，得肉则生亨而果之，状必如此，既易得火，又饮其鲜。太侔云："今蒙古人尚如此也。"一入京厨，复登食谱，别有风味。存此炉边，楚歌四面。

晚啸咸设席，假太侔精庐聚饮，虽曰越俎，云有代庖（席假余仆陈厨为之）。遂以移尊，成兹雅会，饮未长夜，别有会心。宾客流连，居停缱绻，畏行多露，鸣钲罢战，犹见晓月，坐以待旦，话溯当年，东主送客，作者七人，必求其人以实之，丁山、仲纯、啸咸、少侯、涤非、泽丞、善基也。

1935 年 1 月 2 日

卯八刻三十五度，阴。

睡不及午，满室骚然，两楹之间，相惊伯有。午梦仍不成，偕贯三步市立女子中学观球艺，聊复尔尔。折往泽丞、保衡处小坐，主人留饭，不肴而饱，清谈弥晷，过此新年。

1935 年 1 月 3 日

巳正三十七度，阴。

温《汉书》未熟，腾汉来久谈。日落访丁山不值。旋叩太侔，索酒大啜，席间倾谈，二更方撤盏。少侯、丁山、仲纯踵止，散亦三更。三日休假，销磨尽矣。

1935 年 1 月 4 日

辰初三十度，晴。

晨授课温书，兀坐晴窗，人天俱渺。完成 Tacobian 完全系统定理四之证明。

刘重熙来言决它就矣。三月之间，实秋、涤之、重熙相率而去[①]，斯摩数载，岂不尔思。茂祥来对三局，自云："读谱而无所进，何也？"此已是行家之语。夜寻少侯久坐。归浴。

【注释】

①实秋、涤之、重熙相率而去：外文系系主任梁实秋、土木工程系系主任赵涤之、生物学系系主任刘咸相继辞职他就。

1935年1月5日

今日日食，中国不见。辰初二十六度，晴丽。

公式……

因授徒之际，迫于课本所略之公式，不能不考之他书，既见公式矣，而证明阙如，又不能不求以实之，如上式其一例也，思之不释，仅得一解。

午舒舍予夫妇约饮私宅，为之盘桓竟日。

1935年1月6日

卯八刻四十度，晴。小寒节。

起床探索，先难未获。为少侯制联，曰：

芝草无芳，三年不笑；鲁酒之薄，一醉为艰。

即书贻之。

复杨静吾汉口函，作家书，又示锐儿杭州。

晡应采石酒约英记楼，粤东乡人群集于此。局终尧廷偕往采购。目极归鸿，情深舐犊，璋裳褐瓦，冠履糖饴，脉脉乙抽，粒粒辛苦。

1935年1月7日

巳初三十八度，阴。

夜稍被酒，室无人焉，治书不成，拥衾早睡，中夜复醒，灶冷香消，辗转思维，及于博弈，斯亦抱关之荒况，赁庑之穷生矣。故国五千里，敝裘三十年，百感交集，四方麋驶，鸡声报晓，鳏目犹明，拂晓方入睡。寅宾东出，入校办公，面太侔商许归事。晤毅伯一谈。

归舍，竟晚为教育部编译局校定数学名词。夜少侯来谈。办装在即，以柬告泽丞、叔明，连床煮茗，话至夜分，依依难别，出门反送，临岐罔然。

《万年山中日记》第二十五册

(1935年1月8日—3月27日)

《万年山中日记》第二十五册·序

昔子固①不以舟车废学,亭林所至载书自随。古人于学,如影俪形,无事非学,无地非学。揽予平生,常在行役,龀年应试,已餐风尘,十五计偕②,云经沧海,年年去国,岁岁依人,自少而然,垂老犹尔。徒以负米,重伤倚间③,虽有辟纻,惭未执屦,孤羁万里,迁谪四十年。此四十年间,祁寒祁暑,以公以私,非舟即车,一岁数出,旅食为生,什一以上,综而计之,不下三年,险阻艰难,纵曰备尝,般乐怠荒,敢云知免。五十之年,忽焉已届,闭门不得,望洋瞿然。及腊霜天,一肩行李,惊心旗鼓,数响鸣钲。舟子半旧识之俦,流波激新痕之恨。脉脉心事,独话天宝当年,轧轧机声,底事人间春水。凭栏远眺,欹枕幽思,难罄百斛,存兹一页焉尔。小寒节后二日,胶州湾"新宁"舟中自次,畴盫。

【注释】
①子固:曾巩。
②计偕:举人赴京会试。
③倚间:谓父母望子归来之心殷切。

1935年1月8日

辰初三十五度,晴明。

清早毕二课,不惜金针渡与人。返舍御者在门,器儿随往宏成发,午炊未熟,执简无间,复以所得于途者草示诸生。

午晓廷、采石共饮,加未登"新宁"太古公司轮,报明朝海亨,不及待矣。交柜头发上海隆记、汕头宏发电各一通。晓廷同车来码头,气宇澄莹,旅行多福,采石、树三及赖君远来相送,一声长笛,催人远行,全舟仅载旅客一人，子单可想，为之罢饮早睡。

1935年1月9日

温煦，在"新宁"舟中，晨小雨，午阴旋霁，夜雾。
舟中治微分方程式各题，自遣而已，然亦时见新意。

1935年1月15日

阴，舟抵汕头，六十五度。

1935年2月24日

晴。
集诸儿授读《孟子》几至终日，客来傍听而已，日入毕《孟子》七篇，于今二载矣。夜独与家人围床而话，明朝便当远行，怯听骊歌，烧残蜡炬。

1935年2月25日

早起率家人荐香薄粥而行，不及荐食矣，研田①为生，牛角终老，山妻悉索，稚子攀裾，温语慰宣，长揖就道。及汕宏信庄，姚君憨、徐子青、吴梦秋诸老萃于峻六之庭，黄君辂、黄其鸿、卢秀山、余扶之亦闻风来会，午共饭极欢，诸友复携送至海滨登国轮"海利号"（舟资至上海二十二金，加青岛二十金），鸣钲始握手为别。

【注释】
①研田：以田喻砚，把读写看作耕作。

1935年3月1日

晴。在上海。
晨与奋可长谈，午应史锁之宴，略谈乡事，晚饮于南丰。夜观局壁上，交寅复饮，奋可、思敬、祥人五六人护送上船，谈风未杀，天将曙始散，倒身便睡。

1935 年 3 月 2 日

晴。

起床已交午，晤同人王淦昌小谈，仍多睡。连日以来左脚感痛甚矣，其惫也。

1935 年 3 月 3 日

晴。

舟行每时十三海里有奇，下午加申已抵青岛。宋智斋、丁振成及器儿带校车来迎，枉宏成发夜饭，即回校舍。泽丞、少侯、叔明、啸咸、善基、智斋、淦昌、涤非、蔡方宪、贺祖笺来谈，坐无隙地，人可谈天，友朋之间，自有至乐。与器儿话家事至鸡鸣。

1935 年 3 月 4 日

辰初五十度。

汇款千二百金交思敬转宏信，寄片报平安。李晓舫夫妇来。以蜜柑遍遗交好四十余人。毅伯来。贯三来。岳生、李生、祝生来。晚仲纯、太侔、少侯、式榖、善基、啸咸、丁山来长谈。胫痛几妨动作，浴后呼发匠按摩至夜深。

1935 年 3 月 5 日

辰初五十一度，晴。

早起访少侯。归检点新到书籍《四部丛刊续编》：

《汉上易传》十一卷（八册），宋朱震集传。

《周易要义》十卷（三册），宋魏了翁撰。

《礼记要义》三十三卷（十册），宋魏了翁撰。

《春秋正义》三十六卷（十二册），唐孔颖达撰。

《龙龛手鉴》四卷（三册），辽僧行均撰。（集佛中字，为切均训诂，凡

十六万字）

《金石录》三十卷（五册），宋赵明诚撰。

《容斋随笔》续笔、三笔、四笔、五笔，七十四卷（十二册），宋洪迈撰。

《雪窦》四集（二册），宋释重显撰。

《嵩山文集》二十卷（十册），宋程俱撰。

《茗斋集》二十三卷，附《明诗抄》九卷三十四册，明彭孙贻撰。

右收到第一期书，共计经部十七种七十七册，史部十一种二百二十八册，子部十八种四十九册，集部二十九种一百四十六册，凡五百册而毕。

夜周承佑、唐凤图、陈之霖、君复、怡荪、智斋来谈，与君复对二局。客退排比书架，卧阅周靖《篆隶考异》。

1935年3月6日

辰初四十九度，晴霭。

曾省之、王哲庵来谈。夜访叔明久坐。卧阅汪重阆训子《小学偶拈》。

1935年3月7日

晴。

温课，浏览《四库珍本》之新到者。柬叔明、泽丞来。

柬姚秋园。晚沈成章招饮迎宾楼，辞以疾。下午出席校务会议，通过贯三留学英国二年支半薪各案。太侔宴于百花村，诸友偶别，一聚为欢，酒尽复同至寓斋，为亨围棋之会，加子方散。夜眠未安。

1935年3月8日

晴，辰初五十三度。

晨授徒一课，老舍来小谈。忽感悥，咳嗽交加，为之释卷。

多睡不能治事，贯三来谈赴欧洲事。晚应王咏声酒约，嗽甚，仅饮麦酒，取凉口健风亦不能健也，早归，淦昌、善基同坐片刻，服凉剂早睡。

1935 年 3 月 9 日

　　星期，晴，初见新月。
　　早起看林下藤萝，山头光映，步行仍懒，食粥未甘。柬陈达夫广州，赵涤之天津。
　　阅周靖《篆隶考异》。泽丞来偶语。下午出席职业指导会。晚毅伯、达吾招饮厚德福，饮少而极乐。局终偕毅伯访幼山新民饭店，投刺而归，仍不能看书。

1935 年 3 月 10 日

　　辰初四十九度，晴，有风。
　　幼山来谈坐久之，十载深情，三月不见，不觉觍缕，倾怀而出也。
　　访贯三即返。剃须，温课，柬仙槎、幼山。作家书并谕珪儿慰陈姬，函奋可汕头，柬周英耀。晚应宏成发酒约，归过泽丞、保衡寓久谈。

1935 年 3 月 11 日

　　卯正三十九度，晴，夜东风。
　　早起，日未出授早课二时，颇能贯串线状同次偏微分方程式之理，未午归休。
　　晚保衡招饮莱芜路私寓，坐无生张，言有故实，流杯喝雉，两极其欢，脚痛未舒，为之戒饮。

1935 年 3 月 12 日

　　卯正四十五度，晴，休沐。
　　昧爽不寐，振起读书。早餐后访福山校舍同仁，皆未起，返阅《春秋繁露》。陈之霖夫妇来，贯三来。承佑求词寿妻父五十岁，以"如日方中"四言应之。偶坐两局而罢，今日脚痛滋剧，嗽有痰如朱线，午亦旋化筋血之衰，甚沮我壮游强学之志也。黄昏痛至不能徒立，商之啸咸、涤非，延无锡人陈鸿雪诊之（脉金二番）。旅青五年，尚未事此脉，引云丹溪云，人身左半属血，右半属气。嗜酒之体，湿热随入络道，始则背牵痛，而今左足时或作痛，内经谓久坐伤筋者，是血不养筋也。今湿阻络道，久坐而起则小筋软短矣。试脉濡迟，舒筋必先，养血活络，首当祛湿，宗此立方（川独活一个，陈木瓜二个，西秦艽，猪赤苓，桑寄生，木防己，全当归，淮牛膝，落石藤，带子丝瓜络，桑技）。

1935 年 3 月 13 日

晴。

晨排泄见红色，勉往授徒一课，未终腹频作痛，俯偻趋下急泻，殷然坐卧不安，不需移晷而登溷一次，已成下利①之症。按《说文》无"痢"字，朱氏《通训定声》、雷氏《说文外编》均引《淮南子·地形篇》"水湿多利"，高诱注："利即痢。"交未发热畏冷，盖不可支，陈大夫（太医院长官列五品，衔为大夫，见《常谈丛录》）来开清化下焦利络之剂。竟夕起落如辘轳，污及袴襦，饮绝浆水，一仆伴漏，云及天明。

【注释】

①下利：亦称"下痢"。

1935 年 3 月 14 日

晴。

利未已而腹微痛，入此夜来几及百次矣，体温尚不过高（三十七度五），仍服陈大夫方。山东教育厅来聘函，聘为中学师范学校教员检定委员会委员。阅其组织规程，除主管科长、督学外，以曾任大学校长或教育学院院长为限也。

1935 年 3 月 15 日

晴。

入子夜利渐止，方得一睡，仍服陈方，卧阅元张光祖《言行龟鉴》十卷，夜深乃毕。枕上所感弥多，年来治心之道益疏矣，但觉得周身无一处无病，以汉学之法治学，以宋学之法治心，平生服膺爱伯之语，用再志之。始进粥。

1935 年 3 月 16 日

晴。

疾稍间，比日诸友门人过存者二十余人。家书来，即电复云："山事听峻、衡二老主裁，可了则了。"晡时君复来对四局，夜服旧方早睡。

1935 年 3 月 17 日

星期，阴，辰正四十六度。

偃息不能伏案，勉作家书及柬仙槎、幼山、毅伯并复思敬。卧阅韩集。夜与啸咸共坐。

1935 年 3 月 18 日

阴。

仍素食，精气未复，难赴剧公，窗下翻字书，既念"为文须略识字"之言，复深"何不动心忍性"之戒也。读《亭林集》讫，夜读其诗序。

少侯来商定今日勿药。叔明夜来谈，为述鲁人物甚悉，多著书未闻于时者。

1935 年 3 月 19 日

卯正四十八度，晴阴相间，午有风隆隆，夜隔窗望月。

七日重门，足不出户。晨甫涉舍园，蹀躞数武，关心某讯，提防春归，倪得良辰，会当策蹇，凭窗远眺，波水茫然。

午以车驱肥城路问医，风声虎虎，非舆车不克自致也，陈医以健脾胃和营络方应之。

夜浴，偃卧一榻，阅韩文，无深入处。泽丞、叔明示以所挽黄晦闻诗。

1935 年 3 月 20 日

辰初三十六度，淡阴。

告假一来复矣，今晨方赴讲堂，授课毕稍治书。夜同君复坐隐。

1935年3月21日

辰初三十四度，晴霭，晚北风月明。

晨起授微分方程论二小时，气力仍未足。仲纯、少侯来问疾。李雁晴自汴函来，即复。

枯井死波，遂成千古，予实不德，此豕何尤。下午温课未竟，赴校务会议，春风料峭，为之胁肩，署名即归。燃炉校谱。夜访君复长谈。

1935年3月22日

辰初三十八度，明丽，晡风起，夜月在窗，鸡鸣又昏。

当窗远望，海宁镜清。今日授读，精神较振，坐理旧业，渐堪用心，此心不用，煞难度日，一生不敢轻诋逃禅者，流水盖深，知其难也。

柬谢侠逊上海。咏声夫妇来面约翌夕饭棋之局。承佑来留饭。竟夕阅《容斋续笔》《三笔》。

1935年3月23日

辰初四十六度（南北各地报二十日春寒转厉，汉口降雪球，降至四十余度）。风稍杀，洎午阴，日昳风复作，晡息，终日晦。

授课，温课。达午丁山过访。午洪浅哉（深）招宴，以疾初复，谢之不赴。咏声晚酌亦却之。达吾晡来。

空斋习静，鸡犬无声，披籍当炉，自谓至乐。浴后以衾暖脚，顿感舒畅，入夜兴趣益豪，此乐当从寻友古人得之。

1935年3月24日

星期，辰一刻四十六度，轻阴旋霁。

早访少侯话足疾，少侯曰不麻不振，恐是北人所谓寒腿之症。诣老舍证之而益信，丐得北京广生堂药膏以归（虎骨熊油追风活血膏）。晓舫玉君夫人来视疾。作家书。

汤腾汉、胡铁生夜招饮厚德福，辞不赴，病从口入，言从口出，戒之也。过叔明久谈，如副甘果，神思为之一爽。夜卧阅五笔。

1935 年 3 月 25 日

晴，竟夕有风。

清晨连授二课毕，温课。陈达夫、罗玉君函来，均即复。达夫、玉君以师礼事予，弥惭匪分。问医。

1935 年 3 月 27 日

卯三刻四十六度，阴晴，午风又作。

读经，授课，温课，点勘《魏书》文帝、明帝纪。

《万年山中日记》第二十六册
(1935年3月28日—5月15日)

《万年山中日记》第二十六册·序

  自壬申五月至乙亥二月为日记二十五册，多于臣朔所诵，未得胜之一读。季刚赠句云"等身日录成悼史"，奖之也。而余年五十一矣。《史记》谓荪卿①年五十始来游学于齐，取为老师，三为祭酒。孔子亦云："加我数年，五十以学《易》，可以无大过矣。"（何晏本作"五十"解，言以知命之年读至命之书）世以荀卿五十当作十五。晦庵②据刘说，"五十"讹自"卒"字，皆非也。思则老而愈妙，老学何伤，朝闻道而夕死，人而不学。以前种种，坐多岐而亡羊；以后种种，宁守株而待兔。同志致如日方中之祝，吾道深普天皆溺之忧。仰钻微言，俯拾坠绪，如扫落叶，毋数逝华。畴盦曰："是吾志也。"

【注释】
①荪卿：荀子。
②晦庵：朱熹。

1935年3月28日

  晨五十度，晴霭。
  授课，温课。家书来，秋园、奋可、思敬函来。下午出席二会，职掌所在也，然亘时迫晡，未堪久劳。夜款承佑之门，又感隐谈太久，广坐之间，久襟为苦，据案之际，磬折尤难，侵侵相迫，事事皆非，唯古人尚不欺予，苦望道而未之见耳。

1935年3月29日

  例假，辰初四十四度，阴。

习课，温经。晓舫、玉君来谢馈联。陈朋初、周尧廷来视疾。老舍来答访。君复来久坐。

1935 年 3 月 30 日

辰初三十八度，霭。

授课，习课。日映风和，邀涤非信步公园，月来无此佳日也。遇叔明于途，玉兰株下徘徊久之。

校《魏书·三少帝纪》。夜招唐岐欧坐谈，橘中自有至乐。

1935 年 3 月 31 日

星期，卯正四十二度，霭丽。

拂晓温《左氏传》。访晓舫、玉君、怡荪少谈。叔明来审定家藏沈如皋《千岩万壑》画卷，长逾三十丈，有查士标、阮玉铉、张子畏跋。阮未详，其书与查并肩，皆香光之后劲者。子畏，清武进人，花草得舅氏恽恪法，摹王鉴能乱真云。如皋失名，遍检未得。画学黄子久，气象万千，俟考定后，跋尾付装潢。

叔明言予日记已成二十五册，册五十页，页二十行。以页一尺计之，得一千余尺，蜿蜒可一里。行一尺计之，则几二十里矣。以行程论亦可观也。语饶隽永。

1935 年 4 月 1 日

卯正五十度，霭。

授课，温课，温经。

夜端坐朗诵《儒行》《丧服》二经，隐公《春秋左氏传》，朗朗如出金石，儿时常课也。

1935 年 4 月 2 日

辰初五十一度，晴，有风。

授课。评校试卷，不及格者五人，令复读。刘生纪瑞自东昌来见。读《魏书》。

1935 年 4 月 4 日

辰初五十二度，晴。镜潭函来，家人书来殷勤问讯。某局柬招开会，不赴。

日昳治课业未毕，会务逼切，殊荒良时，相错相争，为之蒿叹。夜惫极，拥衾成梦。

1935 年 4 月 5 日

卯三刻五十度，晴，校前樱华已吐葩，以冬暖也。

夜唐岐欧来坐谈，三易阵线，岳生长奎司记录，因之各怀翼翼，走子殊慎重，往复三百合，费二百余分钟，虽尚嫌速，然迟于素日者倍矣，稿记亦心力所萃，弃之不忍，附于卷末。仙槎、幼山函来。

1935 年 4 月 6 日

清明节，晴和。

授课毕。偕泽丞、涤非、保衡出步市园，樱华已争放矣。途遇庶务员某，手执"不许踏草地"木牌，而躬行新茵之上，言行相违，世事大都类此。泽丞口述灯谜一则："生员和尚。射春秋人名一，伍奢（奢生员及尚也）。"殊有匠心。行行花下，息于茶摊，丽日风和，魁头消渴。似曾相识，又是一年，人世几回，花溪何处。白云三二，青天空廓，既病亦佳，当炉而叹。忽起乡思，携杖落荒，空山漫漫，兹人太息。

1935 年 4 月 7 日

晴。

是日大学开运动会，推予任总裁判，久不陪诸少年游矣。沂水春风，良时胜景，鹄立终日，乐而忘倦。夜太侔约饮百花村，不任久坐伴食矣。晡后王文中来，共坐至亥尽。入浴而息，竟日未手一卷也。

1935年4月8日

　　晴，今日停公，息劳也，日丽风紧，为之却步。

　　晚太侔招饮可乐地，心领而已。夜出访泽丞、保衡。归独推敲，冷态可掬。

1935年4月9日

　　卯三刻五十二度，拂晓听雨枕上，晨重阴，午雨如丝，洎夜未息。

　　早梦不熟，不如早起，估量花事正盛，孤负三天矣。既难作逢人之笑，只为起早之游。霡霂在林，氤氲在岫，世方耽梦，中有独行。林鸟亦惊，夷庞昂首，我不人若，人谓我何。惭对艳花，年年弄色，如此佳日，娓娓随人。花开有花落之时，花犹如此，花落有花开之会，我何以堪。感有脚之阳春，几忘情于花下。远钟报晷，拂袖升堂，一经可遗，三觏不昧。

　　授课，习课，得一题可用若干解法解之者，此种推解最益人智慧也。

　　下午主席大学出版委员会。夜阅梅亭《四六标准》，自遣亦佳。

1935年4月10日

　　晴，晌午阴，夜少侯来谈。

　　雨中看花，别饶黯淡之境。隔窗知晴，枕上无味，凌晨出户，酬此芳春，料峭晨风，迷离远村，甫逢新绿，已践坠英。迎面多走马之夫，早行半结鹁之侣。厩有肥马，腥闻酒肉于朱门，野遍哀鸿，同辱泥途之白屋。胥天下而游手，奚止一夫不耕，率鸟兽而食人，何与一池春水。花不解事，我本恨人，百念未冰，两髦将雪。虚负今日，甚渐古人，踯躅已穷，盘跚而返。教亦多术，固夫子之循循，学无常师，亦吾生之瞆瞆焉尔。

　　啸咸举"春色恼人眠不得"属对，以"蜡炬成灰泪始干"应之。复忆杨彝句"梅花消息近如何"（《山居图诗》："为报梅花消息早。"），亦未惬也。

1935 年 4 月 11 日

卯初四十四度，晴。

黎明即醒，假寐无方，眷念园桃，可胜风雨，独鼓孤兴，将曙而徒，清气犹存，缁尘难浣，婆娑缓步，容豫曼歌，道心莹然，优游自得。于时春风似剪，朝旭犹微，挹露花珠，嫩娇欲滴，席茵小息，冷气寻侵，趋搏部娄。遥睇日出椭形，轮廓半浸，波中逐影，穿林不逢一士，幽赏未已，淡葩沁芬，如闻鹧鸪，不知声从何处。

下午出席职业指导委员会。晚咏声招宴私寓，对弈一局，以待客来。八时始入席，一人戒杯，举座辍饮，杂谈至夜分。有为中国本位文化论者陶希圣等，自燕来鲁转青，明日登大学讲坛，自署以"以中国学术为中心，讲中国社会经济史概说"云。

1935 年 4 月 12 日

辰初五十一度，晴，有风。

授课，习课，治方程式不克深入，废书而叹。下午稍出酬应，与闻陶氏宗法《食货》①之言，久坐折腰，不安于席，抽归偃息。李茂祥、周学甫②来谈。晚唐岐欧来，同赴太侔、法章客宴。膻肉蛮讴充饥悦耳之不足，然以此乱华者有余矣，姑妄听之，究不胜临表涕泣之感。裹如充耳，无以适口，屡思逃席，难得乘舆，昔讥素餐，今伤伴食，羌旅进而旅退，为己乎为人耶。亥尽返谷，如感纵囚人，亦有言可以休矣。今日所闻客言颇多，或以不存记为是。

【注释】

① 《食货》：发表研究中国社会经济史文章的半月刊。由陶希圣（时任北京大学教授）主编。

② 学甫：日记中有时写作"学普""学圃"。

1935 年 4 月 13 日

卯三刻四十九度，多阴。

课毕偕泽丞、保衡步入花丛，落片渐滋，有成荫者及时之骄，早衰弥可惧。疏柳株头，酒帘在望，呼茶消渴，小坐亦佳，日薄林希，春风尚紧，不可久坐，涉猎而归。

王筱舫（尚荣）以其祖母（蔡太君）赴窆①并启，撰联寄挽：

阡表泷冈，太夫人进号魏国（魏太君阡表泷冈）；门承通德，郑公乡名之小同（郑小同门承通德）。

明日春假，如逢大赦。夜啸咸、涤非约往叔明处，鼓励入山，书生生涯，积劳集瘁，及其暇日，乏其筋骨，稍资游展，借减销膏（《龚胜传》："薰以香自烧，膏以明自销。"），不约而成，不言而决。即归舍部勒呼车秣马，来朝为期。复冒风走约周学甫、陈之霖，亦聊以张吾军也。事毕具柬报叔明，旋涤非来坐。不觉夜分，澡身入梦。

【注释】

①窆：墓穴，坟茔。

1935年4月14日

未明雨，隅中重阴，风声虎虎，终朝如晦，裹足点《魏书》。

枕上神游目想山中明月、石上清泉，自谓是羲皇上人。开户视之，泥滓半街，声在树间，经月不雨，竟以走马之朝，沛临下土，入山不得，徒唤哥哥。之霖来改约。

夜岐欧来长坐消闷。

1935年4月15日

晴，入劳山，山月尚佳。

未起，帘色绀绯，卜晴之朕①也。呼纪纲约同游者，旋埵而陈之霖、周学甫轻装相从，叔明、涤非、啸咸亦躧屐而至。骈骈四牡，济济六卿，望北绝尘，饯春荒野。入山有侣，不酒六仙，生意满前，和风入袖。指点钓游之陈迹，曾是日月兮几何。心慨萑苻之满途，此江山焉无恙。一片干净之土，半腔凭吊之怀。如此江山一句无，我惭笔力，为问黄巾满天下，客诵断章。[陆放翁诗："恨渠生来不读书，如此江山一句无。我亦衰迟惭笔力，共对江山三叹息。"顾亭林《不其山诗》（汉不其县有康成书院，今废）："荒山书院有人耕，不记山名与县名。为问黄巾满天下，可能容得郑康成。"（见《后汉书》

郑玄本传)《亭林集》有《劳山歌》] 书带草生，得春独早，仙人馆下，一榻可悬。午抵华严寺，息景华峰饭店。止石村人，似曾相识，华峰旧馆，未免有情。栖迟幽涧之颠，掩映苞竹之笃。有声潺潺，有影苍苍，山中一日，世上几年，吾与姜子有终焉之意焉。陈、周、萧、彭勇攀白云洞，盖二子不能从也。铺大学诸生越岭至者四十余人，女生六人宿于寺，不负少年壮游之志矣。寄食僧寺，余等叩关入禅院劳之，夜共坐石山，水冽泉清，山高月小。

【注释】
①朕：征兆，迹象。

1935年4月16日

晴，在劳山中，夜月清胜。

破晓跃起，独攀危石，守待日出。远波荡漾，众山回拱，半轮涌出，万象向荣。蒸卵扁圆，竖托盘上（初出日视半径三十二分，两径之比为五比四），日日有此奇境，有毕生不一见者。是日部署游侣，分赴明霞洞、上清宫、太清宫。余约叔明登寺北棋盘石，据说五里而遥（2.78公里），行一时许，甫上一岭，岭外之峰，又壁立在前，为君谢客，请回俗驾，可为失笑，然足力已不任也。《文登县志》："有著棋山，在县东北五十里，顶有棋盘，方一丈许。"相传为吕洞宾遗迹，一石之奇，又闻于此。竟日偃卧山下，与叔明纵谈儒家思想文学分流事，席已前而不知，日已落而无睹，清言所及，可补《世说》。傍晚啸咸、涤非往返太清宫六十里，之霖、学甫攀石登山亦抵宫下。以舆而还，各有余勇，盛陈所遇，篱边野卉，增色青山，亦足令行旅停骖、羁人倾耳者矣。臣心如水，举头见月，时壬戌之夜，三月将望也。余乃摄衣而起，倒屣而从，越小阜而西，行不足百武，石级可拾，坠泉有声，呦咽下滩，终以奔凑，月光山影，相映益清，爪印鸿泥，当前皆是，分据乱石，都有好怀，一士倚声（叔明独度昆曲），万籁皆寂，名蓝古寺，半角朱栏，清磬夜钟，数声断续。几不信人间今夕，尚有此一幅画图，我已嗒然丧其藐躬。人有杳焉，失其啸侣（涤非失途从而后），以声相应，空谷同鸣，逐波而奔，迁流湖底，临急涯而驻足，抱明月以入怀。劳山之英，草堂之灵，梦谢吾徒，为添掌故。

1935年4月17日

晴，出山，夜月清绝。家书来，传邱嫂谕少饮酒。

入此山来，已三日矣，粗稽聚粻，适符归约，未能誓墓①，怯诵《移文》②，仃来轸而不遘，晒归鸿而若失。偶聚语沙上，知天之未欲平治于天下也，见结网于伊川，吾非斯人之徒与而谁与。揭厉浅濑之波，蹲踞化石之上。鱼蛤之利，一夫终岁所获，不供一箸之资也。舆薪之材，八口胼胝③之所伐，不足一游之费也。都道农村破产苦，林下何尝见一人。吾侪亦寄食之徒，毋高谈诗书，溷乃公为耳。所见题名丰表，殊污名山，使我愧涧惭林，发为斯记。归车三十里入王庄，又二十里出即墨，过乌衣巷，改途丹山，桃李如林，葡萄千亩，一泓春水，一里香车，重以梨花压山，游蜂成市，诧兹花海，未成口碑。舍车而徒，香红无际，少山可眺，弥漫莫穷，普照夕阳，风情弥丽，朱明古刹（有法海寺，建自明封），桃村毗连，睨彼岛市花丛，皆当拜倒，愧无《洛阳园记》，谱为画图，色香满襟，心脾胥艳，铭心息壤，寄语芳春。

劳山之名始见于范书《逢萌传》，传云："及光武即位，乃琅邪劳山。"李注云："在今莱州即墨县东南，有大劳山、小劳山。"（字作"劳"，不作"崂"）王先谦《集解》引惠栋曰："袁纪云：不其山，是即黄巾贼数万人见玄皆拜之境也。"袁宏成《后汉纪》，于晋世成书，先于蔚宗。世又言汉中兴，作史者唯袁、范二家，则宏说可据。顾炎武作《劳山图志·序》，近仅据志书，远止及《南史》。明僧绍隐之《长广郡之崂山事》，斤斤于劳、盛二山之分，"劳""崂"二字之辨，而不及《逢传》，不免失之眉睫矣。（《一统志》采自志书，"劳"或作"牢"、或作"崂"，终不及范书）今劳山名胜以十数，其见于志书者，唯上清宫（齐乘五代末，华盖仙人识宋太祖于侧微，宋人为建此宫）、明霞洞。如华严寺之胜而无稽，至亭林《劳山歌》云："华楼独收众山景，一一环立生姿客。上有五峰最崷崪④，数载榛莽无人踪。"则由来亦旧矣。（旧游有二二零五零五及二三零八一四两记，并此而三矣。）

【注释】

①誓墓：去官归隐。
②《移文》：指《北山移文》。
③胼胝：老茧。
④崷崪：高大峻险貌。

1935年4月18日

卯正五十四度，晴，夜月皎。

早起补入山日记。毅伯来商校务。下午校务会议，报传鲁人蹮①然校款事。"先生其有遗行与？何士民众庶不誉之甚也？"

昨夜岐欧来坐五局。今夜叔明来久谈，涤非在坐。斯游犹在心目，各自怡然，娓娓清言，三更方散，踏月相送，一卧无梦。

【注释】

①唪：高声大呼。

1935 年 4 月 19 日

晴，夜访泽丞新寓，面月归舍，别有清竟。

早柬叔明，午走答访。

1935 年 4 月 20 日

晴，春假满。

泽丞早来答谈会。柬彭啸咸杭州。抽读归安吴大受（牧园）《诗笺》，吟哦遗兴而已。玉君来借读日记，叩以有错字否？则曰："偶以见之，急检字书，仍信其不误。"云："恐此境未易至也。"

夜承佑、岐欧、涤非来，共坐至三更，四面据按一枰，走子更相对敌，余子壁观，奇着间呈，并有存录，方圆动静，亦见天心。

1935 年 4 月 21 日

晴，夜送客，尚见月在山角。

走访晓舫、玉君，归而温课，点校《魏书》，仍不堪久坐，君复来谈。

1935 年 4 月 22 日

卯正五十六度，晴霭。

授课之余，并为四年级讲五段教授法。温课，校阅《魏书》三卷，用家藏仿汲古阁本，时有讹字，间以殿本正之。又板已残缺，蛀蚀阑干，一一朱补之，大费钩稽。以其为家中旧本，手泽犹存，郑重护惜，瞻望奚穷，日西方莫，致忘晚食。怡荪来小坐。夜访君复，二更后归。

今日稍堪伏案，自引数杯，浅酌低斟，陶然自会。

1935年4月23日

辰初五十三度，重阴薄雾，焚炭祛湿，日昳逾浓，阖户重足。

授课毕，温课，点校《魏书》第十三卷程昱等诸策士传，刘馥等诸二千石①传，条刺数则。

【注释】
①二千石：汉官秩，又为郡守（太守）的通称。

1935年4月24日

辰初五十三度，晨见旭，比又阴，入午雾。

茂祥来坐，晚同车就食于粤小馆，盘桓周应，不觉极乐。夜散步海岸，观潮而归。校《魏书》一卷。

1935年4月25日

辰初五十八度，淡阴。

授课，加授一年级生一课，工、理各系生来附席者十余人，亦悦道之徒也，连讲三小时，先生体力尽矣。点校《魏书》诸良二千石一卷（国志卷十六），五将一卷（卷十七）。呼晚食几至人定。

夜走访福山路，同人无一在舍者，乃恍然曰今日发口粮也，俗言薪水。"今日奉钱过十万"不曰薪水也。

1935年4月26日

辰初六十三度，晴，夜闻雷声甚急。

授算经，（遇舒舍予面约明晚饮春和楼）治课，赵生环亮来，面授指导论文。

校《魏书》一卷未竣，腾汉来商要公，所关甚巨，眠餐未忘。北江初至梅花书院诗云："阅世更须坚晚节，传经先已负初心。"为迟回者久之。夜大学招诸生茶话，志不相属，中道捐归，旋叔明、泽丞、保衡来杂谈至戌尽。

1935 年 4 月 27 日

辰初六十度，晴。家书来有喜。

授课，读《魏书》。夜应舒舍予约饮于春和楼，坐有陈季超，老友健拳，遂为之尽欢鏖战。

1935 年 4 月 28 日

星期，辰中六十三度，晴和春深。

校《魏书》，抄卷自书头，便检举也。

诣叔明一谈。访玉君未晤，辄归。竟日不见一士，晚独酌自啸，纵横纵敌①亦及夜深。发家书。

【注释】

①纵横纵敌：指自我复盘或拆棋。复盘，就是把所有的下棋步子重来一遍，看自己是否有其他更好的下法。

1935 年 4 月 29 日

卯正五十七度。

授课，温课。啸咸归自西湖，遇诸途，立谈良久。校《魏书》。晓舫、玉君来论文。王文中夜来坐谈。之霖来论定单位名词。

啸咸馈杭笋，命庖人亨而食之。夜让文中二先对五局，未足录稿，送客入梦。

1935 年 4 月 30 日

辰初五十三度，晴。

授课，温课，校《魏书》一卷。啸咸来阅日记，于志史诸条多所商榷，其治史之功甚深也。日昳有客苍止，此事遂废。夜与学圃、涤非茶话久之。

1935年5月1日

辰初五十三度，晴。

授课。治 Bessel Functions 颇费钩稽，仅就 Woods、Wilson 诸名著附草眉注而已，无须特存稿。之霖来商定度量衡标准单位及名称意见书，为制出：

仟、佰、什诸对称字为䇂、盾、䇂、厉。读䇂（十分切，音纯），盾（百分切，音奔），䇂（千分切，音村），厉（万分切，音文）。

盖厂之形如T，即古算法之负号，如 10^{-1}、10^{-2}、10^{-3}、10^{-4} 等，附写名数时如粁、粨等，可视为米／十、米／百等，与写百分数之状符合，乃决用。以陈之霖、黄际遇署名提出之。

校《魏书》一卷。（承佑、咏声夫妇来。）

1935年5月2日

辰初六十一度，晴煦，始御夹衣，是日始堪伏案久坐。

授课及三时，略署杂务即归休。

点《魏书》一卷（《三国志》卷二十四）。夜岐欧、怡荃、文中来。

1935年5月3日

辰初六十度，晴。

晨熊生亨灵自南都来谒。授课，温课。夜访泽丞。馈少侯陈酒一尊。

1935年5月4日

辰初五十七度，未午温煦有初夏意，午阴复霁，夜见新弦（南方初三始见月）。

授课，在文学室见一鲁生示人以唐太宗手卷墨迹，有跋尾曰"姜尧章题并跋"云云，是并不知何事为"题"者矣。

此五日间以有显者来青岛，负贩①者不得负戴于道路，违命者扶而去之，如叩马②之义士然。陆务观诗"深巷明朝卖杏花"，市容观瞻所在，不能改深巷为马路也。车非警跸③,泣绝路隅,命贱威尊,如兹振古。

夜稍复杯杓,独慰幽思,信步访学圃,旋同来舍,承佑继至,对子论谱,加子方休。

【注释】

①负贩:小商贩。

②叩马:见"叩马而谏",出自《史记·伯夷列传》,形容竭力进行劝谏。

③警跸:古代帝王出入时,于所经路途侍卫警戒,清道止行。

1935年5月5日

卯二刻六十二度,子初雨小急,雷鸣电宣,望雨不来,鲁有旱象,重阴终夕。

早访少侯小谈,遄归。校《魏书》竟,"日至于虞渊"(《管辂传》:"在虞渊之际,告者至矣。""日至于虞渊,是谓黄昏。"本《淮南子》)。舍予馈药,柬谢之。

夜少酌后独步山麓,观弈于泮宫。真有专心致志者,已达十五小时尚未罢战。北人呼曰"棋迷"。

1935年5月6日

卯三刻五十七度,晴淡阴相间。

授教授法二小时。归途过文学室,陡见秘笈,欢喜无量。盖素闻王菉友尚有未刻之稿流落人间,而予尝见王筠所作箸书,先后考记,则似有不然之处,以其所已刻著臆之也。今日见之,乌有不急欲知其内容者。(考记见二二年六月三十日日记)王菉友手书底稿五册,每册少者三十余页,多者不满百页,其命名由书贾以第一页作何字定之,不足为典要。书贾历城聚文斋也,索贾五百金,本是无贾之物,但时有一文不值,何消说者。作菉友手书底稿存证,且略断其写记年代为次序焉。

课毕作家书,复午所得黄峻六函。柬叔明,旋来共论王著,人定共出看新月。

1935年5月7日

辰初六十一度,晴,午后七十度,偶立棂边,初感风,温煦。

授课,屏当事务,采注菉友所著稿于各条下,粗明其例而已,不能久假也。

夜读罢,流静风和,慨然有下山问俗之思,少侯骞至,约同观京戏。听唱书,北人谓之"听乐"或"听落"。方言如曰"听老子书"。然实从"莲花乐"之字而变也。按《五灯会元》云:"俞道婆常随众参琅邪百间丐者唱莲花乐,大悟。"《通俗编》云:"则莲花乐为丐者所唱,曲名其亦已久,今通作'莲花乐'也。"缓行入山东戏院,有鼓书,有相声,来自废都,中有隆准①。京华久别,聆之释然,老凤子雏,各擅声妙,铜琶铁板,相引为东。不无噍杀之音,亦解幽忧之结。纵非白妞黑妞之才,殊有大珠小珠之致,诙谐肆作,口齿尤清,竽吹齐廷,辞挟鲁难,维兹口技,尤令心仪。据说此会,已成尾声,竟媲广陵,于焉绝响。

【注释】

①隆准:隆准指鼻子高挺。此处指西方人。

1935年5月8日

辰初六十七度,晴。

授课,补校《魏书》,校《蜀书》二卷。

夜访王文中,晤德教授,过其居室久谈,为叶子之戏。

1935年5月9日

卯正六十一度,晴。

是日率诸生往参观铁路中学数理教授实施方法。鹄立四小时,别有滋味,初及门者未领会也。下午集于一堂,为指陈得失。焦敝①自劳,收获几许,亦可伤已。啸咸云:"弟子三千,门人仅七十,自古难之也。"夜诣少侯畅谈,略摅郁积。

尽日未伏案,幼山函来即复,并柬张子仁。

【注释】
①焦敝：见"舌敝唇焦"，形容说话太多。

1935年5月10日

浴佛节，辰五十八度，和煦。

授课，校读《蜀书》七卷。

夜招唐岐欧来坐隐，比来唯此为消闲之具。局未终，王文中来谈至子初三刻，斯游乐甚。

1935年5月11日

晴，有和风至。

晨立中庭，为同舍人作庭球裁判。读《蜀书》四卷，昏黄不倦，复以醇醪助之。

夜访同志无所遇，卧读《吴书》时亦自得。

1935年5月12日

星期，卯正五十八度，霭丽，洎午薄阴。

午正坤、云霞来问字，留之饭。夜学圃、文中、竹邨、涤非同游至快。

1935年5月13日

晴。

授课，校乙《吴书》。

晡应毅伯、达吾之约陪客可乐地，见诸夷方习相煦相濡之节，问之已习数月矣，此何待习而后能也，曰将以献俘也。今之国人且学步效颦之不及矣。归仍读《吴书》。

1935年5月14日

校《吴书》。《吴书》诸将传笔势最生动，如《甘宁传》其佳处几夺马、班之席。

夜方食，君复来坐谈。二更后同出步月，清胜欲绝，市居者无从知山月如比高寒也。

1935年5月15日

晴，夜月尤明。

授课，校《吴书》。家书来即复。夜访文中，踏月而归。

晡王哲庵来谈。是日两访叔明，夜同诣泽丞寓斋，月华可爱。

《万年山中日记》第二十七册
（1935年5月16日—7月9日）

《万年山中日记》第二十七册·有诗

中华民国二十四年乙亥五月十六日，假馆胶东，暇辄治史，追理旧业，因作诗曰：
　　惟臣之先，世守一经。臣受父经，云方五龄。
　　礼传章句，甫龀而毕。父曰嗟嗟，母伸占毕。
　　不琢非器，不通非儒。女往旃①哉，寻师而徒。
　　遭学之乱，乐崩儒黜。礼失其官，小子何述。
　　负器委质，鄙野越国。挹彼菑畬，疗我荒殖。
　　所志者大，所学者小。唯书与数，茫茫远绍。
　　辍耕太息，芸②人之田。曾是悠悠，遂尔卅年。
　　料量所得，两袖清风。便便私嘲，谓将毋同。
　　无闻非耻，自欺为耻。但视昔人，立身何似。
　　用是俛③焉，将至不知。熹以茅苇，自植藩篱。
　　羊亡牢存，道大岐多。以经订经，执柯伐柯。
　　经奥史繁，子庞集泛。方摭班陈，俌④以通鉴。
　　一文之异，考遍六书。钟鸣呼食，谓姑徐徐。
　　清儒董古，已云卓绝。书缺有间，迟予而决。
　　时得一解，欲起古人。古人不作，敝帚自珍。
　　声在树间，绿满窗前。楹书具存，吾将终焉。

【注释】
①旃：文言助词，相当于"之"或"之焉"。
②芸：同"耘"。
③俛：古同"勉"。
④俌：古同"辅"。

1935 年 5 月 17 日

淡阴，食时风作，日昳晴，晡小雨，入夜望月高洁。

授课，温课，校《吴书》二卷。

昏时少侯来纵谈，留饮。夜淦昌、涤非、文中、智斋来集高会，不举久矣。三更共望望月，皓洁如秋，闻晡时有小雨，雨后尤清胜耳。入浴。

1935 年 5 月 18 日

辰初六十三度，晴。

以日记所治方程式理论授徒传习。自校《吴书》。

竟日校误书，自得邢子才①之趣，其无创获者，存眉而已。夜之霖、岐欧来谈，夜深方散。月阴无色，小步即回，移时不睡，起服寒腿药酒，合眼已四鼓矣。不用心思，无以终日，用竭则眠不安，是亦积瘁之躬也。

【注释】

①邢子才：邢邵，北朝魏、齐时文学家。

1935 年 5 月 19 日

星期，辰初六十五度，晴煦，夜月尚佳。玉君阅讫二十六册日记，面来谈论。

校《吴书》，粗竟所臧，毛本末缺数页，用它本读过而已。

昏时诣叔明"广东堂"。夜访文中、学圃福山路，相将看山月，归来早睡为佳。

1935 年 5 月 20 日

卯三刻六十七度，晴丽，夜月如洒。

授课，温书。

文中馈雪茄一盒，亦淡巴菰之类也。窗前久坐，右手秉笔，左手非此不乐矣，沉浓浸馥，极耳目口鼻胃脏心思之娱，何事窥园，托名灌菜。

夜访君复，坐隐良久，归来月乃大佳。

1935年5月21日

晴煦。

温书，习史。

函张荩谋杭州、姚秋园揭阳、黄季刚南京。晚应沈成章酒约，晤仙槎。不觉多饮，复同至电报局。竹林之贤，不满七子，为之攘臂，殊耗清神，月在山头，车中领略而已。

1935年5月22日

晴。

夜稍被酒，晨早起徘徊槐下，持清茗挹清风，亦自意远。授课，温书。周承佑自北平祝嘏归青来答拜。黄昌期面约后日之饮。

下午出席校务会议，决招生、毕业考试、暑期讲习会诸项。晚毅伯、达吾约陪仙槎共餐。

夜偕承佑、君复同车返舍，对局消闷。漏尽睡仍不安。

阅今日啸咸假到《史学丛书》，参以《困学纪闻》《考史》诸篇，如饮醇醪，古人可爱，此中大有可探讨者在，恨不得屏弃百事，自营所学耳。四鼓方入梦。

1935年5月23日

晴，初更单衣，午阴，春来少雾，各处亢热麦枯，旱象已成。

拂晓便起，北走西山路，小步思群论诸理，稍稍怡适。辰初访晓舫谈课务，玉君出门走送，晓舫还来答柬，各自释然。温书，治课。泽丞来阅日记。温《魏书》。

夜读罢，有携山谷手书大字求售者，阅而归之。访叔明、少侯，无所遇。返舍及门文中来谈，欢极。

1935 年 5 月 24 日

晴。

授课，及门李金鉴相从治群论，颇有见解，所报告一文，别存之。偕毅伯赴燕儿岛检阅济南童子军，野营餐风饮露，亦有道存焉，逾午始归。

家中付来书八包，析视之则《资治通鉴纲目》也，凡一百册，正编二十五卷，续编二十七卷，四库《御批通鉴纲目》条下提要云"朱子因《资治通鉴》以作纲目，唯凡例一卷出于手定，其纲皆门人依凡例而修，其目则全以付赵师渊。至商辂等（明成化）续编，因朱子凡例纪宋元两代之事，颇多舛漏"云。又按前编无宋金履祥所作。

昏时读书未卒业，赴黄君之约聚于厚德福，又以齿痛，不敢纵怀。偕之霖、竹邨、文中徒步而归，与文中坐至人定，夜梦尚安。

今日晤一客言（谷耕野）："老师不喝酒时谁不认得，喝起酒来谁也认得。"亦《世说》之雄者。

1935 年 5 月 25 日

阴，食时有雨，午阴，晡密雨集，入夜滴沥有声，甘霖也。

授课毕，不胜齿牙之疾，并温茶难入口矣。走访管庭卫诊之，途遇雨稍急，过商务印书馆阅涵芬楼《资治通鉴》，用活字板，未敢以为信本也。

明华银行崩，见聚途侧者数百人，今之为斯业者，不商而博，竭泽而渔，哀哀劳民，同罹其苦。夜饭于智斋寓庐，一经戒杯，遂觉向隅。

归雨颇急，淅沥达夜，听雨固佳，负痛亦苦，彻夜以硼酸水、绿豆水漱口，无一刻之安，阅书不成，入梦无计，唯将长夜供其呻吟而已。仲纯自皖归，馈干鱼。

1935 年 5 月 26 日

终日霁阴。家书来即复。

早往诊牙疾，已发肿矣，探刺多时，方得主名，钻燧取火，于今见之。归过广东精庐，唇齿蒸热，不果畅谈之愿，主人方焚香自适也。

纫秋假以百衲本仿宋本《资治通鉴》，终日不能阅书，倒头便睡，达旦如此，盖昏气之乘入者深矣。

1935年5月27日

晴。

勉授一课，别有一番滋味在齿头，仍往治牙。（有对云："愿君习凿齿；为子齐易牙。"）归点《魏书》，不任湛思，昏时出席暑期讲习会，不支而遁。彻宵不安，上蒸已盛，中夜开牖，以冷水浇额，并呼按摩，方得一睡。《三国志》正文今日点乙补毕，无力细校也。

1935年5月28日

晴。

胃火加盛，减膳彻烟，午往就诊，一诣宏成发，久不入市廛矣。下午访叔明，久坐寡言。晚洪浅哉柬招私宅中，备馔颇丰，勉与斯会，一粥而已。夜睡仍不安席。（今日举箸，不能食鱼。）

1935年5月29日

毅伯来商公务。少侯夫妇来，泽丞来，均为侍者所误，相失交臂。午往就陈医士，商定清降和胃一剂，归而服之，仅通一次，竟日偃蹇。娄翾叔明、啸咸杂谈。入夜仍辗转，难得熟睡。

偶与啸咸谈《南史》之华丽，素为词人香苑。晚辄梦读《南史》，以其昏昏，为兹咄咄。

1935年5月30日

初感趷趷。

龂①龃（《说文》："龃，龂肿也。"）滋甚，百事不治，食亦减退，医士不辨病源，迁延为苦，用针试之，其痛龂龂（俗作"楚"），乃决意以明日拔之。

邀叔明夫妇同至三江会馆融斋书画展览会，叔明谢以客。遂携器儿往焉。

虽多雁鼎②,间有真赏,冬心③之梅,园照④之石,休风⑤令问⑥,已移我情。(购得徽墨半斤,五番金,大小五笏,云是武林王相国家藏五十年者。)

【注释】

①龂:同"龈"。龈亦称"牙龈"。
②雁鼎:伪造的鼎,泛指赝品。
③冬心:金农,清代书画家,扬州八怪之首。
④园照:王鉴,明末清初画家。
⑤休风:美好的风格、风气。
⑥令问:问通"闻"。令闻,美好的声名。

1935年5月31日

晴。

张子仁济南函来,厚意可感,当柬谢之。晓舫、玉君来视疾,手馈域外枇杷桑葚心,以为尚非疾也,但痛害事耳,拜而受之,食之弥甘。

是日卒下山拔齿,齿脱取之视之,并非龋齿,及根无伤,盖心火致盛累及齿牙,不以天年,夭此犬齿(今人谓门齿、臼齿之间者曰"犬齿"),伤哉齿也。欲为《齿痛赋》《放恨赋》之篇,局为之恐滋痛也,遂不果作。

夜阅《南史》,梦中如见其不可用力如此。

1935年6月1日

晴。

痛少间,授课治事,洎午方退,已不胜矣。下午仍往治牙,过泽丞、保衡久谈。夜卧阅《资治通鉴·宋纪》,人定不肯释卷。十许日来阅书无得,今夕稍有所入也。

1935年6月2日

重阴竟日,二更雷动,雨颇急,加子未息。

晨治牙疾。为陈虞史表兄书镜屏,试新墨而泽,即草一屏条贻晓舫。柬幼山、子仁。

达吾来谈。家书来，附梦秋片云："见近所作联皆工切而有气，并治七儿疹后肝风。"即复谢之。柬秋园。门人杨渠章自湘来函，索为长沙荷花池兑泽中学三十年纪绩题词，此余十七年前赏游之地也。今校长彭瑞林亦武昌旧徒，主是校六年矣，即书"骚雅所萃，沣兰自生"二语寄之。夜听雨枕上，阅《资治通鉴·魏纪》三卷。

1935 年 6 月 3 日

晴。

授课吐音尚未圆，思力亦未健。略治系务，即往市治齿。读《通鉴》。

日昳访叔明畅谈，见丁福保新编《说文钥》正续二册，为初学者作也，抄略成书，未得深入显出之法。晡文中来坐对，神思所局，未敢恋阵。卧阅《晋纪》二卷，夜遂不得甘睡。孙光远复函来。

1935 年 6 月 4 日

晴丽。

授课后下山，归，叔明来续谈至午，滔滔人海，相应几人哉。幼山函来，误以予行办严遄归南海，欲亲来青祖送。高风可挹，即复书谢之。予且将有事济南之行也。

函丁仲祜（福保）上海，略谈论文字声音事。

拟毕业考试题。

夜与啸咸、丁山、涤非纵谈至人定。远闻土人上山采艾嘈杂之声。（宋陈元靓《岁时广记》云："古人采艾则以为乐。"注云："宗则字元度，常以五月五日鸡未鸣时采艾，见似人处揽而取之，用灸有验是也。"）

1935 年 6 月 5 日

端午，晴，日昳风颇紧。

授课，温书。齿龈微齟浸淫臼齿，治书未敢尽力。纫秋招往聚节，不往。

晡保衡招往渡节，此亦旅食之暂欢、北臣之常况矣，杯盘塞机，心领而已。夜卧阅《晋纪》。

1935年6月6日

晴。

授课，温课，助毅伯整比各系规程。下午开会，扰扰而已。晚寻少侯久谈，殊解症结。

1935年6月7日

芒种节，晴燠，未刻达八十一度。

授课毕，协助毅伯治公。齿肿久不痊，改诣三条医院，又去一臼齿矣。一摘西瓜少，再摘西瓜稀，唇齿之利，从兹日杀矣。

柬晓舫、少侯。校《后书·西南夷传》未竟，忽感牙痛，血流未止，午食几废，释箸就床，一卧憯然，醒时稍差。少侯、仲纯、叔明、学圃、智斋、保衡晡时先后来谈。卧阅《青鹤》杂志、《越缦日记》以自遣。

姚秋园函来，极称散原①文境并世罕有。又称予日记序及诸联华实并茂，经史之泽流溢行间，吾潮读书种子舍君更无第二人，有知音者必以此言为不妄叹也云云。士元为溢美之誉，子桓痛知音之难，殗殜半床，歔欷去日。浅哉招晚饭，以齿痛片辞之。

【注释】
①散原：陈三立。

1935年6月8日

晴燠，夜风犹热。

晨穿山入市，岛峦风景真可醉人。毁方为圆，削足就履，乃为此间之乐，忍彼鼾侧之声，苜蓿阑干，辟雍邪许，致可唏耳。途睹执戟之士，陛楯之郎，栏诘行人，要阻来轸，方知路傍乌集，皆属债团当路，狐威剥及商妇。纵钱驱之兔脱，虑顽民之铤走。威尊命贱，官屁商奸，由来旧矣，于今为烈。倭妇为沽药，雇车而归。

夜德人教授为其父暖寿，招宴福山路校舍。便与文中对六局，于此间得少佳趣，或叩佳趣何若，曰可以少说话也。三鼓始归，夜静如醉，欹枕思

《说文》"乘"字、"骑"字古诂。

1935年6月9日

星期，晴。

晨起写客单，约化学系诸友明晚之饮，步往福山路访腾汉、之霖。经年不到，桃叶亦非，款户寻声，屦踪已杳，三年怀刺①，怅怅乎其何之，偶尔班荆，栖栖者何为是。（途遇王志轩偶语）重过三条凿齿，约以一月易牙，宿痛已捐②，重负如失，攒林越涧，扃户焚香。

少侯、泽丞将相来谈。夜在啸咸处晤怡荪，谈久之。卧温《越缦日记》，四鼓方灭灯。

【注释】

①怀刺：怀藏名片。谓准备谒见。
②捐：舍弃，抛弃。

1935年6月10日

不胜夹衣，日阳骄丽。

是日举行毕业考，自辰监场，洎午方休。刘凌霄自金陵来，别来年许矣，偕至寓庐共饭，丁山来陪。邑人黄云岩馈枇杷松花茶荈之属，尚未相识也。

有客曾昭抡自北京大学来，闻为湘乡相国曾孙。适见孙雄《诗史阁笔记》载曾联二则（七日《晨报》），一云刘养素方伯于浔统领江西内河水师文正赠联云："组练三千朝踏浪；貔貅十万夜观书。"一云吴城望湖亭联："五夜戈船，曾上孤亭听鼓角；一尊浊酒，重来此地看湖山。"因并存之。

夜化学系同人Dr. Stein、汤腾汉、胡铁生、陈之霖、王竹邨、黄昌溪、王文中来共酌，汤、胡二君将行矣。少侯、仲纯来相陪。予久不亲杯杓，今夜偶沾数杯，忽感不快，偃卧移时，不克陪客。太伃来即归，交亥稍复，阅日记复至加丑。

1935年6月11日

晴。

昧爽即为牛叱犊之声聒扰，不入梦。早浴罢，在山之麓治事。

午太俦招以电话，共餐可乐地。红砖绿树，逦迤相映，东方瑞士，名下无虚。日之方中，枝柯掩映，单衣一袭，犹不胜凉。食罢归来，棘闱有事，又赴本系审查论文会议，及第者十一人，四年以来精力所寄者矣，未醮返舍。夜饭后与啸咸小谈。复斜倚一榻，阅爱伯日记至三鼓。

1935年6月12日

晴，夜始从窗际窥见上弦。日本对中国要求六件，全盘承认，视金宋过之。

授课，温经。

下午二时往监场。四时出席毕业考试委员会，审查论文，依次唱名，略说论文所攻之核。六时咏声、淦昌约饮于亚东。七时半应丁山约饮于厚德福，寡言节食，枯坐为苦。十时方归，与奇峰、浅哉过太俦寓邸，不克下车宴宴矣。入室偃仰，啸歌夷犹。

1935年6月13日

晴，夜月隐耀，下弦半满而已，望而知为大建也。

毅伯昨日来，令修书济南高等法院首席胡章甫（绩），为其内弟受侮事道地。章甫前同馆汴梁频宫，颇以性情相见，今晨作书不便语长。评阅毕业试卷。

器儿毕业考竣。顾养吾书来。丁仲祜书来，馈所著《六书正义》。

晚践仲纯之约，饮于顺兴楼，亦为腾汉、铁生祖行也。康甫、少侯尘战三百合，予尚未敢纵马争先，权作壁上诸侯耳。坐康甫车先归，阅《桃花圣解盦日记》，交丑方抛书。

1935年6月14日

晨雾暄，午晴复阴。

齿痛，不堪久坐校书，此司马德操①所患之风痹也。日来胃力大弱，吾衰之，叹人事之扰，日互相摧，弥难为衰。

陈之霖、周学甫两君来，适见操管写挽联，卒然问曰："此何挽乎？将以挽北平乎？"盖近问益急，咄咄逼人，驻兵方移，政权又失，都人纷纷南迁，不可终日。谁挥鲁阳之戈②，徒黯新亭之泪。自古外患未有斯之极者也。

太侔夫妇来谈，太侔以事先归，赵夫人谈至晡时，盖身世之感深矣。殊惭口钝，不能更端③取譬以排解之，暑尽方送归。

晡赴数学系晚餐送别会，泯师徒之迹为顷刻，交错清言，饶有乐趣。席未阑，又赴毅伯之招，客毕至而陪宾廖廖，酒令不举，酬应之场亦有强弩之末，时也。予戒食敛襟为苦，告罪驱回，冀得偃息，下车伊始，客已鹄待，真无所逃于天地之间。䌷秋介里人黄云岩来面约明晚之饮，已勉应之。太侔走使来借枰子，即馈以乌龙一合。

【注释】

①司马德操：司马徽。东汉末年名士，精通经学。
②挥鲁阳之戈：典出《淮南子》。后指力挽危局。
③更端：指换另一事。

1935 年 6 月 15 日

霡霂蒙督，终朝如晦，入醮小雨，重霉夜雨，潇潇滴沥侵枕。

昧爽剃须早浴，消摇槐下。趋讲教授法一课。稍阅《骈字类编》，又赴会议指导职业事。

下午开毕业委员会，定决及格者八十七人，不及格者六人（外国文学系、数学系、生物学系各一人，化学系三人），试事遂毕。

是早达吾偕王子愚来访，因已赴公，不晤。午访王子愚。晚赴东华旅馆为里人陪宾，觉商侩中尚有爱国者。初更后又赴浅哉寓庐之会，棋酒间行，薄蒲助兴，从猎较于鲁，作堵墙之观，未及送客，踽踽驰归。

壁有余光，还读我书，聊释竟日废嬉之感。甘溜拍窗，残钟催梦，摊书而卧，一醒已有款门者。有欲札记者二事，皆未及检毕成之。

1935 年 6 月 16 日

星期。煖犍，午风作，未昏日见，夜月皓洁如画。

毅伯早来，同往为毕业生讲治生之道、作人之方，亦历二时。

昨日有生物系二年级学生某，虑年课不及格，竟潜往校山自经，为吴兰桥所见，抱而呼救，半时始有继至者。其得也并无一第，其失也至轻一生。而频年而来，蹙国①数千里，一牒之通，移师十数万，朝野衮衮，未得一死节之士、抗议之臣，世之轻气节而重功名也旧矣，痛哉若敖，哀此华胄。

午啸咸偕赴怡荪之召，会于厚德福，不肴而饮，有口皆喑，日月骁征，冠剑非昔，为可惜耳。晓舫夫妇来阅日记。（今日坐中有训"鲁"为鱼在日中，故不灵动，滋义为鲁拙之"鲁"者。如此高会，可以无与矣。）

对客述馆武昌时，学潮迭起，弦歌无声，督军王占元威令之下，管学务者左右两难。时人为缀谐联曰："省长难，厅长难，校长更难，教员不亦乐乎；英国狠，法国狠，日本尤狠，中国何足道哉。"然言之刻骨矣。

晡后涤非走招学甫来剧棋，文中后至。予近方静养，呕心为戒，仅对一局，仍作清谈，三更送客，月皎如镜，不染一尘。如兹浊世，有此清境，为之伫立远望，寄怀寰宇。入室复阅书至丑正方睡。

【注释】
①蹙国：丧失国土。

1935年6月17日

晴丽，夜月掩映，中夜雷电交作，山雨急来，四鼓止。

起稍迟，怡荪来同往参毕业式，授学士学位，循例训词，勉勉诸生为人归于道义而已。午饭后小憩，半晌楼板骚然，躬移卧具厅事避之，老鼠搬疆亦复更相笑也。

赵俞夫人馈栀子花（一名鲜支）二盆，素色幽香，殊供清赏。

丁生振成来，以其兄展成所著《说文补注》《老子补注》《庄子音义绎》三卷为赠，为作书致瞿莼章、黄屺瞻（开封）。丁生尊人康保素能书，年甫五十一，已病目废笔，闻之惕息。

今日渐能久作细书，校检经史，盖已非此不乐矣。承佑过访。夜访叔明，申叙欢惊，晤一老辈田兴奎（星六，凤凰人），《国学论衡》中屡见其词，它未深悉。须眉霜白，美髯垂胸，接谈无多，道味盎然。青市之居五年，未见如此一老，真令人意远。叔明代以拙篇《潮州八音误读表》贻之。又闻大学书馆有人送来《劳山艺文志》十余卷，手写本，叔明云。二更后擅归，云山掩映，剔灯卧读，有雷殷殷，继以闪电，交子急雨飘至，击户拍窗，波及椟架，娄起巡视，毋伤我书，电灯忽灭，只可抛卷。

晚有某局长招食，以电话门者，辞以它出。

1935年6月18日

　　未刻七十六度,日昳重霁。

　　早起谕器儿,云夜梦见汝先祖父色笑甚欢,旋知为昨晚见一老儒,致有此梦也。于羹于墙,习礼习乐,先王之教不修者久矣,安往而见有陈俎豆之戏者哉。

　　仍为毕业诸生讲学,为子立斯须,入馆检披图籍。葛生慎修来谢别。

　　夜稍亲杯酌,阅书至爱伯惜别诸什及祭弟哀文,为之黯然,浮生多感,昔人所同也。

　　夜静可爱,检读不倦,躬自服役,亦以习劳,激越之情,无可共者。

1935年6月19日

　　晴阴相间,午霭。

　　授课,温课,作书致幼山、致刘书田,均为毕业生道地。

　　日在山头,山经雨后,晨曦嫩翠,涤秽荡尘。迅步西行,及迎宾馆,茂林杰阁,环拱矗立。笑迎来者,俯视群流,游目移时,早行可爱。

　　柬叔明。今日伏案始无所苦,索书之纸满箧矣,又念诸生行将散之四方,仍呼奚研佳墨,立而书者亘三小时,成十数帧而已,疏手不足济,高眼多不能工也。文中志生索之尤力,即以应之。少侯走速饭,坐有仲纯,闲话清尊,得少佳趣。归召剔发,继之以浴,菰莽助读,领会殊多。

1935年6月20日

　　晴,时间薄阴。

　　授课。比日青蝇孳化,缘会嚣张,所栖所止,匪棘匪樊。窥器问鼎,入户穿堂,涴我青简,扰我黄粱。有网一亡,有帘一桁,恣不畏死,谢之未遑。重申禁令,掩户戒装,聊固我围,聊峻我墙,非云抗尘,筮得括囊。昨柬叔明,楮有余白,偶及此意,今晨晤面更相笑也。

　　午枕甫兴,危坐点书,又感脚重风泾缠,殊败清兴。阅《新唐书·隐逸传》,"臣所谓泉石膏肓、烟霞痼疾者"(田游岩语),结念畸纵,无能为役,殊移我情。

温《汉书》，昏时文中来，坐隐数局，陈、涤非与焉，斯亦艺侣也，二更后客散。移榻窗前看书，一灯萤然，尽数卷方睡，玻璃窗上，枝柯交景，车辚涛响，时在枕间。

1935 年 6 月 21 日

晨霁，日昳有急雨，旋止。蒸郁可单衣。

晤啸咸、怡荪、叔明，皆获素谈。在叔明案头见吴荣光（荷屋）《历代名人年谱》，以纪年大事为纲、名人生卒为目。书刻于道光之末。叔明又附注数十条。此急宜存庋之书也。

夜阅《四六丛话》，如见故人，自得消闲之法。方读，文中以夜来。文中游法国，习化学，与陈作钧年侄同学，谦挹有加，特为罢读周接之。

张子彬函自济来，即答之，又得复。胡章甫复函来，走使答示杜宅。今日食鳗（应曰"鳝"）鱼而甘，为尽饭两器，菜根不易咬也。

1935 年 6 月 22 日

晨淡阴，泊夜不见星宿。

今日讲毕数学教授法，计分：第一章总论，第二章算术，第三章代数，第四章几何，第五章混合数学，第六章中学数学分科制度之批评及教材之分配。其各章分节具存门人所记，以为传习录，不及细书，于此盖三十余年闻见实践之所萃也。

大学于舍馆东偏，兴工学馆，梓者、圬者、冶者、烁者、凝者、轮者、筑者、雕者、匠者、椰者，百工咸集，众擎间兴，胶民力役，自暝达昏，相杵搏沙，切嘈聒耳。伐木许许，筑室登登（《绵》："筑之登登。"），攻之阒阒，约之阁阁（《斯干》诗传："犹历历也。"），石进冲冲，马鸣萧萧，博水潇潇，鸣金渊渊，其呼哓哓，其叫嚣嚣，（以上均用《毛诗》重言）亦极声音之大观矣。卧榻之侧，何止鼾睡，而斯人之徒，先生安之。时读我书，声出金石，偶安一字，掷地渊然，此正始之元音，自然之逸响也，视乎眉轩席次，袄耸筵上，唧唧效女儿耳语（《魏其武安侯传》），诸诸（《释训》："诸诸便便，辩也。"）学蝇蚋股鸣者何如哉。

少侯铺来，招之共饭，盘飧市远，蔬食倾尊，数典审音，今之益友也。

今日又为及门作屏幅楹联若干件,运笔稍复旧,究不愿以此为人执役。正坤来叩别,因偕少侯游于贯三寓室,遂致相左。正坤自汴至鲁相从八年矣,一旦分襟,人生本如飘梗也。夜细读爱伯诗文至三鼓,渐有入处。

1935年6月23日

星期,晨重阴,逾午日见,七十余度,正读书时节也。

柬叔明:

累承高贶,穆如清风,仰望精庐,殊多爱日。弟度门守拙,乐我琴书,一片瓣香,千秋越缦。披见所藏日记第三十册缺八十四、八十五、八十六三页,敬希一检高阁,安交走伻,抱璞可完,挟纩奚似。

智斋、怡荪、涤非、晓舫夫妇来谈,玉君问字弥切。

方夜读,电灯忽灭,摸索得烛,跋然之惜,炳烛之光,恋长夜之读,兰膏易尽,麝笼自熏。名山不知处,深宫二十年。秋士美人,同悲寥落,烛炝人定,辍校拥衾。

1935年6月24日

晴,午后七十六度,骄阳馺馺,星斗满天。

毕业诸生犹依时上课,晨为讲数学研究法、读书法,参之以西儒治学之方,终之以国学立人之道。言之有物,语必由衷,辩俾及门者知如何斯谓之学,此处关键甚大,不觉大声疾呼,语长心重,历时三句钟方辍讲,真倾囊倒箧以授之矣。如何斯谓之师,世亦寡知之者,稗贩成家,剽窃弋利,久无经师,安问人师。非弯射羿之弓,即割拒宁之席。吾爱诸生甚矣,于其行也,为深切著明诏示之,登此论坛,尚属第一次也,疲劳俱忘。

泽丞午来谈蓺①,相观为善。叔明借我书。拟课题。初饮津沽五加皮酒,午梦为酣。

涤非来面约明夜之饮。文中来,叔明来久谈。余年来札记暂名《万年山中日记》,以校址旧为万年山兵营,校山俗呼"万年山"也,究嫌不词,历询土人,久不得主名。叔明闻人言为"安定山"云,当以邑志核之。客散已入子初。复于枕上翻书至交丑方睡。

【注释】

①蓺:古同"艺"。

1935年6月25日

晴,七十七度,入夜凉爽如初秋,下帷①最好时也,各地已放伏假。

讲数理基础论亘二小时,语多精辟,门人有传习录。

读文。张君来丐书。承佑来小坐。日景尚高,雇车践涤非厚德福酒家之约。叔明先至,舍予、少侯、泽丞、啸咸、贺祖箴、李保衡踵接而来,仲纯、怡荪后焉。竹林之游,王戎后至,孰败人意,孰意易败,彼此易观,更相笑也。坐甫定,酒行数巡,意兴都豪,余即攘臂盘马,訇𡿨而呼。客皆弹指藏弦,闻声起舞。座无白丁之侣,交罄素心之谈。倾北海之清尊,追南皮之高会。白日既匿,红友弥香(东坡南迁北归,人饷以红友酒也。《鹤林玉露》)。佐觥乏琴操之钗,执牙节子固之拍(《研北杂志》:宋赵子固每醉歌乐府,执红牙以节曲)。亦足为聆笛山阳,咏歌沂水者矣。何必逐倮国于夫余,观穿鼻于儋耳(《后书·哀牢夷传》),而后曲如人意,善移我情哉。不携细君,无须怀肉,卬须我友,比于闻韶,薄醉归欤,清风在袖,余勇可贾,委怀乱书。

【注释】

①下帷:引申指闭门苦读。

1935年6月26日

晴,七十六度。

李柳溪先生自北平来,陈朋初明晚为设盏洗尘,以柬来约陪饮。

夜叩啸咸扉,重与细论文。

乙夜曼声读《九哀赋》,巫峡啼猿,亦悲逝者,天方梦梦,吾若粥粥。老颜驷于郎曹,犹逢孝武("文帝好文而臣好武,景帝好美而臣貌丑,陛下好少而臣已老,是以三世不遇者于郎署。"颜驷对武帝语),虽敬礼之佳丽,安得陈思。别有会心,如入异境,鸡声三唱,獭祭一灯。时已拥衾,又壅疑义,屡屡跃起,析辨方休,一角黎明,始获假睡,盖思古者深矣。悠悠黄河,劳劳往辙,虽不能至,心向往之。

1935年6月27日

晨淡阴,逾午七十三度,山行有雨如丝,旋霁,挟册山中,行吟乐甚。

拟颜寄庐曰"不其山馆",滕以一联:"郑君好学,粗览传记;劳山养志,不知东西。"集《郑传》及《逢萌传》语。柬乞叔明榜之。

叔明借使传言晡后过谈,兼馈近著《六书朮义》四册十二卷,门人为之写景者。即复辞以它出。

晚赴陈朋初之招饮于宜今兴号,肴馔甚精,花雕亦癸亥以前陈酒,陪李柳溪先生饮,未敢纵量,柳老言酒能治疾,古人"醫"从巫进焉乃从酉,殊符许①义。席次偶与巧对,谓"白丁"可对"朱子",柳老历举数则:"荷兰水"对"李柳溪","籍忠寅"对"不孝子","陆宗舆"对"贰臣传","劳乃宣"对"逸则淫",皆堪绝倒。前清公子兼翰林王叔鲁油诗腰句云:"党帜青红白,军容陆海空。姊夫前总理,妻舅大财东。"均可入《新潮世说新语》者。柳老转来冯汉叔雅意,即书报之(东单牌楼新开路二十一号)。同车而归。

朋初乞题其伯父(杰生)遗象,以十四言酬之:"孝谨余风流石氏,桑榆修樾荫迟儿。"言其高年晚有子也。樾,多荫也,古以"越"为之,《淮南·精神训》:"得茠②越下,则脱然而喜矣。"

【注释】
①许:许慎。
②茠:古同"薅"。

1935年6月28日

日昳,太伾来谈至晡,共登工馆新筑瞭望之,急雨飘至而散。门人曹信忱自淄川来见,留之饭。

柬叔明快谈,卒定此记之名为《不其山馆日记》。智斋来还书。

1935年6月29日

辨色霡霂,昧爽旭升,天无片云,加未七十九度,入夜犹感和煦。

夜沐罢，方斜倚衾襦，潜吟默咏《小仓山房》骈文，忽有掩扉而入，殊恩乃公，遂致已得于心者，转瞬之间恍如隔世，急张灯写字，如赋《招魂》。（纸局贾者来与面定《不其山馆日记》格式付装潢。）

1935年6月30日

晴，七十六度。

早行后补抄《越缦堂日记》二页。之霖来谈，招涤非、啸咸共坐。

夜访晓舫不遇，遇玉君、晓舫于途。谒柳溪先生，投一刺。折叩太俸寓，共谈至人定而返。阅《卷施阁文》所不入八家选本者，子初入睡，月来以此夕为独早矣。

1935年7月1日

晴煦，午后七十七度，夜静无风。

起稍迟，闻同舍人蔡方宪病及喉，为之瞿然。先是蔡入海休（没水也）水，水浸入耳中，蒙其不洁，归作耳鸣，邕肿及腮，有以为疡也，举棋不定，中西杂投，隔三日遂侵喉咽，勺水不可入，伤及关要矣。趋视之，为之扶掖上车，诣外医求诊。（蔡君后以十四日殁，年未三十，伤哉。）

肩门试士，往监场。

1935年7月2日

晴，七十五度。

温《后汉书》，并以《文选》较《两都赋》，其异文至数十起也，均眉存家藏仿明刻《文选》本。是日客间来，口耳之学，此事非真键户潜思，不易得间也。

日昳太俸来茗谈。晡丁山来，本有饭局，约已定矣，皆以为可以无此局也。既罢亦佳，但先生晚突不烟，日莫何之，乃相将往太俸寓斋，寻鸭炰羔，亦如宿构，挥拳相向，路人侧目，先生一饱，自谓羲皇上人。夜鹅鹳登陴，鼓吹城角，今有四方之志者，不必尽属男儿也，各尽守土之责，亦有壁上之军。加丑始归，殊得熟睡。

1935 年 7 月 3 日

晴。

客非有心款谈而来，但适门打尖（北语言少憩也）者不记。晚泽丞约食于厚德福，肴馔殊与直不相称，予自尽一壶酒，尚可口。酒侣已散，它事可知，旋偕怡荪、丁山、涤非、叔明、泽丞品茗宏成发。主人尧廷、纫秋纷陈素笺，遍邀客书，始以谦让，终以挥洒，方罢之际，聚墨阑干，墨泽茶香，联绵芬馥，主宾俱韵，饮醉半消。尔乃追其啸徒，席彼余兴，停骖四顾，奋袖低昂。天下事十有九输，眼中人百无一可。肋肩龋齿，路旁列旧侯之瓜，祖裼倮裎，屠门快王孙之嚼。榛在山兮苓在隰，俯冯夷兮攀栖鹘。叹伥伥其何之兮，伤种种（去声）之余发。回马首于盗泉兮，睎谢发于扶桑（宋谢翱《睎发集》）。报之我以鸣驴兮，聊与子以相羊。礼失而求诸野兮，乐崩而问诸夷。居人未改兮秦衣服，吾生犹见兮汉威仪。江上数峰，尊前一曲，旅客浔阳，感怀杜牧。皮里春秋，灰余百六，振袂飘鸿，曼声惊鹄。一阕甫终，万舞复续，奉君子之清尘，跫足音于空谷。我认北海之琴尊，人媲东山之丝竹。黎收而拜，长啸而归，余音在梁，流态在衣，达旨微辞，知此者稀。炳烛记游，煽兹芳徽。

与涤非夜话，今夕之游之话，殊羁人之暂欢、穷年之偶得矣。

1935 年 7 月 4 日

晴。

补抄《桃花圣解盦日记》一页，检书二种还叔明，并柬速过谈，得复云以晡后来。贯三来。

昏时刘（金）凌霄来谈至戌尽，踏风送其归舍。

1935 年 7 月 5 日

未刻七十六度。夜静如醉，见星满天（书言肉眼可见者，其数六千，以今夕观之，应逾此数）。

方起，毅伯来商暑期开讲事，婉辞之。昨日柬叔明中云："戏有益，勤无功，盱衡近局，于以叹足下前言为不妄，叹也。"

毅伯来，方晚食，为停匕见之，则人以拍按裂聘相向也，予谢关久矣，况种种如此哉。

玉君来柬，有"阅记慨深，叩关门闭，勿挥墙外，乞赐阶前"之语。即援笔复之，云："比来人事俱复古初，群以狗彘而食人，奚翅狐狸之当道，天运苟如此，且进杯中物，宁甘怀宝以为罪，不愿献璞而求刖也，知我既有惠子笑人，何来邓生（《南史·王融传》："自恃人地，三十内望为公卿，及为中书郎，尝抚案叹曰：'为尔寂寂，邓禹笑人。'"）。古人云得一知己，可以无憾，仆何人斯，而备蒙贤伉俪若是之相许乎。但关彭泽之门，则以告者过也，自有段干之墙，时或逾而避之耳。长夜漫漫，望尘款款，先笺小简，冀博清谈。"

走仆人招文中来坐隐，四易局，乃时有妙悟处，惜无好事者代为存稿。夜阅《缦雅堂文集》二卷，擅哀穷之什，得骚雅之遗，多感棘途，不禁回环吟诵者久之。

1935年7月6日

晴，七十九度，夜高爽如秋。

夜文中返舍，披星送之。道中言废都两辟雍藏书竖表，亦受邪马台过问，奉命唯谨而后免，实逼处此，真不知所税驾矣。

凌晨，晓、玉贤偶过从，谊迈古贤，义深偕隐，华阳有志，巴蜀可思，不意人间，乃如冡上，纵具慧眼，莫察真形。笔而存之，人或以为志怪，后之读者，事将类诸《齐谐》。不及百年而为戎，谁复洒辛有之泪。事有旷世，吾方深季孙之忧，鸡肋误人，蓿盘老我，未闻买山而隐，乃见投末而归。伯贵埶与君高宜，王霸屈起而笑也。"一蟹不如一蟹"，"问党家有此风味乎"（末二句俱出陶谷）。

下午为同馆人书屏幅楹联，悬腕孤立十余刻钟，既以酬索者之殷，亦以祖行者之道也。素于此事颇有会心应手之时，然以为书不外一艺，能书者不外一伎人者，舍献伎人前，外无自存之方。自存此一念以来，其不漫为人画墁也愈甚，因是飞鸿在目，垂杨生肘矣。释管而嬉，陈纸盈笥，橐笔生涯，本无了期也。数学系诸生来见，适执笔横行，亦令立侧观之，后之来者，不获见典型也久矣。

日曛矣，助以津沽五加皮酒，微醺而止。卧阅梅亭《四六标准》，及昏，邪许之声方绝，陡感萧条，携杖款广东之堂，不知何以一谈度夜，遂尔许深也。字字从心坎出，语多未经人道，数语投分，比于聚三月之粻，一夕款谈，何事浪十日之饮。夜深不敢吟绝句，恐惊星斗落江寒。心照不宣，此其大略也。

1935年7月7日

星期，晴煦，终日无风，海市肉林当行出色。

阅课卷，点《汉书·匈奴传》。午食执箸而筹，卒决计以初九日坐"海利"国轮挈器儿归去。适发家书，尚未定计也。

下午稍董比皮书，揭猰《四库珍本》一千四百余册，次第装入原箱。别检可不检及之书或有副本者为一簏，暑中似攻读者为一簏。督儿仆辈于橐于囊，夜深未竣，予右腕关节忽感举转不灵甚矣，习劳之不易言也。纫秋闻讯来商乡事，晓舫来约明晚饭局，均坐至晡时，盘飱市远，无可留客者。

夜上楼看啸咸，则方灭灯偃仰，难得解人，跃起小谈，都有揩着马疥处（涤生诗："我闻此言神一快，有如枯柳揩马疥。"）。行李半肩，乱书委地，萧然故我，针线年年，埋骨何山，依人作嫁。今夕复何夕，共此灯烛光。对面无言，衷怀黯淡，不自胜矣。

泽丞来坐久，为阅日记，谓有锋铓太露处。此诣真不易到。柬汉叔北平，告以归期，虑其相左也。浴后温《独行传》，交丑始睡。

1935年7月8日

晨薄霁，午晴，入晡云又合。

平①试卷甲乙毕，检借书还馆，居然一肩石渠之署，庇荫多矣。门人王聿相自东昌来见。

及啸咸于门，为子立斯须，遂同有浩然之志，征帆在望，谁谓宋远，一苇可驾，二人同心，击楫中流，逝将去汝矣。宏成发来报"海利"已抵港，即托买舟次席，并电家报明日行。

昏后方吟罢，走晓舫宅答之，残炙犹存，为尽一杯及汤面一器，小谈而别。诣太俥留言即返。夜啸咸来，决同行。洗酌食粥，剪烛论文，鸡三唱矣，方辍高论。（《不其山馆日记》册印成，颇雅。）

【注释】

①平：古同"评"。

1935年7月9日

  昧爽风作，晨阴，密云成雨，疏散如丝，泊晚未息。夜帆"海利"汽笛时鸣，卜海上雾重矣。

  交卯不寐，起作数柬别诸友，辰初呼车行，微雨来相送，密篷蠖屈，不知东西。待舟宏成发楼上，索书者纷如。屏当家人用物，纫秋相助为理。

  丁山以电话约迟二日同行，不能应矣。啸咸卒不果来。闻太俸食时至寓相送，至则行矣。

  午与尧廷小饮。智斋、晓舫迹至，复借瓜李之投，将其郑重之意。四时登舟，今春正月以"海利"来，舟子犹能相识也。尧廷、纫秋、智斋、云岩（各馈行粮）、晓舫及岳长奎、许震儒、赵环亮、高翔鸽诸生淋雨远送，温话移时，鸣钲催别，旅怀激荡，一握分手矣。甫倚舷发书，太俸赶至，殷勤问讯，款曲戒行，已解铁琐之维，惜返乘舆之驾。小人之言，累君高义矣，情深一往，约坚三秋，无可如何，自崖而返。

  夜细敲《述学》内外篇。汽笛间鸣，鸣鸣彻夜，东海雾重，劳人心长，娄起剔灯，窜点文稿。

《不其山馆日记》第一册
（已佚，只余序）

《不其山馆日记》第一册·序[①]

今胶州国学[②]位于青岛东南隅，西去海岸一里而弱。三面负山，山无主名，或不成名，询之刍荛，而土著之民无存焉。即青岛之为名，仅见于同治十二年所刻《即墨县志》，有文曰："青岛，县南八十里。"七字而已。如此江山一句无，我为昔人愧之。然当年萑苻盘踞出没之墟，樵渔纵斤晒网之所，今则游屐多于江鲫，蠹阁栉如立墙。即此鸥夷讲武之场，浸成东鲁雅言之舍。南山之南，北山之北，悠然可闻弦诵之声；东海之滨，北海之滨，傥有若夫豪杰之士乎。闻夫朱育之对濮阳，汪中之张广陵。昔之大夫，既山川之能说；后之作者，可数典而忘祖哉。惟是退之不谪，韩江无名；子厚不文，愚溪谁识。封泰山，禅梁父，彼特席帝王之资。书带草，不其山，何莫非师儒之泽。夷考其地，隶即墨，近经师之居。汉县不其，背劳山之脉。劳山两见《逢传》，论名应从主人，不其为其二名，李注撷自《汉纪》。我以东南之末学，倦游京洛而卜居。虽挈史云之甑，囊书不匮，因赁伯鸾之庑，暇日尚多。居东逾姬旦之年，著录过臣朔所诵。计篇百三十，太史公未自名书，逐食至何时，不其山假颜吾馆焉尔。量室以斗，循墙而走，不必痴百年之想，而不甘弛一日之肩。惭我仆夫，回君俗驾。铭曰：

宛彼不其，东海之湄。存齐孤城，拒汉边陲。一战余威，荒岛涛肆。虽七十城，愧五百士。灏莽之风，郁为儒宗。漫山百万，厥角如崩。虽以巨君，不得而臣。将安归兮，劳山之䇓。山川寂寥，千载而遥。乃有一士，屈居郑侨。恩迹涧阿，孤馆幽谷。三鳣爰止，伊谁之屋。自弃于世，自封其庐。王绩无功，颜回弗如。耻彼黔驴，乃颂狐父。舍本逐末，于林之下。鬼瞰其室，山寿亿年。斯馆斯记，何容心焉。

【注释】

①《不其山馆日记》第一册已散失，其序由于收于国立中山大学丛书《黄任初先生文钞》中，因此有幸得以保存。

②胶州国学：指国立山东大学。

《不其山馆日记》第二册

（1935年10月10日—11月18日）

《不其山馆日记》第二册·有序

　　三月以来，舟车殆半。五十而后，记诵愈艰。偶亦属文，如临废井。心不应口，矩不从心。体弱气庞，视今犹昔。独于此记，必以自随。海内无君，更无责我。山妻畏市，甘儿历齿。天涯共苦，复有何人。则我于君，亦托忘分。君之得失，我能道之。子桓《典论》，士衡《文赋》。辨析体势，如律有科。彦和《文心》，深入腠理。神采肤貌，绘影于声。降及桐城，件类十三。晚如《涵芬》（侯官吴曾祺），子目及百。长沙《类纂》，施诸骈文。申耆孟涂，早张此论。法令如毛，义法名家。论世论文，并觇世运。又如书道，晋意唐法。九宫说起，八法弥衰。入清馆阁，朱丝为牢。纤步登堂，举止失色。法之愈密，真意益沦。末流苦之，溃篱突矣。就中书启，冣盛于时。述学抒心，略无碍滞。家各别集，集必有书。追答秣陵，凭君乌有。粤若之解，盈字万余。语录入文，集高及尺。梅亭《类文》，标准四六。《留青》成集，等之优俳。岂惟质文，相胜为忧。直以饩羊，告朔并废。若夫札记，古列裨官。王顾通儒，为之而显。挚甫持此，代序湘乡（《求阙斋日记》李合肥序）。《越缦》短之，未知自出。以今观之，信有不然。《纪闻》命意，本诸过庭。日录所知，语存卜子。《论语》恶记，孔氏之徒。三省发私，曾颜绍之。待坐有言，浴沂可咏。终于乡党，申申夭夭。大义微言，往往而在。以论日记，此为大经。子舆之志，发诸门人。亭林无徒，及身论定。惟我求徒，难于求师。利赖斯记，更相师友。为勤为惰，孰得孰失。不待览者，自能辨之。即论学文，看日早晚。失巢之鸟，亡牢之羊。少乏师承，老谁杖叩。求知于世，既耻负车。自得于心，岂无弊帚。存兹一念，庶少欺人。谁有百年，以是没齿耳。何悲秋草，窃比老彭。

　　乙亥重九任初自序。

1935 年 10 月 10 日

卯正五十七度，晨雨午霁，夜月见，朗照榻上。

舍予来面约十三日汤饼之饮。日入，诸友如约而至，不复置酒高会久矣。燧初特为测血压高度，服针后尚百五度余，云再开诊方（Colloiode Dubors 一瓶，每次三十滴，每日早晚一次），如不得药，当自北平（礼士胡同六号）远致，殊可铭感。入席间，得舍予张其军亦极盘马弯弓之能事，嘉宾破戒而尽觞，主人遂卷鞲侍酒，医者在前亦不恤矣。复与文中对三局，客方围坐品茗，二更后散，步送燧初、尔玉，夜静月明中，登榻不能卧读矣。[东坡诗："甚欲去为汤饼客，却愁错写弄獐书（《李林甫传》）。参军新妇贤相敌，阿大中郎喜百余。"汤饼见《唐书·王后传》。]

1935 年 10 月 11 日

卯三刻五十九度，温润。

治公习课，似感酒，逾午少舒。夜席间尔玉丐楹帖并其友刘士林，各以治动、植名家者。今日成联云："鱼跃鸢飞察而见意；流寒岸断游无所盘。（此句出张华《鹪鹩赋》）"又倒用王维句："门前学种先生柳；道旁时卖故侯瓜。"

晚饭咏声招陪胡刚复，戌尽乃归，停食多梦。

1935 年 10 月 12 日

卯初五十三度，晴，福山路山头月特高胜，海光掩映，眺望弥清。

早起独行登州路，秋风萧槭，落莫可思，我思古人，言从之迈，挟书坐堂皇，聊愈于束书者耳。

十日《大公报》载季刚（黄侃）逝世专电。中大①教授黄侃，八日晚逝世，享年五十。泽丞特诣公室相告，予方治公，未及阅报也。闻讯为之泫然。

夜应川人谢仁饮约，尝川厨尚可口，唯不任久陪坐耳。下午胡刚复、郑涵清过谈并辞明日之行。陈朋初面约十五日之饮，坐对二局。夜月清胜，敲残更漏，啸咸亦晏睡，得共此夜。枕上思让三先之局，究以平炮取中卒为容易夺先。

【注释】

① 中大：指当时在南京的国立中央大学。

1935 年 10 月 13 日

星期，晴霭，晨五十九度，夜月多晕。

早起竟未毕之功，复下车为人作字。午应蒋右沧聚福楼之约，陪燧初。席未终驰赴舒宅汤饼之会。坐有陈季超盘马弯弓故善战，久阔之下劝杯倍勤。日昳归寓，已不胜酒力矣，卧至昏黄，仅进夜粥，款关者皆被谢去。

夜偕啸咸、少侯久谈，比正方音，各有俗传讹读。予曰："及吾辈音读皆正时，无人识听矣。"相尔莞尔。人定出看山月，淡云蔽之，匍行近村，桀楼雀噪，不如归去。读季刚遗什，如闻啼鹃。

1935 年 10 月 14 日

亥三刻五十九度，竟日霁，晡微雨立止。

早课犹燃灯，祭酒周会，后处公杂事，退食已午。发家书，峻六函来。

日入少侯、太侔骞至，飞柬舍予来驱，驱之在市之肆曰"百花村"者，题额微有章草笔法，断此非市人所为也。大言无碍，小饮亦佳，戟指藏钩，娄添酒筹，兴之所之，遂不成醉。偕太侔视俞君于医院，复借以邕谈。卜夜未深，仍同回萧斋品茗，吾潮燖法，直可入《食货志》也，分坐长谈，悠悠夜半。

1935 年 10 月 15 日

卯正五十八度，晴朗，晚月亦佳。

早起往送燧初归北平，遵海濒而行，领略平旦之气。燧初娄言自得予联，日喜与友朋诵之，天涯论交，非从冠盖游者可比也。闻予言重腿之疾，少间则曰："恐打针尚太少，岁莫或再来青为子治之，但诚恐见酒而复发耳。"《晋书》："王睿颇以废事，导以为言，睿命酌，引觞复之，于此遂绝。"深感良友之言，因并记之。是日精力尽于课徒，比下堂已惫甚，粗阅《通鉴》第八十七卷，辅以挚甫所记者，仍无所得。

晚有平度人李益三偕朋初盛馔相待，陈酒奇香，不觉为之尽欢。迟归不得车，安步看月，半挂柳梢，空明摇漾，寒襟冷袖，意远神移，不言成蹊，回头是岸。

1935 年 10 月 16 日

晴，有风泪夜，犹劲。

略理杂务，归为小简。

1935 年 10 月 17 日

卯正五十六度，风息，东旭霭丽，车中望下弦犹清。

理咏早行，续得句云："无何奈何新宿草，不如归去旧青山。"与周南卿"家累催人儿女大，名场责我友朋多"一联，同样机杼。

申刻开校务会议。晚太伟宴出席委员于百花村，烙鸭乃妙绝于时，主人兴亦豪举，不觉杯之娄进也。局终太伟、浅哉、少侯同来品茗，共读段芝泉①一象谱，精悍无伦。

【注释】

①段芝泉：段祺瑞。段祺瑞一生酷爱围棋。

1935 年 10 月 18 日

卯正五十二度，晴明。

早不寐，起写单一纸八百金托纫秋清还思敬于上海，一身责尽，万念云消。

前日学甫自西湖来，馈杭篦一柄，洁雅可爱，窗明几净，试作蝇头，远寄韵卿夫人。昔慎伯言："自珍正书已甚，每以行草应求……十余年来几于绝笔，颇恐正书一脉所明遂湮，复勉为之，此其一也。"（《自跋真草录右军廿六帖》）慎伯书翰流落人间者，尚不至如泰山一毫芒，今观之不无赵括论兵之感。如予疏懒，亦未始非藏拙之道也。

夜学甫来问东夷一女生旁听事，人静多坐。

1935年10月19日

辰二刻六十度，晴丽。今日本市报传张孝若铳杀于其父謇之二十年旧仆，原因不明，大率帷兰之羞耳，此不能谓之不肖之子矣。

起稍迟，坐听事画诺，阅《戴东原集》，凡十二卷，《年谱》一卷，《札记》一卷。《年谱》编于段玉裁之手。

日记之积于今三年，卜册三十，卜字百万，我躬不阅，世难孔殷，听其湮沦，亦非执志，灾之梨枣，更无好事。思得一法，简而可行，庸吏抄胥，万字二金，印如讲义，千五百张，需以一年，印以百份，写工二百，纸钱四百，合以集费，千金可办。可告及门，湘鄂汴鲁，鸠合同志，百数十人，人出十金，得书一袭，以其余者，分惠辟雍、石室、玉堂，尤贵西土，家塾子女亦得依例冀留一脉，以寄哀音。忽得一念，戛然而止，古人成书，原忌太早，及身刻书，尤招愆尤，此记之作，力避雌黄。人或有言，已蒙不白，国门未榜，谣诼横流，强力读之，无多解事，竟于此日，广为流传，东山之章，流言可惧，记存一则，大彻大悟。东原《答郑用牧书》云："其得于学，不以人蔽己，不以己自蔽，不为一时之名，亦不期身后之名，有名之见其弊二，非捃击前人以自表襮，即依傍昔儒以附骥尾，二者不同而鄙陋之心同，是以君子务在闻道也。"此言盖讽指当时人，今尚可求其人以实之，然吾侪视之何如哉。

柬胡文玉、周承佑二君，得柬皆过谈。晡践之霖酒约，化学系同人及眷属裙屐毕至，英、德、法、日，重译而朝，三爵而后，助以踊歌，都俞之盛，虞廷无以过此也。局阑特诣文中新寓下棋，无多锐着，归已三鼓，纳头便睡。

1935年10月20日

星期，晴丽，秋高气爽，夜尤清蔼。

花事如何，未能遣此，鼓我孤兴，入彼东园。非妾睡迟，相君来早，含苞不放，顾影无言。过中华商务二书局，伫立浏观，复无可得，入宏成发少息，而呜呜然者，速归矣。

孙卓泉来为人求书，已心许之也。家书来，即复，并柬内子。晚食同舍人彭、王、翟、葛诸君选蟹置酒，高会幽齐，朋啸群呼，空谷蛮然，为之破寂。复亨茶予室，百戏杂陈，雄辩间出，今夕本不思饮，感诸子之意惓拳，罄杯娄娄，遂醺然矣。人定出走空山，舒其积滞，日间作字亦稍多也，倚榻不能手一卷，入梦而酣。

1935 年 10 月 21 日

卯正六十四度，晴霭。

早课毕，循例开会，余君读效率之"率"为所律切，太俸叩此"率"应作何读，按《玉篇》本，有山律、力出二切，《广均》仅收入"质均"所律切。

闻一多自清华大学寄示论文二篇，曰《诗新台鸿字》、曰《高唐神女传说之分析》。治《毛诗》新法也。

晓舫、玉君来取日记。晡后与啸咸小谈，大家都以还是替古人担忧为妙。归房读《隋书·儒林传》："大抵南人约简，得其英华。北学深芜，穷其枝叶。"叙传此四语尽之矣。

1935 年 10 月 22 日

卯终六十六度，晴，夜星海具静。

每逢星期第二日授课最多，画诺之余，疲精竭神以教徒。比日昳返舍，四肢焕弛，唇舌俱干，觅侣为欢，动多引触，无边感喟，不如入馆假书，斜倚一榻，稽古为佳。以此乐可操之自我，不待相引为东也。

夜篝灯斗室，情致致佳。仲纯款门，为人丐题，完白山人遗墨原系"道不远人，子臣孝友；学唯逊志，礼乐诗书"八言残联，割截为摺册者，署款"顽伯邓石如"，而名章仍用"琰"字，断为赝物而归之。敬述先大夫隐语一则，用剧词："千不是，万不是，都是小生不是。"射孟子"平旦之气"一句，相与抵掌也。（邓山人原名琰，以避高宗讳，遂以字石如行，而更字顽伯，详慎伯《完白山人传》。署名与印章截然两事，殊可喷饭。）

1935 年 10 月 23 日

卯初六十四度，晴。

早起看东山日出，气候犹温，为居通都大邑之人，思板桥苑店之梦，不置青市生长新少年，告以国中种种状况，非等于向痴人说梦不可。晨盥既毕，入馆检书。

晡之霖过谈。晚寻仲纯，读其曾祖日记。《完白山人传》中仅"有子尚玺（《艺舟双揖》原注：后更名传密）尚幼"一语。《人名辞典》云："字守之，号少伯，工篆隶，得家传。"按山人殁于嘉庆七年十月，年六十有。（叶氏《清代名人象传》误为十年）今夕所阅《凤西日记》，为自咸丰元年在汉阳县幕时至咸丰六年，凡五册。时传密应在五十以上。所为日记，日以一二行为率，记阴晴及人事、读书卷数数语而已。纸墨草率之极，记中常常作篆隶书，双钩遗迹，求之者复夥，不知何以作记时潦草如此，今其家中子孙苦难摩读。余浏观六刻钟亦觉目力难支，所见者未有论文治学之处。唯自咸丰二年太平天国入湘鄂情事，得其在难中实录，记载亦比他务为详（山人手泽因此失去）。草苑载笔，胜于官书多矣。仲纯因公它去，不得面询，改日当再阅之。闻诸皇雏云："家中尚有盈尺也。"携《清代名人象传》以归，别来无恙，何时假于邓家，则予忘之矣，两度南归，踏破草鞋无觅处矣。

日来自敲橘中之秘，乃有入处。

1935年10月24日

辰初六十七度，晴旋霁，洎晡东南风作，竟夜震撼，间以小雨。

午枕未熟，忽有一客突门而进，遂不成寐，独学至昏黄，以义山文诵咏自适。晚风作，无可呼侣，炳烛阅书几至夜分，而所入不深矣，灭灯听风声，窗户娄辟，伛偻照料，难得甘寐，神过劳则疲，疲过劳则血不归胃，存养之功，邈若山河。张尔玉来代人求书。

1935年10月25日

辰初六十二度，东南风未息，有雨仍温，日昳见，旋霁，夜风息。付宏成发二百五十金取回五十金。

风雨阑干，搴裳赴之，有声潝然，自后而至，以为市虎也，侧足回避，四无人声，声在树间，或流沙坠涧也，跣足负赴，几度却立，不可以前，植足急流，需脚力也。讲授二课，犹感浃背，愧无术使听者沦肌耳。午归舍相君御之。

今日得钱（已扣去水灾捐款百金，下月尚如此），奚妇买蟹盈筐，陈酒盈尊，助以薄肴。晡集同舍人持蟹小饮，极欢娱，而话而茶，而棋而掷，不知暑之移也，客散入浴，博得好睡。

1935年10月26日

晚王竹邨招宴花园饭店。露西亚①亡国流落之人，专为此业，无可下箸，何论适口，徒以刀匕杂陈之俗，胸背交倮之风，泛滥乎中国。虽不得一饱，而莫不附膻，予以曾经沧海之身，欲为不过屠门之论。势非北山遁迹，饿乡寄籍，不可午餐，旅食多尽半器，晚谯陪席，仍不免弹铗归来，主人有以窥其隐也。手白兰地佳酿，进酒馨瓶，德人石泰因助觞者再勉倾数杯，未臻陶然之境，入幕之宾，各挈侣自随，纵非咄咄逼人，要亦茕茕俾屏。同舍葛春林同志过市，叩一不见经传之小梨园，略备雏形，犹愈雀噪，《临江驿》《杜十娘》二出，尚非自我作古。

【注释】

①露西亚：日本以前对俄罗斯的称呼。

1935年10月27日

星期，晨五十二度，霭。

朝暾在岫，海色连天，隔水寻山，追近窗牖，如此佳日，胡不窥园。御者在门，人方在床，深辙回车，看谁起早。李、罗伉偶，蓐食以从，陪辇接茵，游怀弥丽。东邻有菊，不问主人，南山之华，未逢真尝。有园"吉田"，德平路隅，胶州六年，年年载酒，似曾相识，又是一年。一例秋清，十分容淡，秋何年而不清，秋而不黄，负我盛年，对兹晚节。嫣红姹紫，不与桃李而争春，瘦色幽香，宁随莼鲈而入市。素心有约，枉携榼于重阳（今年重九过访未开），画饼招讥，孰比君于名士。依人篱落，洒一掬之同情（掬应作"匊"，许文："在手白匊。"），老我首盘，赋三章之行役。无多寄语，善自扶胥。记游未毕，亡友季刚家属以书答喧，附以九日《登豁蒙楼》诗稿，是绝笔也，诗云："秋气侵怀正郁陶，兹辰倍欲却登高。忍将丛菊沾双泪，漫借清尊慰二毛。青冢霜寒驱旅雁，蓬山风急抃灵鳌。神方不救群生厄，独佩萸囊未足豪。"足音宛存，琴声永绝，感时抚事，可以凄怆伤心者矣。

夜阅《骈文类纂》二十一下卷毕，沉响余弦，宛在枕侧，中夜不寐，剔灯就之。

1935 年 10 月 28 日

　　晨五十八度，晴阴相间。张尔玉归春明，面来谢笔并辞行。纫秋为购高丽人参半斤，五十五金。

　　课毕，主周会戒诸生"既签名即当列席"，凡立身作事，以毋自欺也，立其端始。坐听有为土地村有之言者，所谓耕者有其田也。满堂俯首演算，草检字书者为多，尽弃其学而学焉，未见其人也。有日本女生来听国文学。

　　阅《骈文类纂》二十一卷上毕，自应德琏①至王壬秋②千七百年间文章之流变，略具于胸矣。

【注释】

①应德琏：应场。
②王壬秋：王闿运。

1935 年 10 月 29 日

　　晨六十度，晴，晚稍凉（五十二度），视天梦梦。

　　温课，治公，授课，日昳告休，尽心焉耳。玉君、晓舫来看近日游记。承佑来对一局，思力已觉不任，虽小道极见精神所系。怡荪来阅新到名籍。晚少侯招饮登州路精舍，太俸夫妇、浅哉、老舍、仲纯、康甫早集，当炉炰羔，莼羹皆韵，醇醪盈罍，色香并佳。此会在比来不可多得矣，面约同席诸子以后七日之夕再会。

1935 年 10 月 30 日

　　辰正六十度，煦。

　　废都宏远堂书贾以岁一至，撷书数百种之首各一册求售，晨一浏览之。

　　与啸咸夜谈，大有崩折之惧。卧阅《四六丛话》。

1935 年 10 月 31 日

　　晨五十一度，晴。

解题授课。下午审查助学金事开会，晚怡荪供食。归已戌尽，张灯读选，惆怅夕阳。

1935 年 11 月 1 日

晨六十二度，晴，午霁，晡风作。

授课，温课，治公。

晡承佑来言，广播电云今早六全会开幕，有人狙击显者。市人得讯，标金①狂长。以电话告纫秋。则号外满街，不可掩耳矣。旋浅哉、承佑、春林、淦昌、怡荪并至，同诣君复处守聆。九时四十分中央电台广播云狙者孙凤云中汪②三击，左颊、左臂、左肋各一，入医院，会续开等因。南华半壁，春水一池。归诵《盘铭》，夜听山雨。卧阅《潜丘札记》。

【注释】

①标金：印有成色、重量、熔制年份等内容的标准金条。

②汪：汪精卫。

1935 年 11 月 2 日

辰初六十度，雾雨霢霂。

晚邵德辉①招化学系同人会于顺兴楼，主妇法籍，并不胜杯勺，属代主觞政，而文武衣冠异昔时，即此酒筹非复当年南皮之盛已。顺道看纫秋，运书籍回南，十日后有归舟可托也。黄云岩灼伤新愈出院，徒而归，聊作安步消肉之思。入君复宋庐听消息（狙手已死），便对数局，夜分乃返，凭襟温文，非云好古，不惯早睡耳。

【注释】

①邵德辉：时任国立山东大学化学系教授。

1935 年 11 月 3 日

辰初六十度，阴蒙，入夜温煦，中夜后风作。

午太侔夫妇招陈厨备馔，飨市立医院诸方技。午饮易醺，归几不克自立，熟睡达晡，亨焙茶解之。少侯过谈移时，遂感舒畅，同行无人之路。返室补早课未成之记,柬纫秋。门人求书垒集,殊扰人伏案,大事不夷不惠①,古人所难,巧者拙之,奴赋乃俳,如倡宜枚叔②之自笑也。(少侯言《世界报》叠载季刚轶事。必媚世者为之。)四鼓方睡。

【注释】

①不夷不惠:指不做伯夷也不学柳下惠,比喻折衷而不偏激。

②枚叔:枚乘,西汉辞赋家。

1935年11月4日

卯三刻四十五度,晨北风甚凉,夜降至四十二度,风声如吼。

早课毕,有例会,斗感夹衣之凉(《说文》无"陡"字,亦无"阧"字)。

今日本约少侯过市访书摊,闻树间有声狂甚,为之裹足。晡后方与啸咸屈指湘中老辈,自二王一叶诸老之后尚有何人。太侔来久坐,谈及叔明已就广东编纂馆长及学海书院导师事,楚材晋用,吾道遂南,皆无可如何者,面订明晚之会而别。

1935年11月5日

辰初四十二度,晴,风息,初感寒。

鸡鸣衾薄,枕上寒生,自起抱衾,始可以旦。晨起闻有薄冰,草枯霜重,此其渐也。早过少侯、浅哉一约,即入公室,日昳乃毕,今日最忙也。又面约仲纯、康甫、舍予往太侔寓夜饮,酒由宁氏馈,则寡人谈侣酒俦,大半在是,流连尽晷,乐乃无央。东道主人又摘菊盈匊①鬻汤以进,侏儒饱欲死,先生频呼酒,乃恍然知坐上有过生日者。酒罢登楼,一曲奉歌,不必抚弦,如闻问笛,楚歌日迫,鲁难安逃,博此暂欢,不能成醉。归途风冽,入室更残,抚此群书,念我札记。或则相从日久,风义兼师友之间,或则秃笔记存,涓滴皆呕心之迹。势已至不能相守之局,终必为叶落归根之谋②。盖昨晚席坐客均认本日财政部长孔祥熙紧急法令,集中白银,以钞代现,用中国、中央、交通三行钞票为法币,现金买卖者悉数没收,隐匿者罪至危害国家。取非常策略以应非常之迫压,为国家民族争一线之生路。但令私囊宦橐两袖清风,天下后世当犹曲谅之。而铜驼铜驼,行见汝在荆棘之中,悠悠黄河,吾其济乎。忧枕思乡,浩然大有不如归去之思,而行不得也。邈然山河,梦想奚侣。

【注释】

①匊：满握，满捧。

②终必为叶落归根之谋：黄际遇已有谋南下之思矣。

1935年11月6日

卯三刻四十三度，晴丽，夜初见是月上弦，遥想天上清寒曷胜。

广州中山大学以十一日迁石牌新校舍，行十一周年纪念大典。所费一千万，占地四千亩。通电全国征募文篇。太侔属代大学致词，佳楮飞翰，航空申祝。援笔为颂，曰：

雏绎艳电奉悉。南华国学，落成有期。总理宏规，式昭今日。辟雍声教，冠冕万邦。丰表翼巍，仪型多士。曰儒以道，得民之化，诸生以时，习礼其间。上以绍夏校、殷序、周庠，炳焉与三代同风。今复睹成均、东序、瞽宗，隐然立频宫极则（周五大学，南为成均，北为上庠，东为东序，西为瞽宗，中则辟雍也。见《白虎通》）。昔少陵广厦，徒具雅怀。汉宫长秋，非庇寒畯。兹者郁郁相望，斌斌相属。训深十年之儆，人树百年之基。綮乎隐隐，各得其所。益州比于齐鲁，沐文翁石室之遗。内史政被鄱阳，传虞溥学堂之教（虞溥，晋昌邑人，字允源。少专心坟籍，郡察孝廉，为鄱阳内史，大修庠序）。史册所载，今昔同符。考常衮、昌黎之宦辙，至今犹称（常衮，唐京兆人，天宝进士，贬潮州刺史，为福建观察使。始闽人未知学，衮为设乡校教导之，自是文风始盛）。挹白沙、九江之流风，其人宛在。化行南国，莘莘三千之徒，运际昌期，芊芊十一之典。谨缀咏仁蹈德之颂，以达下舞上歌之情尔。

此种制作，须以典重之笔行之也。亦维桑与梓，必恭敬止耳。

接叔明十月二十九日粤函（东山松岗东三十六号）云，陈伯南司令闻其重来，约为总部参议兼编纂馆长。学海书院又约为导师，姚秋园亦在书院授文。曾于总部宴席见白发老人，未便越坐，希为先容。气候尚热，日唯消遣茶楼书肆云。君处南海，寡人处北海，久不过西州之门，又曷任东山之梦。

闻北平路有新开书肆"藻雅斋"，午邀啸咸入市，屈曲拾级，室小于身，甫具雏形，恐少车迹。有《香雪斋骈文》六册（索贾三金有半），天都曹以诗著，未详何人，文格不出律赋之科，然亦仅见，访纫秋属代购之，并订归舟运书之约。

人事纷蕴，两日未亲一书，勉以日记自课而已。夜二鼓检书甫毕，入体育馆观诸少年投鞠，偕君复坐隐五局。深谷无声，月明如昼。

1935 年 11 月 7 日

晨四十九度，中夜送客，见满院凉月，白露为霜。

温课，授课。阅善化皮锡瑞《经学通论》。下午赴临时校务会议，为缩减购买事也。承佑约食涮羊肉厚德福，雅不欲往，已逃归饭矣。信使旁午，勉为出山，先到宏成发问"泽生"船以明日到青，益无心壶觞之事。而北平羊肉尚适口，饮饫告毕。太侔、浅哉、少侯、怡苏同车来品茗，杂谈至漏尽。乃呼奚装书，手自去留未了，一半旦夕相守之物，不能不别我先行。何时解职归田，开匲把对乎。奉书怅惘，明月在窗。

1935 年 11 月 8 日

今日立冬，辰初四十八度，晴煦，夜竫。

久未登山，伤独行之难也，适有同舍生欣然偕焉。江山无恙，草木半枯，早眺弥清，晚青犹健，谢我腰脚，拓此胸襟，山麓藬（《说文》无"颓"字。《释天》："焚轮谓之藬。""藬"即"颓"。《说文》："藬，秃貌，从秃贵声。"段曰："作颓，失其声矣。"《周南》"我尯陨"，字作"陨"。）垣之下，有人家于此焉，儿号鸡粥之声，隐约可辨，此大学之虞人也。且有人羡之，不置云傥所谓高士者，庶几遇之。

晚餐后与啸咸小谈，自觉所负责任不小。修我毛发，复为捶背及脚，烟茗侍奉。《七修类稿》相伴至夜分。此中清福乃绝尘寰，呼侣维难，即此邑是。书致叔明、秋园广州。

1935 年 11 月 9 日

辰初四十九度，晴丽，中夜月出，高洁旷伦。

起早，登东山迎毫曒，心苗油然。颍滨①诗云："一去吴兴十五年，一寸闲田晓日暾。"天下事不足道也。

工学院生自办冬令足球会，下午延予行开球礼，郑重其事也。胡文玉来谈。晡后月分外明彻，舍人星散，偕啸咸走幽径赏月，一年不几见也。访之霁不果。诣哲庵宅小坐。步归。

自写月来记季刚事及文二首，寄叔明广州并视秋老，亦四千余字，无力雇一记室，而又难得其人，勉自为之。漏残复出踏月，当头一轮，故乡千里，心手交券，魂梦犹劳。

【注释】

①颖滨：苏辙。

1935 年 11 月 10 日

星期。辰正四十九度，晴，夜月圆挣，畏行孤寒。

张子仁京宅以段太夫人丧来赴，速赴音题语也，即书十四言："膝下张纲厉清节，图中王母蔼朱颜。"航空寄之。子仁名绍堂，有真性，不负冠盖之游者。

购得小布箧一，可容《不其山馆日记》三十余册，便其可以予取予携，为一朝于囊于橐之备也。秦刑逃命，鲁壁藏书，伤哉，独何为生此寻世哉。

1935 年 11 月 11 日

卯正四十一度，晴，初著毡鞋。

授早课毕，赴会，阅报，退休。泽丞来，保衡来，皆商榷送眷事①。"岂曰无衣，与子偕行"，不胜《匪风》《下泉》之思，岁莫诵诗俞怯，至自郐以下也。日落方获独坐窗前，曷任崦嵫之感。

【注释】

①皆商榷送眷事：因时局关系，从南方来青岛任教的教师均有去留之忧。

1935 年 11 月 12 日

辰一刻四十六度，晨阴午霁，旋阴达晚，中夜月见，有涛声。

夜有小雨，读钱叙一遍，欹枕竟之。早起作数束均为寄书事，躬自护送。周尧廷偕访朋初，乡人相聚而谈，殊有天涯之乐，朋初留午饭，遂应之。对局者三，午饮微醉，借榻而安。泽生买办许长庚踵至，面托运书箱五、日记箧一，允到汕头亲交峻六，乡情可感。返舍写航空快信谕器儿，依期到汕接书，亦颇为斯文之重，不仅为小己之私计矣，痴哉。

张子仁秘书长丧母赴，至受吊期已迫矣，即构联唁之，縢以绸成帐。

平反活几人，忠尔忘家，不疑亲承临没语（用哀启语意，以《隽不疑传》语衬之）；行役嗟予季，时艰奉檄，毛义犹有未酬思（毛义传见《后书》刘平等传序）。

1935 年 11 月 13 日

晨四十六度，薄阴，午霁，旋合。

晚餐后步行访太侔夫妇，高谈皮簧伶史，借得《剧学月刊》而归。青市之居，足音旷邈，莫道《广陵散》也。

夜阅《诂林续补遗》罢，卧游目想，如听天宝遗事矣。

1935 年 11 月 14 日

辰二刻五十二度，晨重露风作，气温逐降，遂有冷意。

走阅报，授课，不废抄书。儿辈禀来。春霖馈博山梨。

下午会务。旁午晚宴同人厚德福食羊肉，局终少侯、太侔、浅哉、怡荪、逸樵、承佑、君复、绍文、咏声、之霖、立基皆来八校舍寓庐，棋茗而谈，夜分方散，亦半日之春秋也。

1935 年 11 月 15 日

卯正四十三度，晴，终朝如晦，北风其凉，初置炉，夜试燃之，得酣睡。

授课，温课，治公，学甫来小坐。自卯达亥伏案，时多正炉可亲时候。

1935 年 11 月 16 日

辰正四十度，晴，晨淡阴至晚，中夜三十八度，初着鼲鼠袍，夜始燃炉。

伏构一文，多翻史书，日晡未能脱稿。赴王文中之约，陪化学系同仁小饮，归入体育馆观女生投鞠。夜与君复对三局，神思已倦，略无惊着，心神好时用以博弈，殊为可惜，然心神稍逊时，虽小道亦无可观者焉，古人所以云爱惜精神也。交子归舍，近不百武，手脚生寒，假炭燃炉，博一好睡。

1935 年 11 月 17 日

星期，辰初三十三度，晴霭，入夜气温仍降至三十六度。

晨以为有事于中学市校生演说之裁判也，驱赴太平路，会场重门禁闭，旋阅报亦知误记日期（下星期日）。即在栈桥徘徊瞻眺者久之，海不扬波，薛家诸岛近如咫尺，晴岚浅濑，相映清光，归完昨稿。《不其山馆日记·哀学篇》一首，以韵语成之，文长一千六百余言，殊费气力，终日不出户矣，然颇自得也，以原稿付器儿。

夜燃炉亨豚自乐，改正棋谱一局（《象局集锦》第八局），眉批存原书中。

1935 年 11 月 18 日

辰初三十四度，晴明。

授课赴会，水梓天统讲何谓意义学。解释语言之本质，举例如不习化学之人，但知以醋加鱼为酣浏鱼，不知酣为何成分。人用语言表示事物，而不知语言自身之性质。又谓有事物以后有思想，有思想以后有语言，语言以表示思想而间接表示事物，图如：

人以为语言即事物，说鹿即鹿，说马即马，而不知指鹿为马者。水君语言明晰，发音准确（甘肃人），不愧治语言学者，此与治小学者异途而同归也。治公务二事而归。

《不其山馆日记》第三册

（1935年11月19日—12月31日）

《不其山馆日记》第三册·序

　　岁行在亥，九秋已尽，苞篁贾箨，山雨欲来，羁旅之臣，不言守土。余乃平章残帙，拾剟旧文，于橐于囊，患得患失，相守平生，分飞一旦。何时归去，与尔千秋，蹊路瞻望，还憎悢悢。上念传经历厄之痛，俯伤寒士聚书之难。小邑海陬，稀睹中原之文献，不其丛稿，亦复浪迹之孑遗。忍令斯文，沦于夷狄，相率鸡犬，逾彼梁山。学术亡矣，国乃真亡，天下溺矣，人实诳汝。夫入关而但收载籍，其意云何，欲其子之语学鲜卑，其心难问。四库开馆者七，大半之书，盖已渡关而东，世事可叹者三，十五国风，怯诵自邠已下。侏儒操刀以为学，井蛙坐井而观天。挹余沥者，醉心反哺之功，弋时名者，龋齿效颦之舞。一哄之市，众煦漂山，画地为牢，仰天而唾。视彼插架，无非言不及义之编，便了购书，不见蒙以养正之本。俳优名士，蛮蚯相依，说士达官，聋盲与比。推原始作俑者，或但求一朝之快意，不料煽其风者，辄奉为千金之玉条。等群经于螯蛇，挟书有禁，钳士论于乡校，偶语可科。虽有老成，胡不遄死，谁是先觉，哀此萌生。嗟夫，其父报仇，其子行劫，公无度河，公竟度河，学变之祸，心死之哀，一至此哉。况复竭泽而渔，居夷无可浮之海，伐山刊木，绵上无可耕之田。吾党之小子斐然，先人之敝庐宛在。凿鲁王之壁，载器南奔，逃嬴政之砜，化石北济。吊怀在古，为赋哀学之篇。

　　缅古时之盛轨，视《周官》之一书，括囊乎大典，网罗乎众家。洎幽王而礼乱，虽素王而道孤，被发而祭于野，如棠而往陈鱼。王者之迹以熄，风诗之教蔑如，非春秋之代作，皆及溺而载胥。逮两楹之既梦，始众说兮喧嗔。夷子思以易天下，许行耕欲有其田。坚白异同，雕龙谈天。家炫不龟之药，客抚无弦之弦。微言旷断，大义泯然，杂说之兴，一尊所苦，鞅斯人杰，傅翼于虎。应令徙木，亦乱法之徒，指鹿为马，而莫予敢侮。师儒冠猴，经书粪土，名士纵多于鲫鱼，坑无不尽，图籍即贮之阿房，终付烈炬。虽传祚止二世，极古今之多事。叔孙生居然圣人，郦食其自称长者，冯轼下齐七十城，乃公马上得天下。徒好书律，笑瓠白之张苍，妙有辩才，羡寿终之陆贾。诗书于我，安事此为，生民以来，未之有也。巨君泥古，弁髦旧常，更始之将，妇衣绣緥。博士避席而不讲，诸将笑走于吏卒。横舍不禁采薪，园蔬生于虚室。达士经生，掉首不屈，或夹书以入林，或赁舂而行乞，典文残落，风云氤郁。诸刘毕文叔出，老吏垂涕而陈词，不图复见汉官威仪于今日。是故东京之治，媲隆西汉，三百载之昌期，二千两之秘翰，天子方亲临三雍戒昧旦，太后亦重乡射之礼，修兴学之馆。岂知传至太初（汉质帝年号。王先谦云应作"本初"），学风畔嗲，善士流废，章句凌乱，清流以挡援为名高，儒生遂风流而云散。虽经籍之藏，参倍于前，而董卓移都，学统中断。自兰台石室，辟雍东观，典册文章，割散糜烂，小乃制为縢囊，大则连为帷幔。司徒收而西者，裁七十乘，道路艰远，复弃其半。黥首刖足，未足蔽中郎之辜，赤眉黄巾，直数至长安之乱。既而鲂鱼赪尾，神鼎三分，中原板荡，麋鹿成群。相尚玄虚，罕通典坟，华阳建国，西不至秦。量斗论才，诸葛一人，士元孝直，俱西而臣。数子敕（秦宓）与允南（谯周），已隰苓而山榛。《礼书》《乐经》其谓何，久矣蜀志之无闻。东南之美，不独竹箭、弘嗣并良史之材，仲翔亦载道之选，今曜亦汉之史迁。不纪孙和而立传，孟德尚杀孔文举，几亨虞翻于谈宴。一时清妙，威尊命贱，王业之兴，肇于邺都，崇山巍巍，应谶当涂。倾世才之八斗，夸天命之在孤。谈经则繇歆朗肃，述文则应刘陈徐。莫不金声而玉润，鞭蜀而笞吴，皆一时之俊伟，而后世之难诬。集圣证以讥郑，尤蒙诟于吾徒，其他荀、杨、孔、祢，才不保躯，何（晏）、邓（飏）、李（胜）、丁（谧），昧于进趣，干戈之祸亟矣。自太初以至咸熙，几绝于天壤间者，卫道之真儒，世运之衰，有乘其敝，清谈玄理，遂以哗世。荀（顗）、挚（虞）之徒，虽议创制，袭丧乱之灰余，移风俗而未济。自是衣冠横溃，天地为闭，值江左之草创，难禽狝而草薙。宋齐国学，时或开置，而建国了无百年之基，告朔空存饩羊之祭。永元兵火，燎原之势，鸿都经籍，劫灰长瘗。暨乎尔朱之乱，散落人间，后齐迁邺，颇事搜探，河阳岸崩，埋书江潭。天统、武平，美令娄颁，人不爱宝，功不补患。后周始基关右，强邻眈眈，戎马生郊，喋血朱殷，君子有猿鹤之感，小人极深热之艰。隋氏建邦，寰区一统，炀皇好学，逸书错综，越大业之季年，所丧失者亦众。唐兴而令狐、魏征登庸并用，禄山乱之，乾元旧籍之沦亡，尤贞观以来一大隐恫。黄巢干纪，再陷两京，王室如毁，弦诵无声，书既亡于迁雒，劫遂浩于广明，经天纬地所资以长存者，又乌能与豺狼狐貉以相争。奉遗书而永叹，愧作赋之未成。

1935年11月19日

今日小雪节，晨见晓月，三十六度。

夜哲庵馈酒，当年同舍，袱被重来，不觉为之倾杯。三爵之后，谈风微出，左以苦茗，与春林、啸咸共之，复出走旷野。速君复夜战几回合，归未中夜也。作家书嘱诸小子将因树轩老屋后扫除苕花木，盖自是而魂梦萦绕之矣。

早治公，温课，授课。张紫雏、怡荪来谈，秕言孔多，防川无计，黄河永患，沙上聚谈者随处可见。市都各报，讳莫如深，邻人嬲娆，不留余地，而其效可睹矣。（女部"娆"，一曰"扰"，戏弄也。）

下午课稍繁重，清言无侣，入馆假书。归方猎搜，太俸过谈，相对品茶，蒿目时艰，难道辛苦意思，寻一小饮之局，而觅侣殊不易，晚散。入夜下帷已苦委顿，卧阅近人小学杂著，复布枰以自遣，多觚。

1935年11月20日

晚餐后走访太俸，不胜新亭黯惨之感，杂谈良久，恐亦遂无多会也。夜啸咸来谈，并东晋、南宋之局已如在天上，何晚明之足言，魂魄亡矣，行尸走肉耳。架上存书实不堪再行，行则何以过日，然须视吾家中之寡有者，作吾道南行之计矣。晡方诵子山《江南赋》，天时人事，真可为凄怆伤心者也。

1935年11月21日

晨四十四度，淡阴，西南风，夜温润，薄雾。

读《说文》，授课开会。夜蒋丙然招食大菜。北局浑沌，小定搬疆之计矣。

1935年11月22日

晨五十度，润阴，夜北风飘发，出户而返。

温课，授课。之霖来谈。读《说文》。人自嚻嚻（读如敖敖，见《诗》），我自嚻嚻（见《孟子》）。

夜君复来，共坐隐八局，颇有新着，殊助意兴。中夜助便了束书，将以付市肆也。卧榻之侧，实逼处此，恩迹齐民，权为鲁壁耳。

1935年11月23日

晨三十八度，北风紧，入午晴霭。

阅外报有独立二省二市之说。呼人理我发，爬（《说文》无"爬"字，或作"把"。《后书·戴就传》："以大针刺指甲中，使之把土。"嵇叔夜《绝交书》："性复多虱，把搔无已。"又或通作"杷"。《汉书·贡禹传》："捽山杷土。"颜注："杷，手掊之也，其字从木。"）梳鬀①狋之下，可阅书数卷，不然真不堪蹙额引颈郁郁受理也。

【注释】

① 鬀：古同"剃"。

1935年11月24日

星期，卯正三十八度，重雾，午微雨，未晡而晦。

晨不寐，披衣检衣，吸足苦烟，交辰正赴太平路新会场，主评中学生科学演说竞比之会。取俞鲁达第一（十三岁，演说题："地球的将来"），王德仁第二（十六岁，演题为："算学之价直"）。俞生去冬亦得第一，王生明达，终以俞为奇才也，俱礼贤中学生。晤沈成章、雷法章，比来度门俞甚矣。逾午方得果腹而归。

作家书，并以高丽参五支托云岩将归，为内子冬令服用，以番蚨二购牛舌二颗，长可逾尺，祖云岩之行。又续昨日注洪之业，更已尽矣，痴哉。

1935年11月25日

晨四十二度，晴明。付宏成发二百四十金。

晨授课。赴会，校长宣告北局粗定。林绍文讲昆虫之素食、肉食、住室、温室、群居、战斗、求偶、母爱等小题，其组织反有为人类之先觉者，而以蚁为最。语特诙妙。(《说文》无"蚁"字,陆以为"蛾"之俗字)。青年会干事孙铭之来速赴会演讲,旋作柬婉却之。

器儿禀来云书籍日记收到。夜访君复。(云岩来辞行)

1935 年 11 月 26 日

晨四十四度,霢霂雺黯。

温课,授课,傍晚方毕,惫甚矣。偕舍予阴雨中访少侯,已不可支。返舍燃炉自遣。柬邢冕之。谕仲儿上海(畀以十金)。晚酌后有同舍人群谈,沃以苦烟,乃稍稍振作,不伏案亦无可为之事,复注洪文爰及鸡鸣。

1935 年 11 月 27 日

晨三十七度,淡阴,作字须呵冻,逾午霾晦,细书弥艰,夜初雪。

温课,作数题备示门人。自以注书习史事。

晡方进食,闻雪是初雪也,为劝一觞,夹书出行尝之,柳絮因风飞,益增人天涯之感。在君复寓楼,观书、观局,甚欢。

1935 年 11 月 28 日

晨三十五度,霁。

早行路上有积雪分许,思廿年前假馆津沽,授早课寒冽刺骨,至舍车而徒,为之悚然。

下午赴校务会议,晚食有涮羊肉,饱饕一顿,弹铗归来。观球体育馆。入舍自亨莝狂饮之,偿吾终日兀坐之劳,且涤胸块也,复剔灯补日记毕,寻啸咸谈文。

1935 年 11 月 29 日

辰正四十一度,晴丽。代毅伯职务二月矣,方期其来,闻道上又遭爱子之殇。"西河丧明,东门不忧,均不可知。"子山《伤心赋》所为作也。作书唁之。

夜多饮茶，辗转不寐，晨起朝暾窥榻矣。冬日霭照，悠然濠濮，出既无侣，入又有书，遂尔作罢。

方午食，纫秋命人电话召予，急赴之，一诺而归。夜少侯自民报馆来，黯然相对。

便了自摊市得《幼学故事琼林》（程允升原本，邹圣脉增补）而归，且永今夕已有好事者人立而貂续矣。此书在三十年前诵满辽东，今则与《江湖七侠》等辱在泥涂之中，而《癸辛杂识》《杂事秘辛》辈昂然庙堂之上矣。

1935 年 11 月 30 日

晨雨洎夜，枕上闻风声益厉。

雇羸车雨中迁书市肆，幸托小人之庇及，是则官虽止而神益行矣。甚矣，不可与为缘也。柬纫秋，寄家千金。廿三日家书来："记籍抵家，吉庐安稳。"

听雨点书，潮声近在牖际，邻舍生口笛夷歌，胡为而在我侧也。无车子之转喉，哀感顽艳，期子春于海上，汩没崩渐。徒乱人意，能移我情，人既不贵自处，我则别有会心耳。

入夜风狂雨紧，几绝行人，与啸咸杂谈南中事，不知晷之移也，下楼已二鼓矣，点《庾开府集》。

1935 年 12 月 1 日

星期，辰正三十七度，北风吼如虓虎，燃炭竟日，见新月。

终日不见一士，晡作家书，附柬陈镐臣及内子，谕三儿家教取四十金为其二母寿。夜访君复。

1935 年 12 月 2 日

辰初三十五度，晴明，北风尚凉，晡后新月在牖。

授早课，赴会治公，退食。三日不遗矢矣（俗作"屎"然，见《抱朴子》："欲得长生腹中清，欲得不死腹无屎。"）。午睡初醒，又为索书所扰。看夕阳方丽，遂有倦勤之思，出走空街，叩泽丞门，不觉久谈，闻晓舫夫妇来，交臂失之。夜同舍生聚谈啸咸室，笑言彻户。夜读我书，鸡再唱乃释卷。

1935 年 12 月 3 日

辰初三十五度，阴霾，午晴丽。

温课，授课，日西仍毕，偕舍予过少侯闲坐片时，稍摅一日之劳，不知何故，乡思悠然。

1935 年 12 月 4 日

晴净。

走往处理公务，寻文玉商购《四部丛刊》事。甫返舍，门未键也，故人沈浩如（名寿梁）挈属自哈尔滨过青，远来相见。当年京雒炉边鞭影，无夕不欢之友也。南越北胡，各自觅食，东鸿西爪，并同飘萍。越境通书，稽征尤细，彼之入刺，未敢期以刻舟，我之闻声，不免误是惊座（有与陈孟公同姓名者，人因号之陈惊座，比日适有孙某来聒，误其又来也）。别来无恙，后会何期，共挐出游，敝车可载，赠我金线，逃彼弋人，分襟江头，怆怀去日，浩然亦有归志矣。（留书通信处：愚园路湧泉坊六号邹靖伯转王笃行再转沈夫人。）

决春期添授定积分之理论 Theory of Definite Integrals 一门，看日早晚，又须发函。夜与啸咸小谈，阅书诵文，以难诸小子者自责而自期耳。浴罢欹枕看杂书（如梁章钜、郑板桥辈所著），亦适其适，仰思公西赤束带立于朝，与宾客言之苦，未尝一窝者不深知也。

岁将除矣，拟寄易家庙大门联数字为："江夏箕求旧；阳春雨露新。"偶成一联云："汉书读遍才五日；三都赋成已十年。"（《北史·邢劭传》："聪明强记，日诵万余言。尝霖雨，乃读《汉书》，五日，略能遍之。年未二十，名动衣冠。"）

1935 年 12 月 5 日

晨四十四度，晴煦。夜月尚明。

解题授课。下午检中英文一年级各生成绩，最高者四名，进步最速者六名，分别奖之。续开校务会议，自未达戌，日入未决。饭于百花村，浪得一饱，归舍不堪展卷矣。叩君复之门，小弈而返，但殊扰主人清梦耳。悠悠过日，果腹而已。

1935 年 12 月 6 日

卯正四十三度，晴。

昧爽而兴，视天梦梦，读书半晌，始见校山。（"晌"字不见《说文》，民间通行之应即"曏"字。）夜出玄关，山高月小。（岑参诗："林下闭玄关。"）

下午两入图馆，手检群书，得湖北官书局翻印授经堂校刊《北江全集》（光绪丁丑）本，较家塾所藏者，《年谱》一卷多行状表传等九篇，《卷施阁》甲乙集各多续编一卷，假归诵之。

1935 年 12 月 7 日

辰正四十三度，阴霾。晨走治公即返，穷一日之力，成季刚墓碑一首。晡应酒约，一爵而还。时尚未脱稿，不欲阁笔也。太侔来访不晤。

《国立中央大学教授蕲春黄君墓碑》①

……

夜脱稿鸡三唱矣，北风狂吼，所居南窗，犹时震撼。

【注释】

① 《国立中央大学教授蕲春黄君墓碑》：全篇见《黄际遇日记类编·师友乡谊录》。

1935 年 12 月 8 日

星期。大雪节，辰初三十四度，晨风稍缓，逾午俞急，夜降至二十四度。

早梦不成，阴风裹足，姑以作书自息，亦践宿诺也，遂尔憧扰移时，呼匠理发，毕《四六话》二卷，令董生云霞来抄昨文。纫秋来。

午睡正浓，太侔来寻昨夕之会，旋约少侯来谈。昏黄风高，市沽怯冷，发去夏罗文柏馈酒，睽睽渴望者有日矣，果系戊申年陈酿，而腐败不堪造就，辜负良友雅意多矣。别沽市酒，以消严寒，急就家餐，亦具胜趣，谈至戌尽，波黎窗外寒表降至冰点下八度，送客当阈而止。今日本以少息，有佳宾莅止，流连乐之，仍作启谢文柏。夜拥衾阅《晓读书斋杂录》。

1935年12月9日

卯三刻二十五度，北风未息，冱寒①，傍午飞雪，闲以寒日，夜月高清。君复来。

拂晓即起，默咏洪文。授课赴会，口布一年生中文、英文成绩，请校长给奖。

家书来。镐臣书来称予为都讲，亦合《后书·杨震传》："有冠雀衔三鳝鱼，飞集讲堂前，都讲取鱼进。"又《侯霸传》："霸师事房元，治《穀梁春秋》，为元都讲。"则如今学舍之长也。而《后魏书·祖莹传》："时中书博士张天龙讲《尚书》，选为都讲。"则今制之讲师耳。

【注释】

①冱寒：极为寒冷。

1935年12月10日

辰初二十六度，晴，寒未减，手为皲瘃①。夜窗透月，皎洁迈伦。

门生李金鉴来言，将走津沽求食也，作柬赵涤之、查勉仲，投门望止②耳。

泽丞久不来矣，午后来谈文，洎晚方别。夜与同舍生高谈，比入屋而电灯熄，燃脂读更生文。窗外月明媲于清昼，大风彻耳，辜负皓光。

【注释】

①皲瘃：手足受冻坼裂，生冻疮。

②投门望止：见"望门投止"。泛指在仓促情况下，来不及选择存身的地方。

1935年12月11日

辰初二十三度，日中犹在欠点，谷有溜欠者，夜屋外犹严寒，月晕。

夜约文玉来谈。漏未尽，移书几室内，取暖哦文，方得油然之趣。

1935 年 12 月 12 日

辰正二十六度，午淡，日光下不越父点，严寒五日，如二十许年前河北授书况味，入晚北风犹狂，落至二十四度。

深夜拥衾阅《子史精华》伦常、文学诸卷。

1935 年 12 月 13 日

辰二十四度，午最高三十三度，闻天津低十二度、高二十四度。晴阴相间，北风稍杀，中夜二十六度。

治公，温课，授徒，颇有启发之趣。北局已苟安，不足道也。阅报亦遂少兴，还读我书，尽暑阅《广事类赋》，四鼓不寐，亦程子所谓玩物丧志者也。晡后君复来对弈。夜发叔明、隽卿、冕之、一多、镐臣各柬，并以黄君墓碑原抄稿寄念田。

1935 年 12 月 14 日

辰正二十六度，晴霭，风息，夜降至二十二度，下弦清苦。

多以阅骈文检故实为温史识言之助，洪、李、汪、吴诸家文尤多驱遣，四史六朝史事撷精餐华，益人神智，一行五目，尚虞不及，再唱三叹，弥有余音，林落草枯，月寒霜苦，追父未泮，索陶于宵。是日因气稍清，略走近邻玉君、君复处，清言坐隐，胸鬲为舒。

1935 年 12 月 15 日

星期，辰初二十度，晴霭，各地报祁寒，济南摄氏负十度，即华氏十三度，日未入早晦。

晨窗注书，羲皇匪远。周肇祥之子璿来见。蔡纫秋来托事。柬张子岱开封，张筱台、王志刚济南。

张怡荪来，怀东亚文化会景印唐人写本《玉篇》第九卷相视，长可逾四十尺，据云原三十卷，今存者四卷，可借以证许文之次第也。然六书之学，五代已衰，唐犹承其敝耳。

1935 年 12 月 16 日

晨三十一度，重雾，是日称体重八十一公斤，约一百三十斤（每公斤约 2.66 两），食粟而已。

课毕开会，近乎卜祝之间者是也。纫秋来怦索致麦公立信并视一文，殊有家法，即复。泽丞来，面借藕湖居士手抄清代骈文三册。柬仲纯还其家谱。晓舫晡来一谈。

藕湖居士手录汇稿，已于前年节略入记，今日又走柬泽丞，重假其半舫骈文钞，阅之十八，依宾谷《骈体正宗》移录之耳，不入抄十余首而已。其加抄而并不见诸选本（王先谦《骈文类纂》，雷瑨《续文选》，王兆濡《清代骈文读本》）者，有沈琇《辞姚江苏先生荐举鸿博启》，严遂成（乌程海珊）《辞吴兴唐郡守征辞启》，周大枢（山阴元牧）《谢绍兴叶郡守启》，蒋征蔚《随园先生八十寿序》，吴钟骏《平定回疆生擒张逆贺表》，吴绂荣（善化）《诰授振威将军塔大将军诔》，六家各一首，及乐钧（元淑，号莲裳，临川）《廉镇吴昙绣先生荣性堂诗集序》《曾宾谷都转赏雨茆屋诗集序》《答王痴山先生书》《答曾宾谷廉访书》《江都县学汪君暨配邹孺人合葬墓志铭》（钧，嘉庆举人，有《青芝山馆集》）四首。沈严周三首似均据杭董浦《词科余话》及《词科掌录》本，蒋、二吴、乐四家集均未见，因节录而后归之。

1935 年 12 月 17 日

晨三十一度，晴，逾午北风又作。

习课，温课，垂晡始退。毅伯回校，可卸兼职。归扫幽室，独立久之。

夜从啸咸假得《史通赘议》读之，灯明人寂，倚薜低吟，佳书永夕，均可爱也，漏报四鼓，腹饥不敢恋夜，卧计天明尽之。

1935 年 12 月 18 日

晨二十六度，晴丽。

午达吾招往谈话，人庞言杂，不知所云，晡见报殊广异闻。夜访君复，对至十局，归续阅《史通赘议》外篇，思倦早睡。

1935年12月19日

晨二十六度，晴。

门人问 $f(x, y, z) > 0$ 之轨迹，告以凡一面分空间为两部分，等式者表示面上一切之点，不等式者表示此分开后两空间之点，因举数例明之，遂觉词费然，总可令领悟也。下午又开会。晚怡荪来谈文意，令暂专看徐、庾二家或宋四六选，以一趣向，自是有见地之言。

天津旧门人霍树楷矩庭（安阳。开封大学教授，习工业）以父丧来赴，据状年七十有九，与县人常某等成五老会，早岁以兴商惠工起家，晚犹有远游山岳之志者。矩庭复相从开封，事校事予唯勤惟惧，且助予述著画图事，不可无以报也，挽以联云：

名山有志，恒岱华嵩，合如毕公长五老；大匠之门，弓裘陶冶，故应诸子尽多才。

固始曹丹初、理卿、敏溪诸昆季汴游最悉，前年（癸未）已喑其内艰（有联），今日来赴晴轩太公之丧，据状年已八十有八，少年入泮即绝意仕进，奉亲训子孙以终云：

画图九老，桑海五朝，当代有几人，试回望西洛耆英，已如硕果；誓墓盛时，传经晚岁，百年无多日，何遽随北堂萱草，空余荫庭。

夜成联已过四鼓矣，俯仰之间，谓天盖高，谓地盖厚，而无可为斯人地也。

1935年12月20日

晨三十三度，晴。

授课，温书，入馆阅燕都修绠堂书目。托文玉代购骈文集五种。幼山万夫人来，正坤侍，欲借予蹇修也。转幼山来电，云明晚来青。

1935年12月21日

晴，晨三十八度，中夜降至二十三度。

借书披览于薰沐之间，就暖于文书之室。午偕知斋访张万夫人于旅社。旋折书局寻《徐孝穆集》，不可再得，原有之随器南迁，今日假自公室，不便施朱墨也。

晚偕君复应舒舍予酒约，一坐多拳酒胜流，比因戒杯，少饮而止。与君复对局，屋隅阴寒欲噤，交亥疾走归山，朔风扑面，入此室处，添炭继谈，乃有暖意，屋外温度冰下十度矣。

1935年12月22日

星期，卯三刻二十度，晴，中夜后下至十八度。

戎车早行，辰初往迓幼山车站，北风砭骨，车迟到四十分钟，鹄立空庭，虽御重裘，足指仍僵作微痛，久不惯此生活矣，相陪入逆旅。

洎午郭秉穌招饭于小馆，屏人为老友略尽数语，念平生风骨所在，何止如鲠也。

晚幼山夫妇款客厚德福，为令息正坤定婚许生振儒，借予为介。二生皆自汴京随余东来，前后将十年矣。眼看嘉偶之成，倍新天涯之乐。万夫人劝酒再三，不觉为之倾尽数器。席未散，登楼寻太侔之会，招浅哉、少侯、承佑同车回校舍，亨潮茶饮，谈至亥初，甫克自持。子夜起视窗外华表，未及十八度，客青六年为始见也。器儿禀，并抄《哀学篇》文稿来，即条正之。柬内子云今冬祭扫不能久待矣。

1935年12月23日

辰初二十度，冬至节日，晴。

授早课后在校室读书。午赴沈成章之宴，杯酒言欢，局终幼山夫妇同来小坐。旋以成章面属之言作柬致太侔。晚应葛光庭私邸之饮，华堂灯烛，裙屐连翩，笑语风生，为解梦结。访纫秋未晤。太侔旋来谈校务至夜分，有提前放假之意。大可作归计也。

以《哀学篇》稿应玉君索阅，并托录别纸，并世尚有爱读者。夜函陆皋义、陶苇卿、沈浩如上海，皆京雒旧游，苇卿尝为予掌教育厅秘书主任，妙才可爱，自我不见，何止三年。

夜深仍阅《迦陵文集》，王文濡《清代骈文》所选七首与王祭酒所选无一同者。

1935 年 12 月 24 日

  辰初二十三度，晴。

  早起登校山，领略孤寒之境。远闻幽谷间有声，呜呜越峦而出，盖有人习声唱，京人谓之吊嗓子也，如此勤习可曰贤劳矣，乎嗓不若人则知恶之耳。

  终日授徒，既竭吾力。退食与啸咸谈，久存所闻一联，有贵州听鼓，经年不调，无以卒岁，自署其门云："十年心似梅花冷；一夕春随爆竹来。"适当道者微行见之，竟以此十四字得官云。又有述"风送钟声穿树去；月移塔影过江来"一联者。究嫌纤巧。

1935 年 12 月 25 日

  晨二十四度。

  读《说文》。今日例发劳薪，斗然阁浅，负负之呼，当有甚于我者，六军不发，亦可虑也。

  下午教育部派员验收体育馆、工学馆、水力厂、翻沙厂工程，晡方毕。咏声、达吾、承佑来作小谈。录文自遣。夜寻君复坐隐至十局，三鼓归。

1935 年 12 月 26 日

  晨三十二度，雰竟晚。支宏成发六十元付米炭杂捐，以十五元付仲儿上学之费，赏杂差六元。

  起闻便了云："夜纫秋电话来，将以辰刻过访，问有早课否。"答曰："无之。"是所谓使乎使乎。餐罢徘徊枯树之下，迟纫秋来一面，即代为觅糜甫进前。

  温课，授课，释一定理曰：凡三次元之二次同次方程式皆表示锥面，其顶点为原点，盖其最一般者为六项式 $ax^2 + by^2 + cz^2 + fxy + gyz + hzx = 0$，假令 (x_1, y_1, z_1) 为此曲面上之一点 p_1，则 op_1 上任何一点 (kx_1, ky_1, kz_1) 皆满足于此方程式，故直线 op_1 为其母线，其最特别者为五个系数皆0，惟一个不为0，例如 $b \neq 0$，此时之方程式为 $y^2 = 0$，即表示教室中正面黑板与后面黑板二平面，而平面者锥体之极限也，取一片纸剪开一角而折接之，适成一锥面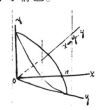，其剪去之部分至极小时，即平面自身亦认为锥面，故 $y^2 - 2xz = 0, yz + zx + xy = 0$ 皆是罕譬而可喻也。

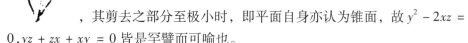

今有一锥面，令以 $x = y = x$ 之直线为轴，且包含三坐标轴，则由上述之二次同次式，因其过 A 点 $(x_0, 0, 0)$ 则必 $ax_0^2 = 0$，故 $a = 0$，同理 $b = 0$ 及 $c = 0$，又 $x = y = z$，则必 $f = g = h$，故所求之方程式为 $yz + zx + xy = 0$。

未昏有校务会议，会焉议焉耳，坐而言与起而行，本是两事。晚餐聚于岭南酒家。粤厨有霸天下之势，此其小焉者耳。大家枵腹而来，亦杀得片甲不回，为东道（太侔）、提调（京人谓管事曰"提调"。今夕之事余任之）增光不少，居然尽酒斗，所谈风尚佳。夜远驱太侔新寓，燃炉亨茗，主人每躬亲厨下，殷勤可感。诸友登陴俾倪，至四鼓余抽归，亦夜分矣。

1935 年 12 月 27 日

辰正三十二度，重阴，午有飞花，交未日见，晡薄雾。

读书授课，午退食颇倦。日本林鹤一师，闻以十二月四日逝世，年七十矣。相从十年，后余赴美州，先期特访先生于仙台，霜雪蔽天，履綦连日，笑言杯酒，谈道入玄，临别拜先生于门，师母亦出送玄关，汝约以美州归来再会，先生莞尔曰："黄君归国，不急视夫人而远来访汝乎。"风尘颍洞已许年，言犹在耳，恩岂忘心，而再面未由，九原永诀，念当年之函文，奉下赐之遗文，于邑何极。拟合数学系师生电吊之。

北平自由评论社以旬刊寄馈，必出梁实秋教授介绍，即柬谢之媵以近文。家书来（本月二十一日）。

1935 年 12 月 28 日

辰初三十六度,晴,日中阴靄,晡飘雪如珠,中夜霁。

晨发唁林师遗族日本电。玉君付《哀学篇》抄稿来问学,相从三年不倦,今士之所难也。午小访纫秋询归航,有直放汕头者三日半可达。

成丙子新岁宅门联云:

丙舍常留半耕地;子孙长读未烧书。

因树轩联云:

因其材而笃焉;树若人如木然。

研墨写寄南中。

作家书,摒挡年事,并命儿辈收拾因树轩瓦砾莳花洗石,归欲作十日盘桓也。垂莫少侯来,同赴君复消寒酒会。甫越户阃,满地白霜,疑是月光,方知飘雪已多时。北风刚亢,市人多齿喉杂病。入冬未雪,岂惟入春农事之忧,对此欣然,惹人酒兴。夜席列坐均可胜杯,射覆藏钩,高手咸集,纵未至主人扑曇之耻,已足满胜侣倾瓶之欢。送客留髡,更相坐隐,散已子夜,人静风高,入梦消摇,不知何世。

1935 年 12 月 29 日

辰初刻二十四度,晨飞絮满天,日中霁,夜未分降至十七度。

晨起写柬招同人翌晚消寒不其山馆,点缀年事,亦略志家中阖桁之庆也。衣重裘步访晓舫、玉君,不觉纵谈。禺中冒雪归来,飞花在里,焚香煮荈,烟云在牖,诵惠连《雪赋》飘然轩举,彭兆荪《苦寒赋》欢戚悬殊矣。("白狗一身黑,黑狗一身肿。"为古来状雪语之流存者,大似今之以白话为诗也。)

晡小酌,同舍人王、彭、林、贺、翟、葛诸君消此奇寒,大观园中赏雪、联诗、啖鹿肉之乐,不过尔尔,酒后聚谈,窗外寒表降至十七度,添炭。阅书不成,悠然睡去。

1935 年 12 月 30 日

辰三刻十五度(在青六年未见之冷),晴,午仍不过二十五度。

授餐适馆尸祝①而归，寒威之严，不下京津，《苦寒赋》有云："冰岸削铁，澌凌蹙银，鱼头戢戢，鹄面莘莘。蜷局猬缩，蠖屈鳞皴，尺涕垂鼻，寸禅掩身。爨冷突而无火，泣荒榛而有人。"可以当之矣。

夜约消寒之会，太佯未晡过谈。浅哉、少侯、仲纯、舍予、咏声、怡荪、君复、达吾先后而来（毅伯辞以疾）。移坐东馆，酒热灯红，环堵杂花，亦逞斌媚。酒过三爵，一马当先，呼啸甫还，邻兵接刃，今日中原从此多事。助以连环套，杯抵角桥，战胜者负嵎而辟易，败者卷土以相从，而主人之罍耻矣。急车索沽于市，不给则乞醯②于邻，时君复言有酒半斗，隔巷对宇，呼之即至也。于是尘军复起，风云为之黯淡，鼙鼓不闻喧阗，但聆噍杀舌搏手抉之声。曾几何时，而肴酿俱有难继之状，兴到酣时，一斗不醉，非屠沽市远，今夕诸君大有再接再厉之势也。乐不可极，酒不可纵，撤馔易茶，甘苦同之。西隅半斗书室之间，今文坛健者洪深、老舍、赵少侯诸子，方放高谈。室之奥环而呼战者又大有人在，承佑、君复对垒谈兵，咏声后起招豪而朴。太佯雅具评弈之好，余子亦各壁立以从。山中棋一局，世上年几千，谈者高唱入云，弈者思入无间。时而曼声告语，一棒当头，或追述情话于当年，或紧追敌骑于眼下，韵流思绮，手快虑深，极聚首之欢娱，挹高朋之潇洒，真不胜此曲只应人间能得之感。夜如何其，夜未央。然子夜已逾三刻，户外霜重，啸侣归迟。怅触靡穷，燃脂记之。

【注释】

①尸祝：祭祀。

②醯：酒。

1935年12月31日

辰初二十四度，晴朗。

授课至下午，听者之心鸿鹄将至矣。退归较早，独对寒梅，贺年片纷来，感友生远念，素孀①复也。柬沈成章，得复。杨静吾函来，即复。长、次儿、长女禀来。

姚秋园先生自广州（东山启明二马路之一楼上）函件一卷来，函略云："已蒙叔明枉过邕谈，真绩学②人也，信取友不苟矣。比垂老坐兹冷席（秋老近授文学海堂），取师友撰作之未经流布者刻示及门，尊稿具存数首，以古字太多，梓人以无法印出为辞，其陋如此。朔风怒号，竟日闭户，极少见人，以可访人亦极少故也，印文一卷，曰《师友渊源录》，计……"

湘人周肇祥先生之子璿在太学，将其尊人所为批阅之稿来。周君与冕之、沅叔③两太史常同游山买胜，而予实未识也，老辈不吝诲人之旨，殊可敬佩，言之当不别是一事，谨移其跋尾于此眉批数处，分识于原稿之上：

"文甚典雅古茂，自是杰作，盥读敬佩。唯碑于文体，大都为纪述功德。汉唐诸碑其末多系以韵语，或铭或颂，无韵语者，古之墓表是也。黄君带行殊绝，无愧于表异耳，僭删数字，未悉当否，仍希尊酌是幸。乙亥日长至周肇祥谨识。"

际遇谨按：周君当是恪守欧、曾义法家言，窃所以为据者有洪稚存《铅山蒋先生碑》及吴縠人《清故奉直大夫翰林院编修洪君墓碑》等文，其结笔气势并摹效开府而不系以韵语，则非自我作古也。"诏葬"字样，周君欲易以"官给"，语既不驯、事尤乖实，庾子山《周大将军崔说神道碑》云："北陵追远，大司马有赐绶之恩；西京赠行，冠军侯有诏葬之礼。"今者黄君葬事实出政府明令交湖北省政府妥为安葬，谓为"诏葬"，词乃极安慝。曰"官给"，则路旁陈骨，何莫非公理而官给之。但识于此，以俟定吾学之进退，不敢陈书强辨也。

【注释】

①嬾：古同"懒"。

②绩学：指学问渊博。

③沅叔：傅增湘。

《不其山馆日记》第四册
（1936年1月1日—2月12日）

《不其山馆日记》第四册·有叙

维时寒重风高，地荒天迥，石尤飘发，猿唳啸哀，黔黧晦冥。秉烛于未莫，凄清凝冷，飞花于崇朝，未若柳絮。因风天涯，何处适居，山阴小雪，足音渺然。莫笑白头，当牖之青山亦老，何无履迹，待诏之东郭未归（《史记》："东郭先生久待诏公车，贫困饥寒……履有上无下，行雪中足尽践地，道中人笑之。"）。夫以腊祭盛时，流民罢乞，刚风过境，鸷鸟不飞。傲霜无残菊之枝，交柯危坠巢之卵。而予也在外之年，逾于重耳，高卧斗室，乃类袁安（《录异传》曰："大雪丈余，洛阳令身出案行，见民家皆除雪，出至袁安门，无有行路，谓安已死，令人除雪，入户见安僵卧，问何不出，安曰：'大雪人皆饿，不宜干人。'"按《后书》本传李注，据《汝南先贤传》，文同，并曰："令以为贤，举为孝廉也。"）。门外雪深，尝侍明道于海曲（适得居东宗师林鹤一先生之耗。辛酉冬渡美洲拜先生于仙台，门外雪深三尺），五十过二，感怀文举之论书。庸羡鹤氅之韬轩，朱门在望（《晋书》："王恭衣鹤氅衣绕雪行。时人谓之神仙中人。"），敢忘兔园之交友，青鸟可明（江淹《与交友论隐书》："谁谓难知，青鸟明之。"）。负驴背之诗情，卜鸡声而起舞焉尔。乙亥岁尽畴盦自叙。（后读黄孝纾《苦寒赋》而悭）

中华民国二十有五年，岁次丙子元旦

大学休假三日。卯正华氏二十一度，竟日霭寒。

除夕，太仆御车来邀往荣城路新寓度岁。携弈簺之具以行，至则群贤毕集，多昨夕成局也。虽稍节饮，而逸兴遄飞，祭酒执牛耳以登坛，胜侪亦雀跃而从事。予与承佑周君各据一方，中有一局，攻应几二百合，自戌至子，方告释甲。惜旁无记者，余又戒劳不敢强记，失此可存之谱也。咸以黎明有升旗典礼，不欲就睡，相与酬酢一室，坐数五更。迨天未明，偕怡荪先归舍。海边涛静，游车三五迎面而来，计若辈甫出舞场也，天方浑乱，夷风煽方，处势如高屋建瓴耳。敲门呼粥，与怡荪共食取暖，颇论海内操笔成文者。拂晓集大学诸生于庭，肃行高升。

国旗典礼，太侔校长登台而盟，沉玮亢厉，朔风之下，髦士助号，气象万千。旭光指日，旋闻当市已戒备森严，侦逻密布，虑诸生有陈东之请也。抑以告者，过矣鸦噪，乃获掩扉而睡，时来剥啄之声，度贺岁者屦及寝门之外也。午梦方醒，又有自长安来者，隐几应之。晓舫、玉君来，未晤。文玉来，极劝予日记必须雇人写副本，意至可感，但今之少年并抄胥之材而不易得。晡太侔来阅友朋佳书，以晚大飨同人于饭庄，属务必一往。日来征逐之故，荒业甚矣。补日记才完数行，已以车来，御轮返顾者三，堂皇大开，泥醉可惧，适可而止，复一涉番馆，急归，已废然一榻矣。命奚热汤，涤我旧染之污，拔垢祛尘，躬自濯磨之力，所费殊巨。夜方阅早报，观象台说到处苦寒之状，北京零下十六度（摄氏表，当华氏三度。晚晤汤君云天津亦然）。青岛自民国五年已来，从未有如本年之冷者，同日（十二月三十日）去年（二十三年）之最低温度为冰点下三度，今则达十二度一。相差悬殊，主要原因有三：一为西北大陆高气压之非常发展；二为此高气压迤由东三省一带再南东而行，青岛遂多北风，入十二月来绝少南风；三为华北各地月来降雪区域较广云。

1936年1月2日

晨二十五度，晴，夜见上弦，中夜道寒。

夜仍被酒，不克伏几作书，两三日间，虽无参谒之劳，而难免口腹之累。夜枕上犹耿耿于记述之未完，不可以待来年者，乃于子夜蹶然而起，躬自燃炉清突，作记数千言，以弭亡羊之憾。未曙，同舍之人有款关者，望予夜读灯火，容或坎其炳烛之愚不可及乎。

游剑池介曾友梅来见（海汀人）。中夜危坐，补行自课，日中始毕，进食而甘，兴奋之下，入睡不易，上楼与啸咸清言娓娓，殊胜群居。（有赠以额曰："不亦者乎之室。"）

日昃假寐半晌，复推敲残稿数字，补论《曾右丞传》"右"字之非，其他检证之功未毕也。已晡方重裘应咏声晚约，先尝腊八粥（《荆楚岁时记》："十二月八日为腊八。"谚语："腊鼓鸣，春草生。"），馔亦可口。与承佑对一局，别存稿（附上册之尾）。酒后不欲多用心神，据坐负嵋听隽语，有可存者灯谜数则，如……。三鼓已过，主宾之欢未尽，独谢主妇先告归欤。甫出室门，罡风砭骨，下阶数十武，闻寒极欲嚏，非得车则步屣皆艰矣。入此室来，炉火正青，急展我衾，卜一好睡。

1936 年 1 月 3 日

卯正二十三度，晴，午有风声，竟日蛰伏。马隽卿函来。

作家书为辎轩第事也。晨未明而起，啸歌自得，早餐后出户观少年溜冰。毅伯馈薰凫之属，即柬谢之。

1936 年 1 月 4 日

晨二十五度，晴，夜见月在山头。午交宏成发三百十金。少侯来谈。

辰刻开校务会议，为遣派代表入新都事。午太倖宴腾汉岭东酒家，往伴食，几饮过量。《古乐府》云"杀君马者道旁儿"，深可戒也。小息又赴会，晡不思食，啸咸来酌定昨文一二字，谈甚清永。

呼人理我头，自腊夜小年来，眠不以时，腹为口累，而笔墨之责，乘之于思，于思卒卒，无须臾之间得施梳爬，有负须眉耳。发电并函答古敬熙，附文稿皆经手定，然一经假手，百扫不干，恐书事自是大衰矣。夜阅《悔余堂文》卷三一卷，鸡已唱不敢恋夜，其实青岛山中并喈喈之声而无之。

1936 年 1 月 5 日

星期，晨二十四度，晴，入午温和，夜月清胜。

早起往答晓舫、玉君之访。书复秋老，不存稿，附抄寄《哀学篇》及《钟大金寿文》二首。王献冗久不通信，今日来片柬，即函复之（北平西城石板房二二号），当年同馆江城，与季刚往来殊密，故縢以黄君墓表以慰其思念。家书来。阅《悔余集》未及论记，毅伯过谈，托修书吴子丞院长济南，不能恝也。

晚饭于泽丞寓庐。明朝有课事，数问夜如何，先偕文玉、怡荪踏月傍山而行，两君并入山馆，为阅定近作，怡荪为推敲一二字，殊感益友厚意。枕上改正一谱。

1936年1月6日

晨二十六度,煦,小寒节日。

趋赴早课,道击逻者橐橐,心知其意。甫下阶,有中学生百余人露立庭中,诘之,有曰:"礼贤中学拒考,来就大学生求援也。"语甫毕,群奔大礼堂。噫,异哉,胡为乎来哉?越队据门关诘阻,则有护之而进者。太侔已早得讯,在校室亦授课而置之。自是相持竟日。文德女校生亦穿桑林而至。卒由代表述三事于市当局,一一画诺,日入始没。予等蛰守听事,直至外校生凯旋始告归舍。一日之间所见所闻者甚众,容或为存亡大计,而非山中人所以为须与知者,故不悉箸。太侔间入室避嚣,犹从容抵掌谈文也。怡荪夜来。

斜倚孤衾,徘徊归计,阅《结一宧骈文》,神与之会,盖胎息齐梁者厚矣。

1936年1月7日

晨三十一度,晴,夜月翳。

温课,授书,迨昏退食,力已不能治书。承佑、君复过谈。夜诣君复处久坐,存二局附上卷。

1936年1月8日

晨二十八度,晴霭,夜月圆皓(传今夜九时月蚀,未望而蚀,传者误也)。

习课,午赴宏成发交三百三十金。下午开会,浅哉云有一会场,人数十万,天将雨,讨论如何得伞。明知无法,不议不论岂不更省事。

演二阶偏微分 Monge 氏方程式数则示及门……

夜感乏,胃不消化,觅侣不得,初鼓过即就榻,睡至拂明,思多梦杂。

1936年1月9日

子正月食,全国得见,初亏为零时二十八分,蚀既一时五十八分,蚀甚二时十分，回光二时二十一分，复圆三时五十一分，晨三十一度。

竟日偃卧不起，亦无疾痛害事，但觉力不支耳。新年之酒肉，子夜之吟哦，皆之厉耳。校医邓仲纯来诊，立疏散方。告假一日。毅伯来视疾。哲庵来。故人王献匀介弟烈来见，盖自日本习医归，任市立医院皮肤花柳科主任，榻间一见而颔之，不可辞以疾也。勉作家书数行，云年莫恐不能到家。

叔明书来，略云："奉日记、碑文等一一钦诵。日记将可变为学记，鄙意终觉关于经术者尚少也。季刚先生竟以五十之年弃世，讣中不言遗著何书，盖平生只务口说，观其所刻《文心雕龙札记》等，亦无若何精语，恐身后之名，祗赖先生碑文与太炎墓志耳。寒假文旌南旋否，此间能文老辈尚有张汉三、汪景吾，皆七十外，稍与往还，如对古人。又有石懋谦者究汉学，昨其弟子来谈，谓著述富而且精，惟尚未得见，知注并及。"

1936 年 1 月 10 日

晨三十二度，淡阴。

幸不成疾，而一日不食，手生荆棘，作书无力，招桑、黄二生，授以演草，省予口授之劳。啸咸间早相过，复力劝予续假也。不信天下有不相爱之友朋也。里人陈朋初年甫过五十，昨以柬来，将于新上元日为其五子授室，容福不可及，为联书珊瑚锦笺嵌波黎镜贺之：

第五之名齐骠骑（《晋书·何准传》事）；上元此夕種宜男（《影灯记》：洛阳人家以灯影多者为上，其相胜之词曰："千影万影。"又各家造郎君芋食之，宜男女。曹植文："草号宜男，既烨且贞。"）

笔在手，达吾以问疾来，亦索一帧以去，斯谓各取一瓢而饮之耳。

大学协款，自山东者月三万金，已盛传二十四年度以后不再拨给（六月为止）。帝业未成，一朝断送，纵有长袖，难护江山。仲纯夜来，泽丞午语，皆有"君平卖卜，韩康采药"之思，秦人视之亦不甚惜，人心之不可维系，其所聘来者渐矣。

计此残年，无以自解，井上有李，衾重梦多。

1936 年 1 月 11 日

卯正三十四度，中夜残月，萧然有出尘之概，枝柯影地，弥呈胜图。

今日航空信限交辰行，卯正披衣起，作密柬张生子春广州①。遂不复成寐，研墨裁笺，作书校书，随所适以自遣。

【注释】

①作密柬张生子春广州：黄际遇此时下决心辞职回广州。

1936年1月12日

卯正二十六度，北风颇紧，晴，夜归自君复寄庐，寒月来相送。

早起静坐，门人李铭病愈来见，谕以以治病之法为学为人，宽舒心境，以养其体，推之游泳诣业涵养气象，可退而领会得之。保衡来。晡邝生鸿璋来问入南都事。

1936年1月13日

辰初二十四度，晴，过午霁，子夜隔棂见月，凄然以清。

早课犹张灯。尹来复之会，颁授篮球、足球系际锦标五方。拟试题将行冬考也。入馆检书。

杨静臣两以书来，云持黄君碑文诣鄂人汪哕鸾（书城，丙寅解元），谓文胎息江都，驾方姚而跻汉魏。又付印板以广其传。朋好高情，辞受两难，即柬复之。夜之霖来快谈。

1936年1月14日

辰初二十五度，晴。

雨我公田，日入而息，思觅清侣，以北京绠修堂付到书三种（十二月二十四日订），复闭我户矣。夜读罢浴。

1936年1月15日

晨二十八度，晴，至晚无声，不知户外天地何若。

阅《稷香斋丛书》，昨始来自旧都者，不但巾箱精本，宝晋名藏，且昔贤治学之方、著论之迹烂然在焉，先提其要，以备钩稽，昏时乃毕。

初学《说文》者究不以此为急，自有应读之书在也，唯治学者则不可不知耳。即柬叔明羊城告之。

1936 年 1 月 16 日

晨十六度，寒风透窗，日中犹二十度，未昏先黄，行人殆绝。

步入公庭，偶尔伫立，两耳为僵，市居以来得未曾有。燃炉一室，治书阅报，徒尚可教，心境殊宽。梁实秋北平、李廉方开封书来。廉方名步青，相从鄂汴十年以长，今垂垂老矣，远惠觅食一书（改造小学国语课程），䞛诗有"献同璞玉谁相识，藏到名山用已虚"之句，可为黯然。

夜寒甚，邮人叩门，将羊城快函至，则编纂馆聘函一件，聘贱子为名誉编纂，署名明德社社长陈维周，副社长陈玉昆。馆长姜忠奎前被任广东通志馆名誉纂修，徐草一文外，百无建树，至今愧之。

1936 年 1 月 17 日

辰刻十三度半，晡风息。

枕上风声狂甚，晨起检温度表，又开以前青市未见之记录。入公室不三百武而两耳奇痛，不得不入图馆阅报取暖，又十数武乃入院长室。当此苦寒，真可以坠指裂肤也，炉边剪其毛发，阅东坡表、启诸文。复授徒两课，间以读书之法告之。午得车御归，免与北风为敌。今夜吾乡千门万户涤屋祭灶，料亦奇寒，凡酷寒酷暑，南北几千里往往同风，特度表比较有差耳。

沈成章柬明日迎宾馆茗会，计系新年屠苏一爵耳，不欲往也。

1936 年 1 月 18 日

晨十八度，放蔼，日下温度四十度。

达夜不断爆竹之声，声声催残年也。陈之霖、王哲庵来辞行，送之及于门。等是有家归未得，饥来驱我，吾道何之。晡仲纯来，沽酒款之，同舍人并来谈。

苦寒旬日，裹足不出户庭，见天和气蔼，斜阳满山，上楼鼷啸咸登峦寻胜，亦聊以健吾足也。曾日月之几何，落叶塞途，枯枝横道，崎岖石径，不可周行，独以幽怀，寄诸空谷。阅《望溪集》。

1936 年 1 月 19 日

　　辰初二十三度，晴。
　　垂莫诣少侯一谈，久不访客矣。

1936 年 1 月 20 日

　　晨二十度，晴丽。
　　赴周会，介入都学生代表，报聚坐中嘘嘘有声，至以革鞋击地板，以诸代表自校指派，非产自民间真意也，斩木揭竿，贵因缘时会哉。今日舒舍予都讲文艺中典型之人物，出口有章，隽语叠出，极博佳评，舍却人生无文学之论者也。
　　日入，仲纯囊酒尊入室，承佑在坐，遂共便饮，弹铗归来，食无肉也。饭后，犄角从容言天下事甚众，多天下所以存亡，故不著。承佑邀战，只尽一局。少侯夜至，仲纯已行。坐有向隅，虽小道亦难致志。入子夜来不克即睡，思夜局亦心力所寄，为追录之并分疏。

1936 年 1 月 21 日

　　辰初十七度，晴。赏校役十金，还书贾十一金，公责三十金，交宏成发二百八十金，米炭十六金，所得税十六金。是日大寒节。
　　早起读书。有乡人（潮安）李笠侬自新加坡（端蒙小学校长）远来投刺求书，酬以《三字经》，又饬纪纲导之观太学，不欲驰吾课也。午偕啸咸叩泽丞，又不晤，浴日而返，冬阳正盛也。
　　夜与啸咸谈道，倾心出之。入浴后斜倚孤衾，阅《越缦日记》，如晤故人，起九原之人或有相许者。

1936 年 1 月 22 日

　　辰初二十度，晴。
　　早起吃鬻，共啸咸入山看日出。远山云郁，横舍台空，时送钟声，度涧断续。不闻人间之箫鼓,何来蜀犬之桀折。朔风犹寒,冬松独翠,以此意立身处世也。

晡承佑约少侯、舍予、仲纯会于敝庐,亨羊炰羔,举酒属客。客不足,请益之,则合同舍人而陈焉,移食几于书房,而以食室为烽火之场,炙牛羊而甘心之,人以为狂,自觉韵甚。须更肉尽,纵饮于宦,同心之言,酒醇不醉,鲁酒不薄,齐谐无伤。舍予引亢以高歌,少侯依声而应节。一曲未已,昆乱间出,予亦悉索所有,拾响效颦,但资哄堂,宁惭屋漏。亦以余力应敌丁丁。正是炉香茶热时,不知今夕何年,人间天上。

得人一束约饮,遣词走笔刻鹄涂鸦,而卒不类世间人语,蒙诵不端,终身之患也。

1936年1月23日

甲辰岁除,晨二十四度,淡霁终日。晓舫以广州门人张云问年片来。

竟日录校清《儒林传》目。下午抽赴校务会议,据报校款略可就绪,唯大局益张,有不可及瓜之势。冬假原定为一年级生补课,今徇其请,亦豁免之。别派定监考人员,毅伯旧疾发,予所任特重。晡已允同舍人群饮之约,有诺必践,小聚亦佳。"同是天涯沦落人","每逢佳节倍相亲"。彭、贺、翟三君杀鸡储酿,相与为欢,饮此盛情,解我乡梦。

又赴怡荪晚宴,徘徊蹊径,不得其门,士以夜往,本非礼也。主妇躬操,盘肴满席,昨夕食羊肉停胃为之戒箸匕,觥筹交错,入坐有胡文玉、李、罗夫妇及二女生,亦以健谈胜酗饮也,馔彻继以杂博樗蒲,皆非醉翁之意,借此点缀年事耳。二鼓后穿峡而归,箫鼓声喧,爆竹并响,山鸣谷应,送此残年。

遥知妇子举觞,分得阿耶压岁,欲比茱萸遍插,少此飘泊一人。然炭自温,抛书无计,涧盘俯仰,瞻望夷犹,万里投荒,一身未了。惭会稽之通籍,殊金门之大隐,安得数顷之田于伊颖之上哉,吾道徒为铺啜此间,不承《权舆》,谀墓煮书,同付一叹。

1936年1月24日

夏历岁次丙子朔日乙巳先履端十三日,拂晓雪降,比盥毕积寸所,满山空明,光映卤几,入冬后第一瑞雪也。午日光一见旋霁,夜静如醉。是年予五十二岁。

先王父忌辰，南向心祭。出门办试事，蹋雪而往。入试场自晨达晚，诸新生来自都野，未睹大学严试甚于棘闱，今已撤棘，仅凭空文，端坐堂皇以静镇之，入闱有飚突者，终亦安之。献岁之辰，受此考绩，亦可嘉矣。自问久缺主敬功夫，不克息虑凝神，无思无念，如此长日，何以终焉。怀《儒林传》观之，竟其上篇二卷，皆清儒治宋学者也。为之形端表正，杂念不生，兀如塑像，士子亦肃静无哗，计今少年亦不易见一正襟危坐竟日之人也。

纫秋埵门贺年不及晤。夜雪满街，门无题字者，入啸咸室久谈。补校《儒林传》附目，复阅顾、黄、钱、朱诸传至四鼓。夜梦中力主亭林及某妻宜合传，史有阙文。

1936年1月25日

晨二十五度，霁，极快雪初晴之美，晡有北风，旋息。

巳刻监考。门人李金鉴来见。门人宋智斋、李保衡来叩年。王献畁介弟烈将兄命来请益。补《儒林传》附传目于上。北平寄来《传经室文集》《梦花亭骈体文集》《朴学斋笔记》书三种，阅之至夜深，梦中犹如遇之。

1936年1月26日

星期。辰初二十度，晴，薄阴间之。发家书。晡食见句弦。

晨温《小雅》，朝暾入牖，始罢诵啜鬻。午为河南中山中学作幅匾。陈朋初来贺年并谢贺。（作读书记三首）

夜饭后与啸咸谈文至二鼓。下楼续阅《梦花亭文》四卷，四鼓而竟，此乐盖日月至焉而已。

1936年1月27日

辰三十度，晴，有风。

晨入公室评阅试卷，卤突不烟，苦荈无给，便了安往，东郭欲归，念此等事亦吾儒所谓何不动心忍性之，时默而安之，枯坐耐寒，阅完三门考卷，傍午方归。仲儿安禀来。有数生不及格，呼之来，面指点之。

1936 年 1 月 28 日

辰正三十一度，晴阴相间，午四十度，南风，可不炉。

趋公室审定试卷，参以平日报绩，再三权度定之，斯得君子如得其情之道。监考。

晡后之市浴髦足甲而归，南人无此技也。诗成烛再见跋矣。以诗稿远寄儿曹。

1936 年 1 月 29 日

辰初二十九度，加巳有雪花，午霁，睡起窗外积雪已盈寸，极旷杳之观。

监考，读《清史·文苑传》，加巳归。雪花在裹，竟日读《清史》。夜与啸咸谈，颇究闭门后所事。

啸咸云："史最难修者诸志，后代史之所以烦而寡要者，志学不讲也，'儒林''文苑'两传中尽有可于《艺文志》存其著述之目以存其人者。"又曰："清史至今未成稿，是大可以有也。有志之士，用命之秋，及今不为，恐一二百年间无信史出，仅赖二三私史成一家言，后乃有人焉，举而厘定廓清之。《晋书》著录者二十一家，至初唐而后定，此前例也。"不妄叹者也。夜独学至四漏尽。

1936 年 1 月 30 日

辰初十五度，霁，山雪渐消。子春书来。

早起入山踢雪，皆未经人道，真成独行者矣。叶尽林空，巢鸟靡托，霜凝冰沍，幽涧不流，四无人声，万籁俱寂。圣代无隐者，卜此山中更无第二人也。朔风虽细，利于剪刀，徙倚无从，拾橡入室。续读清《文苑传》，毕其正传。

午饭后不及少息，达吾来，同往监考，吞一口冷风，加申归舍。枕上自扰于嗽，思睡不得，钩稽古今人表未竟，仲纯来觅饮。急就之章，无可果腹，少侯且欣然莅止，盘空酒薄，聊以解嘲。旋邀以夜行，仓卒不克破匜易裘，夜衾觉有寒意，阅书不成，冀得甘寝。

1936年1月31日

　　晨十八度，暖靄无风，夜雪不知何时。

　　晨兴食鬻，呼人理我发，啸歌俯仰，亦消半日。今日起有假半月，浪得浮生半日闲，而小疾乘之，此中况味，复非志在高山援缴者所能领略到也。昨报有浙人太学生三人，因劫金判铳决，家并殷有，而至于此，倾城堵视之云。终日偃蹇一榻，尚友论世之心，全不萦怀，睡乡之记同余者何人，久不复梦见周公矣。

1936年2月1日

　　辰初二十二度，积雪寸所，旭日交映，以草书写《两都赋·序》。

　　依时起不能治书，对客间于榻上温经，见各集或时以弈谱调剂之，亦难深入也。报载华北棋坛总司令谢侠逊今岁首入广州，会师青年会任盟主，取摇台式车辆战法，第一日胜黄松轩，再败冯敬如，第三日连为曾展鸿、卢辉、陈镜堂所败，最后一局自放弃。名手棋亦有输时，粤人讥之过也。

　　园人萃桃竹盆栽，供弄一室，夜西窗月魄，射棂来照，起键电灯，漏月清玩，枝横干斜，累累在壁，自有向背，无费缁朱，居然一幅好画图也。家书来，言儿迟予不归尤失望。

　　时杨金甫长校设席洗尘，予婉谢其召，金甫立登门谢罪，引以自挝，此君究属可爱。

1936年2月2日

　　晨十八度，晴明。托纫秋寄百金上海为锐儿春季学费。发家书，不胜天运苟如此之感。

　　早起仍未全快，补昨记，蝇头之楷，欲作螃蟹横行，思古人心手交妙之境者久之。昨粗阅允茜《传经室文集》竟，眉记十余则，不必入录。

　　姜崇德堂（山东荣城石岛姜家疃）以姜孙太夫人丧来赴，封面叔明手笔也，亡日为一月十三日，而予一月十六日尚接编纂馆聘书，亦叔明手书，发广州戳记①为一月九日，则前姜母亡日仅有四日，叔明不及亲视含敛矣。按状，母生子五，叔明其叔也。（姜宅赴音如俗书作"殁"，叔明苦块中，无心订正也。）体弱不任，苦思二小时，乃定联稿如下：

北江路三千，恸绝洪生归榇晚；（《清史·儒林传·洪亮吉传》："家贫，橐笔出游，节所入养母。及归，闻母凶耗，恸绝坠水，得救免。"）东海号万石，齐讴严妪授经时。（《汉书·严延年传》："延年兄弟五人，皆有吏材，至大官，东海号曰万石严妪。次弟彭祖至太子太傅。"在《儒林传》。）

少侯躬来速饮，非不欲往，辞以尚啜粥未敢以风。夜偕啸咸久坐。呼纸局制日记十册。

【注释】

① 戳记：又称印章、印鉴。

1936年2月3日

晨三十三度，夜又不知何时雪，山径斑然，日出风薰，春回有意，晡北风又作。

喑姜叔明书：

不见只三月，相思尔许深，亦度今市人，更无能相爱护者，因此益念共知辛苦之友耳。自君之出，庭遂无人。非至万不得已或百无俚赖，不能安于室时，绝不下帷窥园，与世人作鸱鹠之笑，度世亦不复知有此人矣。今冬久不雪，比日忽大雪，拂晓入山踏雪，雪径皆未经人道。如此闹市，久成独行，圣代无隐者，料量山中不复作第二人之想。足下又远处南海，纵一日三札，难减愿言之怀。一月初旬书报秋老，附去近文二首，藉尘几侧，旋得秋老归园消息，知寄书不达。忽母太夫人赴来，钧比月日，去足下一月九日最近来函，仅余四日。吾道南行，江水东逝，终天之恨，弟尝同之。箫鼓声中，雨雪载途。投止望门，庪棺三尺。以兄纯孝，能无骨立。惟念太夫人耄耋之年，贤昆仲承家有日，商瞿五子，一经可遗，右军之门，五之并箸。南被尉佗以冠带，西论图纬于扶风，皆非可得之井中瓶下者。尹珍从学，经术遂传牂牁，季札来观，周道尽在于鲁。伏想伯母太夫人归真含笑，无复有涓滴系念存焉者矣。东鲁经儒之邦，承风有责，敢援扬名之义，以遏过情之哀。丧虞诸礼，准古酌今。及今不定，或将中断。总以为吾辈今日所负之重，非仅八口衣食而已。昨今遇人，辄询石岛何以自达。南州孺子，愿致生刍，茂陵长卿，适横病榻。会丧已迫，欲言苦多，虑非其时，仅将薄奠，借叩灵右，企分苦思。

承佑来，即回。自觉精气未复，夜决意罢诵。啸咸行，披裘寻文玉去矣，从更其促之来杂谈至三更，不无危苦之词。文玉应城人，发音多重浊，予客鄂十年，家人皆为楚语，今夕谛听之，临表涕泣而已，异哉。

1936年2月4日

晨二十三度，日出风未息，春意盎然，夜月渐高，未敢出户。

水仙花仅产于鹭江（漳州圆山一地），年输美洲数百万，佳者独销汕头，潮人工涵泳，又擅埏埴之技也，民生凋敝，此风亦稍普矣。林绍文所馈一颗，今日迸开达十数朵，暗香清绝，素洁亭然，远来依人，芳心欲碎，花犹如此，乐其无知，陡忆故园，布谷催耕，弥增怅望。

达吾来问疾，转托视毅伯病。午餐始饭，读书西窗下，幽静欲绝，如掩关萧寺中，古佛凝尘，况味湛然。

今日始复以钱得报阅之，阅之殊无可阅，不阅之不足以为报也。上海宝大号信言《丛书集成》收到一小箱，当托致之因树山馆。古敬熙迟予不归，函来谢文有"作客他乡，怕闻爆竹，想彼此同之"之语，所谓犹是人情也。夜怡荪来，坐有彭祖对影，庸止三人，门无孟公人刺，何须惊坐，山馆一坐，不觉夜分。斜温文篇，交丑未甘抛去。怡荪阅予《直妇行》之作，激赏结句。又谓五十许人作诗犹旖旎尔许。若谓风情老无分，夕阳不合照桃花。聊答宾戏耳。

1936年2月5日

立春节，晨二十五度，雾霾至晡，雪花飘然。

比日小极（《晋书》："尝诣王导，导小极，对之疲睡。"），不克深湛之思，校书作文均感力弱，早读《国策》东周、西周二卷。

傍晚始出户，小步涧谷，依恋空林。昏后纫秋、尧廷来谈，二更别去，门外雪深二寸矣。复寻啸咸清谈，以了此夕。

1936年2月6日

晨二十八度，早雪未放晴，积厚照莹，弥望为美，惜为春雪耳。

下午赴校务会，散后承佑来弈三局，惜无为存稿者。夜为啸咸述八比文流别。

1936年2月7日

　　晨二十八度，霶润，比晚有雪，夜月破云出山中，与雪相映也。

　　空林积雪，远岫笼烟，无脚阳春，暗漏消息，江南春水不知增几许。达吾排闼来，假棋枰去，并促早时过为迎春之会。薄修我头，薄浣我发，晨鬻以鲨鱼下之。

　　午食时趋赴达吾新寓之会，见辛未在历下所为行书直幅，秃笔飞动，恐非近日操刀所能，世无真识，此调不谈久矣。移时高手毕集，投壶舞勺，相引为曹，屈指藏钩，言宜气盛。予虽稍节饮食，亦念天涯佳节，谁与为欢，竭其胜惊，助人雅兴。肴杯既撤，复陪周、宋对局数局。未晡假车应宏成发晚约，观鲁人张灯卷龙，为角抵之戏，土乐炮竹，杂起轰填，家园子弟，故国旗鼓，今夕何夕，乐此不夜之天。纵然追天宝盛时，要犹睹荆楚旧俗，一生作客，垂老依人，手杯举饧，几为罥咽。初更甫过，阅市而归，及舍殊感停食，即灭灯拥被，头屡作痛，盖午睡无恒课所致，予能深夜少睡，而午枕已惯，偶或失之，便茶顿如此。潮谚云："饱食不如饱睡。"善学者玩味而得之。

1936年2月8日

　　辰初二十九度，淡阴，午晴，可不然炉。

　　早起强自调摄，养真凝神，莳花拂几，亦复心与古会，志逐云流，小步衡门之下，考盘在涧，博衣宽带，宿鸟不惊。残雪满空山，何处寻行迹。思池北之旧馆，履屐无存，挹瀼西之高斋，草亭久圮。（王士祯所居池北有石帆亭，常与宾客聚谈其中也。瀼西在四川奉节县，杜甫居夔州，三徙居皆名高斋，一在瀼西，万历间于故址建草阁。见《一统志》）斯亦天时人事伤心之会矣。

　　达吾来即回。柬郭式毂北京乞朱墨。午醒立阶上看斜阳消雪，山角空明，卜今夜有好月。独立多时，胸府洞然。

　　竟日阅文辞，出游自得。晡访少侯一谈。智斋来。夜得邹海滨、何衍璿电速即归省。急柬寄叔明荣城。

1936 年 2 月 9 日

　　晨三十度，阴晴相间，夜从窗际窥月。

　　早起凭眺山色，有逝将去汝之思。构思一文未就，胡文玉来邀往市中食羊肉，往焉而燔肉不至，主人未谙食谱，一腔雅意，馔不应心，所费万钱，直令王曾无下箸处，古人不欺我也。比日殊以食肉为戒，淡饭二器果此枵腹而已。柬内子先以心事告之。

　　夜督陈奚先以不急书籍、纸类、碑帖等庋诸柜，办装（汉人避明帝讳乃曰"办严"）之事始矣，早睡。

1936 年 2 月 10 日

　　晨二十二度，晴，有北风，骄阳俱丽，日亦渐长，加卯犹满窗也。

　　久不得伴，难作山行，早饮牛酪，慨然有怀，招翟君落荒而走，西山旧道，杳不可识甚矣，从迹之疏也。北风尚劲，朝曦可负，乱山叠石，指点当年。此别何期，山灵无语，林空鸟尽，残雪迷途。返辙未遥，昨非熟辨，入我山馆，赓成昨篇。

　　日来兼治琐事，鲜习正业，看日早晚，参温爱伯日记而已。电叔明。夜仍与啸咸谈八比。记张香涛开府粤东时，深赏任光斗文，其《挟泰山以超北海》一首，全假作事实以反迫不可能节旨，已作到泰山挟过北海矣，末一段曰："异日客有从北海之北而来者，见夫高山仰止，景行行止，曰异哉泰山其颀乎，何此山之相似也。"亦一时之杰作，与以文章为游戏者有别而已，入晚清作家叫嚣不驯之气，此道与世运亦脉脉相乘除也。

1936 年 2 月 11 日

　　卯初十八度，晴。

　　辨色披衣，检书返诸图馆，亦费数刻之劳，盖所假以读者近百部矣，山市除此一事外，无可错认并州者（太白诗："错认并州是故乡。"）。又至院长室料检文件，一面太仵述休假半年之意，答云以夜来。然予行已决矣。

　　叔明复电来，发秋老广州快函，以电话问纫秋船期，以后天怡生为合局。

发内子快函，先报行期，约抵申再发电。

太俸夜来坐至深更而别。于是大张橐医，区署衣书，或羊或潮，一一经目，积函何止盈匦，累牍于今十年，自汴梁至今，未经清理，尽举而火之乎，势所难安，披检之费一更余之力，友朋门吏可存之件百之一耳。陈迹前尘，思之历历，倚装遐想，能无多怀。辰鸡既唱，方息劳鹿。检得季刚旧札，汴游昔约宛在心目，录存之。

1936年2月12日

卯初二十八度，晴和，夜见下弦。

指点行装，约门人宋智斋来面授各务清理之宜。宋荣甫来告以保留住室一间，馈《三字经》一册，荣甫六年前到江岸接予来者，秀才人情，报之如此，然不忘旧也。

电招纫秋来面，旋同出门。访少侯，访晓舫不晤，晤玉君。访达吾、访毅伯，叩扉不得其门，遂不得见矣（旋闻有已归里之说，曹部一空之日也）。访保衡不晤，晤泽丞。

午饭于宏成发，达吾电话约夜会。一离旧境，心地洞然，无阻无碍。与纫秋谈文至日莫。电广州何衍璿报行期，柬张子春、邹海滨、陈达夫、蔡镜潭广州，柬叔明并电告以明日行。

夜宏成发开筵祖行厚德福，今夕酒兴颇豪，半酣招歌者老七来，青衣须生均有可取，年尚稚也。啸咸、智斋相俟于纫秋之室，筵未散而出，及纫秋归，遂应啸咸之意同入中和园听唐山崩崩戏，北方土戏也，道白同皮簧戏，唱则近梆子秦腔，不问妍媸，总算曾经我耳。问夜未央，兴亦未尽，相将同访歌者老七，重谱"打雁""坐宫"二调，流音转响，殊移我情，曲终款谈，倾河娓娓，久不涉足花丛，啸侣尤为初写，天上纵非绝调，人间不几回闻也。寓中客约，不及顾矣。

附录一 记黄际遇先生

◎梁实秋

看见《华学月刊》第六十七期周邦道先生作《黄际遇传略》，不禁忆起四十多年前和黄际遇先生在青岛大学共事四年的旧事。民国十九年（1930）夏，国立青岛大学正式成立，行开学礼的那一天，我和杨金甫、闻一多等走过操场向礼堂的时候，一位先生笑容可掬的迎面而来，年五十来岁，紫檀脸，膀大腰圆，穿的是布长衫，黑皂鞋，风神潇散。经金甫介绍，他就是我们的理学院长数学系主任黄际遇先生。先生字任初，因为他比我大十几岁，我始终称他为任初先生。他是澄海人，澄海属潮州府，近汕头，他说的是一口广州官话，而调门很高。他性格爽朗，而且诙谐，所以很快的就和大家熟识起来了。

初见面，他给我的印象很深，尤其是他的布长衫有一特色，左胸前缝有细长细长的口袋，内插一根钢笔一根铅笔。据他说，取其方便。

先生未携眷，独居第八宿舍楼上。他的长子家器，考入青岛大学数学系，住学生宿舍。闻一多后来送家眷还乡，也迁入第八宿舍，住楼下。所以这一所单身宿舍是我常去的地方。一多的房间到处是书，没有一张椅子上没有书，客去无落座处，我经常是到一多室内打个转，然后偕同上楼去看任初先生，喝茶聊天。潮、汕一带的人没有不讲究喝茶的，我们享用的起码是"大红袍""水仙"之类。任初先生也很讲究吃，从潮州带来厨役一名专理他的膳食。有一天他邀我和一多在他室内便餐，一道一道的海味都鲜美异常，其中有一碗白水氽虾，十来只明虾去头去壳留尾，滚水中以烫，经适当的火候出锅上桌，肉是白的尾是红的，蘸酱油食之，脆嫩无比。这种简单而高明的吃法，我以后模仿待客，无不称善。他还有一道特别的菜，清汤牛鞭，白汪汪的漂在面上，主人殷勤劝客，云有滋补之效，我始终未敢下箸。此时主人方从汕头归来，携带潮州蜜柑一篓，饭后飨客，柑中型大小，色泽特佳，灿若渥丹，皮肉松紧合度，于汁多而甜之外别有异香长留齿颊之间。

任初先生有写日记的习惯，写在十行纸的本子上，永远是用毛笔写，有时行书，有时工楷，写得整整齐齐，密密麻麻，据云写了数十年未曾间断。他的日记摊在桌上，不避人窥视，我偶然亦曾披览一二页，深佩其细腻而有恒。他喜治小学，对于字的形体构造特别留意，故书写之间常用古体。他对于时下一般人之不识字深致感慨，有一次他告诉我某公高吟《红楼梦》的名句"茜纱窗下公子多情，黄土陇中佳人薄命"，把茜读作西。他的日记里更常见的是象棋谱，他对于此道寝馈甚久，与人对弈常能不用棋盘，即用棋盘弈后亦能默记全部之着数，故每有得意之局辄逐步笔之于日记。他曾遍访国内名家，棋艺之高可以想见。

先生于芝加哥大学数学系获有硕士学位。其澄海寓邸门上有横匾大书"硕士第"，真是书香门第，敦厚家风。长公子家器随侍左右，执礼甚恭，先生管教綦严，不稍假借。对待学生也是道貌岸然。但友朋欢宴之间，尤其是略有酒意之后，他的豪气大发，谈笑风生。他知道的笑话最多，荤素俱全，在座的人无不绝倒，甚至于喷饭。我们在青岛的朋友，有酒中八仙之称，先生实其中佼佼者。三十斤的花雕一坛，共同一夕罄尽，往往尚有余兴，随先生到其熟悉之潮州帮的贸易商号，排闼而入，直趋后厅，可以一榻横陈，吞烟吐雾，有佼童兮，伺候茶水，小壶小盏，真正的功夫茶。先生至此，顾而乐之。

一日，省主席韩复榘来校，要对全校"训话"。青岛大学名为国立，实际经费出自省方，而青岛市亦稍有协款。主席偕市长到校，声势非凡。训话之前，校长邀全体教职员在会议室和主席晤谈。我因为久闻"韩青天"的大名，以及关于他的种种趣谈，所以欣然应命。任初先生有一些惴惴不安，因为他在河南曾作过一任教育厅厅长，正是韩复榘的属下，有一回河南大学学生罢课，韩大怒，传河南大学校长（是张广舆吧？）问话，任初先生心知不妙，乃陪同晋见。韩厉声叱责，校长刚欲申辩，韩喝令跪下，校长抗声曰"士可杀不可辱"，韩冷笑一声说："好，我就杀了你！"任初先生一看事情不祥，生怕真有人头落地，用力连推带拉，校长双膝跪落，其事乃解。任初先生把这段故事讲给我们听，真令人啼笑皆非。好在这一次韩到青岛大学，态度很谦和，除了捧着水烟袋有些迂腐的样子之外，并无跋扈之态，也没有外传种种愚蠢无知的迹象。

我离开青岛一年，任初也南下到中山大学，我们遂失去联络。"抗战"军兴，先生避居香港，中山大学一度迁到滇南，后又迁返粤北坪石，先生返校后继续教学。三十四年（即1945年）"抗战"胜利，先生搭木船专返广州。一夕，在船边如厕，不慎堕水，遂与波臣为伍，时公子家枢奋不顾身跃水救捞，月黑风高，不见其踪迹。

先生博学多才，毕生劳瘁，未厄于敌骑肆虐之时，乃殒于结伴还乡之际，噫！

原载梁实秋《雅舍杂文》，上海人民出版社1993年版，第90页。

编者注：

关于我祖父的穿着，后人感兴趣者不少，已演变成传说流传。为此，北京大学教授陈平原在《走近中大·序》中写道："据说，黄教授连穿着都独具特色：一件玄色长衫，胸前缝有两个特大的口袋。至于口袋的用途，可就众说纷纭了：何其逊的《岭南才子亦名师》说是左边放眼镜，右边放粉笔；1941年版《中大向导》第三章《学府人物》则称一个放眼镜和铅笔，另一个放镖。两个传说，当然是后者更具传奇色彩。至于说哪个更真实，恐怕谁也说不清：连原作者都半信半疑，不敢略去'据说'二字。"其实，较早提到此事的是1936年香港报纸有曰《探海灯》者，载"（黄际遇）喜穿长衣，胸前必有两小夹袋，凡刺、笔、表、烟毕具焉"（见《因树山馆日记》第五册1936年12月2日）。而最准确的莫过于梁实秋先生的记录了。

附录二 酒中八仙
——忆青岛旧游
◎梁实秋

杜工部早年写过一首《饮中八仙歌》，章法参差错落，气势奇伟绝伦，是一首难得的好诗。他所谓的饮中八仙，是指他记忆所及的八位善饮之士，不包括工部本人在内，而且这八位酒仙并不属于同一辈分，不可能曾在一起聚饮。所以工部此诗只是就八个人的醉趣分别加以简单描述。我现在所要写的酒中八仙是民国十九年（即1930年）至二十三年（即1934年）间我的一些朋友，在青岛大学共事的时候，在一起宴饮作乐，酒酣耳热，一时忘形，乃比附前贤，戏以八仙自况。青岛是一个好地方，背山面海，冬暖夏凉，有整洁宽敞的市容，有东亚最佳的浴场，最宜于家居。唯一的缺憾是缺少文化背景，情调稍嫌枯寂。故每逢周末，辄聚饮于酒楼，得放浪形骸之乐。

我们聚饮的地点，一个是山东馆子顺兴楼，一个是河南馆子厚德福。顺兴楼是本地老馆子，属于烟台一派，手艺不错，最拿手的几样菜如爆双脆、锅烧鸡、氽西施舌、酱汁鱼、烩鸡皮、拌鸭掌、黄鱼水饺……都很精美。山东馆子的跑堂一团和气，应对之间不失分际。对待我们常客自然格外周到。厚德福是新开的，只因北平厚德福饭庄老掌柜陈莲堂先生听我说起青岛市面不错，才派了他的长子陈景裕和他的高徒梁西臣到青岛来开分号。我记得我们出去勘察市面，顺便在顺兴楼午餐，伙计看到我引来两位生客，一身油泥，面带浓厚的生意人的气息，心里就已起疑。梁西臣点菜，不假思索一口气点了四菜一汤，炒辣子鸡（去骨）、炸肫（去里儿）、清炒虾仁……。伙计登时感到来了行家，立即请掌柜上楼应酬，恭恭敬敬地问："请问二位宝号是在哪里？"我们乃以实告。此后这两家饭馆被公认为是当地巨擘，不分瑜亮。厚德福自有一套拿手，例如清炒或黄焖鳝鱼、瓦块鱼、鱿鱼卷、琵琶燕菜、铁锅蛋、核桃腰、红烧猴头……都是独门手艺，而新学的焖炉烤鸭也是别有风味的。

我们轮流在这两处聚饮，最注意的是酒的品质。每夕以罄一坛为度。两个工人抬三十斤花雕酒一坛到二、三楼上，当面启封试尝，微酸尚无大碍，最忌的是带有甜意，有时要换两三坛才得中意。酒坛就放在桌前，我们自行舀取，以为那才尽兴。我们喜欢用酒碗，大大的浅浅的，一口一大碗，痛快淋漓。对于菜肴我们不大挑剔，通常是一桌整席，但是我们也偶尔别出心裁，例如：普通以四个双拼冷盘开始，我有一次作主换成二十四个小盘，把圆桌面摆得满满的，要精致、要美观。有时候，尤其是在夏天，四拼盘换为一大盘，把大乌参切成细丝放在冰箱里冷藏，上桌时浇上芝麻酱三合油和大量的蒜泥，是一个很受欢迎的冷荤，比拌粉皮高明多了。吃铁锅蛋时，赵太侔建议外加一元钱的美国干酪（cheese），切成碎末打搅在内，果然气味浓郁不同寻常，从此成为定例。酒酣饭饱之后，常是一大碗酸辣鱼汤，此物最能醒酒，好象宋江在浔阳楼上酒醉题反诗时想要喝的就是这一味汤了。

酒从六时喝起，一桌十二人左右，喝到八时，不大能喝的三五位就先起身告辞，剩下的八九位则是兴致正豪，开始宽衣攘臂，猜拳行酒。不作拇战，三十斤酒不易喝光。在大庭广众的公共场所，扯着破锣嗓子"鸡猫子喊叫"实在不雅。别个房间的客人都是这样放肆，入境只好随俗。

这一群酒徒的成员并不固定，四年之中也有变化，最初是闻一多环顾座上共有八人，一时灵感，遂曰："我们是酒中八仙！"这八个人是：杨振声、赵畸、闻一多、陈命凡、黄际遇、刘康甫、方令孺和区区我。即称为仙，应有仙趣，我们只是沉湎曲蘖的凡人，既无仙风道骨，也不会白日飞升，不过大都端起酒杯举重若轻，三斤多酒下肚尚能不及于乱而已。其中大多数如今皆已仙去，大概只有我未随仙去落人间。往日宴游之乐不可不记。

杨振声字金甫，后嫌金字不雅，改为今甫，山东蓬莱人，比我大十岁的样子。五四初期，写过一篇中篇小说"玉君"，清丽脱俗，惜从此搁笔，不再有所著作。他是北大国文系毕业，算是蔡子民先生的学生。青岛大学筹备期间，以蔡先生为筹备主任，实则今甫独任艰巨。蔡先生曾在大学图书馆侧一小楼上偕眷住过一阵，为消暑之计。国立青岛大学的门口的竖匾，就是蔡先生的亲笔。胡适之先生看见了这个匾对我们说，他曾经问过蔡先生："凭先生这一笔字，瘦骨嶙峋，在那时代殿试大卷讲究黑大圆光，先生如何竟能点了翰林？"蔡先生从容答道："也许那几年正时兴黄山谷的字吧。"今甫作了青岛大学校长，得到蔡先生写匾，是很得意的一件事。今甫身裁修伟，不愧为山东大汉，而言谈举止蕴藉风流，居桓一袭长衫，手携竹杖，意态潇然。鉴赏字画，清谈亹亹。但是一杯在手则意气风发，尤嗜拇战，入席之后往往率先打通关一道，音容并茂，咄咄逼人。赵瓯北有句："骚坛盟敢操牛耳，拇阵轰如战虎牢。"今甫差足以当之。

赵畸，字太侔，也是山东人，长我十二岁，和今甫是同学。平生最大特点是寡言笑。他可以和客相对很久很久一言不发。使人莫测高深。我初次晤见他是在美国波斯顿，时民国十三年（即1924年）夏，我们一群中国学生排演琵琶记，他应邀从纽约赶来助阵。他未来之前，闻一多先即有函来，说明太侔之为人，犹金人之三缄其口，幸无误会。一见之后，他果然是无多言。预演之夕，只见他攘臂挽袖，运斤拉锯制作布景，不发一语。莲池大师云："世间酽醢醇醴，藏之弥久而弥美者，皆繇封锢牢密不泄气故。"太侔就是才华内蕴而封锢牢密。人不开口说话，佛亦奈何他不得。他有相当酒量，也能一口一大盅，但是他从不参加拇战。他写得一笔行书，绵密有致。据一多告我，太侔本是一个衷肠激烈的人，年轻的时候曾经参加革命，掷过炸弹，以后竟变得韬光养晦沉默寡言了。我曾以此事相询，他只笑而不答。他有妻室儿子，他家住在北平宣外北椿树胡同，他秘不告人，也从不回家，他甚至原籍亦不肯宣布。庄子曰："畸人者，畸于人而侔于天。"疏曰："畸者不耦之名也，修行无有，而疏外形体，乖异人伦，不耦于俗。"怪不得他名畸字太侔。

闻一多，本名多，以字行，湖北蕲水人，是我清华同学，高我两级。他和我一起来到青岛，先赁居大学斜对面一座楼房的下层，继而搬到汇泉海边一座小屋，后来把妻小送回原籍，住进教职员第八宿舍，两年之内三迁。他本来习画，在芝加哥作素描一年，在科罗拉多习油画一年，他得到一个结论：中国人在油画方面很难和西人争一日之短，因为文化背景不同。他放弃了绘画，专心致力于我国古典文学之研究，至于废寝忘食，埋首于故纸堆中。这期间他有一段恋情，因此写了一篇相当长的白话诗，那一段没有成熟，无可奈何地结束了，而他从此也就不再写诗。他比较器重的青年，一个是他国文系的学生臧克家，一个是他国文系助教陈梦家。这两位都写新诗，都得到一多的鼓励。一多的生活苦闷，于是也就爱上了酒。他酒量不大，而兴致高。常对人吟叹"名士不必须奇才，但使常得无事，痛饮酒，熟读离骚，便可称名士"。他一日薄醉，冷风一吹，昏倒在尿池旁。"抗战"胜利后因危言贾祸死于非命。

陈命凡，字季超，山东人，任秘书长，精明强干，为今甫左右手。豁起拳来，出手奇快，而且嗓音响亮，往往先声夺人，常自诩为山东老拳。关于拇战，虽小道亦有可观。民国十五年（即1926年），我在国立东南大学教书，同事中之酒友不少，与罗清生、李辉光往来较多，罗清生最精于猜拳，其术颇为简单，惟运用纯熟则非易事。据告其诀窍在于知己知彼。默查对方惯有之路数，例如一之后常为二，二之后常为三，余类推。同时变化自己之路数，不使对方捉摸。经此指点，我大有领悟。我与季超拇战常为席间高潮，大致旗鼓相当，也许我略逊一筹。

刘本钊，字康甫，山东蓬莱人，任会计主任，小心谨慎，恂恂君子。患严重耳聋，但亦嗜杯中物。因为耳聋关系，不易控制声音大小，拇战之时呼声特高，他不甚了了，只消示意令饮，他即听命倾杯。三十八年来台，曾得一晤，彼时耳聋益剧，非笔谈不可，据他相告，他曾约太侔与刘次萧（大学训导长）一同搭船逃离青岛，不料他们二人未及登船即遭逮捕，事后获悉二人均遭枪决，太侔至终未吐一语。我写下这样几个字："难道李云鹤（即江青）受他多年资助，未加援手耶？"只听康甫长叹一声，摇摇头，振笔疾书四个大字："恩将仇报！"我们相对无言，惟有太息。此后我们未再见面，不久听说他抑郁以终。

方令孺是八仙中唯一女性，安徽桐城人，在国文系执教兼任女生管理。她有咏雪才，惜遇人不淑，一直过着独身生活。台湾洪范书店曾搜集她的散文作品编为一集出版，我写了一篇短序。在青岛她居留不太久，好像是两年之后就离去了。后来我们在北碚异地重逢，比较往还多些。她一向是一袭黑色旗袍，极少的时候薄施脂粉，给人一派冲淡朴素的印象。在青岛的期间，她参加我们轰饮的行列，但是从不纵酒，刚要"朱颜酡些"的时候就停杯了。数十年来我没有她的消息，只是在一九六四年七月七日《联合报》"幕前冷语"里看到这样一段简讯：

方令孺皤然白发，早不执教复旦，在那血气方刚的红色路上漫步，现任浙江作者协会主席，忙于文学艺术的联系工作。

老来多梦，梦里河山是她私人嗜好的最高发展，跑到砚台山中找好砚去了，因此梦中得句，写在第二天的默忆中："诗思满江国，涛声夜色寒，何当沽美酒，共醉砚台山。"

这几句话写得迷离惝恍，不知砚台山寻砚到底是真是幻。不过诗中有"何当沽美酒"之语，大概她还未忘情当年酒仙的往事吧？如今若是健在，应该是八十以上的人了。

黄际遇，字任初，广东澄海人，长我十七八岁，是我们当中年龄最大的一位。他做过韩复榘主豫时的教育厅厅长，有宦场经验，但仍不脱名士风范。他永远是一件布衣长袍，左胸前缝有细长的两个布袋，正好插进两根铅笔。他是学数学的，任理学院长，闻一多离去之后兼任文学院长。嗜象棋，曾与国内高手过招，有笔记簿一本置案头，每次与人棋后辄详记全盘招数，而且能偶然不用棋盘棋子，凭口说进行棋赛。又治小学，博闻多识。他住在第八宿舍，有潮汕厨师一名，为治炊膳，烹调甚精。有一次约一多和我前去小酌，有菜二色给我印象甚深，一是白水氽大虾，去皮留尾，氽出来的虾肉白似雪，虾尾红如丹；一是清炖牛鞭，则我未愿尝试。任初每日必饮，宴会时捣战兴致最豪，嗓音尖锐而常出怪声，狂态可掬。我们饮后通常是三五辈在任初领导之下去作余兴。任初在澄海是缙绅大户，门前横匾大书"硕士第"三字，雄视乡里。潮汕巨商颇有几家在青岛设有店铺，经营山东土产运销，皆对任初格外敬礼。我们一行带着不同程度的酒意，浩浩荡荡的于深更半夜去敲店门，惊醒了睡在柜台的伙计们，赤身裸体地从被窝里钻出来（北方人虽严冬亦赤身睡觉）。我们一行一溜烟的进入后厅。主任热诚招待，有娈婉小僮伺候茶水兼代烧烟。先是以功夫茶飨客，红泥小火炉，炭火煮水沸，浇灌茶具，以小盏奉茶，三巡始罢。然后主人肃客登榻，一灯如豆，有兴趣者可以短笛无腔信口吹，亦可突突突突有板有眼。俄而酒意已消，乃称谢而去。任初有一次回乡过年，带回潮州蜜柑一篓，我分得六枚，皮薄而松，肉甜而香，生平食柑，其美无过于此者。"抗战"时任初避地赴桂，胜利还乡，乘舟沿西江而下，一夕在船上如厕，不慎滑落江中，月黑风高，水深流急，遂遭没顶。

　　酒中八仙之事略如上述。二十一年（即1932年）青岛大学人事有了变化。为了"九一八"事件全国学生罢课纷纷赴南京请愿要求对日作战，一批一批的学生占据火车南下，给政府造成了困扰。爱国的表示逐渐变质，演化成为无知的盲动，别有用心的人推波助澜，冷静的人均不谓然。请愿成为风尚，青岛大学的学生当然亦不后人，学校当局阻止无效。事后开除为首的学生若干，遂激起学生驱逐校长的风潮。今甫去职，太侔继任。一多去了清华。决定开除学生的时候，一多慷慨陈词，声称是"挥泪斩马谡"。此后二年，校中虽然平安无事，宴饮之风为之少杀。偶然一聚的时候有新的分子参加，如赵铭新、赵少侯、邓初等。我在青岛的旧友不止此数，多与饮宴无关，故不及。

　　原载梁实秋《雅舍杂文》，上海人民出版社1993年版，第42页。

附录三　酒筹雅令

◎黄际遇

我拽起罗衫欲行（离坐下席者一杯）

恰才悄悄相问他低声应（耳语者各一杯）

侯门不许老僧敲（鳏者一杯）

大师年高老（少者寿长者一杯）

老的少的颠没倒，胜似闹元宵（老者少者拳饮）

酩子里各归家葫芦提闹到晓（孤客外各一杯）

十年窗下无人问（未定婚者一杯）

半合儿敢剪草除根（须者一杯，髯者倍之）

诸僧无事得安存（蓄发者一杯）

待从军（戎装者一杯）

对傍人一言难尽（独酌一杯，复掣筹）

不拣何人，建立功勋，杀退贼关（劲关）

济不济权将这个秀才且尽（软关）

情愿与英雄结婚姻成秦晋（挑战）

我从来欺硬怕软（挑善战者赶三关）

请字儿不曾出声，去字儿连忙答应（各谢东道一杯）

瑾依来命（谢主人一杯）

茶饭已早安排定（主人一杯）

请先生勿得推称（敬师一杯）

俺都甚相见话偏多（适对谈者饮）

他其实哑哑咽不下玉液金波（下令由下手掣筹）

憔悴潘郎鬓有丝（于思者一杯）

则教我翠袖殷勤捧玉钟，早是他主人情重（向主人亲斟一杯）

一个弦上传心事（能操琴者一杯）

早寻个酒阑人散（合饮）

好教我左右做人难（左右各一杯）

你若怕墙高怎把龙门跳（矮者一杯）

一地里胡拿（自浮一杯再掣筹）

不强如手势指头儿（拇战三关）

谁承望今宵相待（谢主人一杯）

可怜见俺为人在客（孤客一杯）

终不肯回过脸儿来（背席者一杯）

是必破工夫今夜早些来（首到迟到各一杯）

将没作有（空杯者一杯）

谁着你迤逗的胡行乱走（离席者一杯）

道红娘你且先行，教小姐权时落后（首到迟到各一杯）

何须你一一问缘由（好考令底者一杯）

其间何必苦追求（递令）

是我呵先投首（发令者一杯）

听得道一声去也（将有远行者一杯）

须臾对面（将有远行者一杯）

笑吟吟一处来（同来者一杯）

量着大小车儿如何载得起（同车来者一杯）

喘吁吁难将两气接（胖者一杯）

疾忙赶上者（殿到者一杯）

如今又也（掣重令者饮如令数）

看今夜酒醒何处也（共醉一杯）

是人呵疾忙快分说（掣签者全权出令，迟说罚一杯）

曾经消瘦（瘠者一杯）

手卷珠帘上玉钩（威廉须者一杯）

人比黄花瘦（瘠者一杯）

又与我添些证候（拇战胜者一杯）

脂粉丛里包藏锦绣（飞笺者一杯）

常不要离了前后守着左右（前后邻坐各一杯）

俺莺莺世间无二（席上无同姓者一杯）

留意识声时（评剧家一杯）

愿足下当如此（掣签者一杯）

难传红叶诗（自酌再掣）

孤身去国三千里（远客一杯）
莫不是我身边有些事故（邻坐各一杯）
麒麟屡出（得子多子一杯）
一鞭骄马出皇都（独自赴席者一杯）
女教为师（女学师一杯）
寒窗重守十年寡（鳏者一杯）
只许心儿空想、口儿闲题（评花捧角者一杯）
便待剪草除根（适理发者一杯）
如何妾脱空（杯空者一杯）
人约黄昏后（主人酬合席一杯）
冷句儿把人厮浸（掣令或执令者一杯）
好事儿收拾得早（主人酬首到者一杯）
世间草木是无情（姓氏从艸、从木者一杯）
尽在不言中（寡言者一杯）
女孩儿家直恁喉咙响（高声者一杯）
信口开合（乱令者一杯）
做多少好人家风范（久居教席者一杯）
向诗书经传蠹鱼似不出费钻研（国学家一杯）
排酒果列笙歌（主人一杯，能歌者一阕）
任凭人说短论长（最高最矮者一杯）
甚姻亲（坐有戚属者各一杯）
诸檀越尽来到（短发者一杯）
桃李春风墙外板（有师徒谊者一杯）
恁般恶抢白（拳大败者一杯，胜家陪一杯）
打扮着特来晃（不速者一杯）
积世老婆婆（年高者一杯）
粉墙儿高似青天（矮者一杯）
纱窗又未有红娘报（未定婚者一杯）
北雁南飞（北来者一杯）
谁能够（高者矮者各一杯）
我去也（预先离席者有远者一杯）
若见些异乡花草（有侑酒者饮）
也曾泛浮槎到日月边（曾浮海者一杯）

秀才们闻道请如得了将军令（群饮）
居止处门儿相向（掣筹者与对坐一杯）
侭教咱说短论长，他则待掂斤播两（高者矮者拇战对饮）
把你众和尚死生难忘（光头者一杯）
则是年纪少（少者一杯）

编者注：

1938年3月，黄际遇（时已回广州国立中山大学任教）偶然见到《酒筹雅令》，不禁回忆起1930年在国立青岛大学时的盛况，他写道："幽居翻残稿，中有《酒筹雅令》一卷，庚午馆鲁学与杨金甫、闻一多、梁实秋诸子（时有酒中八仙之称）觞咏最盛时也。（陈登恪馆鄂寄《八仙考》一篇，误予为嘉应人）予以一夕之力，剌《西厢记》曲句为面，酒令为底，偶一行之，靡不满坐泥醉者，各自中季怜意气，聊堪一醉祓酸辛。今者文酒风流渡江尽矣，南皮之游不可忘，补录于此，以当怀人之什。（依金甫加圈）"

附录四　爷爷曾居住了六年的小楼

◎黄小安

原国立山东大学第八校舍

2011年10月底，我应邀到山东青岛讲学交流。28日，我背着相机沿中国海洋大学周边的鱼山路、福山路、大学路等转了一圈，然后走进了原国立山东大学旧址，即现在中国海洋大学（鱼山校区）校园。这里是我爷爷黄际遇曾经生活、工作的地方。在校园四小门的附近，我找到了爷爷当年一住就是六年的小楼，那是一座具有德式建筑风格的二层洋楼。当时，闻一多先生也曾有一段时期住在这里。此楼现为"闻一多故居"，1984年12月14日，青岛市人民政府将其定为重点文物保护单位。

爷爷在青岛的时间为1930年9月至1936年2月，在国立青岛大学时期（1930年9月至1932年7月）任理学院院长、教授兼数学系主任。同时，闻一多先生任文学院院长、教授兼中国文学系主任。梁实秋先生任图书馆馆长、教授兼外国文学系主任。1932年7月国立青岛大学改名国立山东大学，爷爷任文理学院院长、教授兼数学系主任，直到1936年2月离开青岛（注：1935年开始不再兼任数学系主任）。

爷爷在青岛近6年，一直居住在此房子的楼下，并在此完成《万年山中日记》27册、《不其山馆日记》4册、《潮州八声误读表说》、《班书字说》等著作，《畴盦坐隐》亦发端于此。按记载，此楼房是在青岛市郊万年山麓，国立青岛大学校园内，时名为第八校舍。关于当年的情况，爷爷在日记中有详细记录，梁实秋先生在晚年亦有回忆。

爷爷日记云："万年山者，国立山东大学，旧国立青岛大学之所在也，地居青岛之西南。当日德人聚兵于此，筑营其间。三面环山，一面当海，东海雄风，隐然具备。今则修文偃武，弦歌礼乐。"一段时间以来，我曾困惑不解，为什么在青岛同一个地方写的日记，前称《万年山中日记》，后称《不其山馆日记》。看了爷爷的日记兼查阅资料方知，现中国海洋大学（鱼山校区）所在地是原国立山东大学的校址。第一次世界大战后，日本取代德国侵占了青岛，亦在此地驻军，称为"万年兵营"。由此，兵营内的小山被称为"万年山"。然国立山东大学的学者们对此名称来历均感不爽，爷爷亦不想再以万年山作为日记的名字，而企望使用万年山原名。在历寻主名不获的情况下，与其他学者探讨后，决定将居住的小楼（第八校舍）称为"不其山馆"，并从1935年7月15日起，日记就以《不其山馆日记》命名。1932年6月10日至1935年7月14日的日记无奈地仍为《万年山中日记》。不其山即现在青岛东面的崂山铁骑山。东汉时，经学家郑玄（字康成）在不其山注经授徒，从学者前后达万人。

"从国立青岛大学建立到国立山东大学内迁，这7年多的时间，可以说是青岛现代高等教育史上最为辉煌的时期。"此段话引自《青岛高等教育史（现代卷）》，祖父在"不其山馆"的屋檐下所作的日记，以细节见证了这段历史。日记不仅是此时此刻的个人记录，亦是此时此刻的群体记录。其实"万年山"原名为"八关山"。此地经历数十年更迭，至今仍为"黉舍"，一代一代的"门人"在此"费光阴"，不其山馆"羹墙宛在"，可续"酒中八仙"。

走出校园四小门从红岛路看小楼

小楼前的草坪

黄小安在第八校舍（不其山馆）前

附录五

1932年5月9日《国立青岛大学周刊》，黄际遇（任初）在春季校运会上所致训词

1935年10月21日《国立山东大学周刊》

注：两份周刊均由中国海洋大学校史馆杨洪勋老师提供。

后　记

◎ 黄小安

记得小时候家中有一排书架，架前通道是我夏天午睡的地方。每次放学回家，把凉席往地上一铺，此处便是我的天地。书架上放满了书，都是父母常用的，无甚特别。但是，其中一层摆放着一包包用牛皮纸封存的东西。这是些什么？因为历史的种种原因，我父亲黄家教从未很清晰地告诉我们，只有在他打开晾晒一番时，我们才从旁悟到点滴。原来这些就是我的祖父黄际遇（字任初）的遗物，包括其个人日记及中国象棋谱等手迹原稿。

20世纪60年代及80年代，祖父与父亲的好友均有编辑出版《黄际遇先生文集》（以下简称《文集》）之议。中山大学中文系黄海章教授两次均预为之作序，父亲亦积极参与其中。由于种种原因，《文集》未能出版。父亲将黄海章教授1982年写的《〈黄际遇先生文集〉序》送载于《中山大学学报》1990年第1期，而使此序得以保存。他还将此序恭敬地誊写了一遍。1995年，父亲将祖父日记手稿赠予潮汕历史文化研究中心永久保存。然而，我们已隐隐感觉到父亲对此事的萦怀。

2007年，我和我的先生何荫坤先后面临退休后日子如何度过的问题，先生提出凭我们之力整理祖父日记的建议，我亦有尝试一下的念头。于是，我们便开始有意识地收集资料，做前期准备。2009年8月，我有幸受邀到汕头做摄影交流。不知是心血来潮，还是实有牵挂，在当地摄影界朋友的陪同下，我走访了潮汕历史文化研究中心，寻视曾伴儿时午梦、既熟悉又陌生的"伴侣"。时光荏苒，原50册棋谱《畴盦坐隐》已佚，日记亦只余《万年山中日记》24册（共27册，佚第15、16、17册）、《不其山馆日记》3册（共4册，佚第1册）、《因树山馆日记》15册（佚第6册以及第16册以后各册）、《山林之牢日记》1册等共43册在此落户安家。翻开日记，桃花依旧，人面已非，这更暗暗坚定了我抹抹尘埃的决心。

2008年6月，由陈景熙、林伦伦两位学者编著的《黄际遇先生纪念文集》出版。2014年7月，潮汕历史文化研究中心将日记合编名为《黄际遇日记》（以下简称《日记》）交汕头大学出版社影印出版。此二事对我们来说，除具先导及鞭策意义外，在资料的征集、整理、编注等方面均给我们提供了较大的方便。在此，感谢他们为此做出的努力。

然而，影印本毕竟是手写的，虽说撰写日记时间离今不算太久远（80年左右），但读写差异之大超出想象。日记大多为毛笔楷书，亦不乏篆书、行书及章草，文字大量使用古体，有得即记，文不加点，不假排比，多为治学心得，包括历史、文学、数学、楹联、书信、棋谱（中国象棋）等内容，是祖父在工作之余用以自我鞭策的个人流水簿。因此，杨方笙教授认为，"（《日记》）给人的印象就像一座知识迷宫，万户千门，不知从何而入也不知从何而出……是部很难读的日记，除内容广博外，还由于它全部用的是文言文，有些还是华丽富赡、用典很多的骈体文，文章里用了许多古今字或通假字，而且绝大部分没有断句、不加标点。如果读者不具备一定的文字学知识，几乎触目皆是荆棘，无从下手"。蔡元培先生曾云："任初教授日记，如付梨枣，须请多种专门学者担任校对，始能完善。"要将如此卷帙浩繁的《日记》译为简体字，整理归类，便于今人阅读，以我们夫妻二人"业余爱好者"的身份，应无可能。这十年间，应验了杨教授之语"触目皆是荆棘"，我们也曾有放弃之念头。但是，常有人为了修订整理各类史料"打扰"我，尽管祖父日记影印本已经出版，他们依然很难查找到各自所需。这让我想起中山大学中文系陈永正教授对我说的一句话："小安，你作为后人，有责任将文物变为文献。"祖父的日记不仅有上述之亮点，更有其重要的写实性与记录性。作为后人，我明白了我的"试错"，才能让更多的人有机会去完善。正是长辈、专家、朋友们的关爱与鼓励，使"无知无畏"的我有了"舍我其谁"的胆量，"不够完美"也许正是这套丛书的特点。

我们将《黄际遇日记》分类编为七部分，即"国立山东大学时期""国立中山大学时期""师友乡谊录""畴盦坐隐""畴盦联话""畴盦学记""畴盦杂记"。这七部分既是一个整体［用"黄际遇日记类编"（封面用字选自黄际遇先生手稿）作为其丛书名］，又可独立成篇。其中的注释部分，本是我们在整理《日记》的过程中作为辅助的一道工序，资料来源除了《辞海》外，主要还是以网络资料为主，然总感觉把这些资料藏于书箧有点可惜，因此将其简化后作为注释一并刊出，希望对大众能有一定的参考价值。

基于本类编的特殊性，特此说明以下几点：

1. 本类编为日记体，根据祖父日记手稿影印本整理而成。由于手稿中存在一些看不清楚、看不明白的字词句，难免导致整理时出现与原文不一致或者语义较含糊的情况。

2. 祖父的手稿，为其日常记录的随笔，故日记中出现的有关书名、学校名、机构名、人名、地名以及英文名称、数理化公式等内容难免存在错漏和前后不统一的问题，为了尊重作者的原稿，在此保留日记原貌不做更改。

3. 本类编中的日记撰写时间距今80年左右，日记手稿多为毛笔楷书，亦不乏篆书、行书及章草，且多为繁体字，兼用通假字、异体字，现全文改为规范简体字,但无对应简体字及简化后有可能导致歧义的繁体字、异体字则保留原字(包括人名、地名),以不损日记原意。

4. 关于节选的说明。本丛书为类编,会将同一天的日记内容按照类别进行拆分或做相应删减,因此书中篇目多为节选。为了简洁,在目录与正文中不一一标注"节选"二字。

转瞬间,距黄海章教授作《〈黄际遇先生文集〉序》又过去了30多年,当年曾参与编辑策划《文集》者大多已作古,健在者亦到耄耋之年。我们在此用此序作为本书的"序"之一,部分缘于黄(海章)公公与我家的世谊,但更多的是缘于我们对先辈们言行文章的崇敬。在此,要感谢的人很多。首先是今年已96岁高龄的母亲龙婉芸,她是我能将此事坚持到底的最大支持;同时告慰父亲:您一直萦怀于心的事情,我们尽力了,如今,我们特别能理解您为什么一直不敢将此重任寄托在我们肩上。其次是我的哥哥与两位姐姐,多亏他们分担了照顾母亲等许多家务琐事,让我能够专心致志。再次是在康乐园看着我们成长的中山大学中文系黄天骥、曾宪通、陈焕良教授,他们都已年过八旬,黄叔叔主动为此书作序,曾叔叔、陈叔叔不厌其烦地解答我的问题。还有就是我的小学同学钟似璇,他不仅帮忙查找资料,还在数学及英文方面给予指导与校正。最后是中山大学出版社的领导与编辑,因他们的敬业与"宽容",才让此书顺利付梓。另外,我的先生何荫坤,为了编注此丛书,自修了许多课程,留下了十几本笔记、上百支空笔芯和三块写坏了的电脑手写板。虽然他去年因病离世,未能等到本套丛书付梓的一刻,但他是相信会有这一天的。他那副一步一步验证祖父日记中棋谱所用的中国象棋,我将永久珍藏。

黄小安
2019年4月20日

2009年8月,黄小安在潮汕历史文化研究中心查阅资料